Tomas Herzberger, Sandro Jenny

Growth Hacking

Mehr Wachstum, mehr Kunden, mehr Erfolg

Liebe Leserin, lieber Leser,

die Amerikaner können das ja wirklich gut. Ständig gibt es dort neue Trends und schnell ist auch ein passendes, eingängiges Buzzword gefunden. So hat man leicht den Verdacht, dass auch mit Growth Hacking wieder nur ein weiterer kurzlebiger Hype gefunden wurde. Im Gespräch mit unseren beiden Autoren Tomas Herzberger und Sandro Jenny wurde mir aber direkt klar, dass sich hier eine spannende, neue Marketing-Methode findet – mit Strahlkraft weit über die Start-up-Szene hinaus.

Getreu der Definition von Sean Ellis aus dem Jahr 2010 sind Tomas und Sandro geborene Growth Hacker und komplett auf Wachstum eingenordet. Sie untersuchen einfach alle Faktoren auf skalierbares Wachstum und helfen Unternehmen, die nach neuen Wegen suchen, größer zu werden. Zahlreiche Insider-Tricks zur Produktpositionierung, Akquise und Kundenbindung machen diesen Leitfaden zum Geheimtipp für alle Marketer, ob im Startup, in der Agentur oder beim Branchen-Platzhirsch. Fear of missing out? Zurecht!

Ich bin überzeugt, dass Sie mit diesem Buch alles in der Hand haben, um die Weichen auf Wachstum zu stellen. Das Buch wurde mit großer Sorgfalt lektoriert und produziert. Sollten Sie dennoch Fehler finden oder inhaltliche Anregungen haben, scheuen Sie sich nicht, mit uns Kontakt aufzunehmen. Ihre Fragen und Änderungswünsche sind uns jederzeit willkommen.

Ihr Stephan Mattescheck
Lektorat Rheinwerk Computing

stephan.mattescheck@rheinwerk-verlag.de
www.rheinwerk-verlag.de
Rheinwerk Verlag · Rheinwerkallee 4 · 53227 Bonn

Auf einen Blick

Wir hoffen, dass Sie Freude an diesem Buch haben und sich Ihre Erwartungen erfüllen. Ihre Anregungen und Kommentare sind uns jederzeit willkommen. Bitte bewerten Sie doch das Buch auf unserer Website unter **www.rheinwerk-verlag.de/feedback**.

An diesem Buch haben viele mitgewirkt, insbesondere:

Lektorat Stephan Mattescheck
Fachgutachten Sven-Oliver Funke, Neuberg
Korrektorat Annette Lennartz, Bonn
Herstellung Janina Brönner
Typografie und Layout Vera Brauner
Einbandgestaltung Julia Schuster
Satz III-Satz, Husby
Druck mediaprint solutions GmbH, Paderborn

Dieses Buch wurde gesetzt aus der Linotype Syntax (9,25/13,25 pt) in FrameMaker. Gedruckt wurde es auf chlorfrei gebleichtem Offsetpapier (90 g/m²). Hergestellt in Deutschland.

Bibliografische Information der Deutschen Nationalbibliothek:
Die Deutsche Nationalbibliothek verzeichnet diese Publikation in der Deutschen Nationalbibliografie; detaillierte bibliografische Daten sind im Internet über *http://dnb.d-nb.de* abrufbar.

ISBN 978-3-8362-5935-4

1. Auflage 2018, 1., korrigierter Nachdruck 2019
© Rheinwerk Verlag, Bonn 2018

Informationen zu unserem Verlag und Kontaktmöglichkeiten finden Sie auf unserer Verlagswebsite **www.rheinwerk-verlag.de**. Dort können Sie sich auch umfassend über unser aktuelles Programm informieren und unsere Bücher und E-Books bestellen.

Für Ben und Emily, die jeden Tag versuchen, ihr Wachstum zu hacken.
Für Lena und das kleine Wunder, das unterwegs ist.
Für Tanja und Lilian. Danke für eure Geduld, euer Vertrauen und die Unterstützung.
Für Gilbert und Lisa, Monika und Norbert. Danke, dass ihr bei uns die Weichen richtig gestellt habt.

Inhalt

Growth Hacking ist so viel mehr als ein Buzzword

Während die einen Unternehmen ihre Marketingbudgets noch für TV, Print, SEO und SEA ausgeben, um einen möglichst guten Return of Investment zu erzielen, arbeiten die anderen bereits daran, ihre Strategien für Kundengewinnung und -bindung anhand echter Nutzerfeedbacks systematisch zu verbessern.

Schlaue Marketer denken nicht mehr nur an Werbebudgets, wenn es darum geht, das Unternehmenswachstum anzukurbeln. Schlaue Marketer kreieren Marketingmaschinen, mit deren Hilfe Reichweite und Verkäufe um ein Vielfaches gesteigert werden.

Doch wie gewinnst du eine Armee leidenschaftlicher Markenbotschafter, die deine Produkte für dich verkaufen? Wie sorgst du dafür, dass deine Kunden gerne bei dir bleiben – und all das möglichst auf Autopilot? Und wie kannst du das Wissen über Growth Hacking in deinem Unternehmen implementieren, um eine Kultur zu schaffen, die Wachstum in den Vordergrund stellt?

Beim Lesen dieses umfangreichen Kompendiums wirst du zahlreiche Impulse mitnehmen, die dir dabei helfen werden, dein Marketing systematisch intelligenter und effektiver zu gestalten.

Blicke über den Tellerrand und stelle alles, was du bis heute über klassisches Marketing gelernt hast, infrage. Ich wünsche dir ganz viel Spaß beim Lesen dieses Buches und den größtmöglichen Erfolg bei der Umsetzung.

Dein Nils Kattau
Conversion-Optimierer und Growth-Marketer

Danksagung

Zunächst möchten wir uns bei den Menschen bedanken, ohne deren wertvollen Input dieses Buch niemals die fachliche Qualität erreicht hätte, die wir angestrebt haben. Die Gespräche mit Sascha Böhr, Ben Harmanus, Mario Jung, Inken Kuhlmann, Vladislav Melnik, André Morys, Mirko Lange, Oliver Rihs und Björn Tantau haben nicht nur dieses Buch, sondern auch unser Leben bereichert. Auch Alexander Boerger, Francisco Otto und Robert Weller haben uns an ihrem Wissen teilhaben lassen. Danke für eure Zeit und eure Bereitschaft, euer fachliches Know-how mit uns zu teilen.

Ein besonderer Dank gilt unseren »Beta-Testern«, die das Manuskript in einer sehr frühen und noch sehr »anspruchsvollen« Form durchgeackert und uns wertvolles Feedback gegeben haben: Katja Kupka, Dominique Jost, Adrian Gross, Michael Oberson, Silvio Philipona, Larissa Janka, Arkadius Roczniewski, Alexander Dittrich und insbesondere Dennis Fischer, der darüber hinaus mit seinem Newsletter »52ways« eine Quelle der Inspiration für uns war und ist. Danke an Tina Biedermann und Magarita Antonio-Lehmeier für die Unterstützung bei der Transkription der Interviews.

Aus der Rhein-Main-Region möchten wir uns bei den vielen guten und hilfreichen Menschen bedanken, die für das Wachstum und die Sichtbarkeit der hiesigen Start-up-Szene sorgen, hervorzuheben sind insbesondere Carolin Wagner, Paul Herwarth von Bittenfeld, Jörn Menninger, Kim Körber und Andreas Söntgerath. Danke dafür, dass ihr stets uneigennützig eure Hilfe, euer Wissen und Kontakte zur Verfügung stellt und damit das Leben so vieler Menschen bereichert.

Wir bedanken uns bei Stephan Mattescheck und Hendrik Flanagan-Wevers vom Rheinwerk Verlag, die uns ihr Vertrauen geschenkt und über Monate die Entstehung und Veröffentlichung dieses Buches begleitet haben.

Zum Schluss möchten wir uns bei den fantastischen Menschen bedanken, die uns auf unserem Weg unterstützt haben: Prof. Dr. Stephan Böhm, Nadine und Pascal Clerc, René Clerc, Kalle Fritz, Margrit und Ernst Hari, der ganze Hari-Clan, Dr. Peter Köbele, die Kamarady Kultury, Patrick Meier, Niels Oeft, Maria Park, Yvar Riedo, Ekkehardt Schlottbohm, Thomas Schmid, Dr. Harald Roth und Marc Zwahlen.

Tomas Herzberger und **Sandro Jenny**

Frankfurt am Main und Giffers

1 So profitierst du von Growth Hacking

Allein deine Entscheidung, diese Zeilen zu lesen, sagt etwas über dich aus: Du bist neugierig, wissbegierig, und du willst etwas bewegen. Vielleicht deine eigene Karriere? Dein Start-up oder deine Selbstständigkeit? Was auch immer dein »Ding« ist: Du bist ein Macher, der wachsen möchte. Mit diesem Buch geht's schneller.

Kannst du dich noch dunkel an das Jahr 1989 erinnern? Vielleicht nicht, darum lass uns deine Erinnerung auffrischen: Es war ein Jahr des Umbruchs für die ganze Welt. Der Fall der Berliner Mauer brachte das globale Machtgefüge auf das Heftigste ins Wanken. ProSieben startete seinen Sendebetrieb. Der allererste Game Boy erschien am Markt, ebenso die allererste Folge der »Simpsons«. Steffi Graf *und* Boris Becker gewannen in Wimbledon. Es gab noch kein Facebook und kein iPhone (Steve Jobs arbeitete noch bei NeXT).

Und in den USA kam der Familienfilm »Feld der Träume« in die Kinos. In der Hauptrolle: ein junger Kevin Costner, der gerade erst mit seiner Rolle in »Die Unbestechlichen« an der Seite des großartigen Sean Connery auf sich aufmerksam gemacht hatte. In diesem Film spielte Costner Ray Kinsala, einen Maisfarmer aus Iowa. Konfrontiert mit ernsthaften Geldsorgen, hört der auf einmal geheimnisvolle Stimmen: »Baue es, und sie werden kommen!«, woraufhin er alles stehen und liegen lässt und ein Baseballfeld baut – mitten in sein Maisfeld. Und tatsächlich erscheinen wie aus dem Nichts mehrere längst verstorbene Baseball-Legenden, die nichts Besseres zu tun haben, als ihre Wiederauferstehung mit einem netten kleinen Spiel zu feiern. Ehe er sichs versieht (und ohne, dass er etwas dafür tut), kommen Tausende von Zuschauern, die alle dieses Spiel sehen wollen. So verdient Ray genug Geld, um die Farm zu retten. Und wenn Sie nicht (erneut) gestorben sind, spielen sie noch heute.

Was soll dir diese Anekdote sagen? Ray Kinsala ist einer von nur zwei Menschen, die eine brillante Idee nur umzusetzen brauchten und ohne weiteres Zutun Erfolg damit hatten. Der andere war Noah. Die Kunden kamen jeweils von ganz allein, ohne jegliches Marketing. Wir bezeichnen das gerne als *Hope and Pray Marketing* – aber in der Realität funktioniert das nicht, leider.

Aber das weißt du, und deswegen hast du dieses Buch gekauft. Dafür vorab vielen Dank und – Glückwunsch. Denn du hast einen wichtigen Schritt getan, um dir und deinem Unternehmen zu mehr Wachstum zu verhelfen. Wie das gehen kann, zeigen wir dir gleich. Aber vorher müssen wir dir leider die eine oder andere schöne Illusion zerstören. Du kannst von diesem Buch nur lernen, wenn du die folgenden Umstände verinnerlichst.

1.1 Ist dieses Buch etwas für dich?

Die meisten Produkte scheitern nicht an mangelnder Qualität, sondern am fehlenden Marktzugang. Es reicht nicht, aus einer vermeintlich großartigen Idee ein großartiges Produkt zu schaffen. Man muss es auch noch unter die Augen der Menschen bringen, die es nutzen bzw. kaufen sollen. Jedes Produkt braucht Marketing, um Erfolg zu haben, ob es dir gefällt oder nicht. Man sollte meinen, dass dieser Umstand logisch und daher de facto Allgemeinwissen ist. Aber weit gefehlt: Nach wie vor sind viele Gründer (und solche, die es werden wollen) der Ansicht, dass sie nur ihre App/Website/Services launchen müssten, und schon würden die Nutzer ihnen die Bude einrennen, einfach weil sie alle nur darauf gewartet haben. Wenn du diese Vorstellung aus deinem Gehirn eliminierst, bist du dem Erfolg schon ein gutes Stück nähergekommen.

Oft hört man auch: »Mein Produkt gibt es noch nicht.« Das ist unwahrscheinlich. Es gibt da draußen sehr viele kluge und kreative Köpfe, und viele davon haben genügend Mut, um ein eigenes Unternehmen zu starten. Wenn du kein Unternehmen finden kannst, dass ein vergleichbares Produkt herstellt, ist in der Regel Folgendes passiert: Du hast nicht gründlich genug gesucht. Oder du hast im falschen Markt gesucht. Vielleicht gibt es das Produkt schon, aber in einem anderen Land. In dem Fall könnte das eine große Chance für dich sein, von dem etablierten Unternehmen zu lernen. Oder es gab in der Vergangenheit ein vergleichbares Produkt, aber das Projekt musste mangels Erfolg eingestellt werden. In diesem Fall solltest du vorsichtig sein: Gut möglich, dass es für das Produkt gar keinen Markt gibt. Vielleicht haben sich inzwischen aber auch die Umstände so weit geändert, dass sich ein neuer Versuch lohnen würde.

Du musst akzeptieren, dass du nicht der nächste Steve Jobs oder Elon Musk bist. Du bist (wahrscheinlich) nicht der Gründer eines oder sogar mehrerer globaler Tech-Unternehmen. Tut uns leid, aber solche Menschen sind sehr rar gesät. Allerdings ist das auch gar nicht schlimm, denn sieh es mal so: Wenn du einen Fehler machst, explodiert nicht gleich die nächste Mars-Rakete und der Unternehmenswert wird auch nicht mit einem Schlag um mehrere Milliarden Euro geringer, wobei Hunderte Mitarbeiter ihre Arbeit verlieren.

Du darfst Fehler machen. Du *sollst* Fehler machen. Wenn du ein neues Produkt erfolgreich starten möchtest, musst du mutig genug für Experimente sein. Das

Internet mitsamt all seinen Informationen, Cloud-Speichern, Tools und Webservices ist deine Spielwiese, und noch nie in der Geschichte hatten Menschen so einfach und kostengünstig Zugang zu so vielen anderen Menschen. Es ist die größte Spielwiese der Geschichte. Mach dich also frei von allen Vorbehalten und Hürden in deinem Kopf: Allein der Erfolg entscheidet! Und wenn du dann doch ein erfolgreiches, globales Tech-Unternehmen gegründet hast und die Presse dich als den nächsten Steve Jobs feiert: Schick uns eine E-Mail und reibe es uns kräftig unter die Nase!

Apropos Wettbewerb: Es gibt nur wenig Schlimmeres als Gründer, die ihre Idee geheim halten, weil sie von Microsoft, SAP oder sonst wem gestohlen werden könnte. Das ist Unsinn. Dein einzig wahrer Vorteil als Start-up ist die Agilität und Dynamik, dich schnell auf Veränderungen am Markt einstellen und das Produkt entsprechend anpassen zu können. Wenn du in einem großen Unternehmen gearbeitet hast, wirst du wissen, wie langatmig und komplex die Prozesse dort sind. Also, selbst wenn der Head of Innovation deines wichtigsten Konkurrenten von deiner Idee erfahren sollte, ist die Wahrscheinlichkeit immer noch sehr gering, dass sie geklaut werden könnte. Denn sämtliche Schubladen seines Schreibtisches sind bereits voller guter Ideen, um das eigene Unternehmen besser zu machen. Und die meisten davon stecken in einer mehrmonatigen Entwicklungspipeline der internen IT fest. Also, selbst wenn jemand deine Idee klauen wollte, ist noch lange nicht gesagt, dass er dazu in der Lage ist. Wenn überhaupt, erhöhst du damit nur die Chancen auf einen erfolgreichen Exit deines Start-ups.

Dieses Buch ist etwas für dich, wenn du ein neues Produkt oder ein neues Unternehmen starten möchtest und dafür überschaubare Ressourcen zur Verfügung hast, wenn du etwas Neues versuchst und die vermeintlich sicheren Wände des Alltags hinter dir lassen willst. Dabei spielt es nur eine untergeordnete Rolle, welche Funktion du genau bekleidest. Vielleicht bist du ein *Intrapreneur*, der ein Corporate Start-up innerhalb eines bestehenden Unternehmens aufbauen soll. Oder ein Experte, der den Schritt in die Selbstständigkeit wagt. Vielleicht ein Unternehmer mit einem Dutzend Angestellten, der sein bestehendes Geschäft ausbauen möchte. Oder wirklich der Gründer, Produkt- oder Marketingverantwortliche eines Start-ups, das die Menschheit um ein Problem erleichtern möchte. Ganz egal.

Dieses Buch ist etwas für dich, wenn du mutig und kreativ bist. Wenn es da draußen einen tropfenden Wasserhahn gibt, den du reparieren möchtest, worauf du viel Energie und Zeit verwendest. Wenn du akzeptieren kannst, dass Scheitern zum Lernen gehört und Lernen zum Erfolg, wenn du weißt, dass der Erfolg nicht von allein kommt, sondern harte und ausdauernde Arbeit ist – dann ist dieses Buch für dich gemacht.

1.2   Das wirst du in diesem Buch lernen

Wir haben das Buch so geschrieben, dass es sowohl für Laien als auch für erfahrene Marketer verständlich ist. Denn seine Strategien, Taktiken und Prozesse sollen Menschen unabhängig vom Grad ihrer Erfahrung weiterhelfen können – gerade, weil viele Start-ups von Menschen gegründet werden, die sich zwar mit dem Produkt und (hoffentlich) dem Markt gut auskennen, aber mit Marketing noch nie etwas am Hut hatten.

In **Kapitel 2** erläutern wir im Detail, was Growth Hacking ist bzw. was einen Growth Hacker oder Growth Manager ausmacht. Du wirst einige der berühmten Beispiele kennenlernen, mit denen aus ambitionierten Garagen-Start-ups globale Unternehmen geworden sind. Außerdem wirst du feststellen, dass es nur sehr wenige »echte« Growth Hacker gibt, denn nur wenige Menschen sind sowohl technisch als auch kommunikativ in der Lage, dem Anforderungsprofil zu entsprechen.

In **Kapitel 3** behandeln wir den besten Growth Hack, den du machen kannst: Lege dir eine fundierte Strategie zurecht und mach deine Hausaufgaben. Wir zeigen dir, wie du ohne viel Aufwand und Geld deine Nische, deine Zielgruppe und Persona findest, den Wettbewerb analysierst und auf Basis dieser Kenntnisse die Positionierung für dein Unternehmen festlegst. Damit legst du den strategischen Grundstein für alle Growth Hacks und deine gesamte Kommunikation.

In **Kapitel 4** erläutern wir den Growth-Hacking-Prozess. Growth Hacking ohne Prozess ist nichts anderes als Trial and Error. Denn ein einzelner Growth Hack, der für ein anderes Start-up funktioniert hat, muss nicht zwingend auch für deines funktionieren, da Zielgruppe und Markt nicht identisch sind. Daher spielt der Prozess eine umso wichtigere Rolle, damit du für dein Unternehmen die individuell richtigen Taktiken erkennst.

Du wirst lernen, wie du fortwährendes Experimentieren und Lernen in dein Unternehmen implementierst, dabei aber das Wesentliche nicht aus den Augen verlierst. Dieses Kapitel sei auch allen Menschen ans Herz gelegt, die in ihrem (am Markt etablierten) Unternehmen gerne mehr Agilität und Dynamik einbringen wollen, beispielsweise als Produkt- oder Projektmanager. Denn sie können lernen, wie man smarte Ziele definiert, effektiv Ideen generiert, diese anschließend priorisiert und die vielversprechendsten umsetzt.

So weit, so theoretisch. In **Kapitel 5** beginnt das »Playbook«: Du wirst dich einer großen Ansammlung von Growth-Hacking-Taktiken gegenübersehen. Um die Übersicht zu bewahren, haben wir sie nach dem primären Ziel (beispielsweise Nutzerakquisition oder Umsatzsteigerung) sortiert. Diese Taktiken wurden von Unternehmen in der Vergangenheit erfolgreich eingesetzt. Ein Wort der Warnung: Nur, weil diese Vorgehensweisen in der Vergangenheit funktioniert haben, gibt es keine Garantie, dass sie das auch für dich und dein Unternehmen tun werden. Der Erfolg ist immer abhängig von der jeweiligen Marktsituation, und diese kann sich in kürzester Zeit ändern. Primär geht es darum, dich zu inspirieren und dir zu helfen, eigene Ideen zu entwickeln. Aber wir haben die Taktiken so detailliert wie möglich beschrieben, damit du sie gegebenenfalls in kürzester Zeit selbst umsetzen und damit experimentieren kannst. In Kapitel 5 starten wir mit der Akquisition: Wie bekommst du mehr Traffic auf deine Website, App oder dein Blog?

Und wenn die Menschen einmal da sind, was sollen sie dann tun? Einkaufen? Sich informieren, registrieren oder anmelden? Was immer es ist: Du musst deine Nutzer dazu bringen, genau das zu tun, was du willst. Eine Seite ohne Aktivierung ist nutzlos. Selbst auf werbefinanzierten Seiten gibt es eine Aktivierung: Die Menschen sollen die Artikel lesen oder sich die Bilder und Videos ansehen. In **Kapitel 6** zeigen wir dir eine Menge Taktiken, die dir dabei helfen werden.

Das Thema Kundenbindung behandeln wir in **Kapitel 7**. Weil es wesentlich effizienter ist, Geschäfte mit einem Bestandskunden zu machen als einen neuen Kunden zu gewinnen, zeigen wir dir in diesem Kapitel, wie du die Loyalität deiner Kunden erhöhst. Wenn dir das gelingt und sie mit deinem Produkt und deinem Service zufrieden sind, werden deine Kunden dich weiterempfehlen.

In Kapitel 8 zeigen wir dir Methoden, wie du diese Weiterempfehlung anstoßen und verbessern kannst.

Anschließend hast du qualifizierte, zufriedene und loyale Nutzer – jetzt musst du »nur noch« dein Produkt verkaufen und Umsatz generieren. Wie du die Wahrscheinlichkeit zum Kauf erhöhst, zeigen wir dir in **Kapitel 9**.

In **Kapitel 10** fassen wir das Gelernte zusammen. Wenn du dieses Buch also gerade Probe liest und dich immer noch nicht entscheiden kannst, ob du es kaufen sollst, dann schau dir jetzt schnell dieses Kapitel an.

Jetzt hast du das Wissen, wie du die Marketingaktivitäten deines Unternehmens verbessern kannst. Aber wir hören noch nicht auf, sondern geben dir einige Tipps mit auf den Weg, wie du dich und deine Zeit durch »Work Hacks« produktiver gestalten kannst und damit zufriedener mit deinem Job bist.

Jetzt hast du das Wissen – in **Anhang A** geben wir dir sogar das Werkzeug an die Hand. Hier findest du eine sehr ausführliche Liste mit Tools und Widgets, die dir in deinem Alltag helfen können. Die meisten davon sind entweder kostenlos oder (beispielsweise in Form eines Probe-Abos) sehr günstig nutzbar. So kannst du schnell herausfinden, ob dieses oder jenes Tool dich unterstützen kann.

1.3　Über die Autoren

Sandro Jenny

Sandro Jenny hat ursprünglich Mediengestaltung gelernt, war aber immer schon sehr stark an digitalen Themen und Webdesign interessiert. Neben einem Online-Marketing- und User-Experience-Studium hat er sich in diversen Weiterbildungen und im Eigenstudium zum Growth Hacker weitergebildet. Während seiner rund sechsjährigen Tätigkeit bei der Scout24 Schweiz AG entwickelte er sich endgültig zum Online-Spezialisten. Als Produktmanager Crossmedia war er unter anderem verantwortlich für die Weiterentwicklung des crossmedialen Produktportfolios der Scout24-Plattformen. Heute ist er bei der Fundraising Company in Fribourg (CH) als Head of Graphic Design & Digital Fundraising angestellt.

Neben seiner beruflichen Tätigkeit beschäftigt er sich mit Themen wie User Centered Design und programmiert selber Templates und Plug-ins für WordPress und Drupal. Sandro lebt mit seiner Frau und Tochter in Fribourg in der Schweiz. Mit seinem Projekt *the-webworkers.com* zeigt er Webdesignern, wie man erfolgreiche Websites und Produkte erstellt. Über diese Plattform testet er immer wieder Growth Hacks, und im dazugehörigen Blog schreibt er über Growth Hacking und User Experience Design.

Tomas Herzberger

Tomas Herzberger hat Medienwirtschaft in Wiesbaden sowie Digital Storytelling in den USA studiert. Als Digital Mediaplaner hat er anschließend die Werbekampagnen von Kunden wie Universal Pictures oder Unilever geplant, bevor er als Digital Marketing Manager zu Stefan Raabs Produktionsfirma Brainpool nach Köln wechselte. Dort koordinierte er unter anderem Werbekooperationen und Marketingkampagnen für tvtotal.de und MySpass.de. Anschließend unterstützte er die Messe Frankfurt beim Aufbau der digitalen Business Unit.

Seit 2014 ist Tomas Herzberger als selbstständiger Berater und Interim Manager tätig und hilft Start-ups, Mittelständlern, Konzernen und Agenturen dabei, durch Digitales Marketing zu wachsen. Zu seinen Kunden zählen Unternehmen wie das Bezahlverfahren paydirekt und die Deutsche Bahn.

Herzberger schreibt regelmäßig in seinem Blog (*tomasherzberger.net/blog*) und im Newsletter »Growth Hacking Rocks« oder in Fachmedien (unter anderem *deutsche-startups.de*, *rhein-main-startups.de*, eStrategy) über Digitales Marketing. Zudem ist er Co-Organisator des »Usability Testessens«, Initiator des »Growth Hacking Meetups FFM« und Mentor für Marketing am Unibator der Frankfurter Goethe-Universität. Mit dem historischen Roman »Aller Tage Morgen« hat er bereits ein weiteres Buch veröffentlicht. Er lebt mit seiner Frau und zwei Kindern in Frankfurt am Main.

1.4   Wie dieses Buch entstanden ist

Den Anfang macht unsere eigene Geschichte: Wir haben uns, sei es durch berufliche Erfahrung oder eigene Weiterbildung, Wissen angeeignet, das insbesondere jungen Unternehmen und Start-ups helfen kann, erfolgreich zu sein und zu wachsen. Oft wird genau das als Growth Hacking bezeichnet: Marketingtricks für junge Unternehmen. Wie du in Kapitel 2 lesen wirst, ist das zwar falsch, aber der Begriff bleibt im Kopf. Ein Begriff, der sich in den Vereinigten Staaten etabliert hat und immer mehr auch in Europa Verwendung findet.

Wie bei allen Trends, insbesondere im Digital Marketing, besteht natürlich auch bei Growth Hacking die Gefahr, dass es nur ein temporäres Buzzword ist. Schlimmer noch: Growth Hacking positioniert sich sogar eine Meta-Ebene über anderen Themen wie Content Marketing und Social Media. Es ist ein Buzzword umgeben von Buzzwords!

Es war und ist uns besonders wichtig, uns von diesem »Hype« abzusetzen und – neben Unmengen an praktischen Beispielen – auch eine fundierte Analyse von Growth Hacking zu erstellen und es im Marketinguniversum an der richtigen Stelle einzuordnen. Wir wollen theoretisches und praktisches Wissen vermitteln, für Denker und für Macher oder – wie du später noch lesen wirst – für strategische Growth Manager und operative Growth Hacker. Unser Wunsch ist, dass dieses Buch team- und abteilungsübergreifend ständig benutzt und weitergegeben wird, dafür ist es gedacht. Wir wollen dazu beitragen, dass innovative Unternehmen und hungrige Unternehmer in Deutschland und Europa mehr Erfolg haben. Denn gerade vor dem Hintergrund des globalen Wettbewerbs ist Innovation so wichtig wie nie zuvor. Europa war über Jahrhunderte der Motor der Weltwirtschaft, wurde inzwischen aber von den Vereinigten Staaten und asiatischen Ländern in der Führungsrolle abgelöst. Ein wichtiger Grund dafür ist das Streben nach Innovation und der Mut zu Kreativität. Unsere Erfahrung hat gezeigt, dass gerade in deutschen Konzernen und Mittelständlern nur wenig Platz für Kreativität gelassen wird. Natürlich haben Mitarbeiter gute Ideen ohne Ende. Aber sie haben oftmals weder den zeitlichen Freiraum noch den budgetären Spielraum, um diese Ideen testen zu können. Google erlaubt(e) seinen Mitarbeitern, bis zu 20 % der Arbeitszeit an neuen Ideen zu arbeiten. Die typische deutsche Antwort auf solche Freiheiten wäre: »Wo kommen wir denn da hin?«

Richtig ... wo kommen wir denn da hin? Mit diesem Buch wollen wir einen bescheidenen Beitrag dazu leisten, dass noch mehr Unternehmen zumindest versuchen, eine Antwort auf diese Frage zu finden. Was ist möglich? Wo sind die Grenzen des Marktes, nicht der internen Prozessdiagramme? Wie können wir innovative Ideen fördern, validieren und somit wachsen? Vielleicht können wir mit den hier vorgestellten Strategien und Methoden einen kleinen Beitrag dazu leisten, dass sich noch mehr Unternehmen diese Fragen stellen. Nicht nur Start-ups, sondern insbesondere auch etablierte Mittelständler und ambitionierte Konzerne, die im internationalen Wettbewerb der Ideen stehen.

Bewaffnet mit unserem jeweiligen Wissen und einer gesunden Neugier, »trafen« wir uns als Zuschauer bei einem Webinar über digitales Marketing auf Twitter. Schnell haben wir festgestellt, dass wir beide nicht nur jeder an einem Buch über Growth Hacking arbeiten, sondern dass sich unsere Fachbereiche auch hervorragend ergänzen: Sandro Jenny ist Profi in Sachen User Experience, Produktmanagement und Webentwicklung. Tomas Herzberger hat viel Erfahrung und Wissen in Sachen Digital Marketing und kennt die Probleme und Herausforderungen von Start-ups. Gemeinsam sind wir der ideale Growth Hacker. Einzeln würden wir uns als ambitionierte und erfahrene Studenten des Growth Hackings bezeichnen. Schnell waren wir uns einig, unsere Kräfte zu bündeln und gemeinsam das beste Buch über Growth Hacking zu schreiben. Es sollte zunächst nur ein E-Book zur Lead-Generierung werden, doch eines führte zum anderen, und schnell wurde klar, dass dieses Thema deutlich mehr Potenzial bietet. Wie wir zu diesem Schluss gekommen sind?

Wir haben uns nicht einfach nur hingesetzt und drauflosgeschrieben. Wir haben eine Methode benutzt, die wir als *Lean Writing* bezeichnen. Getreu dem Motto »do what you preach«. Was das ist? Bei meinem (Tomas') historischen Roman »Aller Tage Morgen« bin ich nach dem Wasserfall-Prinzip vorgegangen: Für eine sehr lange Zeit habe ich mich in mein Kämmerlein zurückgezogen, fleißig recherchiert und geschrieben. Das war die Produktentwicklung. Nach sehr langer Zeit war das Buch dann endlich fertig und wollte gelesen werden. Ich suchte also mein Publikum und kümmerte mich um die Vermarktung. Produktion und Marketing waren komplett unabhängig voneinander. Nicht sehr *lean*[1], oder?

Die Produktentwicklung für dieses Buch sollte dynamischer werden: Die Wünsche und Bedürfnisse der Zielgruppe wurden fortwährend mitberücksichtigt, um für sie das ideale Produkt zu schaffen. Letztendlich sollte nicht nur theoretisches Wissen vermittelt werden. Kern ist ein *Playbook* mit jeder Menge hilfreicher Tipps, die sofort in die Praxis umgesetzt werden können.

Um das bestmögliche Playbook schreiben zu können, bedarf es eines Iterationsprozesses. Also suchten wir so oft wie möglich den Austausch mit potenziellen Lesern, sprachen über Growth Hacking und fragten sie, was genau sie benötigen. Mit jedem Vortrag, jedem Webinar bekamen wir wertvolles Feedback, wie das Buch zu schreiben und zu gliedern ist. Schöner Nebeneffekt: Wir sammelten viele E-Mail-

---

1   Mehr zum Ursprung der Lean-Start-up-Bewegung findest du in Abschnitt 1.5.

Adressen von Probelesern ein. So begann auch schon die Vermarktung, bevor das erste Wort geschrieben war.

Wie sind wir vorgegangen?

Schritt #1: Gibt es ein Problem?

Zunächst haben wir getestet, ob es ein Problem bzw. einen Bedarf gibt und ob der Begriff Growth Hacking überhaupt der richtige ist. Einfache Umfragen mit Google Forms, die wir in passenden Facebook-Gruppen für Start-ups gepostet haben, haben bei der Bestätigung geholfen.

Auf diese Weise haben wir auch erfahren, dass ein Buch zwar schön und nett ist, aber nicht unbedingt das einzige Medium sein sollte. Wir kamen auf den Gedanken, zusätzlich zum E-Book Webinare und Live-Vorträge anzubieten. Durch den augenscheinlichen Bedarf bestärkt, nahm die Struktur des Buches bereits erste Formen an.

Schritt #2: MVP und Produktvalidierung

Wir suchten uns Events, bei denen das Zielpublikum (Start-ups und solche, die es werden wollen) bereits präsent war, und bemühten uns um einen Platz als Speaker.

Dadurch ist ein Vortrag zwar nur einer von mehreren (so unter anderem beim Lean Camp in Frankfurt), aber es gibt kaum Aufwand und Risiko. Wichtig: Diese Vorträge sollten zunächst kostenlos sein, um die Hürde für die Zuhörer bzw. Leser möglichst niedrig zu halten.

Natürlich wollten wir auf diesem Weg auch wieder Feedback einsammeln. Die Präsentation war nicht etwa statisch, sondern ein agiles und dynamisches Produkt, das stetig verändert wurde.

Schritt #3: Besteht Zahlungsbereitschaft?

Das schönste Produkt hilft nichts, wenn man es nicht verkauft. Und damit man es überhaupt verkaufen kann, muss die Zielgruppe auch bereit sein, dafür zu zahlen. Wie findet man das heraus (erneut mit möglichst geringem Aufwand und Risiko)? Man lädt selbst zu einem Vortrag ein, bei dem es um nichts anderes geht als um – in unserem Fall – Growth Hacking.

Dafür haben wir ein schickes Event bei Eventbrite angelegt und es mit »Bordmitteln«, also ohne zusätzliches Werbebudget, beworben (in diesem Fall bei den Teilnehmern unserer vergangenen Seminare und Vorträge, unseren Freunden auf Facebook und regionalen Gründern, die wir persönlich kannten). Das Ziel waren mindestens zehn Zuhörer, die jeweils 15 € Euro für den Vortrag bezahlen sollten. Überraschung, Überraschung: Am Ende waren es 18. Test bestanden, Hypothese bestätigt.

Schritt #4: Let's do this!

Um gemeinsam ein Buch zu schreiben und zu veröffentlichen, mussten wir eine Hürde meistern: Sandro wohnt mitten in der Schweiz, Tomas mitten in Deutschland. Uns trennen 480 Kilometer. Mit »lass uns mal bei Starbucks treffen und über das Buch sprechen« würde es also schwierig werden. Glücklicherweise ist das aber kein Hindernis: Nach einem ersten Kennenlernen per Skype organisierten wir den Inhalt des Buches mit dem Mindmapping-Tool *MindMeister*. Somit stellten wir fest, wer für welche Inhalte zuständig war. Während des eigentlichen Schreibprozesses war dies gleichzeitig unsere gemeinsame To-do-Liste, auf der wir den Fortschritt festhielten.

Den Inhalt selbst erstellten wir Kapitel für Kapitel in *Google Docs*. So konnten wir beide den Inhalt des anderen sehen, ergänzen und kommentieren. Unsere Kommunikation fand – wenig kreativ, aber wirkungsvoll – per Skype, WhatsApp und Facebook Messenger statt.

Wir vereinbarten, wer primär für welche Kapitel verantwortlich sein sollte, und schrieben einen ersten Entwurf des Manuskripts. Da wir beide nicht nur im Berufsleben stecken, sondern auch Väter sind, mussten wir uns die Nächte und Wochenenden um die Ohren schlagen, um genügend Zeit zum Schreiben zu finden.

Schritt #5: Dreistigkeit siegt!

Und irgendwann bei einer nächtlichen Besprechung der Inhalte waren wir beide der Meinung, dass wir uns für ein einfaches, kleines E-Book zu viel Arbeit machten, auch wenn es Spaß machte. Da kam uns die Idee: Warum nicht einfach einen Verlag anschreiben? Denn was hatten wir schon zu verlieren?

Und tatsächlich: Drei Verlagsanfragen endeten in zwei schnellen Zusagen. Nach langen Telefonaten mit den Lektoren und Prüfung der Verträge entschieden wir uns letztendlich zur Zusammenarbeit mit dem Rheinwerk Verlag und gewannen mit unserem Lektor Stephan Mattescheck einen weiteren Mitstreiter für unser Team.

Schritt #6: Book Hacking

Wenn wir bei unseren Recherchen eine Sache über Start-ups gelernt haben, dann ist das diese: Du bekommst keine zweite Chance für einen Launch. Und die Veröffentlichung dieses Buches sollte nichts anderes sein als ein Produktlaunch. Damit dieser erfolgreich wird, wollten wir natürlich das Marketing nicht erst zur Veröffentlichung starten. Also begannen wir damit, viele unserer eigenen Strategien und Taktiken auf das Buch anzuwenden. Wir starteten unsere Website *http://growth-hacking.rocks*, lokale Growth-Hacking-Meetups, Newsletter, Facebook-Gruppen und informierten Influencer und Multiplikatoren über unser Vorhaben – alles mit dem Ziel, möglichst viele Leute über das Buch zu informieren, damit wir zum Start »nur noch« den Schalter umlegen mussten.

Schritt #7: You'll never walk alone

Mit unseren unterschiedlichen fachlichen Hintergründen als Designer und Marketer können wir eine sehr große Bandbreite an Themen abdecken und beschreiben. Aber getreu dem Motto »Der Grad deines Expertenstatus hängt stark von den Menschen im Raum ab« waren wir uns bewusst, dass wir an einigen Stellen noch den Input von Experten auf dem jeweiligen Gebiet benötigen würden. Also wandten wir uns an einige der besten deutschsprachigen Marketer wie Ben Harmanus, Björn Tantau, Inken Kuhlmann, Mario Jung, Mirko Lange und André Morys. Der Austausch mit Ihnen war ein Erlebnis, von dem wir nicht nur für das Buch noch sehr lange werden zehren können. Wir nahmen die Interviews auf, ließen Transkriptionen erstellen und nutzten die Inhalte sowohl für das Buch als auch für das Marketing, die wir im Vorfeld des Launches auf *http://growthhacking.rocks* veröffentlichten.

Schritt #8: Feedback

Nicht nur die Themen wollten wir vorab testen, sondern auch die Form. So gaben wir das Manuskript (als es zu ca. 75 % fertig war) einigen Testlesern und baten sie um ihr Feedback. Alexander Dittrich, Dennis Fischer und Katja Kupka sind selbst Entrepreneure und Experten, die Unmengen an Fachbüchern gelesen haben und deswegen sowohl Inhalt als auch Form bestens bewerten konnten. So wussten wir, an welchen Stellen wir noch arbeiten mussten, aber auch, welche Teile für Leser besonders hilfreich sein würden.

Wenn man so will, haben wir das Buch wie ein Produkt behandelt, und die Veröffentlichung war unser Launch. Über den Erfolg dieser Veröffentlichung können wir jetzt natürlich noch nichts sagen, aber wir werden einen Erfahrungsbericht auf *http://growthhacking.rocks* veröffentlichen. Wir können hoffentlich von einem Erfolg berichten, denn immerhin spielen Start-ups eine immer wichtigere Rolle für die deutsche Wirtschaft. Und das, obwohl 90 % aller Start-ups scheitern. Warum eigentlich?

1.5   Warum Start-ups scheitern

Früher hat man ein Unternehmen gegründet und war Unternehmer. Es gab Dinge wie Bankkredite und Businesspläne. Heute gründet man ein Start-up und ist Entrepreneur. Man spricht über *Business Model Canvas* und *Venture Capital*. Das Ziel ist keinesfalls so etwas Schnödes wie Unternehmenserfolg. Die Weltherrschaft sollte es dann bitteschön schon sein. Erst ab einer Bewertung von mindestens 10 Millionen Euro fängt der Spaß an. Wenn man das nicht innerhalb von, sagen wir, acht Monaten erreicht hat, sollte man sich doch schnellstens etwas Neues suchen. Und wenn du nicht in Berlin bist, hast du ohnehin keine Chance. Ist es nicht so?

> *»A Startup is a human institution created to design a new product or service under conditions of extreme uncertainty.«*
> *– Sean Ellis*

Längst ist es hip und angesagt, Entrepreneur zu sein. Wer will schon seine wertvolle Lebenszeit in ein Unternehmen investieren, das einem nicht selbst gehört oder an dem man nicht mindestens Anteile besitzt? Wer arbeitet denn gerne nur 8 Stunden am Tag, und was will man mit sechs Wochen Urlaub im Jahr anfangen? Betriebliche Altersvorsorge ist auch sowas von spießig!

Was ist passiert?

Das Internet. Heute ist jeder Mensch in der Lage, mit seinem Laptop ein Produkt zu schaffen und es einer beliebigen Gruppe von Menschen irgendwo auf der Welt zu präsentieren. Längst gibt es für nahezu jedes Problem nicht nur das Wissen, sondern auch das Werkzeug, das es lösen kann. Und für alles andere bedient man sich günstiger Arbeitskraft aus dem virtuellen, globalen Arbeitsmarkt. Diese globale Vernetzung hat dazu geführt, dass die Hürden zum Unternehmer so gering sind wie nie zuvor. Und diese globale Vernetzung ist es, die eine radikale Skalierung erst möglich macht. Der potenzielle Absatzmarkt beginnt nicht mehr zwingend im geografischen Umfeld, weil er nicht an Produktionsort oder Distribution gebunden ist. Der Markt ist (potenziell) überall. Die Welt ist dein Spielplatz.

Das ist der wichtigste Unterschied zwischen einem klassischen Unternehmen und einem Start-up: Letzteres ist einzig darauf ausgerichtet, möglichst schnell zu wachsen.[2] Das Wachstum muss nicht zwingend nachhaltig sein, idealerweise führt es zu einem schnellen, einträglichen Unternehmensverkauf (einem sogenannten *Exit*), und Gründer wie Investoren können das Geld in das nächste Projekt investieren oder sich an den Strand legen.

Aber zum Lifestyle eines erfolgreichen Unternehmers scheint es mittlerweile zu gehören, dass man auch dann arbeitet und gründet, wenn man das Geld nicht mehr nötig hat. Schließlich will man ja dazu beitragen, die Welt zu einem besseren Platz zu machen und hat nur noch das Gemeinwohl im Sinn. Deswegen baut Mark Zuckerberg, der Gründer und CEO von Facebook, Drohnen, die in Afrika kostenlo-

---

2   An der Definition eines Start-ups scheiden sich die Geister. Während Moore argumentiert, dass ein Start-up ein Unternehmen ist, das möglichst schnell wachsen soll, sagt Steve Blank, dass ein Start-up eine Organisation auf der Suche nach einem wiederholbaren und skalierbaren Geschäftsmodell ist.

sen Internetzugang ermöglichen. Und Elon Musk, einer der Gründer von PayPal und Tesla, baut Raketen, die zum Mars fliegen. Mit dem eigenen Erfolg geben nur die Wenigsten an (siehe Abbildung 1.1).

Abbildung 1.1 MySpace-Gründer Tom Anderson »grillt« einen Hater.

Die »Bibel« der ambitionierten Gründer ist das Buch »Lean Startup« von Eric Ries, ein Name, den du im Laufe des Buches noch mehrmals lesen wirst. Ries studierte Computer Science an der Yale University und gründete anschließend mehrere Unternehmen, darunter die Social Community IMVU. Er arbeitet als Berater für verschiedene Start-ups und lebt in San Francisco.

Basierend auf der Lean-Production-Philosophie eines klassischen Unternehmens (Toyota) entwickelte er eine Vorgehensweise, wie man mit möglichst wenig Input möglichst viel Output generieren kann. In diesem Zusammenhang kann Output auch ein konstruktives Learning sein. Ries wendete diese Idee auf webbasierte Technologie an. Kern seines Buches ist das *Minimum Viable Product* (MVP).

Dieser pragmatische Prototyp soll ein bestimmtes Problem einer bestimmten Gruppe von Menschen lösen. Hat man den MVP erstellt (idealerweise ohne viel Einsatz an Zeit, Geld und Arbeit), wird er der potenziellen Zielgruppe präsentiert und somit der Bedarf validiert. Wenn die Zielgruppe nicht anbeißt, gibt es zwei Möglichkeiten: Entweder war das Problem doch nicht vorhanden und das Projekt war damit zwar nicht erfolg-, aber lehrreich und kann beendet werden. Oder man führt einen sogenannten *Pivot* durch (also eine radikale strategische Richtungsänderung) und ändert auf Basis des Feedbacks der Produkttester das Produkt dahingehend, dass der Bedarf besser bedient wird. Letztendlich geht es darum, mit geringem Risiko ein Produkt zu entwickeln, das jemand kaufen möchte. Sowohl das Produkt als auch der Jemand sind nicht in Stein gemeißelt, sondern können sich im Laufe des Prozesses ändern, je nachdem, mit welcher Kombination das schnellste Wachstum realisiert werden kann. Man spricht vom *Product-/Market-Fit*, der die zweite Stufe eines jeden Start-ups darstellt. Mehr zum Thema Product-/Market-Fit liest du in Kapitel 3, »So stellst du die Weichen auf Wachstum«.

Abbildung 1.2 Start-up-Levelmap

Und da wären wir wieder beim wichtigsten Wort: Wachstum. Ein Start-up muss schnell genug wachsen, bevor das Geld ausgeht. In dieser frühen Unternehmensphase kommt das Geld entweder von den Gründern selbst – man spricht in diesem Fall von *Bootstrapping* – oder von frühen externen Investoren, sogenannten

Business Angels. Und da liegt die Krux: Wie groß sind die Chancen für ein neues Unternehmen in einem neuen Markt – ohne Ressourcen? Sehr gering.

Die Antwort auf die Frage, warum so viele Start-ups scheitern, hat ein Gentleman namens Geoffrey A. Moore gegeben. Geoffrey Moore studierte Literatur in Stanford und an der Universität von Washington und war viele Jahre lang Englisch-Professor in Michigan, bevor er zurück nach Kalifornien zog und sich von der akademischen Welt verabschiedete. Seitdem arbeitete er in verschiedenen Beratungs- und Venture-Unternehmen. Moore hat sich angeschaut, warum aus einigen wenigen Gründungen erfolgreiche Unternehmen werden und woran viele andere (90 %!) scheitern.

Die Gründe für das Scheitern eines Start-ups können so vielfältig wie die Gründungsideen sein. Drei wichtige sind:

1. **Kein Product-/Market-Fit:** Noch bevor der Eintrittsmarkt und das erste Zielgruppensegment erobert und damit die Produktidee validiert ist, werden unnötige Kosten verursacht. Beispielsweise durch zu viele Mitarbeiter oder unnötige und teure Marketingkampagnen.

2. **Nicht das richtige Team:** Viele schlaue Köpfe ziehen eine gut dotierte und vermeintlich sichere Festanstellung in einem etablierten Unternehmen dem Risiko eines Start-ups vor. Insbesondere in einer frühen Phase sind Start-ups häufig nicht in der Lage, marktgerechte Löhne anzubieten und bieten ihren frühen Mitarbeitern als Ausgleich Anteile an. Aufgrund der Unsicherheiten ist das Risiko beträchtlich, dass das Start-up scheitert, die Anteile nichts wert sind und man viel Geld hat liegen lassen. Dazu kommt in Regionen mit hohem Wettbewerbsdruck (wie aktuell beispielsweise in Berlin) der Mangel an gut ausgebildeten Fachkräften, insbesondere an Entwicklern.

3. **»Dumb Money«:** Den frühen Investoren – sofern denn überhaupt welche gefunden werden – dauert es zu lange, bis das Unternehmen endlich die gewünschten Umsätze erzielt, und sie ziehen deswegen den Stecker. Das kann insbesondere dann passieren, wenn der Investor keine Erfahrung mit Start-ups hat, die Kommunikation zwischen dem Start-up und dem Investor nicht gut war und gleichzeitig die sogenannte *Burn Rate*, also die laufenden Kosten für Team und Technik, höher ist, als erwartet.

Moore hat insbesondere den Mangel eines echten Product-/Market-Fits als häufige Ursache ausgemacht. Um dieses Problem zu veranschaulichen hat er den sogenannten *Technology Adaption Lifecycle* als Grundlage übernommen. Dieser Lifecycle besagt, dass jedes technische Produkt (und die meisten Start-ups haben ein internetbasiertes Technologieprodukt) mehrere Phasen durchläuft (siehe Abbildung 1.3).

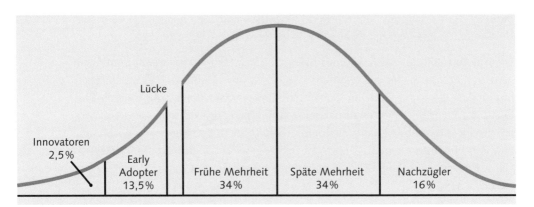

Abbildung 1.3 Technology Adaption Lifecycle inklusive des gefürchteten Chasm
(Quelle: Geoffrey A. Moore: Crossing the Chasm, 2014, Seite 21)

Die ersten Nutzer sind die Innovatoren und *Early Adopters*. Sie nutzen das Produkt nicht, weil es perfekt ist, sondern weil es neu ist. Sie sind in ihrem sozialen Umfeld Meinungsführer und probieren ständig Dinge aus, die noch nicht jeder kennt. Das sind die Menschen, die nach einer Apple-Keynote die Nacht vor dem Apple Store verbringen, um am nächsten Morgen als einer der ersten das neueste iPad oder iPhone zu besitzen. Am anderen Ende des Lifecycles stehen die *Nachzügler*, die das Produkt erst dann kaufen, wenn es schon nicht mehr in Mode und deutlich günstiger zu haben ist. Um bei unserem Apple-Beispiel zu bleiben sind das die Menschen, die das abgelegte und benutzte iPhone 4 kaufen, wenn sich ein Bekannter bereits das 8er gekauft hat. Dazwischen sind mit der frühen und späten Mehrheit (*Frühe Mehrarbeit* und *Späte Mehrarbeit*) die beiden Marktsegmente, die wirklich Umsatz generieren. Moore sagt, dass jedes erfolgreiche Produkt jede dieser Phasen durchleben muss.

Als Ergebnis erbrachte seine Untersuchung eine Lücke: Viele Start-ups konnten zwar die Gruppen der Innovatoren und Early Adopters für ihr Produkt begeistern, sind aber an der sogenannten frühen Mehrheit gescheitert. Der Markt war nicht mehr groß genug, das vielversprechende Wachstum konnte nicht fortgeführt werden. Und wenn ein Unternehmen nicht mehr wächst, hat man ein ernsthaftes Problem.

Um dieses Problem zu lösen, gibt es »Growth Hacking«.

2 So funktioniert Growth Hacking

Die Ausgangslage im Internet ist fast überall gleich: Der Nutzer hat kein Geld oder will es nicht ausgeben. Hinzu kommt, dass Unternehmen heute häufig limitierte Ressourcen haben: Du benötigst also kreative und clevere Lösungswege, um möglichst schnell zu wachsen und neue Kunden zu gewinnen.

Du kennst die Situation vielleicht: Du hast ein neues Produkt entworfen, das du online vermarkten möchtest. Du investierst deine Arbeitszeit und dein komplettes Wissen in die Konzeption und das Produktdesign. Nach monatelanger Planung wird die Website perfekt umgesetzt, und das Produkt ist umfangreich und von hoher Qualität. Nach der Markteinführung werden die ersten Zahlen präsentiert, und du bemerkst, dass das Produkt zu wenig performt und die Investition in keinem Verhältnis zum Ertrag steht. Heute kann man sich solche Rückschläge kaum mehr leisten, denn in den meisten Fällen sind die Ressourcen knapp bemessen. Vor allem das Tempo, in dem Unternehmen neue Produkte auf den Markt bringen müssen, stellt eine große Herausforderung dar.

An dieser Stelle möchten wir dir Sean Ellis vorstellen. Seinen Namen wirst du in diesem Buch noch häufiger lesen. Er war früher selbstständiger Marketing Manager und unterstützte in dieser Funktion mehrere Start-ups im Silicon Valley. Er hatte das Problem zu hoher Investitionskosten und knapper Zeit erkannt und suchte nach neuen Möglichkeiten, um das Wachstum schnell zu steigern, ohne zu viele Marketinggelder zu verschwenden. Ellis begegnete dem mit einer Kombination aus kreativen Marketingmaßnahmen, intensiver Webanalyse und Prozessautomatisierung. Neu war auch das iterative Vorgehen. Anstatt die Produkteinführung monatelang vorzubereiten, plante er in kleinen Schritten und wiederholte diese, bis erste Erfolge verzeichnet werden konnten. Immer wenn Ellis in seinem weiteren Berufsleben von einem Start-up zum nächsten zog und neue Mitarbeiter suchen musste, fragte er sich, nach was für einem Profil er nun suchen sollte. Weil seine Fähigkeiten weit über die eines normalen Online-Marketers hinausgingen, war er gezwungen, für die Stellenausschreibungen eine neue Berufsgattung zu schaffen – der Growth Hacker war geboren.[1]

---

1 *www.quicksprout.com/the-definitive-guide-to-growth-hacking*

Mit seiner Vorgehensweise und einigen sehr klugen Maßnahmen zur viralen Verbreitung, von denen du später noch lesen wirst, brachte Ellis Dropbox auf die Erfolgsspur. Diese Erfolgsstory war jedoch nicht der erste offizielle Growth Hack. Hotmail erreichte nach seinem Launch im Jahr 1996 innerhalb kurzer Zeit durch einen sehr cleveren Hack ein enormes Nutzerwachstum. Der E-Mail-Dienst sendete mit jeder ausgehenden E-Mail folgende Tagline mit: »PS: I love you. Get Your Free Email at Hotmail.« Wenn also ein Hotmail-User eine E-Mail sendete, konnte der Empfänger ganz einfach auf den Tagline-Link klicken, der ihn automatisch auf eine Landingpage leitete. Dort konnte er einen kostenlosen E-Mail-Account anlegen.[2]

Als Hotmail 1,5 Jahre nach dem Launch an Microsoft verkauft wurde, hatte das Unternehmen 12 Millionen Nutzer.

(Zu dieser Zeit gab es erst 70 Millionen Internetnutzer.)

Juli   September November   Januar   März   Mai   Juli   September November

Abbildung 2.1 Hotmail zählte kurz nach dem Launch 12 Millionen User.

Hotmail wurde nur eineinhalb Jahre nach dem Start von Microsoft für 300 bis 400 Millionen Dollar gekauft (siehe Abbildung 2.1) – und heißt inzwischen Outlook.

2.1 Growth Hacking ist nicht nur für Start-ups

Viele der besten Growth Hacks haben eine sehr begrenzte Lebenszeit, weil sie auf den zu dieser Zeit verfügbaren und effizienten Möglichkeiten fußen. Insbesondere solche Hacks, die auf Basis einer dritten Plattform wie YouTube oder Facebook basieren, können durch eine kleine Änderung des Codes von einem auf den anderen Tag verschwinden. Deswegen sind neue Möglichkeiten oftmals ein streng gehütetes Geheimnis. Denn wenn jemand Gold gefunden hat, wird er nicht in die nächste Stadt rennen und den Ort seines Claims verraten. Diese Kurzlebigkeit führt

---

2 https://techcrunch.com/2009/10/18/ps-i-love-you-get-your-free-email-at-hotmail

aber auch dazu, dass es immer wieder neue Hacks und Methoden gibt und dass Growth Hacking einem stetigen Wandel unterzogen ist.

Zumal die Gruppe der Interessenten größer wird. Auch wenn hierzulande die Methoden im Online-Marketing nach wie vor drei bis vier Jahre hinter den USA hinterherhinken, so gewinnt das Thema doch immer mehr an Bedeutung. Ein Hinweis darauf ist der beeindruckende Erfolg von Messen und Konferenzen, die sich mit dem Thema Digital Marketing beschäftigen, wie beispielsweise das »Online Marketing Rockstars Festival« in Hamburg oder die »DMEXCO« in Köln.

Dafür gibt es zwei Gründe: Sieht man sich zum einen den Nasdaq an, wird dieser nicht mehr von »Old-School«-Unternehmen wie Exxon, General Electric oder Shell dominiert, wie es jahrzehntelang der Fall war. Drei der aktuell fünf wertvollsten Unternehmen der Welt sind Alphabet (die Holding von Google), Amazon und Facebook, also reine Internet-Player[3], keine Familienunternehmen oder Konzerne, die jahrzehntelang gewachsen sind, sondern ehemalige Start-ups, die ein skalierendes Businessmodell zum globalen Erfolg geführt haben. Mit Unternehmen wie Airbnb, Tesla, PayPal und Uber steht bereits die nächste Generation der Start-up-Unicorns[4] in den Startlöchern, etablierten Unternehmen das Fürchten zu lehren und bestehende Industrien aus den Angeln zu heben.

> *»Every industrial company will become a software company.« – Jeffrey Immelt, CEO General Electric*

Dieser Druck durch internetbasierte Start-ups ist einer der Gründe dafür, dass inzwischen auch viele mittelständische Unternehmen und Konzerne Growth Hacking für sich entdecken. Deswegen entstehen immer mehr Corporate Start-ups und Accelerators, deswegen wird auch in etablierten Unternehmen immer mehr nach der agilen Scrum- statt nach der Wasserfall-Methodik entwickelt. Die Lean-Start-up-Bewegung ist eine Inspiration für jedes Unternehmen, das sich weiterentwickeln und wachsen möchte. Growth Hacking überträgt diese Dynamik auf das Marketing.

Der zweite wichtige Grund ist die Änderung im Medienkonsum, insbesondere bei der für die werbetreibende Industrie besonders attraktiven Zielgruppe der unter 30-Jährigen. Konnte man sich jahrzehntelang sicher sein, mit einer gut geplanten Werbekampagne im Fernsehen, auf Plakaten und in Zeitschriften einen Großteil seiner Zielgruppe erreichen zu können, so ist das nicht mehr länger zwingend der Fall. Junge Menschen verbringen inzwischen mehr Zeit mit dem Medienkonsum auf YouTube, Facebook und Instagram als mit Fernsehen. Warum? Weil diese Medien

---

3   Die anderen beiden sind Apple und Microsoft, also zwei Unternehmen, die zwar nicht ihr Kerngeschäft im Internet haben, dort aber wachsenden Umsatz erzielen.

4   Ein Einhorn (engl. *unicorn*) bezeichnet ein Start-up-Unternehmen mit einer Marktbewertung von über 1 Milliarde US-Dollar.

nicht nur den passiven Konsum erlauben, sondern auch das aktive Produzieren von eigenem Content.

Dazu kommt, dass insbesondere diese junge, attraktive Zielgruppe vermehrt zu Adblocking-Software greift und damit über traditionelle Werbung im Internet wie Banner oder Pre-Roll-Ads nicht mehr erreichbar ist. In Deutschland nutzen bereits knapp 30 % der Nutzer einen Ad-Blocker. Auch die Wachstumsraten der On-Demand-Streamingdienste wie Netflix und Amazon Prime sorgen dafür, dass die Nutzer zwar mehr Medien konsumieren, aber Werbung umschiffen – ein Problem für jeden Marketer.

Noch nie in der Geschichte der Menschheit hat es das zuvor gegeben – jeder von uns kann mit nichts weiter als seinem Smartphone und einer Internetverbindung einen Großteil der gesamten Menschheit erreichen! Jeder kann ein Medienunternehmen sein. Und jedes Medienunternehmen ist daran interessiert, seine Auflage zu vergrößern. So sind also nicht nur die Medien einem nie dagewesenen Wandel unterworfen, sie sind außerdem so fragmentiert und demokratisiert wie nie. Vereinfacht ausgedrückt ist jeder Instagram-Nutzer sowohl passiver Konsument als auch aktiver Publisher. Und wenn er als Publisher ambitioniert ist und mehr Reichweite möchte, tritt er in einen direkten Wettbewerb mit den etablierten werbetreibenden Unternehmen.

Die klassischen Einstiegshürden in den Werbemarkt, wie große Medienbudgets, Tools zur Mediaplanung, Kontakte zu Vermarktern und Publishern, sind auf diesen neuen Medien nicht nur niedriger, sie sind gefallen. Jeder kann eine Werbekampagne auf Facebook anlegen und schon mit geringem Budget starten. Daher gibt es immer mehr werbetreibende Unternehmen und Unternehmer, was die Nachfrage nach effizienten und smarten Marketingmethoden erhöht. Reichweite und Branding spielen für große Konzerne nach wie vor eine große Rolle. Aber selbst Unternehmen wie Adidas, Unilever oder BMW sind heute bemüht, ihre Marketingaktivitäten möglichst datenlastig, sprich effizient und zielgerichtet, zu planen. Hohe Streuverluste kann sich keiner mehr leisten.

Zusammengefasst ist Growth Hacking also nicht nur interessant für Start-ups, sondern für alle: vom selbstständigen Grafiker, der seine Dienstleistungen im Netz anbietet, über KMU (kleine und mittlere Unternehmen) bis hin zu globalen Konzernen.

Es gibt, selbst von Sean Ellis selbst, keine einheitliche Definition von Growth Hacking, weswegen wir uns diesem Problem gestellt haben. Growth Hacking verstehen wir wie folgt:

Growth Hacking – eine Definition

Growth Hacking ist ein interdisziplinärer Mix aus Marketing, Datenanalyse und Entwicklung. Das einzige Ziel von Growth Hacking ist das Wachstum eines Unternehmens. Dafür wird ein Prozess zugrunde gelegt, der die schnelle Identifikation von skalierbaren Kommunikationskanälen ermöglicht. Im Gegensatz zu traditionellen Marketingmaßnahmen wird jeder Berührungspunkt des potenziellen Kunden mit dem Unternehmen als potenzieller Kommunikationskanal in Betracht gezogen.

Oder zusammengefasst: Growth Hacking ist die optimale Synthese aus Produkt, User Experience (UX) und Marketing – mit Wachstum als Ziel.

Entscheidend dabei: Growth Hacking ist nicht etwa nur eine Sammlung von smarten Marketingtricks. Growth Hacking ist ein Prozess des fortwährenden Lernens und Anpassens. Für alle Produktmanager und Entwickler: Scrum für Marketing.

Außerdem entscheidend: Growth Hacking ist immer eine Teamaufgabe, weil sie sehr unterschiedlicher Kompetenzen bedarf.

2.2 Growth Hacking ist keine Revolution

John Wanamaker war ein sehr erfolgreicher Geschäftsmann und Politiker, der den Schwerpunkt seiner geschäftlichen Tätigkeit in Philadelphia hatte. Er eröffnete eine der ersten Kaufhausketten (aus denen später Macy's werden sollte) und durfte später den Posten des amerikanischen Postministers besetzen. Wanamaker war sich der Zwickmühle bewusst, dass er für seine Kaufhäuser werben musste, um erfolgreich zu sein, aber dass Werbung auch so ungezielt ist, dass sie nicht nur seine potenziellen Käufer erreicht. Von ihm stammt der bekannte Ausspruch, dass die Hälfte des für Werbung ausgegebenen Geldes rausgeschmissenen sei und er leider nur nicht wisse, welche Hälfte es ist.

Mit dieser Herausforderung sieht sich auch heute noch jeder Marketer konfrontiert. Aber im Jahr 2017 ist das schlicht und einfach nicht mehr zulässig. Und Growth Hacking tritt dafür den Beweis an. Denn diese Disziplin ist aus der Not junger Unternehmen entstanden, die es sich nicht leisten konnten, die Hälfte ihres Budgets zu verschwenden. Denn das wenige Geld, das diese Unternehmen verwenden können, sollte primär in die Produktentwicklung fließen. Werbung ist in den Augen vieler Gründer und Produktentwickler ein notwendiges Übel.

Growth Hacking ist keine Revolution, sondern eine Evolution. Und die Ausgangslage ist bereits über 50 Jahre alt. Auch wenn es Menschen mit anderen Fähigkeiten und mit einem etwas anderen Mindset sind, die sich Growth Hacker nennen, so ist es letzten Endes doch Marketing, und zwar im klassischen Sinne.

Sean Ellis hat den Begriff des Growth Hackers 2010 geprägt, und er meinte damit datengetriebene, technikaffine Menschen, die den Fokus ihrer Arbeit darauf richten, einem Produkt oder einem Unternehmen zu mehr Wachstum zu verhelfen. Warum das für Aufsehen sorgte? Weil es in Kontrast zur heutigen Personifikation eines Marketers steht. Marketing Manager sind meistens Menschen mit viel Charme und großartigen PowerPoint-Skills, die sowohl nach innen (in Meetings mit den eigenen Kollegen) wie auch nach außen (auf eleganten Cocktailpartys) mit englischen Fachwörtern nur so um sich schmeißen. Mit viel Energie und Elan sorgen sie dafür, dass originelle Ideen zu Award-verdächtigen Kampagnen mit TV-Spots und Postern werden, über deren sinnstiftende Tiefe sie sich in Interviews mit Fachmedien wie der »Horizont« oder »W&V« ausschweifend auslassen dürfen. Es sind zumeist gute, talentierte Menschen, die ihre Kollegen mitreißen und begeistern können, die ihren Job hervorragend machen. Aber ihr Job ist nicht Marketing, es ist Werbung.

In den meisten Unternehmen ist die primäre Aufgabe der Marketingabteilung, dafür zu sorgen, dass die Kreativ-, Media- und Spezialagenturen, mit denen sie zusammenarbeiten, sich nicht in die Haare kriegen, sondern (mehr oder weniger) professionell miteinander arbeiten, wobei keine Agentur eine Gelegenheit auslassen wird, etwas vom Budgettopf der anderen Agenturen abzubekommen. Im Rahmen dieser Zusammenarbeit dürfen Marketing Manager, sofern sie die Kompetenz seitens der Geschäftsführung bekommen haben, die eine oder andere Entscheidung darüber treffen, wie und wo in diesem Jahr das Geld ausgegeben wird. So gesehen sind Marketing Manager Schnittstellen mit Budgetverantwortung. Und auch daran ist überhaupt nichts auszusetzen, denn diese Aufgabe ist nicht einfach, aber notwendig. Aber in der Regel ist es eine Illusion zu glauben, dass sie mehr als Werbung machen. Und Werbung impliziert nicht Wachstum. Sie ist lediglich einer von vielen möglichen Wegen dorthin.

Die Disziplin Marketing beinhaltet deutlich mehr als Werbung. Jeder, der auch nur eine einzige Vorlesung in Marketing genießen durfte, wurde mit dem 4P-Konzept vertraut gemacht: Product, Price, Place, Promotion. Dieses Konzept wurde von Edmund Jerome McCarthy, einem amerikanischen Marketingprofessor, in seinem Buch von 1960 »Basic Marketing: A Managerial Approach« ersonnen und befindet sich ganz am Anfang sämtlicher marketingwissenschaftlicher Fachliteratur. Auch »der Meffert«, das von Heribert Meffert (der 1968 den allerersten deutschen Marketing-Lehrstuhl an der Westfälischen Wilhelms-Universität Münster innehatte), geschrieben wurde, beschreibt das Konzept der 4P (siehe Abbildung 2.2) ausführlich.

Abbildung 2.2 Das 4P-Konzept

Diese Definition von Marketing ist deutlich umfassender als der Job, der von den meisten Marketing Managern erledigt wird. Denn Marketing ist mehr als nur Kommunikationspolitik, und genau in diese Lücke stößt Growth Hacking. Denn Growth Hacking betrachtet nicht nur die Kommunikationsmaßnahmen eines Unternehmens als möglichen Wachstumskanal, sondern jeden Berührungspunkt entlang der Customer Journey. Und damit folgt es nur dem klassischen Marketingkonzept, das auch Produkt-, Preis- und Distributionspolitik beinhaltet. So betrachtet könnte man Growth Hacking sogar als eine Rückbesinnung auf klassische Werte verstehen, addiert mit den Möglichkeiten, die uns eine global vernetzte Welt und ein umfassender Werkzeugkoffer an Marketingtools bieten.

2.3   Der Growth Hacking Circle

Traditionelle Marketer haben ihre Fähigkeiten vor allem im Produktmarketing und in der Distribution. Das Know-how eines Growth Hackers geht weit über diese Bereiche hinaus. Nebst Online-Marketing kümmert er sich um die User Experience, optimiert Landingpages, implementiert Google Analytics oder andere Messverfahren. Dabei verfolgt er ein zentrales Ziel: Wachstum. Selbstverständlich verfolgen auch traditionelle Marketer Wachstumsziele, aber nicht mit demselben Nachdruck. Dieser Fokus auf Wachstum hat neue Methoden zur Traffic-Steigerung und Conversion-Optimierung hervorgebracht. Der Growth Hacker kombiniert zur Erreichung der Wachstumsziele folgende drei Disziplinen (siehe Abbildung 2.3):

1. kreatives Produktmarketing

2. User Experience und Webanalyse

3. Webentwicklung und Automatisierung

Es geht darum, mit kreativen Lösungsideen die Grenzen des Online-Marketings auszuloten und sich nicht nur auf gängige Wege zu verlassen. Ein typischer Marketer bei einem Großunternehmen setzt z. B. sehr viel Geld ein, um seine Facebook-Seiten und Social-Media-Profile aufzubauen. Er nutzt dazu die bewährten Lösungswege, was natürlich nicht falsch ist, aber nicht zu Innovation führen kann. Ein Growth Hacker wählt daher andere Ansätze. Er experimentiert mit den Funktionen, die ihm geboten werden, testet neue Tools und Konzepte oder versucht, alte Ideen auf neue Art und Weise umzusetzen. Er ist ein Meister der Kreativitätstechniken und findet auch immer wieder neue Möglichkeiten, um das Wachstum zu steigern. Man könnte nun behaupten, dass es sich also nur um einen besonders kreativen Online-Marketer handelt. Das wäre richtig, hätte der Growth Hacker nicht noch Fähigkeiten in anderen Bereichen. Zum einen lebt er die berühmte Philosophie von Steve Jobs: »Design is not just what it looks like, Design is how it works.« Das bedeutet, dass ihm das gesamte Nutzererlebnis am Herzen liegt. Er verlässt sich dabei nicht nur auf sein Bauchgefühl, er nutzt die Möglichkeiten der Webanalyse zur Optimierung seiner kreativen Konzepte.

Und damit er seine kreativen, nutzerzentrierten Ideen auch möglichst schnell an einem echten Publikum austesten kann, setzt er auf seine Fähigkeiten als Webentwickler. Besonders die Prozessautomation ist ihm wichtig und ermöglicht es ihm, schneller für mehr Wachstum zu sorgen, als das ein herkömmlicher Marketer je hätte schaffen können.

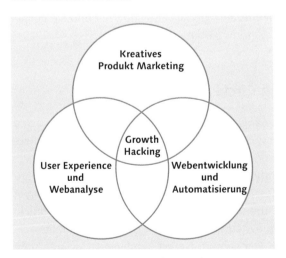

Abbildung 2.3 Der Growth Hacking Circle

2.3.1   Was hat das alles mit Hacken zu tun?

Zuerst muss man verstehen, was ein Hacker eigentlich ist. Die meisten Menschen verbinden einen Hacker mit bösartigen Cyberangriffen und Computerviren, doch das ist nicht der Ursprung des eigentlichen »Hackens«. Schon Ende der 1950er Jahre tat sich eine Gruppe experimentierfreudiger Menschen zusammen, um die Grenzen des Machbaren zu erkunden. Wau Holland, deutscher Journalist und Computeraktivist, prägte später die Formulierung:

>*»Ein Hacker ist jemand, der versucht, einen Weg zu finden,*
>*wie man mit einer Kaffeemaschine Toast zubereiten kann.«*

Es geht beim Hacken also um viel mehr als nur darum, in fremde Rechner und Netzwerke einzudringen. In der Hackerkultur gibt es viele, die das Hacken als eine Chance sehen, die Welt zu verbessern. Sogenannte »Hacktivisten« verstehen sich als eine Art digitale Bürgerwehr. So gibt es Gruppierungen wie die Artificial Intelligence Laboratory, die sich für freie Software einsetzen. Ihrer Ansicht nach sollte die Kontrolle über die Software nicht bei Unternehmen, sondern beim Nutzer liegen. Eine weitere Bewegung nennt sich »ethische Hacker«. Ein ethischerer Hacker sucht im Auftrag eines Softwareanbieters nach Schwachstellen, bevor andere Hacker diese für Angriffe nutzen könnten. Solche Spezialisten erfreuen sich einer zunehmenden Beliebtheit.[5]

Auch wenn historisch gesehen die Hacker also nicht einfach nur reine Computerfachleute waren, verstehen wir in unserem Kulturkreis unter einem Hacker aber vor allem jemanden, der mit großem Sachverstand die Möglichkeiten der digitalen Technologie ausreizt. Und genau das versucht auch der Growth Hacker.

2.3.2   Der Growth Manager

Für Ben Harmanus, Head of Community & Content Marketing D/A/CH bei Unbounce, ist ein Growth Hacker jemand, der auch tatsächlich entwickeln und Skripte schreiben kann. Online-Marketer und Produktmanager, die strategische Entscheidungen über Wachstumsmaßnahmen treffen, ohne dabei tatsächlich Hacks anzuwenden, würde er als Growth Lead, Growth Master oder als Growth Manager bezeichnen. In diesem Sinne wäre auch ein wahrer Growth Hack so selten wie ein Einhorn, weil er nur dann diese Bezeichnung verdient, wenn er zum allerersten Mal eine neue Tür aufgestoßen hat. Sobald dieser Hack von anderen Unternehmen adaptiert wird, ist er Best Practice.

>*»Ein echter Growth Hacker ist wie ein Einhorn: sehr*
>*schwierig zu finden.« – Ben Harmanus, Unbounce*

---

5   *www.digitalwelt.org/themen/hackerethik/der-begriff-hacker*

Die Frage ist also, was man als echten Growth Hack bezeichnet. Muss der Hack einmalig und innovativ sein? Oder muss sich ein Produkt wirklich automatisiert und viral verbreiten, damit es sich um einen echten Growth Hack handelt? Oder reicht es, wenn du Experimente durchführst und kreative Lösungswege findest, um das Wachstum auf deinen Websites, Blogs und Social-Media-Seiten zu steigern? Ist ein Growth Hack immer nur nach außen an die Kunden gerichtet, oder kann auch eine Maßnahme, die den eigenen Vertriebsmitarbeitern stundenlange Arbeit erspart, als Growth Hack bezeichnet werden?

Den Unterschied macht vor allem die Kombination der drei Growth-Hacking-Disziplinen, das experimentelle Vorgehen und der vollkommene Fokus auf skalierbares Wachstum. Sobald sich also das Wachstum nach der Durchführung einer deiner Iterationen signifikant verändert, hast du einen echten Growth Hack geschafft. Unserer Meinung nach ist es unerheblich, ob es diesen Hack schon einmal gab oder nicht. Harmanus erwähnt jedoch noch eine sehr wesentliche Sache, die ein Growth Hacker mit einem Growth Manager gemeinsam hat: Er denkt wie ein Unternehmer. Er meint damit, dass beide den brennenden Wunsch haben, die Zielgruppe mit dem Must-Have-Produkt zu verbinden.[6]

2.3.3   Growth Marketing

Wenn von Unternehmens- oder Online-Wachstum gesprochen wird, hört man auch immer mal wieder den Begriff Growth Marketing. Die Fachwelt ist sich jedoch bei der Unterscheidung der Begriffe Growth Hacking und Growth Marketing nicht einig. Zum Beispiel wird immer wieder diskutiert, ob ein wesentlicher Unterschied von Growth Marketing zum Growth Hacking nicht die fehlende Experimentierfreude sei. Denn unkonventionelle Experimente stoßen in Unternehmen häufig nicht unbedingt auf Gegenliebe. Man könnte also behaupten, ein Growth Hacker hilft einem Produkt mit Growth Hacks auf die Beine, um es anschließend wieder in die Marketingabteilung zu übergeben. Diese sorgt dann mit Growth Marketing für das weitere Überleben des Produkts. Für den Marketer Robert Weller sind Growth Hacks »meist auf eine Maßnahme und einen Kanal beschränkt und beschreiben Quick Wins, wohingegen Growth Marketing systematisch alle Möglichkeiten mit einbezieht und neben der Akquise eben auch auf die Steigerung der Customer Engagement abzielt.«

Wenn wir die oben genannte Definition von Growth Hacking verwenden, nämlich dass darunter ein systematischer Prozess zur Steigerung von Unternehmenswachstum in jeder Form verstanden werden kann, dann erfüllt Growth Hacking Wellers Ansprüchen an Growth Marketing und kann als Synonym verwendet werden. Des-

---

6   http://unbounce.com/de/conversion-optimierung/was-ist-growth-hacking-und-was-nicht

wegen werden im Folgenden alle möglichen Kommunikationskanäle auf »versteckte« Wachstumsmöglichkeiten hin abgeklopft. Für manche dieser »Hacks« benötigt man einen Programmierer, für andere nur ein wenig Dreistigkeit. Aber Grundlage für alles ist der systematische Prozess fortwährenden Messens, Analysierens, Testens und Optimierens.

Schlussendlich stehen sich die beiden Begriffe sehr nahe, und auch wir verwenden für unsere Tätigkeit gerne mal den Ausdruck Growth Marketing. Das machen übrigens auch bekannte Growth Hacker wie Sean Ellis oder Neil Patel. Auch wenn Growth Hacking mehr als nur ein Buzzword oder ein Hype ist, könnte es dennoch gut sein, dass sich langfristig eher die Bezeichnung Growth Marketing durchsetzen wird.

2.4   Growth Hacking vs. Bootstrapping vs. Lean Marketing

In der Literatur, auf Blogs, Podcasts und Konferenzen im Umfeld von Start-ups und digitalem Marketing wird häufig mit diesen drei Begriffen um sich geworfen, ohne dass eine scharfe Trennung erfolgt. Dem wollen wir abhelfen.

Growth Hacking ist, wie oben beschrieben, Marketing für Unternehmen, die mit begrenzten Mitteln schnell wachsen müssen. Wichtig dabei zu wissen: Marketing umfasst nicht nur die klassischen Kanäle der bezahlten Werbung, sondern jeden möglichen Berührungspunkt zwischen dem Unternehmen und dem potenziellen Kunden. Jeder dieser Berührungspunkte ist eine Möglichkeit, ihn durch Growth Hacking für weiteres Wachstum zu verbessern. Damit umfasst Marketing auch das Produkt selbst.

Bootstrapping im engeren Sinne bezeichnet den Aufbau und Betrieb eines Start-ups mit »Bordmitteln«, also ohne finanzielle Unterstützung von außen. Die Bandbreite reicht von einem ambitionierten Sideproject, das von den Gründern nachts und am Wochenende umgesetzt wird, bis hin zu kleinen Unternehmen, die bereits den Bedarf für ihr Produkt am Markt beweisen. Der Vorteil für die Gründer ist: Sie behalten die volle Kontrolle über ihr »Baby« und sind nicht auf Business Angels, Venture Capital oder Förderbanken angewiesen. Sie können sich vollkommen frei dafür entscheiden, wie sie ihr Produkt entwickeln und bewerben. Der Nachteil: Sofern man nicht über große finanzielle Reserven verfügt (was oft der Fall ist, wenn einer der Gründer zuvor einen erfolgreichen Exit hingelegt hat, d.h. ein Unternehmen bereits verkauft hat), wird dieses Modell eher früher als später an seine Grenzen stoßen, weil eine Skalierung nicht möglich ist. Bootstrapping bezeichnet also primär die Entwicklung eines Produkts ohne fremdes Kapital, nur mit eigenen Ressourcen.

Lean Marketing will diese Schwächen des klassischen Marketings korrigieren: Es bezeichnet eine dynamische, datengetriebene und experimentierfreudige Vorgehensweise zur Optimierung der bezahlten Werbung. Es geht darum, performance-orientierte Werbung – insbesondere Google AdWords, Facebook- und Display-Ads – durch permanentes Monitoring zu analysieren und fortwährend zu verbessern. Dabei werden ständig neue Kanäle und Werbemittel getestet, um den optimalen *Audience-Ad-Fit* zu erzielen.

Der Audience-Ad-Fit umfasst:

▸ eine möglichst kleine und exakt beschriebene Zielgruppe (basierend auf einer einzelnen Persona)

▸ den Kanal, auf dem diese Zielgruppe gut zu erreichen ist

▸ das Werbemittel

▸ die Landingpage

Alle drei Methoden, Growth Hacking, Bootstrapping und Lean Marketing, haben gemeinsam, dass sie mit begrenzten Mitteln Wachstum erzielen wollen, weswegen Effizienz und Cleverness eine wichtige Rolle spielen. Der wichtigste Unterschied ist: Bootstrapping bezeichnet die Produktherstellung (ohne externe Mittel). Lean Marketing behandelt die (bezahlte) Werbung. Growth Hacking umfasst beides, sowohl das Produkt (und damit alle einhergehenden potenziellen Kommunikationsmöglichkeiten) als auch die bezahlte Werbung und alle weiteren Maßnahmen.

2.5 Echte Growth Hacks – Praxisbeispiele

Hier haben wir einige wichtige Growth Hacks zusammengestellt.

2.5.1 Instagram

Als Facebook im Jahr 2012 mitteilte, dass es Instagram zum Preis von 1 Milliarde US-Dollar übernehmen werde, bestand das Unternehmen aus 12 Mitarbeitern und hatte noch gar kein Ertragsmodell. Damals zählte die App aber bereits 30 Millionen registrierte Nutzer. Ein paar Monate nach der Übernahme durch Facebook gab man bekannt, dass sich mittlerweile über 100 Millionen Nutzer registriert haben. Bis ins Jahr 2016 wuchs die Mitgliederzahl dann weiter auf 500 Millionen Nutzer. Dieses enorme Wachstum war möglich, weil Instagram es den Nutzern einfach und schnell ermöglichte, ihre Bilder automatisch auf Facebook und anderen sozialen Netzwerken zu posten, und weil die Entwickler die App stetig sehr nahe an den Bedürfnissen der Nutzer weiterentwickelt haben. So war Instagram zu Beginn noch ein standortbasierter Empfehlungsdienst. Als die Gründer bemerkten, dass vor allem die Foto-Sharing-Funktionen besonders oft und intensiv genutzt wurden, fokussierten sie sich nur noch darauf. Erst dieser von der Community inspirierte Richtungswechsel, auch *Pivot* genannt, ermöglichte das enorme Wachstum. Im April 2017 gelang dem Unternehmen ein weiterer Meilenstein, als man mit der neu implementierten Funktion »Instagram-Stories« den großen Konkurrenten Snapchat in die Schranken wies. Die Stories-Funktion ist also nicht nur aufgrund des Wachstums ein wichtiger Schachzug für Zuckerberg. Instagram klaute damit die wichtigste Kernfunktion und gleichzeitig das Alleinstellungsmerkmal eines der größten Konkurrenten und holt sich die jüngere Zielgruppe zurück (siehe Abbildung 2.4). Auch bei den Stories hatte man sich sehr stark an den Wünschen der Community orientiert und damit ein weiteres Mal genau die richtigen Entscheidungen getroffen.

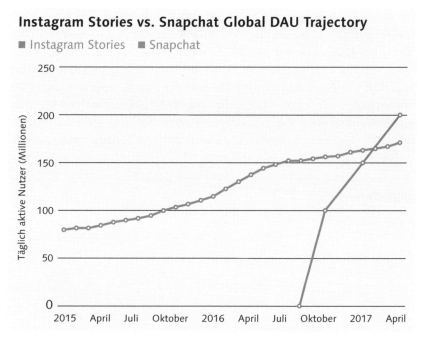

Abbildung 2.4 Instagram Stories überholt Snapchat. (Quelle: Company Filings, Management Commentary, BTIG Estimates)

2.5.2   YouTube's Embed Code

Wie wichtig Produktentwicklung beim Growth Hacking ist, zeigt uns die Geschichte von YouTube. Allein die Möglichkeit, sich selbst in Videos zu inszenieren, war im Jahr 2005 völlig neu. Die ursprüngliche Idee der Gründer war übrigens, ein Dating-Portal zu entwickeln. Die Nutzer sollten sich dem anderen Geschlecht kurz per Video vorstellen. Als sich anfangs nur wenige Nutzer angemeldet hatten, entschied man, das Portal für Videos aller Art zu öffnen. Mit einem technischen Growth Hack, dem Embed Code, schaffte YouTube endgültig den Durchbruch. Das Videoportal ermöglichte es Nutzern, Videos per Embed Code in externe Websites und Social-Media-Plattformen, damals noch MySpace, einzubetten. Die Plattform entwickelte sich rasant, 2006 wurden täglich 100 Millionen Clips angesehen, im Jahr 2010 waren es bereits 2 Milliarden Aufrufe.[7] Heute werden täglich 1 Milliarde Stunden Videos angesehen, und YouTube zählt über 1,5 Milliarden täglich aktive Nutzer.

2.5.3 Dropbox – mehr Speicherplatz durch Empfehlungen

Zu Beginn experimentierte man bei Dropbox noch mit bezahlten Ads, fand dann aber relativ schnell heraus, dass die Kosten den anschließenden Nutzen um ein Vielfaches überstiegen. Also suchte man nach alternativen Wachstumsmöglichkeiten. Mit einer genialen Idee schaffte man es dann tatsächlich, in einem Jahr über 4 Millionen neue User zu generieren: Die Gründer bemerkten, dass der Speicherplatz für die Nutzer schnell zu einem limitierenden Faktor wurde, und sie entschlossen sich, daraus ein Angebot zu bauen, das sowohl den Nutzern wie auch dem Unternehmen helfen würde. Jeder Nutzer hatte die Möglichkeit, durch E-Mail Empfehlungen an Freunde mehr Speicherplatz zu erhalten. Meldeten sich die Freunde anschließend bei Dropbox an, profitierten sowohl der Einladende als auch der Eingeladene (siehe Abbildung 2.5).

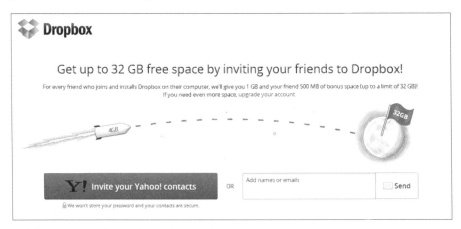

Abbildung 2.5 Virales Marketing bei Dropbox

Doch die Gründer beließen es nicht bei diesem einen Growth Hack. So konnte man seinen Speicherplatz weiter erhöhen, indem man z.B. den Dropbox-Account mit

---

7 *https://de.wikipedia.org/wiki/YouTube*

seinem Twitter-Account verknüpfte oder dem offiziellen Dropox-Account auf Twitter folgte. Wie bei vielen anderen Erfolgsgeschichten waren es aber nicht allein die einzelnen Hacks, die das enorme Wachstum für Dropbox ermöglichten. Es war vielmehr eine Kombination aus uneingeschränkter Verfügbarkeit und einer sehr ansprechenden User Experience.

2.5.4 Facebook

Wenn man von gigantischem Wachstum spricht, darf das soziale Netzwerk Facebook natürlich nicht fehlen. Als Facebook 2004 vom damaligen Harvard-Studenten Mark Zuckerberg gegründet wurde, war es noch eine geschlossene Umgebung, die nur spezifischen Studentengruppen zugänglich war. Zuckerberg setze für die Anmeldung eine Uni-Adresse voraus. Nach der Gründung öffnete er das Portal dann ebenfalls für Studenten anderer Unis. Dieser Exklusivitäts-Hack verhalf dem Netzwerk in den ersten Monaten schnell zu einer kritischen Masse. Nach nur einem Jahr zählte thefacebook.com bereits 1 Million Nutzer. Später kamen neben den Unis andere Schulen hinzu, und ab September 2006 hatten alle Nutzer über 13 Jahren mit einer gültigen E-Mail-Adresse Zugriff.

2.5.5 Twitter

Biz Stone, Jack Dorsey, Evan Williams und Noah Glass starteten Twitter bei Odeo in San Francisco als internes Projekt. Dorsey hatte die Idee, einen SMS-Service für eine kleine geschlossene Gruppe zu erstellen. Der erste Prototyp wurde am Anfang bei Odeo ausschließlich für die firmeninterne Kommunikation genutzt. Allein durch die Tatsache, dass man von Anfang an nur Tweets mit maximal 140 Zeichen absetzen konnte, grenzte sich Twitter von anderen sozialen Netzwerken ab. Seine Popularität hat Twitter auch dem Umstand zu verdanken, dass Veranstalter und TV-Stationen begannen, während Events und Sendungen Tweets einzublenden. Das war jedoch kein Zufall, denn Twitter hatte diese Idee selbst an der »South by Southwest Interactive Konferenz« angestoßen. Twitter-Mitarbeiter stellten in den Gängen des Events große Bildschirme auf, auf denen sie exklusiv Tweets rotieren ließen. Daraufhin verbreitete sich diese Idee rasant.

Wirklich existenziell war für Twitter auch die Einführung des Hashtags. Die Idee selbst stammt nicht einmal von Twitter, sie war vom Chatsystem IRC abgekupfert. Und auch den Vorschlag, das Konzept bei Twitter einzuführen, stammte von einem Nutzer, dem Rechtsanwalt und Internetaktivisten Chris Messina. Durch die Hashtags wurde es möglich, Events und Ereignisse direkt mit den Tweets zu verknüpfen.[8]

---

8 *https://en.wikipedia.org/wiki/Twitter#History*

2.5.6 Airbnbs Craigslist-Cross-Posting

Airbnb ist heute der weltweit führende Marktplatz zur Vermittlung von Privatunterkünften und ist in 191 Ländern und 65.000 Städten verfügbar. Seinen Erfolg verdankt Airbnb unter anderem auch dem gesellschaftlichen Wandel hin zur *Sharing Economy*. Die Menschen wollen nicht mehr nur ungebremst konsumieren, sondern streben eine Gesellschaft des Teilens an.

Das ist aber nur die halbe Wahrheit. Bei der Lancierung von Airbnb konnten Nutzer ihre Einträge automatisiert auf dem populären Kleinanzeigenportal Craigslist posten (siehe Abbildung 2.6). Durch diese Verbindung erreichten Airbnb-Angebote eine wesentlich höhere Reichweite. Um dies zu schaffen, war ein technischer Hack notwendig. Dieses Verfahren war ein Verstoß gegen die Craigslist-Richtlinien und bewegte sich damit in einer Grauzone.

Abbildung 2.6 Airbnb-Angebote konnten mit
nur einem Klick auf Craigslist gepostet werden.

2.5.7 Urlaubsguru

Das Prinzip des Online-Reisevermittlers ist einfach: Er präsentiert täglich neue Reiseangebote zu einem guten Preis-Leistungs-Verhältnis. Urlaubsguru hat es mithilfe eines cleveren Facebook-Hacks geschafft, innerhalb kürzester Zeit ein sehr profitables Unternehmen mit 120 Mitarbeitern aufzubauen. Sobald jemand im Freundeskreis ein Angebot von Urlaubsguru in Anspruch genommen hatte, ließ Urlaubsguru dies bei allen Facebook-Freunden anzeigen. Was heute auf Facebook gang und gäbe ist, war 2013 eine echte Innovation und vor allem kostenlos.

2.5.8 Nasty Gal

Die Geschichte von Sophia Amorusos Modelabel Nasty Gal beginnt im Jahr 2006 in Los Angeles. Was ursprünglich als einfacher eBay-Account startete, entwickelte sich rasch zum Millionenimperium. Amoruso gelang es vor allem durch ein ausgeklügeltes Produktdesign und freche, authentische Marketingmaßnahmen, ein breites Publikum anzusprechen. So präsentierte sie ihre Entwürfe an einfachen Studentinnen, die sie laut eigenen Aussagen anfangs mit Hotdogs bezahlte, anstatt professionelle Models anzuheuern. Dieser Mix aus frechem Design und Rock'n'Roll kam bei der jungen Zielgruppe sehr gut an.

2.5.9 Spotify

Durch sein distributives Businessmodell stellte Spotify nach seinem Launch die komplette Musikbranche auf den Kopf. Die Gründer Daniel Ek und Martin Lorentzon hatten das Ziel, eine legale Alternative zur Musikpiraterie immer und überall anzubieten. Mit dem Mix aus Millionen kostenlos verfügbarer Musiktitel, einer sehr guten User Experience und der Möglichkeit, die Musiktitel mit seinen Freunden in der App und auf Facebook automatisch zu teilen, schaffte es der Musikdienst, die Zahl der aktiven Nutzer auf über 50 Millionen zu steigern. Und durch das einfach verständliche und sehr attraktive Abo-Modell gelang es, über 10 Millionen zahlende Kunden zu akquirieren (siehe Abbildung 2.7).

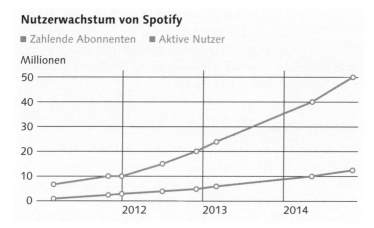

Abbildung 2.7 Spotifys Nutzerwachstum (Quelle: Quartz/qz.com)

2.6 Profil eines Growth Hackers

Vielen Growth Hackern geht es wie uns. Sie haben sich in der Vergangenheit immer schwer damit getan, eine klare Aussage zu treffen, wenn es darum ging, ihre berufliche Tätigkeit zu beschreiben. Sie sind entweder technisch versierte Produktmanager, kreative Marketer oder kreative Webentwickler, die auch mal über den Tellerrand blicken. In ihrer Freizeit programmieren sie Webapplikationen oder experimentieren mit neuen Webtools. Und alle haben sie eine weitere Gemeinsamkeit: Wenn sie zum ersten Mal etwas von Growth Hacking hören, erfahren sie einen großen »Aha-Moment« und fühlen sich verstanden. Growth Hacking ist keine völlig neue Erfindung. Es ist teilweise eine neue Art, etwas zu beschreiben, das schon in ähnlicher Weise in der Vergangenheit existierte.

Die neuen Ansätze und Theorien von Pionieren wie Sean Ellis, Neil Patel oder Dave McClure zeigen neue Wege und Vorgehensweisen auf, die uns bei unserer täglichen Growth-Hacking-Arbeit helfen. Mit diesen neuen Werkzeugen können wir Wachstumsmaßnahmen viel besser planen und konzipieren. Außerdem hat allein die Existenz des Begriffs »Growth Hacking« eine Welle in Bewegung gebracht, die eine Interessengemeinschaft entstehen ließ. Es werden Bücher über das Thema geschrieben, Kurse angeboten, Vorträge gehalten. All das wäre nicht möglich gewesen, hätte Sean Ellis nicht das Profil des Growth Hackers definiert. In Abschnitt 2.3, »Der Growth Hacking Circle«, hast du gelernt, dass sich Growth Hacker im Wesentlichen mit den drei Bereichen Online-Marketing, Webentwicklung und User Experience beschäftigen. Wie stark ein Growth Hacker auf dem jeweiligen Gebiet sein muss, ist nicht klar definiert und spielt am Ende auch keine Rolle. Ein Growth Hacker, der für ein kleines Start-up arbeitet, kann beispielsweise mit einem Entwicklerteam oder mit anderen Online-Marketern zusammenarbeiten. Bestenfalls kann er auf Analyse- und SEO-Spezialisten zurückgreifen und muss nicht immer alles selbst umsetzen. Anders als seine Kollegen ist sein Fokus jedoch nur auf das Wachstum seiner Produkte gerichtet. Und wo seine Mitarbeiter auf bewährte Methoden setzen, sucht und experimentiert der Growth Hacker.

2.6.1 T-shaped Professional

Wir alle kennen Generalisten und Spezialisten. Wollen wir beispielsweise eine Website umsetzen, können wir einen Generalisten anheuern, der schnell alles für uns erledigt. Oder wir setzen für jedes Teilgebiet auf mehrere Spezialisten. In der Praxis findet man im Management eher die Generalisten und in der Produktion und Entwicklung die Spezialisten. Der Growth Hacker ist häufig ein Generalist mit einem starken Produktfokus. Grundsätzlich kennt er sich mit vielen Themen gut aus, konzipiert, gestaltet und entwickelt Websites, schreibt Online-Marketing-Konzepte und bloggt. Nebenher dreht er auch noch tolle Videos und schneidet diese für Social-Media-Kampagnen zusammen. Auf einem speziellen Gebiet kennt er sich dann aber besonders gut aus. So gibt es Growth Hacker, die eher einen Webentwickler-Background haben, andere waren ursprünglich SEO- oder Content-Marketing-Spezialisten, wieder andere haben ihre Spezialität in Psychologie oder User Experience (siehe z.B. Abbildung 2.8 mit einem Schwerpunkt in SEO/SEA). »Das wichtigste Kriterium für gute Optimierer ist Neugierde«, sagt André Morys, Geschäftsführer von Web Arts und Herausgeber des Blogs »Konversationskraft«. Der Growth Hacker muss *out of the box* denken können, also außerhalb festgefahrener Spuren, und trotz seines umfangreichen Wissens in verschiedenen Bereichen in manchen Disziplinen auch ein tieferes Wissen vorweisen können.

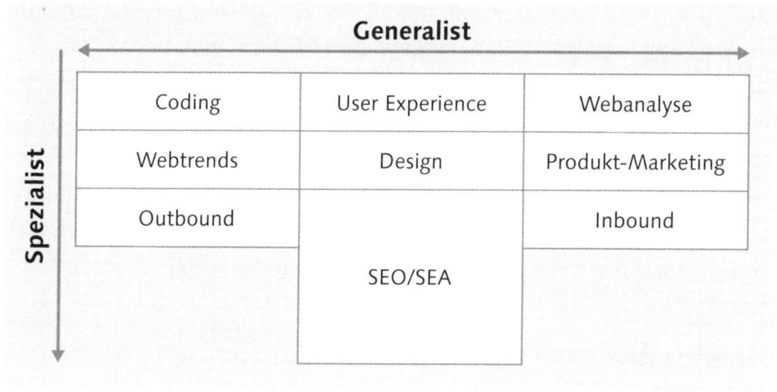

Generalist

Coding	User Experience	Webanalyse
Webtrends	Design	Produkt-Marketing
Outbound		Inbound
	SEO/SEA	

Spezialist

Abbildung 2.8 Beispiel eines T-Shaped Professional

Der Growth Hacker Henning Heinrich sagt, dass jeder Growth Hacker seine speziellen Talente und Disziplinen hat. Er persönlich investiere viel Zeit darin, neue Fähigkeiten zu lernen, bei denen er noch kein vertieftes Wissen habe, nicht unbedingt, um diese perfekt zu beherrschen, sondern um ein grundlegendes Verständnis zu entwickeln.

Heinrich machte einen Master of Arts am Goldsmiths College in London. Danach arbeitete er als Praktikant für digitales Marketing mit dem Schwerpunkt PPC[9] bei der Tirendo Holding in Berlin. Heinrich entwickelte sich dann zum Growth Hacker weiter und arbeitete in diesem Bereich für diverse Start-ups und Unternehmen in Deutschland und England. Kürzlich ist er nach Kanada gezogen, um dort als Growth Strategist für Hootsuite zu arbeiten. Für Heinrich ist Growth Hacking ein iterativer Prozess, der das ganze Erlebnis, das ein Kunde mit einem Produkt hat, betrachten sollte. Eine falsche Vorstellung sei, dass es einen bestimmten Growth Hack gebe, der zu Millionen neuer Kunden führe. Es sei vielmehr ein komplexer Prozess. Zuerst solle man versuchen, die Basics wie die Zielgruppe, das Businessmodell, die Vision, die KPIs etc. zu verstehen. Je nachdem veranlasse er Kundeninterviews, um mehr über das Business zu erfahren und den Kontext zu verstehen. Es ginge darum, eine Hypothese zu validieren und Hacks umzusetzen, die dem Nutzer einen wirklichen Mehrwert bieten würden.

2.6.2 Kreativität

Eine der wichtigsten Eigenschaften eines Growth Hackers ist die Kreativität. Schließlich geht es darum, neue Wege zu finden und Experimente durchzuführen. Wenn er zudem ein gewisses Flair für visuelle Gestaltung und ein Gespür für Usa-

---

9 PPC bedeutet Pay per Click und steht für bezahlte Online-Werbung, wie z.B. Google AdWords.

bility hat, ist das eine gute Voraussetzung, um als Growth Hacker arbeiten zu können. Schöpferische Fähigkeiten sind in einer gewissen Hinsicht eine Begabung, aber die Anlage zur Kreativität haben wir alle. Kreativität entsteht vor allem in unserer rechten Gehirnhälfte, und diese lässt sich genauso trainieren wie logisches Denken oder Mathematik. Auch wenn wir Kreativität vor allem mit Künsten wie Malen oder Musizieren in Verbindung bringen, ist sie beim Brainstorming oder während der Konzeption neuer Produkte genauso gefragt. Es braucht zwar etwas Mut, sich auf kreative Arbeitsweisen einzulassen, aber es lohnt sich.

2.6.3   Abstraktes und analytisches Denken

Es geht darum, Probleme zu erkennen, einzelne Komponenten und Aspekte im Gesamtkontext zusammenzufügen und daraus Lösungen herzuleiten. Man sollte sich nicht zu sehr verzetteln und den Blick fürs Wesentliche nicht verlieren. Die Fähigkeit, komplizierte Sachverhalte zu vereinfachen, ist ein typisches Merkmal des analytischen und abstrakten Denkens. Durch abstraktes Denken bist du in der Lage, aus komplexen Sachverhalten kreative Lösungen abzuleiten. Das hilft dir beim Growth Hacking in vielerlei Hinsicht. Du wirst Probleme schneller erfassen, die richtigen Schlüsse daraus ziehen und die passenden Strategien daraus entwickeln können. Und abstraktes Denken ist auch eine Grundvoraussetzung für das Programmieren.

2.6.4   Technisches Know-how

Man muss als Growth Hacker kein Softwareentwickler sein, aber ein gewisses technisches Know-how ist von Vorteil. Es hilft bei der Entwicklung neuer Hacks enorm, wenn du verstehst, wie Software funktioniert. Auch nur die Konfiguration und Einbindung von Plug-ins und Tools setzt häufig technisches Know-how voraus. Wenn du beispielsweise Conversion Pixel[10] einbauen willst, solltest du wissen, wie du das auf deiner Website korrekt implementierst. Es ist wichtig, dass du dich für neue Entwicklungen und Trends im Internet interessierst, denn es erscheinen fast wöchentlich neue Tools, die dir in irgendeiner Weise deine Arbeit erleichtern oder für Traffic sorgen können.

Grundsätzlich kann man sagen, je besser du programmieren kannst, desto mehr Möglichkeiten stehen dir für die Weiterentwicklung deiner Produkte offen. Auch wenn es immer mehr Homepage-Baukästen gibt, richtig gute und performante Webseiten müssen von einem Programmierer umgesetzt werden. Gerade weil die Ladezeit deiner Website auch ein wichtiger SEO-Faktor ist und damit von hoher

---

10 Mit einem Conversion Pixel wird eine Conversion gemessen: Wenn z. B. eine bestimmte Anzahl von Besuchern in deinem Onlineshop etwas kaufen, wird dies als Konversion bezeichnet.

Wichtigkeit für das Wachstum deiner Online-Präsenz. Je mehr du selbst umsetzen kannst, desto mehr Geld kannst du sparen, da du nicht für jede deiner Idee einen externen Entwickler benötigst.

2.7 Der Siegeszug des mobilen Internets

Viele der Erfolgsgeschichten heutiger Tech-Start-ups sind auf die rasante Entwicklung des mobilen Internets zurückzuführen. Die Internetnutzung hat weltweit seit dem Aufkommen der Smartphones und Tablets noch einmal stark zulegen können. Seit der Einführung von UMTS (3G) im Jahr 2002 haben sich die Datenraten jährlich enorm gesteigert. Laut einer Studie des Unternehmens Accenture haben im Jahr 2008 zwar 62% der Deutschen ein internetfähiges Handy besessen, davon gaben aber nur 13% an, das mobile Internet zu nutzen. Das änderte sich im Verlauf der folgenden Jahre. Vor allem das iPhone bewirkte, dass immer mehr Menschen über das Handy im Internet surften. Dieser Trend zeigte sich auch in Deutschland. Im Jahr 2012 stieg die mobile Nutzung auf 27% der Bevölkerung, im Jahr 2014 waren es bereits 54%. Weltweit surfen heute 1,91 Milliarden Nutzer im mobilen Internet.[11]

Viele der Erfolgsgeschichten heutiger Techfirmen bauen auf dieser Entwicklung auf. Weder Facebook noch Airbnb oder Uber hätten ohne das mobile Internet so schnell wachsen können. Facebook gibt an, dass 80% aller monatlich aktiven Accounts ausschließlich über ein Smartphone oder ein Tablet genutzt werden.[12]

In einer Studie untersuchte Google sogenannte »mobile Mikromomente«. Laut Google erwarten Konsumenten aufgrund dieser speziellen Momente, dass ihre Bedürfnisse in Echtzeit befriedigt werden. Die Studie besagt, dass Nutzer ihr Smartphone jeden Tag und in allen Lebenslagen benutzen. 68% der Studienteilnehmer sagten, dass sie ihr Smartphone bereits 15 Minuten nach dem Aufwachen am Morgen das erste Mal in die Hand nehmen würden. 87% gaben an, dass sie ihr Smartphone immer an ihrer Seite hätten, Tag und Nacht. Sie schreiben eine Kurzmitteilung, checken die E-Mails oder posten ein Foto in einem sozialen Netzwerk. Eine der großen Herausforderungen für Unternehmen sei es, sich innerhalb dieser sehr persönlichen und deswegen hochgradig relevanten Momente zu platzieren. Denn die Nutzer sind offen für Informationen, die ihnen dabei helfen, eine Entscheidung zu treffen und ihr akutes Problem zu lösen. Zum Beispiel suchen 82% der Nutzer auf ihrem Smartphone nach Informationen über ein Produkt, bevor sie es im Laden kaufen. Solche Momente werden von Google als kritische Berührungspunkte inner-

---

11 *https://de.wikipedia.org/wiki/Mobiles_Internet*
12 *https://de.statista.com/infografik/1077/facebooks-mobile-nutzer*

halb der täglichen *Consumer Journeys*[13] eines Nutzers bezeichnet. Sie würden Kaufentscheidungen sehr wesentlich beeinflussen.

Google empfiehlt, diesem Umstand bei Kommunikationsmaßnahmen folgendermaßen gerecht zu werden:

▶ Sei dort, wo sich der Nutzer aufhält, und hilf ihm bei seiner Entscheidung.

▶ Sei hilfreich, liefere die Antworten auf die Fragen des Kunden. Löse seine Probleme.

▶ Sei schnell, und biete dem Nutzer ein möglichst reibungsloses mobiles Erlebnis.

Für unsere Wachstumsideen bedeutet das, dass wir *Mobile First* denken müssen. Viel zu oft werden Lösungswege nur für den Desktop konzipiert, um dann schnell zum Schluss noch für Smartphones optimiert zu werden. Das funktioniert heute nicht mehr. Skizziere die Customer Journey deines Kunden so exakt wie möglich, um die Berührungspunkte zwischen deinem Unternehmen bzw. Produkt und ihm zu identifizieren. Versuche anschließend, mit deiner Mitteilung genau dort hinzugelangen, wo sich der Kunde die ersten Fragen stellt.

2.8   Die fünf kritischen Säulen des Growth Hackings

Wachstum ist ein Weg, kein Ziel. Auch wenn die eine oder andere Ad-hoc-Aktion für kurzfristiges Wachstum sorgen kann, so ist doch die Etablierung eines langfristig angelegten Prozesses das eigentliche Ziel. Denn je häufiger und regelmäßiger man Wachstumshypothesen testet, desto schneller wird man eine gute Kombination aus Kanal (z. B. Facebook) und Mittel (z. B. Gruppen-Posts) finden und wachsen können.

Darüber hinaus ist jeder Growth Hack »sterblich«. Schon eine Änderung im Algorithmus der bespielten Plattform (z. B. reddit) kann einen gerade noch erfolgreichen Kanal von einem auf den anderen Tag zu Grabe tragen. Die folgenden »Säulen des Growth Hackings« sorgen dafür, dass du und dein Team stets an vorderster Front stehen, wenn es darum geht, die neuesten Kanäle und Plattformen auf ihre Möglichkeiten und Schwachstellen hin zu analysieren.

---

13 Der Konsument entscheidet sich in der Regel nicht sofort für einen Kauf, nachdem er zum ersten Mal von einem Produkt erfahren hat. Meist kommt er mehrfach mit einem Produkt oder einer Marke in Berührung, bevor er sich für eine Aktion entscheidet. Die Customer Journey bildet diesen Weg ab.

2.8.1   Das Growth Mindset

Entgegen der weitläufigen Meinung war Thomas Alva Edison keineswegs der Erfinder der Glühlampe im eigentlichen Sinne. Das waren Menschen, von denen du noch nie gehört hast, wie James Bowman Lindsay, der erstmals einer erstaunten Öffentlichkeit elektrisch erzeugtes Licht vorführte. Aber Edison verbesserte die bis dato bekannten Verfahren hinsichtlich der Erzeugung eines Vakuums in einem Glaskolben sowie des Materials des Glühdrahtes. Edison war ein sehr guter Erfinder, aber das waren viele seiner Zeitgenossen auch. Was Edison ihnen voraus hatte, waren sein extrovertiertes Auftreten und sein Geschäftssinn. So sicherte er sich eines der ersten Patente auf die Glühbirne und vermarktete »sein« Produkt in den folgenden Jahren äußerst erfolgreich.

> *»Ich bin nicht gescheitert. Ich kenne jetzt 1000 Wege, wie man keine Glühbirne baut.« – Thomas Alva Edison (1847–1931)*

Die Erfindung des elektrischen Lichts war keineswegs ein einzelner »Heureka«-Moment eines genialen Geistes, sondern das Ergebnis von Unmengen aufeinanderfolgender Experimente.

Growth Hacking beginnt im Kopf (siehe auch Abbildung 2.9). Es beginnt mit der Bereitschaft, Fehlschläge nicht nur zu akzeptieren, sondern als Erfolg anzusehen. Primäres Ziel ist das Lernen. Und wer schon einmal das Vergnügen hatte, einem jungen Kind beim Laufenlernen zuzusehen, der wird verstehen, dass das Hinfallen dazugehört und es in der Regel keine Abkürzung zum Lernprozess gibt – außer natürlich dieses Buch.

Also tritt einen Schritt zurück und erwecke den objektiven, neugierigen Forscher in dir, der weiß, dass Erfolg nur das Ende einer langen Experimentierphase ist. Aber ebenso wie Edison wusste, worauf er hinauswollte (elektrisches Licht in einer Glühbirne), brauchst auch du ein Ziel.

»One Metric That Matters« und »North Star Metric«

In ihrem hervorragenden Buch »Lean Analytics« beschreiben Alistair Croll und Benjamin Yoskovitz die *One Metric That Matters* (OMTM). Ein Ziel, auf das alle Maßnahmen ausgerichtet sind. Sean Ellis nennt es die *North Star Metric*. Es ist die Metrik, die du über deinem Schreibtisch hängen hast, an der sich jede Maßnahme messen lassen muss. Für WhatsApp ist die OMTM die Anzahl der gesendeten Nachrichten, für Airbnb die Anzahl der gebuchten Übernachtungen und für Amazon die Anzahl der Bestellungen. Alle Maßnahmen sollen zum Wachstum dieser einen Metrik beitragen.

Dieses Ziel wird definiert abhängig von der Phase, in der sich dein Unternehmen aktuell befindet, sowie von dessen Businessmodell. Die OMTM wird sich also ändern, wenn auch nur langfristig. Und ähnlich wie eine Persona hilft, alle Kommunikation auf ein Segment auszurichten, hilft eine OMTM, alle Growth Hacks auf dieses Ziel auszurichten. Wie der magnetische Pol gibt sie dir und deinem Team die Richtung vor, in der ihr euch bewegt.

Wichtig: Wie jedes gute Ziel muss es quantitativ messbar und mit einem Endpunkt versehen sein. Beispiel: »5 Millionen Euro Umsatz in 2018«.

Neben Neugier und der Bereitschaft, durch Experimente zu lernen, gehört zum Growth Mindset aber auch eine gewisse Dickköpfigkeit. Es braucht Leute, die sich von einem Nein nicht einschüchtern lassen, die sich ehrgeizige Ziele setzen und Risiken außerhalb ihrer Komfortzone eingehen.

Im Englischen gibt es die schönen Wörter *Hustle* und *Grind*, die beide den nötigen Ehrgeiz eines guten Growth Hackers beschreiben.

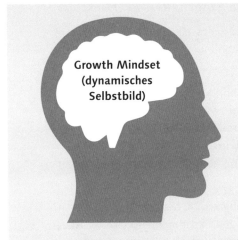
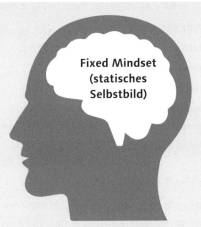

Growth Mindset (dynamisches Selbstbild)	Fixed Mindset (statisches Selbstbild)
1. Ich kann alles lernen, zu dem ich mich entscheide.	1. Entweder kann ich etwas oder nicht.
2. Wenn ich frustriert bin, mache ich beharrlich weiter.	2. Wenn ich frustriert bin, gebe ich auf.
3. Ich stelle mich neuen Herausforderungen.	3. Ich mag Herausforderungen nicht.
4. Wenn ich scheitere, lerne ich davon.	4. Wenn ich scheitere, habe ich versagt.
5. Ich möchte hören, dass ich alles gebe.	5. Ich möchte hören, dass ich klug bin.
6. Wenn du Erfolg hast, inspirierst du mich.	6. Wenn du Erfolg hast, fühle ich mich bedroht.
7. Alles hängt von meiner Einstellung und meinen Leistungen ab.	7. Alles hängt von meinen Fähigkeiten ab.

Abbildung 2.9 Das Growth Mindset (Quelle: www.mindsetworks.com, Dr. Carol S. Dweck)

2.8.2 Fakten vor Meinungen

Segen und Fluch von Unternehmen mit digitalen Businessmodellen und digitalem Marketing ist die Möglichkeit, so gut wie alles messen zu können. Für Menschen, die die Bequemlichkeit der Unwissenheit der messbaren Wahrheit vorziehen, ist das ein

Fluch. Denn diese Menschen vertrauen einzig und allein auf ihre Erfahrung und auf ihr Bauchgefühl. Oft treffen sie eine Entscheidung nicht, weil die Lösung die beste ist, sondern weil sie es aufgrund ihres Status in der Unternehmenshierarchie schlicht und einfach tun können. Getreu dem Motto: »Ich bin Chef, also habe ich Recht!«

In deinem ersten Impuls verurteilst du diese Menschen aufgrund dieser Einstellung vielleicht, allerdings haben sie dir etwas voraus: ein etabliertes Geschäftsmodell, das ihnen regelmäßige Umsätze beschert und sie in die oben beschriebene Bequemlichkeit versetzt. Denn »never change a winning team«, und warum an etwas rütteln, das funktioniert?

Anstatt Daten den Vorzug zu geben, werden diese Menschen oft sagen: »Das haben wir schon immer so gemacht«, »Das haben wir noch nie so gemacht« oder »Wo kommen wir denn dahin?« Diese Unwissenheit, ja geradezu Furcht vor unbekanntem Terrain (= Neuland) sorgt dafür, dass viele gesunde Unternehmen mit etablierten Prozessen und treuen Stammkunden nicht ihr Potenzial ausschöpfen und daher schnell von veränderten Marktbedingungen bedroht werden.

2013 unternahmen wir eine Meinungsumfrage unter den Marketingverantwortlichen mittelständischer Unternehmen in einer B2B-Branche. Wir wollten wissen, mit welchen Zielen sie an einer Messe teilnahmen (was mit erheblichen finanziellen und zeitlichen Aufwänden verbunden ist) und wie sie die Erreichung dieser Ziele messen.

Was uns wunderte, waren weniger die Ziele selbst. Es war vielmehr die Tatsache, dass viele Unternehmen gar keine Ziele hatten, geschweige denn deren Erreichen maßen. Häufig wurden Antworten genannt wie »Wir sind schon immer hier«, »Die Kunden erwarten es von uns« oder »Weil unser Wettbewerber hier ist«. Kaum ein Unternehmen machte sich die Mühe, die neuen Leads zu zählen, geschweige denn, ihren Messeauftritt und die Kommunikation im Umfeld entsprechend zu analysieren, mit dem Ergebnis, dass diese Unternehmen jedes Jahr mehr oder weniger den gleichen Messeauftritt und die gleiche Kommunikation nutzen. Dadurch werden diese Unternehmen nie feststellen, welche Ursachen ihr Erfolg oder ihr Misserfolg hat. Und wenn sie die Ursachen nicht kennen, können sie auch nicht an den entsprechenden Schrauben drehen.

Wir leben in einer Welt, in der man nicht nur vieles messen kann, sondern in der es für fast jede Messung auch ein Tool gibt. Die generierten Daten sind der Ausgangspunkt für das Verständnis und die Analyse der Customer Journey.

2.8.3   Kundenverständnis

Der primäre Grund, warum Start-ups scheitern, ist der Versuch, ein Produkt zu verkaufen, das niemand möchte. »Built it and they will come« ist das Mantra vieler

Visionäre, aber die wenigsten kennen die Wünsche der Kunden tatsächlich und bauen Produkte, die diese Wünsche befriedigen. Die wenigsten von uns sind Visionäre wie Elon Musk oder Steve Jobs, deren Produkte wie das Tesla Model X oder das iPhone so revolutionär waren, dass sie einen Kundenbedarf erst geweckt und ein Marktsegment erst erschaffen haben. Aber auf einen Elon Musk kommen Tausende Menschen, die mit ihrer Vision (von der sie nicht weniger überzeugt waren) gescheitert sind, weil sie ihren Markt nicht kannten oder ihn falsch eingeschätzt haben, und deren Namen deswegen niemand kennt.

Wenn du früh erkennst, dass es für dein Produkt keinen Markt gibt und du deswegen einen Pivot vollführst und das Unternehmen in eine andere Richtung lenkst, spart dir das enorm viel Zeit, Aufwand und Frust. Aber das ist nicht einfach. Denn mit je mehr Herzblut ein Produkt erschaffen worden ist, desto schwieriger ist es für den Macher, davon loszulassen und seine vermeintliche Niederlage einzugestehen.

Wie kannst du das vermeiden? Indem du keinen Markt für dein Produkt suchst, sondern indem du ein Produkt für einen bestehenden Markt schaffst. Dafür musst du verstehen, wo der Schmerz deines Kunden liegt. Ist dieser Schmerz akut (»Ich brauche jetzt dringend eine Lösung«) oder chronisch (»Das nervt mich immer wieder«)? Wie geht er mit diesem Schmerz um? Welche Tools und Methoden nutzt er, um diesen Schmerz erträglich(er) zu machen? Was denkt er in dem Moment, bevor er dein Produkt nutzen soll?

Nach André Morys ist eines der größten Wachstumshemmnisse für Unternehmen, dass sie nicht kundenzentriert denken. Idealerweise muss ein Growth Hacker die Denkweise des Kunden besser verstehen, als der Kunde selbst es vermag, da ein Großteil der Entscheidungen unterbewusst geschehen. Deswegen solltest du dich auch mit Konsumpsychologie beschäftigen (mehr dazu in Abschnitt 6.6, »Psychologische Hacks«), und deshalb brauchst du auch Personas, die auf Persönlichkeitstypen mit Persönlichkeitspräferenzen basieren.

Beispiel

Horst ist 64 und will einen neuen Mercedes kaufen. Als Growth Hacker für Mercedes musst du verstehen, dass Horst Traditionalist ist. Er hasst Veränderungen. Kontrollverlust ist für ihn das Schlimmste, deswegen ist er ein schlechter Beifahrer und deshalb fliegt auch sehr ungerne. Dieses Wissen kannst du nutzen, um deine Website entsprechend zu gestalten und ihm mit einem kognitiven Effekt wie »Illusion of Control« helfen, sein neues Auto in einem Konfigurator selbst zu konfigurieren.

Wie in Abschnitt 3.3, »Finde deine Zielgruppe«, und Abschnitt 3.4, »So erstellst du deine Persona«, beschrieben, können dir dabei neben eigener Marktforschung (im Sinne von Kundeninterviews) auch die Bewertungen auf Marktplätzen wie Amazon und Frage-Antwort-Portale wie GuteFrage.net helfen.

2.8.4   Vielfalt der Kanäle

Digital Marketing besteht aus mehr als Bannern und Google-AdWords-Anzeigen. Gute Growth Hacker sind immer die ersten, die Werbemöglichkeiten auf einem neuen Kanal testen, denn dann können sie nicht nur früh eine eigene *Audience* aufbauen, sondern profitieren neben dem Mangel an Konkurrenz auch von günstigen Preisen. Gerade auf (neuen) Social-Media-Plattformen suchen wir den Austausch mit vertrauten Menschen und Marken, und deswegen waren es die Pioniere, die schnell die meisten Fans auf MySpace, Facebook, Instagram oder Snapchat gewannen und sich einen neuen Kommunikationskanal mit ihrer Zielgruppe aufbauen konnten. Denn die Konkurrenz konzentrierte sich noch auf die bestehenden Kanäle, anstatt neue Chancen zu entdecken.

Das ist die Krux von Growth Hacking: Wenn du über eine neue Plattform liest, kann es – abhängig von der Quelle – bereits zu spät sein, weil dir die Pioniere zuvorgekommen sind und ihren »Claim« bereits abgesteckt haben. Die richtig guten Hacks behält man für sich, damit man möglichst lange aus dem Vollen schöpfen kann. Das gilt natürlich nicht für uns, denn wir wollen ja, dass du erfolgreich wirst.

Damit ist auch noch eine weitere Gefahr (insbesondere für kleine Unternehmen) verbunden: Dein Tag hat nur 24 Stunden. Du kannst nicht auf jeder Plattform mit dem gleichen hohen Engagement vertreten sein, sonst würden du und dein Team in puren Aktionismus verfallen. Es wäre auch sinnlos, denn deine Zielgruppe tummelt sich nicht überall, sondern nur auf ausgewählten Kanälen. Sei da, wo deine Kunden sind, und teste neue Kanäle dann, wenn deine Kunden sie ebenfalls ausprobieren. Bedenke dabei, dass Menschen aus unterschiedlichen Regionen unter Umständen ein vollkommen unterschiedliches Mediennutzungsverhalten haben, auch wenn die soziodemografischen Fakten identisch sind.

Beispielsweise ist die Mediennutzung und Angebotsvielfalt in China, dem größten Markt der Welt, komplett verschieden zum europäischen Markt. Gabriel Weinberg und Justin Mares listen in ihrem Buch »Traction« 19 Kategorien auf, die du für Growth-Hacking-Maßnahmen in Betracht ziehen solltest:

1. virales Marketing
2. Public Relations
3. unkonventionelle PR und Guerilla Marketing
4. Search Engine Marketing (SEM)
5. Search Engine Optimization (SEO)
6. Social und Display Ads
7. Offline-Werbung (TV, Radio, Print, Out-of-Home etc.)
8. Content Marketing

9. E-Mail-Marketing

10. Engineering as Marketing

11. Blogger Relations und Influencer Marketing

12. Business Development

13. Sales

14. Affiliate Marketing

15. bestehende Plattformen

16. Messen

17. Offline-Events

18. Speaking Engagments

19. Community Building

Was sich hinter diesen Kanälen verbirgt und wie du Ideen für mögliche Growth Hacks gewinnst, beschreiben wir in Kapitel 4, »Der Growth-Hacking-Workflow – so gehst du vor«. Auch hier gilt: Es ist gefährlich zu glauben, dass das, was gestern noch zum Erfolg geführt hat, auch morgen das gleiche Ergebnis bringen wird. So schnell sich eine neue Chance auftut, so schnell kann sich eine andere Tür wieder schließen. Gehöre nicht zu den Menschen, die sagen: »Das haben wir schon immer so gemacht.« Es geht dabei nicht um die Reichweite, es geht um die Effizienz, mit der du deine Zielgruppe finden und ansprechen kannst.

2.8.5 Optimierung

LinkedIn ist das weltweit größte Businessnetzwerk. Warum ist es nicht das zeitgleich in Deutschland gestartete XING (damals noch OpenBC), das jetzt auf dem Thron sitzt?

Neben dem Startvorteil eines wesentlich größeren Marktes (USA vs. DACH) hat LinkedIn schnell die Chancen von Lokalisierung verstanden, also die Anpassung an die Bedürfnisse internationaler Märkte, und dementsprechend die Plattform auf mehreren Sprachen verfügbar gemacht. Inzwischen ist LinkedIn das einzige ausländische Businessnetzwerk, das in China zugelassen ist.

Ein ebenso wichtiger Punkt und ausschlaggebend für exponentielles Wachstum: LinkedIn hat von der ersten Minute an auf Optimierung gesetzt. Und das bedeutet: testen, testen, testen. Ähnlich wie bei Google ist auch bei LinkedIn die Chance groß, dass du bei der Nutzung gerade Teil eines Usability-Tests bist. Denn dank eigens entwickelter Software führt LinkedIn 500 bis 600 Tests pro Woche aus!

Dafür braucht es nicht nur das richtige Mindset, sondern auch einen systematischen Ansatz zur Aufstellung und Überprüfung von Hypothesen. Diese Hypothesen müssen eindeutig, einfach und relevant bzgl. der Zielerreichung sein.

Beispiel

Aufgrund von [Daten eines vergangenen Experiments] erwarten wir, dass die Änderung von [Objekt des Experiments] zur Folge haben wird, dass [erwarteter Ausgang des Experiments]. Wir werden die Veränderung anhand von [Metrik] messen.

An welchem Punkt du startest, hängt von dem Verhältnis zwischen erwartetem Aufwand und Ertrag ab. Eine möglicherweise positive Entwicklung des Umsatzes (wenn das deine OMTM ist), erlaubt auch einen entsprechenden Einsatz von Ressourcen. Allerdings sollte dein Ziel für Experimente immer der *Mimimum Viable Test* (MVT) sein – ein Experiment, das grundlegend valide ist und eine aussagekräftige Antwort auf die zuvor aufgestellte Hypothese liefert, aber auch so schnell und einfach wie möglich umsetzbar ist.

Bei welchem Kanal du ansetzt, hängt von deinem Ziel ab: Brauchst du mehr Traffic auf deiner Website? Oder hast du viel Traffic, der nicht zu Leads oder Kunden führt? In Kapitel 4, »Der Growth-Hacking-Workflow – so gehst du vor«, erläutern wir die Vorgehensweise bei der Priorisierung und Umsetzung. In Kapitel 5, »Acquisition – so bekommst du mehr Nutzer«, erklären wir die verschiedenen Ziele und geben dir Inspiration, welche Growth Hacks für andere Unternehmen erfolgreich waren. Dein Mantra sollte lauten: test, learn, repeat!

2.9   Ethische Aspekte und rechtliche Grauzonen im Netz

Wir wollen niemandem raten, sich in rechtliche Grauzonen des Internets zu begeben, aber das in Abschnitt 2.5, »Echte Growth Hacks – Praxisbeispiele«, erwähnte Beispiel von Airbnb zeigt, dass es manchmal etwas Mut braucht, um Erfolg zu haben. Trotzdem sei an dieser Stelle geraten, sich den Einsatz solcher Methoden gut zu überlegen, denn mit dem Erfolg kommen meistens auch die Abmahnungen, und diese können dich sehr viel Geld kosten.

2.9.1   Facebooks Gewinnspiel-Richtlinien

In unserer täglichen Arbeit, speziell in der Social-Media-Beratung, fällt uns immer wieder auf, wie oft die Facebook-Gewinnspiel-Richtlinien nicht eingehalten werden. Den Nutzer durch das Teilen eines Beitrags an einem Gewinnspiel teilnehmen zu lassen, wird von Facebook beispielsweise klar untersagt. Trotzdem sehen wir das immer wieder. Für einen typischen Game-Changer hatte Facebook im August 2013 gesorgt, als die Gewinnspiel-Richtlinien gelockert wurden. Plötzlich war es erlaubt, seine Fans durch Liken an Gewinnspielen teilnehmen zu lassen. Als Growth Hacker muss man solche Veränderungen genau beobachten, denn oftmals öffnen sich Türen, mit denen ein verstärktes Wachstum herbeigeführt werden kann.

2.9.2 Clickbait

Clickbait nennt man eine Methode, mit der man durch stark emotionale Headlines User ködert. Viele User fühlen sich jedoch vermehrt von den sogenannten Klickködern gestört. Häufig wurden die User durch stark emotionale Headlines geködert, doch die Inhalte der Artikel entsprachen dann in keinster Weise den Erwartungen. Clickbaiting ist also ein typisches Beispiel für einen Content Marketing Hack, der sich in einer Grauzone bewegt. Da solche Inhalte die Nutzer stören, will Facebook vermehrt dagegen vorgehen. So will Facebook künftig die Einträge besser analysieren und überprüfen, ob eine Überschrift übertreibt oder Informationen zurückhält. Der News-Feed wurde bereits 2016 so angepasst, dass weniger Beiträge von Quellen erscheinen, die häufig Clickbait-Überschriften enthalten.

Abbildung 2.10 Typische Clickbait-Überschriften des Portals »Heftig«

2.9.3 Datenschutz bei E-Mail-Marketing

Sicherlich hast du dich für den einen oder anderen Newsletter angemeldet und dich dabei gefragt, warum du eigentlich deine E-Mail-Adresse in ein Formular eintragen musst und anschließend einen dir an diese Adresse zugeschickten Link bestätigen musst. Dabei handelt es sich um das sogenannte Double-Opt-in-Verfahren. Es soll verhindern, dass jemand (aus Versehen oder mit Absicht) deine E-Mail-Adresse ohne dein Einverständnis nutzt und gleichzeitig die Funktionsweise des Posteingangs überprüfen, also ein durchaus sinnvolles Prozedere.

Als Versender hast du rechtlich in Deutschland keine andere Wahl, als diesen Prozess exakt so zu durchlaufen, auch wenn darunter die Conversion leidet, denn nicht wenige Nutzer vergessen es schlicht und einfach, deine Nachricht zu öffnen und den Link zu klicken. Oder deine Aktivierungs-E-Mail landet versehentlich im Spam-Order und wird dort vergessen.

Trotzdem musst du mit dieser zweifachen Bestätigung arbeiten. Andernfalls kannst du abgemahnt und im schlimmsten Fall verklagt werden. Außerdem musst du Folgendes beachten:

▶ In deiner Bestätigungsnachricht darf keinerlei Werbung platziert werden. Sinn und Zweck ist einzig und allein die Bestätigung der Einwilligung zum Newsletter-Empfang.

▶ Du musst den Nutzer bereits bei der Anmeldung darauf hinweisen, wofür du seine Daten benötigst und was du damit tun wirst.

▶ Du musst ihn bei der Anmeldung auch darauf hinweisen, dass er sich jederzeit und kostenlos wieder abmelden kann, und ihm genau das durch einen Abmeldelink in jeder zukünftigen E-Mail auch ermöglichen.

Nicht jedem Nutzer sind diese rechtlichen Hürden bewusst. Deswegen kann es durchaus helfen, deinen Nutzer »bei der Hand zu nehmen« und ihm das Prozedere zu erklären, damit er sich erfolgreich anmelden kann (siehe Abbildung 2.11).

Abbildung 2.11 Erläuterung des Double-Opt-in-Verfahrens bei blogginguniversity.net

Auch bei einer guten Erläuterung: Durch diese rechtlichen Hürden wird dein News-letter-Verteiler kleiner sein, als er sein könnte – und natürlich hat eine größere Adressliste in der Regel mehr Erfolgsaussichten. Aber mit einer kleinen Gruppe von echten Fans kannst du mehr erreichen als mit einer großen Liste voller Karteileichen.

Datenschutz ab Mai 2018

Die »Verordnung des Europäischen Parlaments und des Rates zum Schutz natürlicher Personen bei der Verarbeitung personenbezogener Daten, zum freien Datenverkehr und zur Aufhebung der Richtlinie 95/46/EG«, kurz Datenschutz-Grundverordnung (DS-GVO) genannt, wurde im April des vergangenen Jahres nach jahrelangen Verhandlungen beschlossen und soll voraussichtlich im Mai 2018 in Kraft treten. Ab dem 25. Mai 2018 soll die DS-GVO die nationalen Gesetze in den einzelnen EU-Mitgliedstaaten ersetzen. Damit soll der Datenschutz nicht nur europaweit vereinheitlicht, sondern auch gestärkt werden, was für dich als werbetreibender Unternehmer deutlich mehr Aufwand bedeutet. Denn auch die Strafen bei Zuwiderhandlungen werden erhöht: Für »administrative« Vergehen werden 10 Millionen Euro oder 2 % des globalen Umsatzes fällig, für »fundamentale ethische Vergehen« sind es 20 Millionen Euro oder 4 % des globalen Umsatzes – je nachdem, was mehr ist. Unternehmen müssen die Regeln der DS-GVO nicht nur einhalten, sondern auch demonstrieren können, dass sie sich daran halten; Werbeunternehmen müssen also ihr Customer Relationship Management ebenso wie ihr Social Media Management intern klar dokumentieren.

Es bleibt abzuwarten, ob die DS-GVO tatsächlich ab Mai 2018 wie geplant umgesetzt wird. Auf jeden Fall solltest du dich über die aktuellen Anforderungen informieren. Ob du diese Anforderungen – insbesondere als kleines Unternehmen – zu 100 % einhältst, ist eine kaufmännische Risikobewertung, die du treffen musst.

3   So stellst du die Weichen auf Wachstum

Bevor du mit Hacks das Wachstum deines Unternehmens beschleunigen kannst, braucht es ein paar Vorkehrungen. Ohne eine klare Positionierung, umfangreiche Kenntnisse über deine Zielgruppe und ein solides Geschäftsmodell wirst du nicht erfolgreich sein. In diesem Kapitel zeigen wir dir, wie du das Fundament für die kommenden Maßnahmen legst.

Es gibt verschiedene Möglichkeiten, ein geeignetes Thema zu wählen. Entweder man verlässt sich auf seine Stärken und versucht, in diesem Bereich ein wirtschaftlich gesundes Unternehmen aufzubauen, oder man sucht nach einem ganz neuen Weg. Welche Strategie die richtige ist, wollen wir an diesem Punkt nicht beurteilen. Viel wichtiger ist auch, dass man sich zu Beginn seines Online-Projekts nicht zu stark verzettelt. Du solltest das ausgewählte Thema so stark eingrenzen, dass noch ein spezifisches Bedürfnis erfüllt wird und ein ausreichend großer Markt existiert. Wenn du versuchst, alle zu erreichen, wirst du nicht die Sprache deiner Zielgruppe sprechen können und somit auch kaum jemanden persönlich ansprechen. Das Resultat ist, dass dein Produkt nicht gekauft wird. Die Eingrenzung wird auch gerne als Marktnische bezeichnet. Vladislav Melnik hatte seine Marktnische bereits gefunden und 2012 als einer der ersten über professionelles Bloggen geschrieben, bevor er jetzt als einer der ersten eine Inbound-Marketing-Lösung für kleine Unternehmen auf den Markt brachte.

3.1   Die Grundsteine für dein digitales Business

Erste Kennzahlen zum Bedarf eines Themas findest du über den Google Keyword Planner. Mithilfe dieses Tools lässt sich schnell herausfinden, wie oft nach dem eigenen Thema gesucht wird. Eine andere gute Möglichkeit, das Marktpotenzial schnell zu beurteilen, ist der Facebook-Werbemanager. Damit lässt sich das Potenzial deiner Idee auf Facebook schnell beurteilen, was beim Start ebenfalls bereits ein sehr guter Ansatzpunkt ist. Natürlich solltest du diese Informationen später mit passenden Marktstudien unterfüttern. Finde deine Zielgruppe, und untersuche deren Bedürfnisse – das ist das Fundament deiner Wachstumsstrategie!

3.1.1 Der Product-/Market-Fit (PMF)

Beim Konzept des Product-/Market-Fits geht es darum, eine gute Lösung für das Problem deiner Kunden (= des Marktes) zu finden und diese Lösung als Produkt anzubieten. Deine Kunden sollen dein Produkt nicht nur benutzen, weil es praktischer oder günstiger als die Alternativen ist. Sie sollen es nutzen, weil es ihnen einen echten Mehrwert bietet und sie es gerne tun.

Beispiel: Slack

Slack ist ein Cloud-basiertes Tool für die Teamkommunikation, das hauptsächlich von agilen Unternehmen und insbesondere Start-ups als Ersatz für interne E-Mails genutzt wird. Von Anfang an suchte das Team von Slack den engen Austausch mit ihrer Zielgruppe (Start-ups), um ein Produkt zu schaffen, das exakt deren Bedürfnissen entspricht und damit regelmäßig und oft zum Einsatz kommen würde. Damit hat das Team um Gründer Daniel Stewart Butterfield, der zuvor unter anderem die Foto-Community Flickr gegründet hatte, zwei Fliegen mit einer Klappe geschlagen: Zum einen war der PMF bereits sehr früh erreicht, und zum anderen gewannen sie sehr früh Kunden, Multiplikatoren und Referenzen, was eine schnelle Verbreitung begünstigte und Slack zu einem extrem erfolgreichen Start-up macht.

Entsprechend des Lean-Start-up-Modells solltest du insbesondere in der frühen Phase deines Unternehmens »vor die Tür« gehen und deine Zielgruppe persönlich zu deinem Produkt befragen. Zum einen wirst du dadurch wertvolles Feedback zur Verbesserung deines Produkts erhalten, und zum anderen baust du dir einen Stamm von Early Adopters auf.

Beispiel: Tinder

Tinder ist eine Dating-App, bei der potenzielle Bekanntschaften, die man nicht treffen möchte, einfach per Wisch-Bewegung übersprungen werden, bis man einen geeigneten Kandidaten bzw. eine Kandidatin gefunden hat. Um Feedback von der Kernzielgruppe zu erhalten und dem Produkt einen viralen Kickstart zu geben, ging das Gründungsteam auf Studentinnen-Verbindungen (Sororities) zu. Das Team half beim Installieren der App und beantwortete Fragen. Das Ergebnis war nicht nur wertvolles Feedback, sondern auch eine App voller Profile von Studentinnen. Der nächste logische Schritt für Tinder war die Aktivierung von männlichen Studenten – was nicht schwergefallen sein dürfte.

Durch Kundenbefragungen wie mit dem Net Promoter Score (NPS, siehe auch Abschnitt 7.2.4, »Der Roter-Teppich-Hack«) kannst du feststellen, ob deine Kunden dein Produkt so sehr mögen, dass sie es ihren Freunden und Kollegen weiterempfehlen würden (siehe Abbildung 3.1).

Abbildung 3.1 Kundenbefragung mit dem Net Promoter Score

Beispiel: Typeform

Das spanische Umfrage-Start-up Typeform nutzt NPS auch für die Produktentwicklung und den Kunden-Support: Nachdem die Nutzer ihre Meinung abgegeben haben, wurden sie nach dem Grund für ihre Bewertung gefragt. Wenn die Nutzer ihre Zufriedenheit mit 9 oder 10 bewertet hatten, wurde ihnen gedankt und sie darum gebeten, ihr positives Feedback via Social Media zu teilen. Gleichzeitig wurde im CRM-System (Customer Relationship Management) ein Ticket generiert, damit der Customer Support den Nutzer bei etwaigen Problemen unterstützen kann.

Sean Ellis hat eine einfache Grundregel: Ohne einen stabilen Product-/Market-Fit lohnen sich keine Growth-Hacking-Maßnahmen. Deswegen stellt er den Nutzern zu Beginn eines Projekts folgende einfache Frage: »Wie enttäuscht wärst du, wenn dieses Produkt nicht mehr existieren würde?«

1. sehr enttäuscht
2. ein wenig enttäuscht
3. nicht enttäuscht
4. Ich benutze es mittlerweile nicht mehr.

71

Laut Sean Ellis gilt die Grundregel: Wenn mindestens 40% deiner Nutzer berichten, dass sie sehr enttäuscht wären, wenn dein Produkt vom Markt verschwände, hast du einen stabilen Product-/Market-Fit erreicht. Dann kannst du nachhaltiges Wachstum erreichen.

Um diesen Fit zwischen Produkt und Markt zu erreichen, ist das Marketing im klassischen Sinn nicht ausschlaggebend. Keine Anzeige, kein TV-Spot und erst recht kein Plakat wird dazu führen, dass deine Kunden dein Produkt so sehr mögen, dass sie es vermissen würden. Es geht einzig um die Produktmerkmale. Denk an Produkte wie das Model S von Tesla, das iPhone von Apple oder den Thermomix von Vorwerk: Das Marketing für diese Produkte sind die Produkte selbst. Das Design, die Bedienung, das Universum drumherum – all das hat dazu geführt, dass es echte Fans gibt, die sich mit dem Produkt und der Marke identifizieren und zu kleinen Evangelisten werden. In diesem Moment sind die Kunden selbst dein wichtigstes Marketinginstrument. Denn sie erzählen ihren Freunden und Kollegen davon, verteidigen dich bei jedem Shitstorm und werden auch deine kommenden Produkte mit Freuden kaufen. Das sind die Vorteile einer echten »Love-Brand«.

Um diesen Fit zu erreichen, musst du dich zunächst mehr auf dein Produkt als auf Wachstum konzentrieren. Nutze dafür jede Chance der Validierung deiner Idee, und verfeinere sie so weit, bis sie von deinen Early Adopters wirklich gemocht wird. Um den Grad der Validierung zu testen, kannst du beispielsweise Interviews mit Probanden durchführen.

Hilfreich dafür ist die Methodik des »Mom-Tests«, bei der du gezielt nach den Informationen fragst, die du objektiv benötigst. So vermeidest du es (weitgehend), dass du aus Angst vor der Antwort die falschen Fragen stellst. Außerdem erzählst du ihm nichts von deiner Idee, sondern stellst nur Fragen zum Verhalten des Probanden.

Beispiel: Du möchtest deine Idee einer Kochbuch-App validieren. Frage nicht danach, ob dein Gegenüber Interesse an einer Kochbuch-App hat, sondern frage ihn oder sie:

▶ Wann hast du das letzte Mal dein iPad benutzt?

▶ Wofür?

▶ Hast du es schon einmal in der Küche benutzt?

▶ Hast du dir schon einmal eine App heruntergeladen? Wofür? Zu welchem Preis?

▶ Benutzt du Kochbücher?

▶ Gibt es etwas an Kochbüchern, das du nicht magst?

▶ Was war das letzte Kochbuch, das du gekauft hast? Wann? Warum?

Auf diese Weise vermeidest du es, dass du falsche Antworten aufgrund deiner Beziehung zu dem Probanden bekommst.

Eine weitere, deutlich anspruchsvollere Methode zur Validierung ist eine Kampagne auf einer Crowdfunding-Plattform wie Indiegogo oder Kickstarter. Dort stellst du deine Idee möglichst anschaulich vor und bittest die Nutzer um Unterstützung. Der Hersteller kann noch vor Herstellung des Produkts wichtiges Feedback der Nutzer einfließen lassen und das Produkt verbessern, wie das Beispiel in Abbildung 3.2 zeigt.

"Type C/E/F/J/L" Power Plug Compatibility

A handful of EU backers with a good eye pointed out that the initial design of our "Type C/E/F/J/L" power plug would not work with recessed power sockets common in Europe. This is why we love coming to Kickstarter. Thanks to backers like you, we're already making changes to our product to ensure it's the best it can be.

Our "Type C/E/F/J/L" electrical plug design has been updated thanks to this valuable feedback. European backers, rejoice!

BEFORE   AFTER

Abbildung 3.2 Verbesserung des Product-/Market-Fits durch eine Crowdsourcing-Kampagne auf Kickstarter

Der Vorteil ist, dass du deine Idee nicht nur validierst, sondern gleichzeitig auch noch Investitionsbudget einsammelst und deine ersten Käufer gewinnst. Der Nachteil ist, dass allein so eine Kampagne schon sehr aufwendig ist.

Viele Menschen, die sich selbstständig machen, eine Firma gründen oder ein Produkt launchen wollen, stehen vor der wichtigen Frage: Wird jemand mein Produkt kaufen? Interessieren sich die Menschen für das Thema? Diese Menschen sind kompetent und motiviert, möchten aber ihre Zeit und ihr Geld nicht in einen Rohr-krepierer investieren. Wie können diese Menschen ihr Produkt validieren?

Eine einfachere Methode ist eine simple Sign-on-Landingpage. Schalte günstige Anzeigen auf Facebook und Instagram, und informiere per E-Mail dein gesamtes Netzwerk über dein Vorhaben, und fordere sie dazu auf, bei Interesse ihre E-Mail-Adresse auf deiner Landingpage einzutragen. Vielleicht kennen sie in ihrem Umfeld auch Menschen, für die das Produkt geeignet ist, und empfehlen es weiter. Wenn du genügend Probanden auf diese Weise gesammelt hast, kannst du ihnen per E-Mail einen Fragebogen zuschicken und mit ihnen den Mom-Test virtuell durch-führen. Außerdem kannst du deine Idee per Blogartikeln, Webinar oder Vorträgen publik machen und dir so Feedback einholen. Auch das SaaS[1]-Start-up Unbounce hatte seinen Ursprung in einem E-Book, in dem der Gründer Olli Gardner über Lan-dingpages schrieb, lange bevor sie ein populäres Thema am Markt waren. So gewann er noch vor dem Launch des Produkts über 1.000 Interessenten.

Im Jahr 2012 war Vladislav Melnik selbstständiger Webdesigner, der mehr Kun-denaufträge brauchte. Was hat er getan? Kaltakquise: Er rief potenzielle Kunden an, was nicht nur zeitaufwendig, sondern auch relativ erfolglos war. Was hat er dann getan? Das Gleiche, was jeder von uns tut, wenn er sich mit einem Problem konfrontiert sieht: Er googelte danach, wie man neue Kunden gewinnen kann. Dabei stieß er auf das noch sehr jungfräuliche Thema Content Marketing, das damals in Deutschland noch so gut wie unbekannt war. Vladislav packten Neugier und Leidenschaft, und er startete sein »affenblog«, in dem er anderen Bloggern Strategien und Tipps gab, wie sie besser bloggen können. »Es war eine tolle Zeit, weil der Markt noch so frisch war. Die Menschen verlangten danach!«, sagt Melnik. Melnik gab seine Tätigkeit als Designer auf, um sich komplett auf das »affenblog« zu konzentrieren.

Mit dem Wachstum des »affenblog« sah sich Melnik aber mit einem Problem kon-frontiert: Wie die meisten ambitionierten Blogs lief auch das »affenblog« auf Word-Press, einem guten System, das aber für ambitioniertes Marketing nur bedingt aus-gelegt ist, sofern man selbst kein Entwickler ist. Melnik wollte sich auf Marketing und Bloggen konzentrieren, nicht aber auf die dahinterliegende Technik. Durch den regelmäßigen Austausch mit seinen Lesern (hauptsächlich Blogger, Coaches und Solopreneure) erfuhr Melnik, dass er mit diesem Problem nicht allein war, aber niemand eine gute Lösung hatte. Also gründete er gemeinsam mit einem Bekann-ten Chimpify, eine Inbound-Marketing-SaaS für »die Davids dieser Welt«, quasi HubSpot für kleine Unternehmen. Mehr zu HubSpot, Content und Inbound-Mar-

---

1   Software as a Service, also eine cloudbasierte Softwarelösung, die ohne Installation über den Browser zu bedienen ist.

keting liest du in Abschnitt 3.2, »So erzeugst du Mehrwert«, mehr zum Launch von Chimpify in Kapitel 8, »Referral – so wirst du weiterempfohlen«.

3.1.2 Minimum Viable Product (MVP)

Wenn du den Product-/Market-Fit (PMF) gefunden hast, kannst du dein Minimum Viable Product (MVP) konzipieren. Das MVP ist ein Prototyp deines Produkts. Es geht darum, ein einfaches Produkt zu definieren, das an deiner Zielgruppe getestet werden kann. Du gehst so vor, dass du ein MVP-Feature-Set definierst (die wichtigsten Funktionen, die dein Produkt haben sollte) und diese in die Tat umsetzt.

Teste dein MVP

Es bringt nichts, Stunden in die Erstellung deiner Website und den Aufbau eines Publikums zu investieren. Fange an, stattdessen mit potenziellen Kunden zu sprechen und erste Informationen einzuholen. Definiere deine Ziele, und gestalte dann eine einfache Landingpage. Sorge über ein, zwei Kanäle für Traffic und messe den Erfolg. Mit dieser Vorgehensweise schaffst du dir eine gute Informationsbasis für die Modellierung deines eigentlichen Businessmodells.

Aller Anfang ist schwer

Einer der häufigsten Fehler, den Anfänger oft machen, ist, dass sie zu viel auf einmal wollen. Sie sind verliebt in ihre Produkte und wollen stets die perfekten Konzepte und Resultate veröffentlichen. So verzetteln sie sich oft und verschwenden zu viel Zeit und Energie auf Kleinigkeiten, anstatt mit einem MVP-Ansatz zu starten. Zu Beginn eines digitalen Projekts stellen sich viele komplizierte Fragen. Vertraue darauf, dass sich die Fragen im Laufe deiner Arbeit beantworten lassen, und starte einfach mal. Das hat auch den Vorteil, dass du schnell Feedback von deiner Community erhältst und auf einer soliden Datenbasis weitere Entscheidungen treffen kannst. Sich auf das eigene Bauchgefühl zu verlassen ist gut, relevante Daten sind besser.

Optimiere, optimiere, optimiere

Nachdem du gestartet bist und ein Produkt gefunden hast, das ein Problem für deine Kunden löst, musst du dieses kontinuierlich weiterentwickeln. Sei dir bewusst, dass der erste Entwurf deines Produkts im seltensten Fall dein Unternehmen wachsen lässt. Du kannst deinen Prototypen als eine Art Marktstudie ansehen, die dir die nötigen Informationen für die weitere Produktentwicklung liefert. Erfolg kommt nicht von heute auf morgen. Auch wenn du noch so gut in Suchmaschinenoptimierung bist, es wird eine Weile dauern, bis deine Website auf einer angemessenen Position auf Google angezeigt wird. Wichtig ist, dass du dranbleibst und Geduld beweist.

»I have missed more than 9000 shots in my career. I have lost
almost 300 games. 26 times, I have been trusted to take the
game winning shot and missed. I have failed over and over
and over again in my life. And that is why I succeed.«
– Michael Jordan

Entwickle dich kontinuierlich weiter, lese Blogartikel, besuche Weiterbildungen und lerne Neues mit Videotrainings. Das wird dich weiterbringen und dir immer wieder neue Ideen und Möglichkeiten aufzeigen, wie du neue Lösungswege entwickeln kannst, die dein Unternehmen zum Wachsen bringen.

Netzwerk aufbauen

Registriere dich auf Businessplattformen wie XING und LinkedIn, suche relevante Gruppen und interessante Kontakte. Tausche Informationen auf Twitter und Facebook aus, und baue dein Netzwerk in deinem Themenfeld auf. Biete selbst immer zeitnah wichtige Informationen und lehrreiche Artikel, so wirst du zu einem ernst zu nehmenden Partner.

Partner suchen

Wirklich gute Produkte entstehen nicht im Alleingang. Finde deine Schwächen, und suche in diesen Bereichen gute Partner, die dich unterstützen. Lass dein Produkt früh von anderen testen. Und auch wenn es schwerfällt – nimm jedes Feedback ernst. Sei flexibel und ändere deine Richtung, falls nötig. Es bringt nichts, verbissen an einer Idee festzuhalten, die von deinen Kunden nicht geschätzt wird.

Mehr zum Thema »MVP« erfährst du in Abschnitt 4.6.

3.1.3   Business Model Canvas

Nachdem du sicher bist, dass dein Produkt den PMF-Test bestanden hat, kannst du dich um das Geschäftsmodell für dein digitales Produkt kümmern. Nur so ist gewährleistet, dass sich dein Online-Projekt später auch finanziell auszahlt. Alexander Osterwalder, Unternehmer, Autor und Mitgründer von Strategyzer, einem Softwareunternehmen, das auf Tools und Content für strategisches Management spezialisiert ist, hat mit dem *Business Model Canvas* eine Methode entwickelt, um schnell und effizient Geschäftsmodelle zu definieren. In Abbildung 3.3 siehst du das Business Model Canvas angewandt auf die Beispielfirma SmallBill, ein Saas-Start-up, das wir betreut haben. Der Firmenname wurde von uns aus Datenschutzgründen geändert. Wir werden SmallBill in diesem Buch immer wieder als Praxisbeispiel einsetzen.

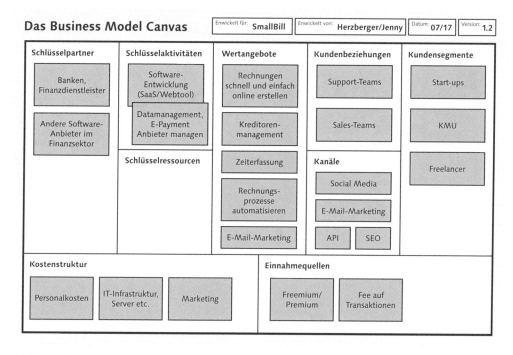

Abbildung 3.3 Business Model Canvas mit dem Beispiel von SmallBill
(Quelle: www.strategyzer.com)

Die neun Elemente des Business Model Canvas

1. **Kundensegmente:** Deine Zielgruppe. Alle Personen oder Firmen, für die dein Start-up Werte kreieren möchte. Die Kundensegmente sind im Beispiel von SmallBill Unternehmen, die zwar regelmäßig Rechnungen generieren und Buchhaltung machen müssen, aber noch keine eigene Person, geschweige denn eine Abteilung dafür haben, also hauptsächlich Freelancer, KMU und Start-ups.

2. **Werteversprechen:** Welchen Nutzen haben die Kunden? Kernwert von SmallBill ist die einfache Rechnungserstellung, weil das ein immer wiederkehrender Prozess ist, ohne den ein Unternehmen nicht weiterbestehen kann. An diesen Kern werden weitere Werteversprechen in Form von Features »angedockt«, um die Kunden bei allen regelmäßigen Buchhaltungsprozessen zu unterstützen. Das Ganze soll so einfach und schnell wie möglich sein, damit die Kunden ihre wertvolle Zeit nicht auf Buchhaltung verwenden müssen, sondern auf ihr Kerngeschäft. SmallBill hat hier in der Kommunikation ein dickes Brett zu bohren: Jeder Unternehmer weiß, dass er Buchhaltung machen muss – aber die wenigsten beschäftigen sich gerne damit. SmallBill muss also eine Positionierung als Problemlöser und Zeitsparer einnehmen.

3. **Kanäle:** Crossmediale Kanäle und alle Berührungspunkte, über die du mit deinen Kunden kommunizierst. Wie du später lesen wirst, ist die ganzheitliche Betrachtung der kompletten Customer Journey ein Kernpunkt von Growth Hacking. SmallBill bezieht einen Großteil seiner aktuellen Kunden aus den Kanälen Social Media, E-Mail, API und SEO. Wenn das Produkt wirklich ein Problem löst, wird auch *Word of Mouth* (also Mundpropaganda) dazukommen. Ist das Unternehmen erfolgreich, werden auch PR-Arbeit oder Auftritte des Gründers als Speaker wichtig werden.

4. **Kundenbeziehungen:** Hier wird beschrieben, welche Form des Umgangs du mit deinen Kunden pflegen möchtest (persönliche Beratung oder automatisierte Dienstleistungen). An erster Stelle steht dabei in der Regel der Customer Support, weswegen er auch in deinem Unternehmen oberste Priorität genießen sollte. Der Vertrieb ist das Gesicht zu potenziellen Key-Accounts, die eine persönliche Betreuung verdienen.

5. **Einnahmequellen:** Wie erzielst du Umsatz? SmallBill hat sich für ein Freemium-Modell entschieden: Die Nutzung bis zu einem gewissen Grad ist kostenlos, damit der Nutzer das Tool ausprobieren kann. Ab der zwanzigsten Rechnung muss er eine Abo-Gebühr bezahlen. Will der Kunde auch seine Bankgeschäfte über SmallBill abwickeln, fällt eine zusätzliche Gebühr für die Transaktionen an. Die API-Nutzung wird derzeit noch kostenfrei angeboten, um wichtige Early Adopters zu gewinnen.

6. **Schlüsselressourcen:** Welche Infrastruktur und Ressourcen werden benötigt, um dein Produkt oder deinen Service anbieten zu können? Bei vielen Start-ups ist das die »Secret Sauce«, also der Code, das Rezept oder die Technologie, die das Unternehmen einzigartig macht. Darüber hinaus sind hier aber natürlich auch die wichtigsten Mitarbeiter zu nennen, ohne die das Start-up nur eine geringe Chance auf Erfolg hat. Ebenso der Zugang zu Geldmitteln, sei es aus der eigenen Tasche der Gründer oder von externen Investoren wie Business Angels oder Venture Capital.

7. **Schlüsselaktivitäten:** Welche Aktivitäten sind erforderlich, damit du dein Produkt oder deinen Service anbieten kannst? Ein ambitioniertes Start-up wie SmallBill investiert natürlich in die stetige Weiterentwicklung des Produkts. Und weil die Gründer wissen, dass ihre Kunden nicht in einer Blase leben und *nur* SmallBill nutzen, erweitern sie fortwährend die API-Schnittstellen mit anderen Plattformen im Bereich Payment und Banking.

8. **Schlüsselpartner:** Für welche Ressourcen musst du auf externe Zulieferer zurückgreifen, und welche Schlüsselaktivitäten willst oder musst du auslagern? An dieser Stelle müssen die Investoren, die Dienstleister, Berater oder Partner genannt werden, ohne die der Erfolg von SmallBill stark gefährdet ist.

9. **Kostenstruktur:** Die übergeordnete Finanzplanung für dein Start-up. Welche Kosten sind kritisch für den Erfolg von SmallBill? In der Regel sind es die Personalkosten, insbesondere für die Entwickler. Aber auch Lizenzgebühren könnten kritisch sein und sollten deswegen an dieser Stelle notiert werden.

Hier kannst du die Business-Model-Canvas-Vorlage als PDF downloaden: *www.strategyzer.com*

3.2 So erzeugst du Mehrwert

Ein sehr wichtiger Bestandteil deines digitalen Geschäftsmodells ist natürlich dein Werteversprechen oder – anders gesagt – dein Produktangebot oder deine angebotene Dienstleistung. Aus diesem Grund betrachten wir diesen Teil des Business Model Canvas noch etwas genauer. Es gibt zu diesem Zweck das *Value Proposition Canvas* (ebenfalls von strategyzer.com, siehe Abbildung 3.4).

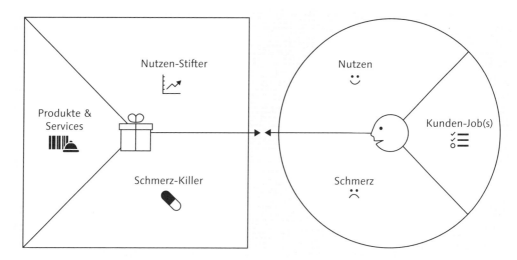

Abbildung 3.4 Value Proposition Canvas (Quelle: www.strategyzer.com)

Folgende Fragen musst du dir über deine Kunden stellen:

Kundenprofil (Customer Jobs)

▶ Welche Aufgaben oder Probleme möchten deine Kunden erledigen?

▶ Welche Grundbedürfnisse wollen deine Kunden befriedigen?

Sorgen deiner Kunden (Pains)

▸ Was empfinden deine Kunden als zu teuer oder zu aufwendig?

▸ Was sind die Herausforderungen, denen deine Kunden begegnen?

▸ Welche Risiken fürchten sie?

Nutzen für deine Kunden (Gains)

▸ Wo möchten deine Kunden etwas einsparen?

▸ Wo kann dein Produkt den Kunden Erleichterung verschaffen?

▸ Wonach suchen deine Kunden?

▸ Was wünschen sich deine Kunden?

Und diese Fragen musst du dir über deine eigenen Produkte und Dienstleistungen stellen:

Produkte und Dienstleistungen

▸ Welche Produkte oder Dienstleistungen biete ich an, die die Probleme der Kunden lösen?

▸ Welches meiner Produkte befriedigt die Grundbedürfnisse meiner Kunden?

Sorgenkiller (Pain Relievers)

▸ Wie helfe ich meinen Kunden bei der Lösung ihrer Herausforderungen?

▸ Wie biete ich eine bessere Lösung als die Konkurrenz?

Problemlösungen (Gain Creators)

▸ Wie erleichtere ich meinen Kunden das Leben?

▸ Womit erfülle ich ihre Bedürfnisse?

▸ Wie kann ich ihnen das bieten, was sie sich wünschen?

Hier kannst du das PDF zum Value Proposition Canvas downloaden: *www.strategyzer.com*

Nicht selten kommt es vor, dass Start-ups in den ersten Monaten und Jahren »pivotieren«, d.h., ihr Geschäftsmodell ändern, weil sie mit einer anderen Zielgruppe einen besseren Product-/Market-Fit erreichen. Nokia war ein Hersteller von Gummi-Produkten, Nintendo stellte Spielkarten her, Android war zuerst ein Betriebssystem für Kameras und Twitter ein Nebenprodukt von Odeo, einem Podcast-Verzeichnis. Yelp war ursprünglich ein Portal, auf dem Menschen ihren Freunden Geschäfte empfehlen konnten und lief mit überschaubarem Erfolg. Erst nach einem »Deepdive« in die Nutzerdaten fand man heraus, dass das kleine Feature

»Bewertungen« sehr oft genutzt wurde. Bewertungen sind mittlerweile der Kern von Yelp und der Hauptgrund dafür, warum das Portal von über 80 Millionen Menschen jeden Monat genutzt wird.

»Don't fall in love with your product!« – Dr. Carolin Gabor, Finleap

Solch ein Pivot wirkt sich natürlich auch immer auf die Positionierung aus, die daher nicht in Stein gemeißelt sein darf. Eine neue Zielgruppe und eine Neuausrichtung des Marketings verlangen auch immer eine neue Positionierung. YouTube war ursprünglich eine Video-Dating-Seite und Instagram ein soziales Netzwerk, das nicht auf Fotos, sondern auf örtlicher Nähe basierte.

Gründern fällt es oft schwer, ihre lieb gewonnene und mit viel Herzblut formulierte Vision und Positionierung aufzugeben. Ein Pivot erfordert ein Umdenken und eine Fokussierung auf neue Ziele. Das ist emotional wie intellektuell nicht einfach. In diesem Moment unterscheidet sich der Gründer vom Unternehmer: der Unternehmer wird sich auf die Chance mit einer neuen, vielversprechenden Zielgruppe konzentrieren, wenn dort das Potenzial größer ist. Im Fokus steht nicht das Produkt, sondern die Zielgruppe.

3.3   Finde deine Zielgruppe

Es gibt das schöne Zitat aus dem Disney-Film »Alice im Wunderland«, das besagt: »Wenn du nicht weißt, wo du hinwillst, ist es egal, welchen Weg du einschlägst«. Das trifft nicht nur auf die Vision und Mission deines Unternehmens zu, sondern auch auf die Definition einer Zielgruppe. Welche Gruppe an Menschen soll dein Produkt kaufen oder deinen Service nutzen? Eine Zielgruppe ist die möglichst detailliert beschriebene Gruppe von Menschen, denen du dein Produkt vorstellen möchtest, damit sie es nutzen bzw. kaufen.

»Do not make the mistake of having a broad audience at the beginning. You have to start small and be very specific to develop your early user base.« – Franco Varriano

Tatsächlich ist es mit einer einmaligen Definition nicht getan, denn mit dem Alter deiner Produkte wird sich auch deine Zielgruppe verändern. Ein sehr bekanntes Modell hat Geoffrey A. Moore in seinem Bestseller »Crossing the Chasm« aufgestellt: Je nach »Marktreife« deines Produkts musst du eine andere Zielgruppe ansprechen, um Erfolg zu haben.

Der frühere Literatur-Professor erläutert dabei anhand des *Technology Adaption Lifecycles*, dass ein junges Unternehmen zunächst einen »Brückenkopf« definieren muss: eine kleine, aber passende Zielgruppe, die er als Innovatoren bzw. als Early

Adopters bezeichnet. Ohne diese frühen Kunden, die einen starken Einfluss auf die Entwicklung deines Produkts haben, wirst du es nicht in den Massenmarkt schaffen. Und wenn du es nicht in den Massenmarkt schaffst, wirst du mittelfristig nicht genügend Erfolg haben.

Dabei unterscheiden sich die Menschen in diesen unterschiedlichen Zielgruppen erheblich voneinander: Wo die Innovatoren und die Early Adopters als begeisterte Meinungsführer gerne Versuchskaninchen spielen und daher auch den einen oder anderen Fehler eines unausgegorenen, aber innovativen Produkts verzeihen, braucht ein Mitglied der frühen Mehrheit (*Early Majority*) erst den Beweis durch andere Menschen oder Medien im eigenen Umfeld, die das Produkt getestet und empfohlen haben.

Beim Growth Hacking geht es genau darum: den frühen Markt zu identifizieren und zu erreichen, die Menschen, deren Problem du löst und für die du – entsprechend der Lean-Start-up-Philosophie – das Produkt gebaut hast. Aber selbst dann wirst du nicht umhinkommen, deine Zielgruppe möglichst exakt zu beschreiben, und sei es zur Kommunikation mit deinen Mitarbeitern, Partnern und Kapitalgebern.

Eine Zielgruppe ist zwar abstrakt (weil ein theoretisches Modell), aber real in dem Sinne, dass sie auf Markt- und Meinungsforschung, also auf den Daten realer Menschen, beruht.

Eine Persona hingegen ist ein fiktiver Charakter, der stellvertretend für eine Zielgruppe steht. Es ist das Abbild deines idealen Kunden, sozusagen ein Stellvertreter, mitsamt möglichst vieler Details, die einen Charakter (ob fiktiv oder real) ausmachen. Im Prinzip arbeitest du bei der Erstellung dieser Persona nach dem gleichen Prinzip wie jeder Drehbuchschreiber und Autor, der die Charaktere für seine Welt erschafft. In beiden Fällen ist es hilfreich, den Charakter so detailliert zu beschreiben wie möglich, um ihn »lebendig« werden zu lassen.

Eine Persona wird dir bei jeder Marketingentscheidung helfen, insbesondere aber bei der Erstellung von Texten. Denn es wird dir und deinen Mitarbeitern viel einfacher fallen, für eine definierte Person zu schreiben, als für eine anonyme Masse, in die sich kein Mensch hineinversetzen kann.

Es gibt einen Mythos um Amazon, der die Kundenfreundlichkeit des Unternehmens veranschaulichen soll: In unregelmäßigen Abständen bringt Jeff Bezos, der Gründer und CEO des Unternehmens, einen leeren Stuhl in ein Meeting mit seinen Managern. Dieser leere Stuhl steht symbolhaft für den Kunden, den wichtigsten Menschen im Raum. Wie eine Persona ist auch der leere Stuhl nur ein Gedankenmodell, aber es hilft, Entscheidungen im Sinne des Kunden zu treffen. Damit der Kunde aber nicht nur eine leere Hülle ist, muss jeder Mitarbeiter, unabhängig von seinem Status und Gehalt, einmal im Jahr im Kundenservice arbeiten, um die Fragen und Bedürfnisse der Kunden an vorderster Front zu verstehen.

3.4 So erstellst du deine Persona

Vorneweg: Es gibt keinen einheitlichen Prozess, der zur Abbildung der perfekten Persona führt. Dazu sind die Produkte und Märkte zu verschieden. Unstrittig ist dagegen das Ziel: Die Erstellung eines solchen Steckbriefes, um damit ein gemeinsames Verständnis für den Kunden zu bekommen (siehe Abbildung 3.5)

Biografie

Tanja ist mit 2 Geschwistern in Frankfurt aufgewachsen. Sie hat ursprünglich eine Kaufmännische Lehre gemacht, hat sich dann aber später zur Fotografin weitergebildet. Diesen Beruf verfolgt sie mit einer grossen Leidenschaft. In der Freizeit verrückt nach Fashion (Kleider), Sport (Laufen), Reisen und Schokolade. Patricia ist ausserdem ein Familienmensch und verbringt auch gerne Zeit mit Freunden. Sie liebt lange Spaziergänge am Strand und Sonnenuntergänge. Wenn sie fotografiert, vergisst sie alles um sich herum. Für sie ist es wie Meditation.

Ziele

Neukunden gewinnen
Bestehende Kunden betreuen

Probleme/Herausforderungen

Monatliche Verrechnungen nehmen viel Zeit in Anspruch.
Zeiterfassung mit Excel ist sehr umständlich.
Rechnungsversand ist umständlich.
Kreditoren sind ihr ein Dorn im Auge.

Name:	Tanja Trüffel
Alter:	23
Beruf:	Fotografin
Geschlecht:	Weiblich
Beziehung:	Single
Wohnort:	Berlin
Geburtsort:	Frankfurt
Herkunft:	Deutschland
Familie:	2 Brüder

Fähigkeiten/Technologie

Fotografie
Hochzeitsfotografie
WordPress und Content Management
Word und Excel

Business

Würde für eine gute Lösung eine monatliche Gebühr bezahlen

Abbildung 3.5 Persona

Mit der Zeit wirst du mehrere Kundensegmente ansprechen und dementsprechend mehrere Personas entwickeln. Für den Anfang solltest du dich aber auf *High-Expectation Customer* (HXC) konzentrieren, so Julie Supan. Supan ist eine Spezialistin für Brand und Positionierung, die unter anderem für Airbnb und – wie Sean Ellis – Dropbox gearbeitet hat. Der HXC ist der anspruchsvollste Nutzer innerhalb deiner Zielgruppe. Es ist jemand, der dein Produkt oder deinen Service für seinen größten Vorteil wertschätzen wird. Sein Urteil ist kritisch für deinen Erfolg, denn der HXC ist jemand, der dein Unternehmen weiterempfehlen wird und damit für dich ein wichtiger Influencer ist.

Der beste Weg zu einer realistischen Persona sind Interviews mit deinen (Möchtegern-)Kunden. Dabei reicht es nicht, Alter, Geschlecht und Wohnort zu identifizieren, du musst deutlich tiefer gehen. Und auf je mehr Fragen du eine Antwort geben kannst (auch wenn sich diese Antwort nicht auf der oberflächlichen Persona-Beschreibung wiederfindet), desto wertvoller wird deine Persona sein und desto effizienter deine Kommunikation ihr gegenüber.

Beispiel: High-Expectation Customer für Airbnb

Der HTX für Airbnb ist ein globaler Bürger, der andere Orte nicht nur besuchen, sondern dazugehören möchte. Er ist ein Gast, der wie ein Einheimischer leben möchte und der gleichzeitig auf sein Reisebudget achtet.

Man kann die Fragen in folgende Kategorien einteilen (wobei die ersten beiden die wichtigsten sind):

▶ **Grundlagen:** Alter, Geschlecht, Wohnort, Geburtsort, Familienherkunft etc.

▶ **Produktspezifische Fragen:** Welches Problem in ihrem Leben löst dein Produkt (=welcher Schmerz wird geheilt)? Ist es ein akuter oder ein chronischer Schmerz? Was wären die Vorteile in ihrem Leben, wenn dieses Problem gelöst werden könnte? Wie oft und bei welchen Gelegenheiten benötigen sie deine Lösung? Wie sind sie bisher mit diesem Problem umgegangen? Warum? Welche Frage werden sie sich unmittelbar vor der Entscheidung für oder gegen dein Produkt stellen? Was ist ihre größte Hürde, sich für dein Produkt zu entscheiden? Wie würden sie dein Produkt beziehen? Wie würden sie es bezahlen?

▶ **Kindheit:** Von wem wurden sie wie aufgezogen, welchen Beruf und welche Ausbildung hatten die Eltern, wie groß war das Familienumfeld, und welchen Status hatten sie etc.?

▶ **Ausbildung:** Welcher »Typ« war die Person in der Schule? Welche außerschulischen Aktivitäten wurden unternommen? Wie waren die schulischen Leistungen? Wie war das soziale Umfeld? Was waren die Lieblingsfächer etc.? Gleiches gilt für die Zeit während der (akademischen) Ausbildung.

▶ **Berufliche Stationen:** Was war der erste (Fulltime-)Job? Wo arbeiten sie aktuell? Welche Position haben sie inne und warum und wie lange bereits? Wie haben sie diese Position erreicht? Was sind ihre Aufgaben? Wie hoch ist ihr Gehalt? Wie sieht ihr soziales Umfeld am Arbeitsplatz aus? Was ist ihr Traumjob?

▶ **Finanzielles:** Wer ist der Hauptverdiener und wer der Entscheider im Haushalt? Wie viel Geld steht nach Abzug der Fixkosten zur Verfügung, und wofür wird es ausgegeben (Hobbys, Urlaub, Entertainment, Kleidung etc.)?

▶ **Lifestyle:** Beziehungsstatus und sexuelle Orientierung, politische Haltung, Mediennutzung, Wohnumfeld, Freundschaften, Religion, Hobbys, Urlaubsziele und -vorlieben etc.

▸ **Persönlichkeit:** Wie würde sich die Person selbst beschreiben und wie ihre Freunde? Ist sie Optimist? Risikofreudig? Spontan? Extrovertiert? Unabhängig?

▸ **Affinität zu Technologie:** Welches Smartphone nutzen sie wie oft? Wie oft gehen sie online und was tun sie dort? Wie aktiv sind sie auf Social Media? Wo kaufen sie online?

Der beste Weg, Antworten auf diese Fragen zu erhalten, ist ein Interview mit der realen Person (unter der nicht selbstverständlichen Voraussetzung, dass sie jede deiner Fragen ehrlich beantworten würde). Aber oftmals ist *exakt* diese Person nicht oder nur schwer verfügbar. Eben weil die Persona in der Regel ein fiktiver Charakter und keine reale Person ist. Was dann?

3.4.1 Der »Frage deine Mitarbeiter«-Hack

Eigentlich kein Hack, aber so naheliegend, dass es oft vergessen wird: Niemand weiß so viel über die Persönlichkeit deiner Interessenten und Käufer wie die Menschen in deinem Kunden-Support oder im Verkauf, also die Leute an der Front, die jeden Tag mit den realen Kunden konfrontiert sind. Nutze deine Mitarbeiter als verfügbare und daher kostengünstige Informationsquelle zur Definierung deiner Persona.

3.4.2 Der Amazon-Hack

Wir haben bereits über effiziente Keyword-Recherche auf Amazon gesprochen. Marktplätze wie eBay, Rakuten oder Amazon eignen sich aber auch nicht nur zur Keyword-Recherche, sondern auch zur Analyse der Denkweise und des Verhaltens einzelner Personae und sind deswegen sehr praktisch für unsere Persona.

Analysiere Folgendes: Was sind die Bestseller in deiner Branche? Analysiere das Inhaltsverzeichnis, die Einführung und die Bewertungen. Insbesondere die negativen Bewertungen mit nur einem Stern können für dich am hilfreichsten sein, weil sie die Bedürfnisse und Probleme der Kunden aufzählen. Welche Bewertungen sind am hilfreichsten und warum? Wer sind die Experten auf dem Gebiet? Entstehen aus den Bewertungen Diskussionen?

Lese dafür Bewertungen von Produkten, die deine Persona kaufen würde. Wie sind deren Tonalität und Schreibstil? Ist ihre Rechtschreibung korrekt? Worauf achten sie besonders? Wie ist ihr Name? Was sind ihre vorherigen oder zukünftigen Alternativen zum gekauften Produkt?

Je nach Branche sind auch Unternehmensbewertungen auf Facebook, eKomi, Trusted Shop oder Google eine gute Quelle, um die Bedürfnisse und Probleme der Kunden zu erfahren (sowie der Stärken und Schwächen deiner Wettbewerber).

3.4.3   Der YouGov-Hack

Im Jahr 2000 in London gegründet, ist YouGov mittlerweile mit 31 Standorten in Europa, den USA, im Nahen Osten, Afrika und Asien vertreten. YouGov gehört nach Angaben der renommierten American Marketing Association zu den Top 20 Marktforschungsunternehmen der Welt. Der Grund, warum wir es dir zur Bildung einer Persona empfehlen, ist folgender: Mit Einschränkungen kannst du das Produkt »Profiles« kostenlos nutzen. Profiles sind nichts anderes als Personae, die auf den vorliegenden Meinungsforschungsdaten erstellt worden sind. So kannst du beispielsweise die Affinität zu Snapchat als ausschlaggebendes Kriterium einstellen. YouGov wird dir verraten, wie der typische Snapchat-Nutzer aussieht in den Bereichen Demografie, Lifestyle, Persönlichkeit, Marken, Medien und Unterhaltung. Weitere hilfreiche Statistiken findest du bei Statista[2] und dem Statistischen Bundesamt[3].

3.4.4   Der Appinio-Hack

Appinio ist ein Meinungsforschungs-Start-up aus Hamburg. Im Gegensatz zu YouGov geben sie zwar keine Einblicke in ihre Datenbank, aber dafür kannst du dort selbst sehr schnell und sehr kostengünstig Meinungsforschung betreiben. Erstelle dazu einen Fragenkatalog und definiere den Personenkreis, der diese Fragen beantworten soll (Geschlecht, Alter, Region und gegebenenfalls Interessen). Deine Fragen werden den Panel-Teilnehmern per App gestellt und du bekommst sehr schnell aussagefähige Antworten.

3.4.5   Der Inhouse-Analytics-Hack

Auch wenn der primäre Zweck deiner Analytics-Infrastruktur ein anderer ist: Du kannst die vorliegenden Daten nutzen, um mehr über das Verhalten und die Persönlichkeit deiner Käufer herauszufinden. Lesen sie gerne Texte, oder ziehen sie Bilder oder Videos vor? Zahlen sie per Rechnung und damit ohne Risiko oder per Vorkasse? Bei welcher Bank sind sie? Bei welchem Provider haben sie ihre E-Mail-Adresse? Bewegen sie sich sehr zielgerichtet auf deiner Seite oder stöbern sie gerne? Auch diese Informationen sind schnell und kostenlos verfügbar, wenn du Analytics-Tools wie Google Analytics oder Piwic verwendest. Beachte bei der Verwendung deiner Analytics-Werkzeuge unbedingt, dass du den Nutzer ausführlich und umfänglich darüber informierst, welche Daten du warum sammelst. Der richtige Platz dafür sind die Nutzungsbedingungen bzw. Datenschutzhinweise, die du

---

2   *https://de.statista.com*
3   *www.destatis.de/DE/Startseite.html*

auf eine separate Seite platzieren und diese über einen Link im Footer erreichbar machen solltest. Dort solltest du alle Tools nennen, die du verwendest.

3.5   So definierst du deine Zielgruppe

Wenn du dein Start-up entsprechend der Lean-Start-up-Philosophie aufgebaut hast, hast du sicherlich eine gute Idee von deinen Kernnutzern, da du ihre Wünsche und Bedürfnisse bereits bei der Produktion berücksichtigt hast. Viele Start-ups haben allerdings ein Problem damit, aus ihren Early Adopters eine Zielgruppe zu formulieren, auf die sie ihre Marketingmaßnahmen ausrichten, und insofern ihr Produkt in einem definierten Markt zu skalieren. Insbesondere gilt das dann, wenn die Gründer einen technischen Hintergrund haben und noch nie vor der Herausforderung standen, eine Zielgruppe definieren zu müssen, bis sie ein Investor damit konfrontiert hat.

Aber auch für Nicht-Marketer gibt es gute Möglichkeiten, eine valide (weil datenbasierte) Beschreibung anzufertigen. Und das größtenteils sogar kostenlos. Wichtig ist dabei, nicht von den eigenen Vorlieben auszugehen, sondern eine möglichst akademische, objektive Sicht einzunehmen.

3.5.1   Der »Ich tue so, als würde ich Werbung machen«-Hack

Facebook und Google sind zwei der umsatzstärksten Unternehmen auf der Welt – allein durch Einnahmen aus Werbung. Wie haben sie das geschafft? Zum einen indem sie ihre eigenen Werbeformate nutzen die sich – im Gegensatz zu klassischen Bannern – nahtlos in den eigentlichen Inhalt einfügen. Zum anderen indem sie auch Werbetreibenden mit kleinen Budgets mit einer Vielzahl von Informationen versorgen, wie und wo sie ihre Zielgruppe am besten erreichen können. Und diese Informationen sind genau das, was du brauchst. Im Gegensatz zu vielen anderen Werbeplattformen kannst du diese Informationen jederzeit und kostenlos nutzen, sowohl für die Werbebuchung als auch für die Beschreibung deiner Zielgruppe. Gehe dazu einfach auf *https://business.facebook.com*, erstelle dort (sofern noch nicht vorhanden) einen Business-Account, lege im Werbeanzeigenmanager (oder im Power Editor) eine neue Kampagne sowie eine Werbeanzeigengruppe an. Und innerhalb dieser Anzeigengruppe kannst du deine Zielgruppe definieren.

Auf Facebook gibt es dafür den Werbeanzeigen-Manager (siehe Abbildung 3.6), der sich innerhalb des Business Managers versteckt (vielleicht musst du dafür einen neuen Account einrichten, aber dieser ist ebenfalls kostenlos). Nachdem du dein Kampagnenziel definiert hast (was für unsere Zwecke vollkommen belanglos ist), kommst du zu diesem Zielgruppen-Planer (früher Audience Insights). Auf der rechten Seite siehst du die Größe deiner Zielgruppe, die du über den Kriterienkatalog in der mittleren Spalte definieren kannst. Jetzt kannst du deine Zielgruppe anhand ihrer demografischen Daten wie Alter, Geschlecht, Wohnort und Sprache definieren. Aber auch – und das ist einzigartig bei Facebook – anhand ihrer Interessen. So könntest du beispielsweise alle Männer zwischen 18–35 Jahren finden, die sich für Angeln interessieren oder für Eintracht Frankfurt. Du kannst deine Zielgruppe auch eingrenzen, indem du ausschließende Kriterien verwendest.

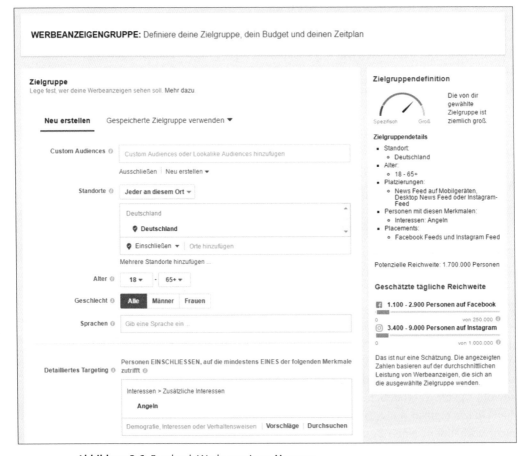

Abbildung 3.6 Facebook Werbeanzeigen-Manager

Wenn du eine aktive Facebook-Seite hast, kannst du auch eine sogenannte Lookalike Audience erstellen: Das sind Personen, die den Fans deiner Seite (basierend auf ihrer Demografie und ihren Interessen) ähneln.

Eine weitere gute Informationsquelle, die viele Start-ups nicht nutzen, sind die Seitenstatistiken deiner eigenen Facebook-Seite. Dort findest du detaillierte Angaben bzgl. Alter, Geschlecht, Wohnort und Interessen deiner Fans (siehe Abbildung 3.7). Auch auf Twitter gibt es diese Auswertungen deiner Follower.

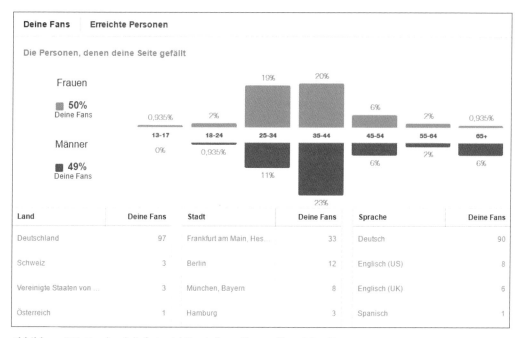

Abbildung 3.7 Facebook liefert wichtige Informationen über deine Fans.

Apropos Twitter: Auch dort kannst du mehr über deine Zielgruppe erfahren, indem du eine Kampagne im Werbeanzeigen-Manager planst. Allerdings ist zum einen die Reichweite auf Twitter (insbesondere in Deutschland) nicht mit der von Facebook zu vergleichen und zum anderen ist die Datenbasis deutlich kleiner und damit weniger aussagekräftig.

Wenn dir die Möglichkeiten des Facebook-Werbeanzeigen-Managers gefallen, dann wirst du den Google Display Network Planer lieben. Du bist zu niemandem so ehrlich wie zu deiner Suchmaschine – egal, was dich interessiert, du suchst danach auf Google. Und natürlich speichert Google diese Daten über das Suchverhalten und nutzt sie, um Nutzerprofile zu erstellen. Selbst wenn du kein anderes Produkt von Google wie Gmail, Google Maps oder ein Android-Phone nutzen solltest, weiß Google sehr viel über dich. Denn Google kennt nicht nur dein Suchverhalten, sondern weiß aufgrund des Google-AdSense-Programms bzw. DoubleClick sehr genau, welche Webseiten du besuchst.

Google AdSense und das Google Display Network

Google AdSense ermöglicht es Website-Publishern, durch die Integration eines Code-Snippets auf ihren Seiten mit Werbung Geld zu verdienen, indem werbetreibende Unternehmen Banner auf ihrer Website buchen können. Denn durch diesen Codeschnipsel werden die Seiten Teil des Google Display Networks (GDN). Dieses Netzwerk ist eines der größten Werbenetzwerke weltweit und ermöglicht es Werbetreibenden (lt. Google) bis zu 80% aller Internetnutzer in Deutschland zu erreichen und ihnen ein Banner vor die Nase zu halten. Daran kannst du sehen, welchen Einfluss Google auch außerhalb seines Kernprodukts Search hat.

Ergänzt wird das Google Display Network durch DoubleClick, ein Unternehmen, das Google 2007 für die bescheidene Summe von 3,1 Milliarden US-Dollar gekauft hat. DoubleClick ist so etwas wie der große Bruder des Display Networks: Richtet sich das GDN primär an kleinere Unternehmen, die einfach und schnell Werbung schalten wollen, sind die Zielgruppe von DoubleClick Agenturen und Unternehmen mit großen Budgets. Da schon vor dem Kauf durch Google eine Vielzahl von Webseiten an DoubleClick angeschlossen waren (auch in diesem Fall, um durch Werbebanner Geld zu verdienen), hat Google mit diesem Kauf eine wichtige Lücke in seinem Portfolio geschlossen.

Datenschützer kritisieren – nicht ohne Grund – ein solches Informationsmonopol. Denn DoubleClick wird oft in Verbindung mit Spyware gebracht, da HTTP-Cookies im Browser so gesetzt sind, dass eine Rückverfolgung des Benutzers von Webseite zu Webseite möglich ist. Eine Aufzeichnung darüber, welche Werbung angezeigt und angeklickt wird, ist ebenso möglich.

Somit kann Google kann die Spur des Nutzers durch das Netz folgen – und diese Fährten wiederum für das sogenannte *Behavioral Targeting*, also das Targeting anhand des Benutzerverhaltens, einsetzen. Wenn diese Profile noch um das Suchverhalten ergänzt werden, ist die Detailtiefe eines jeden Profils enorm.

Sofern du keine ethischen Bedenken hast, kannst du dir dieses Wissen von Google zunutze machen, sowohl für deine eigenen Kampagnen als auch zur Definition deiner Zielgruppe. Kostenlos.

Und das geht so: Du benötigst einen Google AdWords-Account. Unter dem Reiter TOOLS findest du den GOOGLE DISPLAY PLANER, das von Google auserkorene Planungstool für Anzeigen im Display Netzwerk.

In der Mitte siehst du die Verteilung nach Alter, Geschlecht und Gerät deiner aktuell selektierten Zielgruppe (siehe Abbildung 3.8). Und die Zielgruppe kannst du mit folgenden Kriterien beschreiben:

- ▶ KEYWORDS: sinnvoll zur Planung von kontextuellen Anzeigen; für die Zielgruppendefinition nicht geeignet

- ▶ PLACEMENTS: sinnvoll für die Planung von Anzeigen entsprechend des Umfeldes, sprich der jeweiligen Seite (sofern diese bekannt ist); für uns nur bedingt geeignet, sofern wir keinen Wettbewerber analysieren wollen

- ▶ THEMEN: Damit ist das Thema der jeweiligen Website gemeint. Wäre sinnvoll, wenn du beispielsweise Anzeigen in möglichst vielen Sport-Umfeldern buchen wolltest und die einzelnen Seiten nicht kennst.

- ▶ INTERESSEN: Sehr relevant, denn hier findest du Interessengebiete, von Adrenalin-Junkies über Autoliebhaber, Bastler und Heimwerker bis hin zu Bücherliebhabern, Büroarbeitern oder Fast-Food-Hungrigen ist alles dabei. Jetzt kannst du analysieren, ob es zwischen diesen Menschen Überschneidungen gibt und wie ihre demografischen Merkmale sind. Je nach deinem Produkt könnte sich auch ein Blick in die Untergruppe der »kaufbereiten« Zielgruppe lohnen, denn hier findest du die Menschen, die sich für den Kauf eines bestimmten Produkts (Tickets, Autos, Sportschuhe etc.) interessieren und via Google danach suchen.

- ▶ DEMOGRAFISCHE MERKMALE: die Grundlagen wie Geschlecht, Alter und Elternstatus

Abbildung 3.8 Planer für Display-Netzwerk-Kampagnen in Google AdWords

Google gibt dir keine exakten Daten bzgl. der Zielgruppengröße, aber du kannst mit dem Display Planer sehr intensiv analysieren, auf welchen Seiten sich Menschen mit bestimmten Interessengebieten tummeln, und die Größenverhältnisse von mehreren Zielgruppen miteinander vergleichen.

Es gibt noch eine weitere Methode, wie du Google zur Identifikation deiner Zielgruppe für dich arbeiten lassen kannst: Installiere das Google-Tag auf deiner Website, damit du eine Re-Marketing-Liste anlegen kannst. Damit bekommen alle Nutzer deiner Website einen Cookie auf ihren Browser und können – theoretisch – durch Banner auf fremden Webseiten erneut auf dein Produkt aufmerksam gemacht werden. Aber du willst ja lernen, keine Banner zu schalten. Und mit Google AdWords (über das du auch Google-Display-Network-Kampagnen steuern kannst) siehst du Interessen, demografische Daten und weitere Infos über deine Nutzer. Und das ganze kostenlos.

3.5.2 Der Mediaplaner-Hack

Mediaplanung beschreibt einen Bereich des Digital Marketings, der zwar klein, aber extrem umsatzstark ist, denn hier wird entschieden, wo und wann welche Werbung zu sehen ist. Eine Mediaplanungsagentur arbeitet dabei eng an der Seite des Kunden und der Kreativagentur. Letztgenannte kreiert die Werbebotschaft der jeweiligen Kampagne (z.B. #UmparkenImKopf von Opel oder »Ich bin doch nicht blöd« von Media Markt) sowie die Werbemittel wie Poster, Videospots und Banner. Die Aufgabe der Mediaagentur ist es, diese Werbemittel unter die Augen der richtigen Zielgruppe zu bringen und Werbeplätze bei entsprechenden TV-, Out-of-Home- oder Digitalvermarktern zu buchen. Dafür muss die Mediaagentur aber wissen, wo und wann die Menschen der Zielgruppe die einzelnen Medien nutzen. Dafür nutzen sie (besonders im Digitalbereich) Messungen von tatsächlichem Nutzerverhalten, aber auch Studien und Ergebnisse der Meinungsforschung. Dieses Wissen (und ihr enormer Einkaufsvorteil durch entsprechend hohe Budgets) sind die Kernkompetenz von Mediaagenturen. Und dieses Wissen kannst du dir (im beschränkten Umfang) für deine Zielgruppendefinition nutzbar machen.

Wie das? Die Studie »best for planning« (b4p) ist eine der umfangreichsten Markt- und Mediennutzungsstudien in Deutschland. Sie vereint Studien über Marken, Medien und Menschen. Für die Zielgruppenplanung bietet b4p darüber viele demografische und psychografische Merkmale an. Diverse generelle Statements zu gesellschaftlichen Themen und Trends, zu Wertorientierungen sowie zu Lebenseinstellungen werden erhoben. Sie werden ergänzt um marktspezifische Einstellungen. Zusätzlich zu den Einzelmerkmalen wird eine Reihe von verdichteten Zielgruppenmodellen bereitgestellt: Typologien, Persönlichkeitsfaktoren, Schichtmerkmale, Lebensphasen oder soziale Milieus.

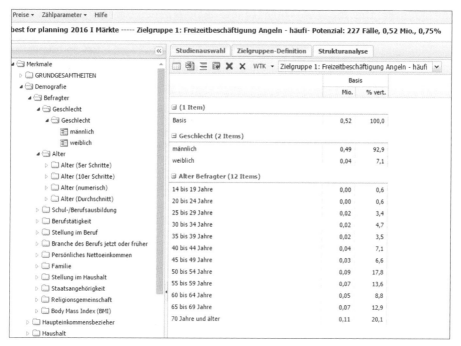

Abbildung 3.9 Mit »best for planning« kannst du deine Zielgruppe definieren.

Das Beste: die Studie ist kostenlos und online nutzbar. Wenn du keine kosten-pflichtige Lizenz erwirbst, kannst du deine Auswertungen leider nicht speichern und hast keinen Zugriff auf die aktuellsten Daten, aber zur Definition deiner Ziel-gruppe gibt es aktuell kein besseres, frei verfügbares Tool als die b4p-Studie. Und da es sich um eine im ganzen Markt anerkannte Quelle handelt, wirst du keine Pro-bleme haben, jemanden von der Validität deiner Annahmen zu überzeugen – denn bessere Daten kannst du nicht nutzen.

Bei einem unserer Kunden nutzten wir b4p nicht nur zur Definition der eigenen Zielgruppe, sondern auch potenzieller Partner. So hatten wir bei unseren ersten Treffen den Vorteil, dass wir eine ziemlich gute Vorstellung von der Größe und den Eigenschaften der Kundensegmente unseres Gegenübers hatten und auch Über-schneidungen zwischen unseren Bestandskunden und der Zielgruppe des Partners aufzeigen konnten. Das vereinfachte vieles.

3.6 So lernst du mehr über deine Zielgruppe

Sobald du deine Zielgruppe definiert hast, solltest du zu verstehen versuchen, wer genau deine Kunden sind, wie sie denken und in welchem Kontext sie deine Produkte nutzen. Um das zu erreichen, kannst du bestehende Daten analysieren oder je nach Kontext eine geeignete Untersuchungsmethode einsetzen. Wir unterscheiden qualitative und quantitative Untersuchungsformen. Wo man bei der qualitativen Untersuchung die Kunden einzeln befragt und in die Tiefe geht, werden bei der quantitativen Untersuchung möglichst viele Daten gesammelt:

▶ **Interviews:** Mithilfe von Interviews versuchst du, möglichst viel über den Kunden und die Verwendung deines Produkts zu erfahren. Du solltest offene Fragen stellen, damit der Kunde möglichst viele Informationen liefert.

▶ **Umfragen:** Umfragen sind besonders gut dafür geeignet, Informationen von einer großen Anzahl Kunden zu sammeln.

▶ **Beobachtung:** Beobachte deine Nutzer während der Nutzung deines Produkts. Das kann in einem Workshop passieren oder im Umfeld des Kunden.

▶ **Contextual Inquiry:** Contextual Inquiry ist eine Kombination aus einem Interview und einer Beobachtung des Kunden im unmittelbaren Umfeld, in dem er das Produkt nutzt. Ein Experte beobachtet, wie der Kunde das Produkt nutzt. Der Experte führt zusätzlich ein Interview mit dem Kunden durch. So erfährt er weitere wichtige Informationen.

▶ **Kundentagebuch:** Frage ausgewählte Kunden, ob sie selbst über einen bestimmten Zeitraum ein Tagebuch über die Verwendung deines Produkts führen möchten.

▶ **Fokusgruppen:** Lade ein paar ausgewählte Kunden mit verschiedenen Sichtweisen zu einer Gruppendiskussion ein. Über eine offene Gesprächsrunde erfährst du mehr über deine Kunden. Diese Methode hat den Vorteil, dass du den Gesprächsverlauf gut moderieren und damit den Ausgang beeinflussen kannst.

3.7   So analysierst du deinen Wettbewerb

Dank des Internets ist es heute viel einfacher als früher, Daten über das Marketing der Wettbewerber zu erhalten. Insbesondere bei Start-ups und etablierten Unternehmen, deren Geschäftsmodell auf Online-Marketing basiert, sind diese Informationen für dich als neuer Player Gold wert.

> *»Einen Pionier erkennst du immer an den Pfeilen in seinem Rücken.« – Brian L. Roberts, CEO Comcast*

Wie gut kennst du deine direkte Konkurrenz? Wie steht es mit den Wettbewerbern, die bereits am Markt etabliert sind? In diesem Abschnitt stellen wir dir einige Tools vor, die dir dabei helfen können, das Marketing und das Geschäftsmodell des

Wettbewerbs besser zu verstehen. Eine Warnung vorab: Es gibt kein perfektes Tool, das alle Informationen für dich bereithält. Im Gegenteil: Nicht selten verändern diese Portale ihre Preisstrukturen oder Algorithmen, so dass die Ergebnisse für dich weniger relevant sind. Alle Tools haben ihre Vor- und Nachteile. Da die meisten aber einen kostenlosen Testzugang ermöglichen, kannst du sie ausgiebig testen, bevor du dich entscheidest. Tools kommen und gehen – wichtig ist der Prozess des fortwährenden Lernens und entsprechenden Handelns.

Eine gute Wettbewerbsanalyse verkürzt deine eigene Lernkurve erheblich. Dabei reicht es nicht aus, eine Google-Suche durchzuführen und sich die Anzeigen der dort werbenden Unternehmen anzuschauen. Was ist beispielsweise mit Unternehmen, die keine Werbung auf der Suchergebnisseite schalten, sondern im Google Display Netzwerk oder auf Facebook? In diesem Fall ist es sicherlich in deinem Interesse zu erfahren, wie sie das machen. Denn offenbar scheint es sich für sie zu lohnen. Es geht bei der Wettbewerbsanalyse also nicht nur darum, weitere Keywords für die eigene Kampagne zu finden und damit mehr Budget investieren zu können. Es geht darum, neue Kanäle, Angebote und unentdeckte Goldminen zu entdecken.

3.7.1   Analyse von Advertising-Budgets

Google AdWords ist ein sehr mächtiges und (insbesondere für Google) erfolgreiches Advertising-Tool, weil die Menschen, die nach einem Produkt suchen, auf ihrer Customer Journey bereits sehr weit fortgeschritten sind und kurz davorstehen, das Produkt zu kaufen. Mehr dazu liest du in Kapitel 5, »Acquisition – so bekommst du mehr Nutzer«.

Mit hoher Wahrscheinlichkeit wird auch dein Wettbewerb AdWords als Werbekanal einsetzen. Wäre es nicht praktisch, wenn du herausfinden könntest, wie die Konkurrenz ihre Kampagnen gestaltet? Du könntest aus ihren Erfahrungen lernen und eine Kampagne aufsetzen, die der deiner Wettbewerber ebenbürtig ist – in einem Bruchteil der Zeit und damit deutlich effizienter.

Da Google AdWords bereits seit so langer Zeit verfügbar ist und gut funktioniert, ist der Werbe- und Wettbewerbsdruck entsprechend hoch. Das bedeutet, dass die Preise für Einsteiger nicht günstig sind. Umso mehr lohnt sich die Analyse deines Wettbewerbs für dich, weil du damit deine Kampagnen fortwährend optimieren kannst.

Die in diesem Schritt gesammelten Erkenntnisse (bzgl. Keywords, Anzeigentexten und Landingpages) helfen dir aber auch bei neueren Werbekanälen wie Facebook und Instagram, wo der Wettbewerb noch nicht ganz so hoch und professionell ist wie auf AdWords.

3.7.2 Der »Das kann ich schon lange«-Hack

Um einen ersten Eindruck von den Wettbewerbsaktivitäten bei Google AdWords zu bekommen, benötigen wir kein Third-Party-Tool. In AdWords selbst ist ein hilfreicher Datenschatz versteckt, der sich Auktionsdatenbericht nennt (siehe Abbildung 3.10). Gehe dafür in eine deiner Kampagnen oder Anzeigengruppen. Der AUKTIONSDATENBERICHT für Kampagnen im Suchnetzwerk enthält sechs verschiedene Statistikwerte: ANTEIL AN MÖGLICHEN IMPRESSIONEN, DURCHSCHNITTLICHE POSITION, ÜBERSCHNEIDUNGSRATE, RATE DER POSITION OBERHALB, RATE FÜR OBERE POSITIONEN und AUKTIONSPOSITION. Du kannst den Bericht für einzelne oder mehrere Keywords, Anzeigengruppen oder Kampagnen erstellen. Zudem lassen sich die Ergebnisse nach Zeit und Gerät segmentieren.

Domain der angezeigten URL	Anteil an möglichen Impressionen	Durchschn. Position	Überschneidungsrate	Rate der Position oberhalb	Rate für obere Positionen	Anteil an möglichen Impressionen gegenüber Mitbewerber
mmoga.net	39,45 %	1,8	65,18 %	62,23 %	81,21 %	16,19 %
Sie	27,24 %	2,3	–	–	52,63 %	–
guthaben.de	16,49 %	3,2	37,16 %	28,81 %	54,90 %	24,32 %
online-gold.de	13,38 %	3,3	20,05 %	58,89 %	20,47 %	24,02 %
startselect.com	12,16 %	1,9	29,18 %	61,13 %	84,76 %	22,38 %
gamecodeshop.de	11,33 %	2,0	11,13 %	90,67 %	64,63 %	24,49 %
amazon.de	10,77 %	3,0	18,82 %	29,80 %	45,24 %	25,71 %
gameladen.com	< 10 %	2,8	11,53 %	47,58 %	63,83 %	25,74 %
xxl-rabatte.de	< 10 %	3,5	14,95 %	6,63 %	2,81 %	26,97 %
g2a.com	< 10 %	1,9	8,21 %	71,75 %	66,80 %	25,63 %

Abbildung 3.10 Auktionsdatenbericht in Google AdWords

Noch besser – besonders, wenn du in einen neuen Markt einsteigst – ist SEMRush (siehe Abbildung 3.11). Die Fülle an Daten (selbst in der kostenlosen Version) ist erstaunlich. So kannst du beispielsweise mehr darüber erfahren:

▶ wie viel Traffic eine Seite im Monat aufweist und woher er kommt

▶ wie hoch das AdWords-Budget im Monat (ungefähr) ist

▶ wie die AdWords-Anzeigen gestaltet sind

▶ wer die wichtigsten Wettbewerber sind

▶ was die wichtigsten Keywords (sowohl für die organische Suche als auch für AdWords sind)

▶ welche Seiten auf die Website deines Wettbewerbers verlinken

Abbildung 3.11 Wettbewerbsanalyse mit SEMRush

Auch SpyFu ist ein sehr hilfreiches Tool, das du ergänzend einsetzen kannst (siehe Abbildung 3.12). Beachte aber, dass du mit SpyFu aktuell nur Daten aus dem Vereinigten Königreich und den USA analysierst. Bei deutschen Kunden ist die Analyse daher nicht komplett.

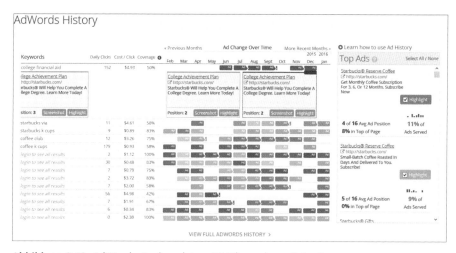

Abbildung 3.12 AdWords-Analyse deiner Wettbewerber mit SpyFu

3.7.3 Google Display Network

Das Google Display Netzwerk erlaubt noch mehr Kreativität als Werbung auf der Google-Suche. Das ist auch notwendig, denn im Gegensatz zur Suche sind die Nutzer von Publishing-Seiten nicht notwendigerweise kurz vor dem Kauf, sondern in der Regel noch in einer früheren Phase ihrer Customer Journey. Deswegen eignet sich dieser Kanal auch dafür, die notwendige Awareness für das eigene Produkt zu erzeugen bzw. zu verstärken (beispielsweise durch Re-Targeting).

Es gibt zwei Tools, die dir einen Einblick darin geben, welche Werbemittel deine Wettbewerber nutzen, um neue Kunden zu gewinnen:

▶ WhatRunsWhere

▶ Moat

3.7.4   Der »Ich bin ein Streber«-Hack

Ein weiteres Tool zur Analyse deiner Wettbewerber ist Follow.net. Das Besondere? Follow nutzt die APIs einer ganzen Reihe anderer Tools wie SimilarWeb, AdClarity, AdBeat und Mixpanel und damit eine unerreichte Bandbreite an Wettbewerbsdaten. Außerdem bietet es eine Chrome- und Firefox-Erweiterung.

3.7.5   Analyse von Traffic-Quellen

Alexa ist ein Unternehmen aus der Prädotcomzeit und wurde bereits 1996 gegründet. Ursprünglich als reines Browser-Add-on konzipiert, schlug Alexa dem Internetnutzer interessante Seiten vor, basierend auf der Analyse des Verhaltens aller Alexa-Nutzer. Nachdem das Unternehmen 1999 für 250 Millionen US-Dollar von Amazon gekauft worden ist, sollte es als Suchmaschine ein Wettbewerber von Google und Yahoo werden. Aber da diese Marktlücke bekanntlich durch Googles Dominanz immer kleiner geworden ist, ist Alexa »nur noch« ein Tool zu Analyse des Internet-Traffics, allerdings ein sehr mächtiges.

Wichtigste Datenquelle ist nach wie vor das Browser-Add-on, und damit sind die Daten systembedingt fehlerhaft, d.h., nur als Anhaltspunkt zu verstehen. Denn natürlich sind die Nutzer eines einzigen Browser-Add-ons nicht repräsentativ für die Gesamtbevölkerung. Nichtsdestotrotz kann dir Alexa bereits in der kostenlosen Version nützliche Anhaltspunkte zu deinen Wettbewerbern verraten. Noch besser ist inzwischen SimilarWeb, ein englisch-israelisches Analysetool (siehe Abbildung 3.13). SimilarWeb verwendet Daten, die aus vier Hauptquellen extrahiert werden:

▶ einer Gruppe von Internetnutzern, bestehend aus Millionen anonymer Nutzer mit einem Portfolio von Apps, Browser-Plug-ins, Desktop-Erweiterungen und Software

▶ globalen und lokalen ISPs

▶ Datenverkehr über das Internet, der direkt über ein intelligentes Set ausgewählter Websites gemessen wird und für spezialisierte Schätzalgorithmen bestimmt ist

▶ zahlreichen Webcrawlern, die das gesamte Web durchsuchen

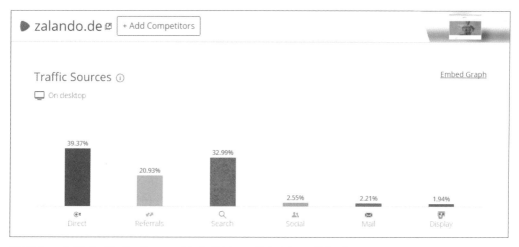

Abbildung 3.13 Traffic-Quellen von SimilarWeb am Beispiel von Zalando

Damit ist es deutlich genauer als Alexa, und – wichtig für Start-ups mit kleinem Budget – du kannst bereits mit der frei verfügbaren und kostenlosen Version relativ viel über deinen Wettbewerber erfahren. Beispielsweise Folgendes:

▶ ob dein Konkurrent mobile Apps anbietet

▶ wie viele Nutzer jeden Monat auf eine Website kommen und ob sich das im Zeitverlauf ändert

▶ aus welchen Ländern die Nutzer auf die analysierte Seite zugreifen

▶ aus welchen Quellen der Traffic stammt (Search, Social Media, Direct, Referral etc.)

▶ welche Seiten auf die analysierte Seite verlinken

▶ ob der Website-Betreiber Werbung schaltet und, wenn ja, auf welchen Werbenetzwerken

▶ welche Interessen die Website-Besucher haben

▶ welche Seiten die Website-Besucher noch nutzen

Wie gesagt sind diese Informationen mit Vorsicht zu genießen, aber ein guter Anhaltspunkt. Ergänzend kannst du die Tools Follow.net (das zum großen Teil Daten von SimilarWeb nutzt) und WhatRunsWhere einsetzen, um mehr darüber zu erfahren, wie und wo deine Wettbewerber Werbung schalten.[4]

---

4   Rand Fishkin von MOZ hat mehrere Webanalysetools miteinander verglichen und die Ergebnisse hier veröffentlicht: *https://moz.com/rand/traffic-prediction-accuracy-12-metrics-compete-alexa-similarweb*

Denke daran: Verliebe dich nicht in ein Tool, denn sowohl die Daten als auch die Preise sind ständigen Veränderungen ausgesetzt. Nutze deswegen mehrere Tools, und halte regelmäßig mit einer einfachen Google-Suche (z.B. mit »alternatives to similarweb«) nach besseren Alternativen Ausschau.

Wenn du im Rahmen deiner Wettbewerbsanalyse feststellst, dass deine Konkurrenz einen nicht unerheblichen Anteil seines Traffics per E-Mail gewinnt, lohnt sich eine detaillierte Betrachtung des Newsletters. Analysiere die eingehenden Newsletter auf Folgendes:

- ▶ Tonalität: Wie wird der Nutzer angesprochen, mit du oder mit Sie?
- ▶ Wie sehr wird auf die individuellen Bedürfnisse des Nutzers eingegangen?
- ▶ Wie ist der Call-to-Action formuliert?
- ▶ Werden Bilder verwendet? Produktbilder, Stockbilder oder Teambilder?
- ▶ Wie oft wird ein Newsletter verschickt?
- ▶ Auf welche Landingpages wird verlinkt?
- ▶ Wie ist das Anmeldeformular formuliert? Welche Informationen werden abgefragt?

Praktisch hierfür ist auch der folgende Hack.

3.7.6   Der Gmail-Hack

Eine E-Mail-Adresse bei Google heißt: unendliche Adressen. Beispiele: Deine E-Mail-Adresse ist MaxMustermann@googlemail.com. Dann bist du unter MaxMustermann@googlemail.com, aber auch unter Max.Mustermann, M.axMustermann erreichbar, der Punkt ist variabel zu verschieben. MaxMustermann+Twitter, MaxMustermann+Facebook – man kann ein Pluszeichen hinter die eigentliche Adresse setzen und eine beliebige Variable dahinterschreiben.

Im Rahmen der Wettbewerbsanalyse kannst du dir diese Funktion wie folgt zunutze machen: Sofern noch nicht vorhanden, lege eine Gmail-Adresse an. Ergänze sie um den Namen deines jeweiligen Wettbewerbers und melde dich bei dem Newsletter der Konkurrenz an. In deinem Postfach kannst du jetzt Label und Ordner erstellen und mit einer automatischen Regel dafür sorgen, dass die Newsletter deines Wettbewerbs sofort im richtigen Ordner landen. Wer mag, kann diesen Filter um weitere Parameter erweitern. So lassen sich alle Newsletter beispielsweise direkt archivieren oder als gelesen markieren.

Was du mit den gefundenen Daten anstellst

Nach deiner Wettbewerbsanalyse hast du folgende Möglichkeiten:

1. Du kannst die gewonnenen Daten nutzen, um deine eigene Positionierung und deinen Pitch zu verbessern. Schön und gut, aber es führt zu keiner direkten Verbesserung deiner Marktposition.

2. Du kannst deinen Wettbewerber kopieren und ähnliche Anzeigen auf den gleichen Seiten und Keywords schalten wie er. Du kannst sogar deine Landingpages ähnlich gestalten. Aber beachte, dass der Erfolg nicht garantiert ist. Denn du kannst zwar den Funnel, aber nicht das Branding einer starken Marke imitieren.

Unsere Empfehlung: Nutze das Wissen, um damit deine Kampagnen zu starten – und mache sie dann besser. Wettbewerbsdaten sollten nicht 1:1 kopiert werden, sondern dich zu neuen Ideen inspirieren. Deswegen ist es wichtig, dass du diese Wettbewerbsanalyse regelmäßig wiederholst. Denn zum einen haben deine Wettbewerber ihre Taktiken sehr wahrscheinlich optimiert, und zum anderen können weitere Unternehmen in den Markt gestoßen sein, die du bisher noch nicht kanntest. Es lohnt sich also, proaktiv und systematisch vorzugehen.

3.8   Warum die richtige Positionierung wichtig ist

Was hat die Bildung einer Marke mit Growth Hacking zu tun? Ersteres ist verbunden mit den Emotionen der Kunden gegenüber einer Marke, Letzteres basiert auf harten Fakten. Start-ups definieren sich über ihr Wachstum, aber Wachstum ist nicht der erste Schritt auf dem Weg zu einem erfolgreichen Unternehmen. Wenn du dich zu früh auf kurzfristiges, schnelles Wachstum konzentrierst, wirst du vermutlich langfristig scheitern. Lass dir selbst die nötige Zeit, ein Produkt und ein Unternehmen zu gestalten, das deine Kunden (und Mitarbeiter) lieben. Die Herausforderung besteht darin, die richtige Balance zwischen »Gehe mit deinem Produkt vor die Tür, und wenn du scheiterst, scheitere früh« und »Stelle sicher, dass dein MVP auch ein fertiges, gutes Produkt ist« zu finden.

> *»Any damn fool can put on a deal, but it takes a genius, faith, and perseverance to create a brand.« – David Ogilvy (1911–1999)*

Ein Produkt, das nicht fertig und das deine Nutzer nicht lieben werden, ist wie ein löchriger Eimer: Du kannst Wasser hineingießen, so viel du willst, du wirst keinen Erfolg haben. Du kannst Traffic auf deiner Website generieren, du wirst keinen Erfolg haben. Die Nutzer bleiben nicht, kaufen nicht und werden wahrscheinlich nicht wiederkommen. Damit deine Nutzer dein Produkt und dein Unternehmen lieben und kaufen, brauchst du eine starke Marke. Du musst dir darüber im Klaren sein, was eine Marke für dein Start-up bedeutet. Häufig wird darunter eine bloße Verbindung aus einem hippen Namen und einem schönen Logo verstanden. Aber eine Marke ist deutlich mehr als eine Website, eine Broschüre oder ein Pitchdeck. Was bedeutet das?

> *»That's what a ship is, you know. It's not just a keel and a*
> *hull and sails; that's what a ship needs. Not what a ship is.*
> *What the ›Black Pearl‹ really is, is freedom.« – Jack Sparrow,*
> *Figur aus der Filmreihe »Fluch der Karibik«*

Der Gründer und CTO von HubSpot, Dharmesh Shah, definiert eine Marke so:

> *»Eine Marke ist das, was Menschen über dich sagen, wenn*
> *du den Raum verlassen hast.«*

Es ist die einzigartige Geschichte, an die sich deine Kunden erinnern, wenn sie an dich bzw. dein Produkt denken, ein Gefühl, ein Erlebnis. Deine Marke verbindet dein Produkt mit den persönlichen, individuellen Geschichten deiner Nutzer, sie hat eine eigene Persönlichkeit, die dich am Markt (und damit auch gegenüber deinem Wettbewerb) positioniert.

Wie würdest du Unternehmen wie Apple, Facebook, Porsche oder Nutella beschreiben? Stylisch, unterhaltsam, sportlich, kindisch? Denke darüber nach, *warum* dir diese Begriffe eingefallen sind. *Das* ist deine Marke. Du kannst auch ohne Marke Growth Hacking betreiben – aber es ist ungleich schwieriger, erfolgreich zu sein, weil sich die Nutzer nicht an dich erinnern werden. Mehr dazu liest du in Kapitel 7, »Retention – so kommen deine Nutzer zurück«.

Besonders im E-Commerce wird eine Markenbildung häufig vernachlässigt. Insbesondere wenn das Fullfillment über Drittplattformen wie Idealo, eBay oder Amazon stattfindet und der Händler kaum in Erscheinung treten muss. Aber gerade dann, wenn der Händler aufgrund des starken Wettbewerbs austauschbar ist, ist eine starke Marke notwendig, um sich vom Wettbewerb abzuheben. Wenn du dein Produkt nur über den Preis definierst und deine stärkste Waffe die richtigen Keywords in der Produktbeschreibung und gute Rezensionen sind, bist du angreifbar. Denn dann wird dein Unternehmen nur Ad-hoc-Käufer anziehen, aber keine langfristige Kundenbindung aufbauen können. Und es ist deutlich leichter und ressourcenschonender, den Umsatz mit loyalen Stammkunden zu erreichen als mit Erstkäufern.

Eine Marke und eine Positionierung sollen Kunden aber nicht nur anziehen, sondern auch qualifizieren. Oder anders gesagt: Vielleicht hat ein kleines Unternehmen den exakten Bedarf an der Lösung von SmallBill, aber den Entscheidern gefällt es nicht, dass die Vertriebler im Polohemd statt im Anzug zum Termin erscheinen oder dass der Leser im Blog von SmallBill geduzt wird. Und deswegen entscheiden sie sich für einen Wettbewerber. Das ist in Ordnung. Es ist nicht die Aufgabe einer

Marke, das Produkt für jeden möglichen Kunden attraktiv zu machen. Bleib souverän und stehe zu deinen Werten und Überzeugungen, denn dafür haben sich deine bestehenden Kunden entschieden. Gerade in Deutschland gibt es das Bestreben, mit dem eigenen Auftritt nicht zu polarisieren. Es entspricht unserer Mentalität, es jedem recht machen zu wollen. Aber besser polarisieren und auffallen als in der Masse untergehen. Auf gar keinen Fall solltest du deine grundlegenden Werte den Vorstellungen potenzieller Kunden anpassen, denn dann bist du nicht mehr authentisch – und damit als Marke nicht mehr glaubwürdig.

Der Gründer oder Geschäftsführer eines Unternehmens hält sich selbst für den besten Kunden, also glaubt er, die gesamte Unternehmenskommunikation auf seinen eigenen Geschmack und seine Vorlieben fokussieren zu können. Oder das Unternehmen ist nur ein Plagiat, das einen Pionier am Markt kopiert, um möglichst schnell in den Markt zu kommen. Das mag anfangs sogar funktionieren, wird aber langfristig nicht für loyale Kunden oder einen Wettbewerbsvorteil sorgen. Denn genau das ist die Stärke einer guten Marke. Um ein Beispiel zu nennen: Das iPhone ist eines der erfolgreichsten Produkte aller Zeiten. Und das liegt nicht daran, dass Apple die beste Technik hat oder den günstigsten Preis, sondern die attraktivste Marke.

Wie kommst du als junges Start-up ohne Budget für die Markenbildung durch eine professionelle Kreativagentur an eine Marke?

3.8.1 Starte mit dem Warum

Simon Sinek hat ein bewegtes Leben hinter sich: Er wurde in Wimbledon in England geboren, lebte aber bereits in Johannesburg, London und Hong Kong, bevor er in die Vereinigten Staaten zog, wo er unter anderem bei den Werbeagenturen Euro RSCG und Ogilvy & Mather arbeitete, ehe er sein eigenes Unternehmen gründete. Die Öffentlichkeit kennt ihn aber als Autoren von spannenden wie erfolgreichen Büchern und TED-Talks.

Sinek machte mit seiner These des *Goldenen Kreises* auf sich aufmerksam. Darin beschreibt er, dass jede unternehmerische Tätigkeit mit der Erläuterung des Warum beginnen sollte:

> »*Warum ist Apple so viel innovativer als die Konkurrenz? Sie haben dieselben Voraussetzungen wie alle andern. Sie sind nur eine Computerfirma. Sie haben denselben Zugang zu Talenten und zu denselben Agenturen.*«

Sinek entwickelte als Antwort darauf den goldenen Kreis (siehe Abbildung 3.14), der belegen sollte, dass Unternehmen wie Apple auf eine besondere Art handeln und denken. Er sagt, dass Menschen kein Produkt einfach so kaufen oder weiterempfehlen würden. Vielmehr würden sie dabei von bestimmten Wertvorstellungen geleitet, die sich mit ihren eigenen decken.

Doch beginnen wir beim Was und Wie. Sinek betont, dass 100 % der Firmen wissen, was sie tun. Einige würden auch wissen, wie sie es tun, also welches Alleinstellungsmerkmal ihre Firma auszeichnet. Aber nur sehr wenige Unternehmen würden wissen, warum sie das tun, was sie tun. Sinek glaubt also, dass der Grundstein jeder Firmen- und Produktidentität das Warum sein muss. Mit dem Warum meint er nicht den Profit, sondern die unverwechselbare Unternehmenspersönlichkeit. Anstatt einfach zu kommunizieren, dass man tolle Computer entwickelt, sagt Apple z. B.:

> *»Bei allem, was wir tun, glauben wir daran, dass wir den Status Quo herausfordern müssen. Wir glauben daran die Dinge anders zu sehen.«*

Sinek stellte sich anschließend noch die Frage, warum andere Firmen, die ebenfalls hochwertige, schön designte MP3-Player herstellen, gegen den iPod keine Chance gehabt hätten, und erklärte es sich so:

> *»Menschen kaufen nicht WAS du machst, sondern WARUM du es machst.«*

Nach seiner Aussage ist die emotionale Verbindung zwischen einem Unternehmen bzw. einer Marke und dem Kunden wichtiger und nachhaltiger als das eigentliche Produkt. Nach seiner These kommunizieren weniger erfolgreiche Menschen und Marken vom äußeren zum inneren Kreis. Sie beginnen mit dem Was und gehen über das Wie zum Warum. Begeisternde und damit erfolgreiche Menschen wählen genau den anderen Weg. Da es deine grundlegende Motivation beschreibt und somit vollkommen unabhängig von Änderungen auf dem Markt ist, sollte sich dein Warum über die Jahre nicht oder nur wenig verändern.

WHY
Deine Absicht
Was motiviert dich? Woran glaubst du?

HOW
Der Prozess
Wie realisierst du deine Absicht?

WHAT
Das Resultat
Was machst du? Das Ergebnis deiner Absicht.

Abbildung 3.14 Der Goldene Kreis von Simon Sinek

Apple ist nicht nur aufgrund seines Designs die stärkste Marke der Welt, sondern weil das Warum (»Think different«) das komplette Nutzungserlebnis prägt, angefangen beim Apple Store über die Verpackung bis hin zur einfachen Bedienung. Dieses Warum wirkt nicht nur nach außen (auf deine Kunden, Partner und Wettbewerber), sondern auch nach innen auf deine Wettbewerber. Das Warum ist es, wofür du und deine Kollegen bis tief in die Nacht arbeiten, wofür sie ihre Freunde vernachlässigen. Weil sie an die Vision glauben, aus der das Unternehmen gegründet worden ist.

Um dein individuelles Warum zu finden, kann dir der Fragenkatalog des folgenden Abschnitts zu deiner Origin Story helfen.

3.8.2   Beschreibe deine Origin Story

Eine Origin Story erläutert, was und warum du tust, was du tust, aus der Perspektive, wie du dahin gekommen bist. Deine Geschichte muss nicht spektakulär oder ungewöhnlich sein. Je glaubwürdiger und authentischer deine Story ist, desto besser. Denn Menschen bevorzugen einen Helden, mit dem sie sich identifizieren können und dem sie nacheifern wollen, statt eines Over-the-top-Helden.

▸ Wo hast du angefangen?

▸ Welche Herausforderungen hast du überwunden?

▸ Was war dein »Point of no Return«?

▸ Warum hast du auch angesichts der Widerstände nicht aufgegeben? Oder hast du deine Strategie angepasst?

▸ Wie hast du dich seit dem Start verändert?

▸ Wofür stehst du ein? Was ist deine Spezialität? Warum?

▸ Auf welchen Grundsätzen oder Erfahrungen basiert dein Handeln?

▸ Warum sollte dir jemand auf deiner Reise folgen?

▸ Wie fühlst du dich? Und wie fühlen sich deine Unterstützer und Mitarbeiter?

▸ Was ist das größte Hindernis auf deinem Weg, und wie planst du, es zu überwinden?

Deine Origin Story sollte auch fester Bestandteil deiner »Über uns«-Kommunikation werden und ist deswegen Grundlage für deine PR-Arbeit.

3.8.3   Beschreibe deine Vision

Entgegen der weitläufigen Meinung ist deine Mission keine Vision. Deine Vision ist dein »Moonshot«, dein (fast) unerreichbares Ziel, auf das du dein Tun ausrichtest. Deine Mission ist dagegen deutlich pragmatischer und beschreibt den Weg, den du einschlägst. Eine Vision basiert darauf, woran du glaubst, wofür du eintrittst und wogegen du dich stellst. Deine Vision ist der Grund dafür, warum man dir glauben (und deine Produkte) kaufen sollte, deswegen wirkt deine Vision sowohl nach innen (als Motivation für deine Mitarbeiter) als auch nach außen (als Motivation für deine Kunden, Partner und Presse). Es geht nicht darum, dass du deine Vision erreichst, sondern um dein unablässiges Streben danach.

> *»You will never achieve your vision – but you will die trying.«* – Simon Sinek

Beschreibe in deiner Vision, warum dieses Ziel wichtig ist – nicht nur für dich, sondern für die Menschheit und warum man dir deswegen folgen sollte. Deine Vision basiert auf deiner Origin Story, denn sie erklärt, warum du dein Ziel verfolgst.

Einfaches Beispiel: Die Vision von Bruce Wayne ist ein Gotham City ohne Verbrechen. Das ist der Grund, warum er all das tut, was er tut. Warum? Weil seine Eltern Opfer eines Verbrechens wurden (= Origin Story). Seine Mission ist daher, jede Nacht als Batman über die Stadt zu wachen. Aufgrund seiner Vision folgen ihm seine Anhänger (Robin, Batgirl etc.).

Die Vision von SpaceX ist die menschliche Besiedlung anderer Planeten. Warum? Weil Elon Musk an den unablässigen Forscherdrang der Menschheit glaubt. Seine Mission ist es, Raumfahrt günstiger und praktischer zu gestalten. Deswegen baut er Raketen, die landen und wiederverwendet werden können.

Die Vision von Chimpify ist es, das »nächste WordPress zu sein – nur einfacher«, so der Gründer Melnik. Warum? Weil er daran glaubt, dass sich Solopreneure und kleine Unternehmen auf ihr jeweiliges Fachthema konzentrieren und sich nicht mit der Technik beschäftigen sollten. Deswegen baut er eine SaaS-Lösung, die leicht zu bedienen, aber trotzdem sehr umfangreich ist.

Wie dein Warum sollte sich auch deine Vision nicht verändern. Ansonsten würde deine Marke starken Schaden nehmen und unglaubwürdig werden.

3.8.4 Mache eine SWOT-Analyse

Eine der einfachsten Analysen, die du über dein Unternehmen machen kannst, um zu einer Markenstrategie zu kommen, ist die sogenannte SWOT-Analyse. Dabei stellst du deine Stärken (*Strenghts*), Schwächen (*Weaknesses*), Möglichkeiten (*Opportunities*) und Bedrohungen (*Threats*) gegenüber (siehe Abbildung 3.15).

Stärken und Schwächen sind Teil einer intrinsischen Betrachtung, wohingegen Möglichkeiten und Bedrohungen dein externes Marktumfeld analysieren.

Um deine Stärken und Schwächen zu identifizieren, betrachte dein Unternehmen als Ganzes: Wie ist es um deine finanziellen Ressourcen, dein fachliches Knowhow, deinen Standort, deine Mitarbeiter und deine Partner bestellt? Wo gibt es noch Lücken? Wenn du bereits ein Business Model Canvas erstellt hast, werden dir diese Informationen bereits vorliegen.

Stärken

> Was sind die Top-3-Stärken deines Unternehmens, Produkts oder Teams? Was unterscheidet euch vom Wettbewerb?

Schwächen

> Was sind aktuell die Schwächen deines Unternehmens, Produkts oder Teams?

> Welche Entwicklungen des Markts, die jetzt noch außerhalb eures Einflusses liegen, können sich euch bieten und eure Erfolgschancen erhöhen?

> Welche Entwicklungen des Markts bedrohen euch oder euer Geschäftsmodell?

Möglichkeiten

Bedrohungen

Abbildung 3.15 SWOT-Matrix

Möglichkeiten und Bedrohungen betreffen zum einen deine direkten Wettbewerber. Denn deine Stärken können Möglichkeiten sein, wenn die entsprechenden Bereiche bei denen Konkurrenten weniger stark ausgeprägt sind. Wenn du also einen leichteren Zugang zu Kapital und Talenten hast (beispielsweise, weil du in einer Großstadt und in der Nähe von Universitäten bist), ist das für dich eine Möglichkeit. Zum anderen spielt der Markt in seiner Gesamtheit eine Rolle. Betrachte dazu nicht nur die Wettbewerber aus dem Ausland, sondern auch den Lebenszyklus deines Produkts und des Marktes bzw. der Technologie. Wenn du beispielsweise Tablet-PCs herstellst oder verkaufst, ist die Zeit des schnellen Wachstums vorbei, weil der Markt gesättigt ist. Aber wenn du eine junge Technologie entwickelst, wie beispielsweise Virtual Reality, dann stehen deiner Branche die Zeiten des Wachstums noch bevor. In diesem Fall bestünde die Herausforderung für dich darin, mit den wenigen Early Adopters Umsatz zu erzielen und deine Marke in der entsprechenden Nische zu positionieren, damit du davon profitierst, wenn der Massenmarkt das Feld für sich entdeckt.

3.8.5 Baue ein Brand Strategy Canvas

Als Starthilfe können Gründer das *Brand Strategy Canvas* nutzen. Dabei handelt es sich um eine an das Business Model Canvas (siehe Abschnitt 3.1.3, »Business Model Canvas«) angelehnte Methode zur ersten Skizzierung der Markenkerne. Am effektivsten lässt sich mit dem Brand Strategy Canvas arbeiten, wenn man die Vorlage entweder auf ein Whiteboard überträgt oder sie in Plakatgröße ausdruckt und aufhängt – einzelne Ideen lassen sich dann auf Post-its notieren und im Planungsverlauf weiterbewegen oder austauschen. Hier kannst du das Canvas herunterladen: *http://id.agency/download/TheBrandCanvas.pdf*

Um mithilfe des Brand Strategy Canvas deine Marke definieren zu können, musst du zunächst die folgenden Fragen möglichst kurz und konkret beantworten. Ziel ist ein Satz pro Feld.

Customer/User Insight

▶ Was denken und fühlen die Menschen über deinen Markt? Welche Problem gibt es?

▶ In wie fern löst dein Produkt diese Probleme und geht auf die Bedürfnisse der Menschen ein?

▶ Welche Vorteile deines Unternehmens sind für die Menschen am wichtigsten?

Wettbewerbsumfeld

▶ Welche Konzepte und Konventionen sind Bestandteil des Marktes?

▶ Wer sind deine direkten und indirekten Wettbewerber?

▶ Wo ist die strategische Lücke in deinem Markt?

▶ Bist du in irgendeiner Form disruptiv?

Rationale Vorteile

▶ Was sind die konkreten Vorteile deines Produkts?

▶ Welcher Vorteil ist einzigartig oder am wichtigsten?

Unternehmens- bzw. Produkt-Features

▶ Was ist die einfachste Beschreibung deines Produkts und seiner Funktionen?

▶ Inwiefern ist das anders als bei deinem Wettbewerb?

Auf deinen Antworten aufbauend, beschreibst du im nächsten Schritt die Markenpositionierung. Sie soll aussagekräftig und relevant für dich sein, einzigartig, glaubhaft, realisierbar und nachhaltig.

▶ Kunden: Wer sind sie, und was ist ihr wichtigstes Bedürfnis oder ihr wichtigster Wunsch hinsichtlich deiner Branche?

▶ Beschreibung: Was ist die einfachste Beschreibung deines Produkts?

▶ Vorteil: Was ist der einzigartige Vorteil deines Produkts?

▶ Beweis: Was sind die realen, wichtigen Gründe, warum dein Produkt einzigartig ist?

▶ Wirkung: Was ist die emotionale Wirkung für den Nutzer? Erfüllt es das zuvor beschriebene Bedürfnis?

Vervollständige mit deinen Antworten diesen Satz

FÜR [Kunden], BIETET [dein Markenname] [Beschreibung], DAS [Vorteil], WEIL [Beweis], SO DASS [Wirkung].

Hier das Beispiel von Zappos, einem amerikanischen E-Commerce-Händler, der sich auf Schuhe spezialisiert hat:

FÜR regelmäßige Onlineshopper mit hohen Erwartungen, BIETET Zappos ein digitales Einkaufserlebnis, DAS den besten Kundenservice am Markt bietet, WEIL wir durch unsere Mitarbeiter eine empathische Kultur schaffen und wir ein optimales Nutzererlebnis bei einer großen Produktauswahl mit schnellem kostenlosen Versand und Rückgabe bieten, SO DASS jeder Kunde tief beeindruckt (= »wowed«) ist.

Diese Positionierung wird noch einmal in der *Markenessenz* verdichtet: Was ist die Kernidee deiner Marke? Die Essenz sollte einzigartig, aussagekräftig und kurz (idealerweise zwischen zwei und vier Wörtern) sein. Beispiel Zappos: »Deliver wow«.

3.8.6   Formuliere deinen Unique Selling Proposition (USP)

Ein USP soll dem Käufer einen spezifischen und einleuchtenden Grund geben, von dir und nur von dir zu kaufen. Dein USP soll also konkret überzeugen, warum dein Produkt für den Käufer die einzige logische Wahl ist. Wir formuliert man einen USP? In drei Schritten.

Schritt 1: Nachdenken, recherchieren und notieren

1. Mache eine Liste mit allen Problemen, die dein Produkt bzw. Service löst.

2. Mache eine Liste mit all den möglichen Einwänden, die ein potenzieller Käufer gegen den Kauf vorbringen könnte.

3. Priorisiere: Was sind die Top-3-Probleme und was die Top-3-Einwände? Wie können deine Lösungen die Einwände beantworten?

4. Schaue dir deine Persona-Beschreibung an: Welches emotionale Bedürfnis wird am stärksten befriedigt? Das ist dein wichtigster Produktvorteil!

5. Exklusivität: Wie unterscheidest du dich von deinem Wettbewerb? Warum bist du der Einzige, Beste oder Schnellste?

Schritt 2: Formulieren

Formuliere die Alleinstellungsmerkmale anhand der Antworten auf diese Fragen:

So formulierst du deine Alleinstellungsmerkmale

1. WHAT: was du tust
2. HOW: wie du es tust
3. WHO: für wen du es tust

4. WHERE: wo du es tust
5. WHY: warum du es tust
6. WHEN: wann du es tust

Beispiel für Harley-Davidson

WHAT: Der einzige Motorrad-Hersteller,

HOW: der große, laute Motorräder baut

WHO: für Machos und Möchtegern-Machos

WHERE: überall auf der Welt,

WHY: die einer Bruderschaft von Cowboys angehören wollen

WHEN: in Zeiten sinkender persönlicher Freiheit.

Beispiel für Hooters

WHAT: Die einzige Restaurant-Kette

HOW: mit attraktiven Kellnerinnen

WHO: für junge männliche Gäste

WHERE: in den Vereinigten Staaten

WHY: zur Steigerung des sexuellen Verlangens

WHEN: in Zeiten von Prüderie und Political Correctness.

Schritt 3: Komprimieren

Komprimiere das zuvor Formulierte auf deinen einfachen, prägnanten Satz, der beschreibt, warum deine Persona nur deine Lösung kaufen sollte.

Vorlage für deinen USP

Vervollständige diesen Satz:

OUR____ IS THE ONLY____ THAT____

Beispiel Google: UNSERE Suchmaschine IST DIE EINZIGE Suchmaschine, DIE die von dir benötigte Information finden kann.

Beispiel M&M's: UNSERE Schokolade IST DIE EINZIGE Schokolade, DIE im Mund statt in der Hand schmilzt.

Du kannst auch mehrere USPs formulieren. Bespreche sie anschließend mit deinem Team und deinen Kunden. Welche Formulierung war am einfachsten zu verstehen und am überzeugendsten?

Im Gegensatz zu deinem Warum und deiner Vision kann sich der USP ändern. Die Vision bezieht sich auf dein Unternehmen, der USP auf ein Produkt und ist variabel, weil er auf den aktuellen Zustand des Marktes ausgerichtet ist. Und dieser Zustand ist das Ergebnis des Wettbewerbs, des Nutzerverhaltens und der ökonomischen Umstände. Daher solltest du deinen USP mindestens einmal im Jahr einer Überprüfung unterziehen, damit du stets für deine Zielgruppe relevant und dein USP einzigartig bleibt.

3.8.7 Formuliere deinen Unique Value Proposition (UVP)

Dein UVP ist die Grundlage für eine vertrauensvolle Beziehung zu einem Kunden, das emotionale Motto, das sich durch dein Produkt zieht. Dein UVP sollte an jeder Stelle deines Produkts spür- und erlebbar sein.

Dein UVP beschreibt das, was dein Produkt für den Kunden erreichen möchte, und das auf einem möglichst einfach verständlichen Level, als säße dein Kunde dir direkt gegenüber.

Beispiele für hervorragende Value Propositions

▶ Apple Macbook: »Light. Years ahead.«
▶ Vimeo: »Make life worth watching.«
▶ Square: »Start selling today.«
▶ Evernote: »Remember everything.«
▶ Mailchimp: »Send better Email.«
▶ Dropbox: »Your stuff, anywhere«
▶ GoPro: »Be a Hero«
▶ Instagram: »Capturing and sharing the world's moments«
▶ Uber: »Everyone's Private Driver«
▶ WhatsApp: »Simple. Personal. Real Time Messaging«
▶ Airbnb: »Welcome home«

Oft ist der UVP auch gleichzeitig der Claim eines Produkts. Im Gegensatz zum USP spricht er nicht das Gehirn mit nachvollziehbaren, objektiven und logischen Tatsachen an, sondern das Herz und das Bauchgefühl des Kunden. Der UVP verspricht einen emotionalen Mehrwert.

Benötigst du als Entrepreneur einen UVP für ein gutes Branding? Ja, wenn – wie meistens der Fall – dein Start-up ein einziges Produkt herstellt. Ein Konzern mit einer Vielzahl von verschiedenen Produkten wird für jedes seiner Produkte ein anderes Leistungsversprechen formulieren. Aber an diesem Punkt bist du (noch) nicht.

Die Erfolgsgeschichte von Scout24

Die Scout24 Schweiz AG, dem führenden Netzwerk von Online-Marktplätzen in der Schweiz, ist eine Firma, die von Beginn an die Weichen immer wieder richtig gestellt hat und ein gutes Beispiel dafür ist, dass man sein Business Modell konsequent den Marketbedingungen anpassen muss.

Olivier Rihs, CEO der Firma, meint, dass sich bei all den Wechseln, die das Unternehmen durchgemacht hat, vor allem eines seit der Gründung 1995 nicht geändert hat: die Vision. Rihs meint, dass das Motto, »the winner takes it all« nach wie vor zählt und man nach wie vor bestrebt ist, in allen Bereichen die Nummer eins zu sein. Um das zu erreichen, sei eine eindeutige Positionierung und Vision enorm wichtig. Die Scout24 Schweiz AG habe in seiner Geschichte immer auf starke Partner gesetzt und auch, um diese zu gewinnen, brauche es eine starke Geschichte und eine gemeinsame Vision. Bei der Scout24 Schweiz AG versuche man, die Geschichten der Kunden zu verstehen und aufzunehmen. So könne man den Kunden heute z. B. auf seiner ganzen Reise, von der Idee, ein Haus oder eine Wohnung zu kaufen, bis hin zur Unterschrift beim Notar begleiten. Rihs meint, dass Scout24 Schweiz AG in den Anfangszeiten einige wichtige Geschäfte aufgrund nicht kongruenter Visionen der Shareholder nicht umsetzen konnte. Man habe viel Zeit und Mühe darin investiert, das zu ändern. Denn genau diese gemeinsame Vision sei eigentlich die Stärke der Scout24 Schweiz AG. Auch als das Unternehmen in den Anfangszeiten nicht nur einfache Zeiten erlebte, verfolge man seit der Gründung immer dieselben strategischen Ziele. So habe man immer verstanden, dass der Mitarbeiter das wertvollste Gut sei. Werte wie Vertrauen, Qualität und Verbundenheit würden intensiv gelebt. Dies habe auch dazu geführt, dass das Unternehmen 2015 vom »Great Place To Work Institut« als drittbester KMU-Arbeitgeber der Schweiz ausgezeichnet wurde. Rihs meint, den Mitarbeitern viel Vertrauen entgegenzubringen sei einer der wichtigsten Grundwerte des Unternehmens.

Ein weiterer enorm wichtiger Wert sei, die Bedürfnisse der Kunden immer in den Mittelpunkt zu stellen. Man habe früh die eigentlichen Probleme der Kunden verstanden. Bei AutoScout24 wollte man es den Kunden so einfach wie möglich machen, ein Auto im Internet zu kaufen. Dieselbe Idee konnte man dann erfolgreich auf weitere Geschäftsmodelle wie ImmoScout24 im Immobiliensektor und JobScout24 im Job-Bereich übertragen. Aber um über mehrere Jahre hinweg auch schwierigere Zeiten zu überstehen, habe es Investoren und Partner gebraucht, die an diese Idee geglaubt hätten. Ohne die wäre man früh gescheitert.

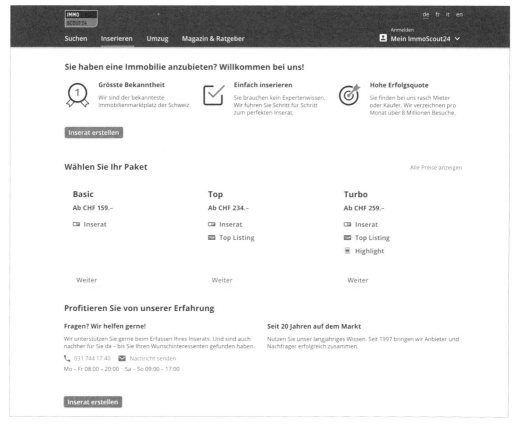

Abbildung 3.16 Immoscout24

Auch heute steht die Scout24 Schweiz AG immer wieder vor neuen Herausforderungen. Seit einiger Zeit habe Scout24 z. B. in der Person von Professor Clayton Christensen von der Harvard University einen neuen Partner gefunden, der das Unternehmen bei der Entwicklung neuer Innovationen unterstütze. Gemeinsam mit Professor Christensen versuche man, das Geschäftsmodell ständig anzupassen. Wo man früher z. B. ein großes Datenzentrum selbst betrieben hatte, seien heute viele Daten in die Cloud ausgelagert. Einige Bereiche fielen weg, neue kamen hinzu. So kann man heute auf AutoScout24 z. B. auch nach Neuwagen suchen. Das hätte vor zehn Jahren noch nicht funktioniert. Zudem lebe das Unternehmen immer mehr agile Grundsätze und versuche, die Prozesse und Produkte in einem iterativen Prozess stets zu optimieren. Auch die Organisation habe sich in den letzten Jahren stark verändert, so setze man heute z.B. auf Produktteams, wo früher die Abteilungen nach anderen Rollen organisiert waren. Diese Teams seien sehr selbstständig und würden gemäß den Grundwerten des Unternehmens ein hohes Vertrauen genießen. In der Führungsetage erhalte man einmal im Monat einen Bericht mit den Ergebnissen, ansonsten könnten sich diese Teams selbst organisieren und selber Entscheidungen treffen. Eine gemeinsame Vision, eine eindeutige Positionierung, starke Grundwerte und ein hohes Maß an Vertrauen in die Mitarbeiter, das seien die Eckpfeiler, um die Weichen für eine erfolgreiche Zukunft zu stellen.

4 Der Growth-Hacking-Workflow – so gehst du vor

In diesem Kapitel lernst du, wie der Growth-Hacking-Prozess funktio-niert, wieso das Problem immer an erster Stelle steht und wie du gute Ideen für deine Hacks findest. Wir erklären dir außerdem, wie du Hacks umsetzt und analysierst und wie du das Thema Growth Hacking in deinem Unternehmen erfolgreich integrieren kannst.

Was gestern nur bestimmte Branchen betroffen hat, ist heute für die meisten Unternehmen Realität geworden. Sie sind heute gezwungen, kontinuierlich zu ler-nen, schnell auf Veränderungen zu reagieren und ihre Produkte ständig zu optimie-ren. Das Internet hat vor allem unsere Vertriebswege radikal verändert. Waren und Güter können auf der ganzen Welt erworben und digitale Businessmodelle können schnell skaliert werden. Unsere Kunden erfahren zeitnah alles über unser Unter-nehmen und unsere Produkte. Die Produktteams sind dadurch einem starken Druck ausgesetzt. Der Growth Hacker hat sich perfekt auf diese Evolution einge-stellt. Er ist innovativ und kreativ, sehr gut informiert und setzt auf agile Prozesse. Kurze Umsetzungszyklen und nutzerzentriertes Design nutzt er als Wettbewerbs-vorteil.

Im vorigen Kapitel hast du gelernt, dass Produkte häufig scheitern, weil sie den Product-/Market-Fit nicht erreichen. Das sogenannte *Double-Diamond-Modell* ist ein Lösungsansatz, der diese Herausforderung in vier Phasen unterteilt (siehe Abbildung 4.1):

1. **Discover:** Analysiere deine Nutzer, und versuche das Problem und den Kontext zu verstehen.
2. **Define:** Interpretiere die Analyseergebnisse, und entwickle Hypothesen
3. **Develop:** Entwickle einen kreativen Lösungsansatz.
4. **Deliver:** Setze die Lösung um, und erzeuge mehr Wachstum

Im ersten Diamant behandeln wir die Phase der Problemfindung. Gelingt es uns, das eigentliche Problem unserer Kunden zu finden, spezifizieren wir das Problem und entwickeln einen kreativen Lösungsansatz, den wir anschließend an unserer Zielgruppe testen. Das Ziel dieser Phase ist, eine passende Lösung zu finden und diese zu validieren. Gelingt das nicht, musst du wieder bei der Problemfindung be-ginnen.

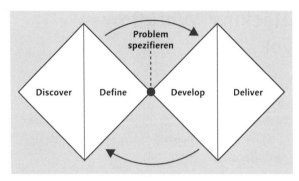

Abbildung 4.1 Das Double-Diamond-Modell

Kim Goodwin, Vice President of Design und Product Manager bei Cooper, einer Beratungsagentur mit Sitz in New York und San Francisco, erklärt in ihrem Buch »Designing for the digital age«, dass alle Herausforderungen im Produktdesign im Wesentlichen eine komplexe Variable beinhalten: das menschliche Verhalten. Bevor du nach neuen, kreativen Lösungen suchst, solltest du also versuchen, die bestehenden Probleme der Nutzer zu lösen. Und um ein Problem zu lösen, musst du es zuerst verstehen. Es ist also essenziell, dass du deine Zielgruppe kennst und deren Probleme verstehst, um auf dieser Basis einen Mehrwert zu schaffen. Erst dann solltest du dich auf Growth Hacks fokussieren. Viele Produkte scheitern, weil Produktmanager in ihre Ideen verliebt sind und dabei die Bedürfnisse der Zielgruppe vergessen. Etwas, das man auch immer wieder hört, ist, dass die Kunden selbst gar nicht wissen, was sie wollen. Das stimmt, aber die Kunden kennen ihre Probleme und daraus kannst du Lösungen ableiten. Richte deinen Blick zuerst auf das Was und erst dann auf das Wie.

> *»Das Problem zu erkennen, ist wichtiger, als die Lösung zu erkennen, denn die genaue Darstellung des Problems führt zur Lösung.« – Albert Einstein*

4.1 Strategische Überlegungen

Bevor du mit dem eigentlichen Growth Hacking beginnst, solltest du noch einmal einen Schritt zurücktreten und dir überlegen, welche Strategie du verfolgen möchtest. Beim Growth Hacking möchtest du in absehbarer Zeit möglichst viel Wachstum erzielen. Auch wenn es darum geht, in kurzer Zeit möglichst viel zu erreichen, müssen deine Maßnahmen kongruent mit den mittel- und langfristigen Unternehmens- und Marketingzielen sein, sonst wirst du nicht erfolgreich sein. Neben der Problem- und Lösungsphase kommt mit der Strategie also eine weitere, sehr wichtige Dimension hinzu (siehe Abbildung 4.2).

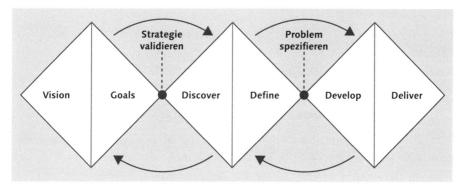

Abbildung 4.2 Das Triple-Diamond-Modell

Sollten deine Bemühungen der Problem- und Lösungsfindung keine Früchte tragen, musst du also möglicherweise noch einen weiteren Schritt zurückgehen und die Strategie überprüfen oder, wie in Kapitel 3 erläutert, die Weichen nochmals neu stellen (siehe Abbildung 4.3).

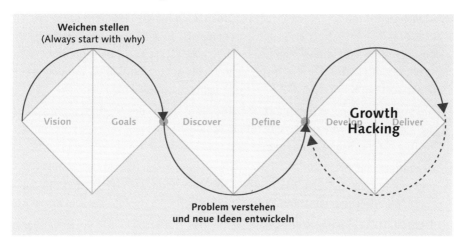

Abbildung 4.3 Das Triple-Diamond-Modell im Growth-Hacking-Kontext

Das oben dargestellte Modell zeigt, wie gut sich das Triple-Diamond-Modell in den Growth-Hacking-Kontext einfügt. Damit schlagen wir die Brücke zwischen Kapitel 3 und dem eigentlichen Growth-Hacking-Prozess. Wenn dein Unternehmen die zwei ersten Phasen nicht erfolgreich durchläuft, ist die Chance, mit Growth Hacking Erfolg zu haben, sehr gering, das ist der Grund, wieso wir hier so vertieft darauf eingehen. Stelle also die Weichen auf Wachstum, versuche, das Problem deiner Nutzer zu verstehen, und baue auf diesem Fundament deine kreativen Lösungsansätze auf.

4.1.1   Ziele setzen

Um ein Ziel zu erreichen, musst du es logischerweise erst einmal definieren. Obwohl Während meiner Zeit als Produktmanager und Webdesigner habe ich, Sandro Jenny, sehr viele Unternehmen erlebt, deren einziges Ziel bei einem neuen Webprojekt »eine schöne und moderne Website« war.

> *»A Goal without a Plan is just a Wish.« – André Morys*

Auch kleine Etappenziele bei Online-Projekten sollten den Marketingzielen untergeordnet werden. Eine Website kann das Unternehmen bei der Erreichung der Ziele nur unterstützen, wenn diese bei der Umsetzung berücksichtig wurden. Neben der einfachen Zielsetzung versäumen es viele, Ziele zu quantifizieren. Dafür müssen diese Ziele SMART sein, was bedeutet, sie müssen Folgendes sein:

- **Spezifisch**, d.h. so exakt wie möglich. Um in fünf Jahren ein Millionär zu sein, musst du 200.000 Euro pro Jahr oder 3.850 Euro pro Woche verdienen. Wenn du bereits 1.000 Euro pro Woche verdienst, musst du deinen Gewinn also um 2.850 Euro pro Woche steigern.

- **Messbar:** Du musst deinen Erfolg natürlich auch messen können, idealerweise in Echtzeit, mindestens aber auf Wochenbasis. Nehmen wir ein Flugzeug als Beispiel: Wenn du immer weißt, wo du bist, weißt du auch, ob du auf der richtigen, der geplanten Strecke bist. Wenn nicht, kannst du deinen Kurs entsprechend justieren, um dein Ziel schnellstmöglich zu erreichen.

- **Ansprechend:** Ziele müssen ansprechend sein, damit die Motivation nicht auf halbem Weg verloren geht. Alle Beteiligten müssen das Ziel akzeptieren und als wichtig für das Projekt erachten.

- **Realistisch:** Bevor du ein Ziel festlegst, analysiere deine Ressourcen, Fähigkeiten und deinen Wettbewerb, um zu sehen, ob dein gesetztes Ziel überhaupt realistisch und erreichbar ist. Dann kannst du dir überlegen, wie du das Ziel erreichst.

- **Terminiert:** Wie lange soll es dauern, bis das Ziel erreicht ist? Typischerweise werden dafür zwischen 14 Tagen (ein sogenannter Sprint in der agilen Produktentwicklung) und 90 Tagen angesetzt.

4.1.2   Key Performance Indicators (KPIs)

Fokussiere dich bei der Planung deiner Growth-Hacking-Strategie auf messbare Ziele. Dabei ist es wichtig, dass du dich nicht zu sehr an sogenannten *Vanity Metrics* orientierst. Vanity Metrics sind Statistiken wie Facebook-Fans, Page Views oder Follower, die zwar toll aussehen, aber am Ende keinen echten Nutzen bringen. Setze vielmehr auf leistungsstarke und messbare Kennzahlen, die dein Business wirklich weiterbringen. Um diese zu bestimmen, musst du zuerst herausfinden, welche Metriken für deine Unternehmensziele wichtig sind. Solche leistungsstarken und messbaren Kennzahlen können ein angestrebtes Umsatzziel oder auch nur eine kürzere Reaktionszeit bei Kundenanfragen sein. Du darfst dir daneben natürlich auch untergeordnete Ziele setzen. Auch wenn diese keinem eigentlichen Unternehmensziel dienen, können die Anzahl deiner Newsletter-Abonnenten, die Verweildauer auf deiner Website oder die Absprungrate wertvolle Kennzahlen sein. Sei dir einfach bewusst, dass die Anzahl der Verkäufe wichtiger ist als 100.000 Page Views.

Gute und leistungsstarke Messwerte

▶ Anzahl Kunden

▶ Anzahl Verkäufe

▶ Einnahmen oder Ausgaben

▶ Conversion Rate

▶ Kundenzufriedenheit

▶ Mitarbeiterzufriedenheit

▶ Umsatz pro Kunde

▶ Kunden, die mehr als einmal bei dir einkaufen

4.1.3 Customer Lifetime Value

Eine besondere Metrik bildet der Customer Lifetime Value (CLV). Er beschreibt den gesamten Wert, den ein Kunde bis heute hat und auch künftig für dein Unternehmen haben wird. Diese betriebswirtschaftliche Größe soll dabei helfen, den Wert eines Kunden besser einschätzen und Marketingmaßnahmen individuell auf bestimmte Käuferschichten zuschneiden zu können. Der Customer Lifetime Value wird in einem Customer Relationship Management (CRM) pro Kunde gepflegt. Ist der Wert nicht sehr hoch, solltest du auch weniger Aufwand für die Kundenbetreuung aufwenden. Wenn der Kunde A aber über drei Jahre zehn Bücher à 29 Euro kauft, beträgt sein Kundenwert 290 Euro, und es lohnt sich, weiter in diese Beziehung zu investieren. Nach Ben Harmanus ist der *CLV*, Custumer Lifetime Value, die wichtigste Metrik überhaupt und eignet sich damit hervorragend als *OMTM*, One Metric That Matters, bzw. *North Star Metric*, an der sich alle Maßnahmen orientieren und messen sollten.

4.1.4 Quant Based Marketing – Erfolg in kleinen Schritten

Noah Kagan hat eine interessante Geschichte hinter sich: Als er 24 Jahre alt war, wurde er Produktmanager und Mitarbeiter Nummer dreißig bei Facebook, zu einer Zeit, als Facebook nur ein paar Millionen Nutzer hatte und sich noch auf amerikanische Studenten beschränkte. Als Teil seiner Vergütung bekam Kagan 1% der Anteile an Facebook. Diese Anteile wären inzwischen, da Facebook an der Börse sehr erfolgreich ist, über 185 Millionen US-Dollar wert, und Kagan hätte ein Problem weniger im Leben. Aber er wurde nach nur neun Monaten gefeuert. Warum? Weil er Informationen über die anstehende Expansion an Techcrunch lieferte und sich in dem stark wachsenden Unternehmen mit seinen neuen Managementaufgaben nicht mehr zurechtfand. Kagan war ein pragmatischer Macher, keine strategisch denkende Führungspersönlichkeit.

Nach Facebook wurde er Marketing Manager bei Mint, einem kostenlosen Online-Dienst zur persönlichen Finanzverwaltung, das inzwischen für 170 Millionen von Inuit gekauft worden ist. Auch bei Mint hielt Kagan es nur zehn Monate lang aus, und wieder vergab er die Chance, vom Wachstum seines Arbeitgebers zu profitieren und reich zu werden. Aber während seiner Zeit bei Mint gelang es Kagan, die Zahl der Nutzer von null auf 100.000 in sechs Monaten zu steigern. Sein Wissen perfektionierte er anschließend in seinem eigenen Unternehmen, SumoMe, quasi einem Schnäppchenportal für Nerds und Entrepreneure, das in seiner Nische sehr erfolgreich ist. Diese Geschichte kann dazu inspirieren, aus seinen Fehlern zu lernen und auch dann nicht aufzugeben, wenn man einen gewaltigen Fehler gemacht hat. Aber sie kann noch mehr tun, denn Kagan schreibt regelmäßig auf seinem Blog *okdork.com* über seine Vorgehensweise, die er als *Quant Based Marketing* bezeichnet. Ein Quant ist die kleinste, nicht teilbare Einheit einer physikalischen Größe. Vereinfach ausgedrückt geht es darum, ein großes Ziel in mehrere kleine, überschaubare Ziele herunterzubrechen.

4.1.5   Die Roadmap

Kennst du den Begriff Reverse Engineering? Er bezeichnet den Vorgang, aus einem bestehenden fertigen System durch Untersuchung der Strukturen, Zustände und Verhaltensweisen die Konstruktionselemente zu extrahieren. Aus dem fertigen Objekt wird somit wieder ein Plan erstellt. Kagan bemüht sich, diese Herangehensweise auf das Marketing anzuwenden. Dabei hilft das Gedankenkonstrukt eines Roadtrips: Du definierst zuerst dein Ziel und planst anschließend die Strecke.

Ein Produkt ohne langfristige Vision und Roadmap ist in den meisten Fällen zum Scheitern verurteilt. Eine Roadmap stellt die strategische Entwicklung deiner Produkte über einen bestimmten Zeitraum visuell dar (siehe Abbildung 4.4). Meist werden die einzelnen Phasen in Monate oder Quartale unterteilt. Eine gute Roadmap beantwortet die wichtigsten Fragen der Produktteams und der Stakeholder, gewährleistet transparente Prozesse und sorgt dafür, dass die Meilensteine eines Projekts auch tatsächlich erreicht werden. Die Roadmap sollte Teil deines Innovationsprozesses und deiner Unternehmensstrategie sein. Die Umsetzung wird in vier Phasen unterteilt:

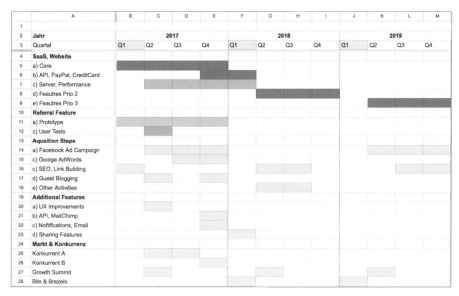

Abbildung 4.4 Roadmap

1. **Strategisches Denken im Unternehmen etablieren:** Zunächst müssen alle Einheiten in deinem Unternehmen darauf vorbereitet werden, dass zukünftig nach einer Strategie gearbeitet wird.

2. **Strategie aufbauen:** Diskutiere wichtige strategische Positionen, und definiere die gemeinsame Strategie. Alle Entscheidungsträger im Unternehmen müssen an einem Strang ziehen.

3. **Strategie implementieren:** Sorge dafür, dass alle Abteilungen über die neue Strategie in Kenntnis gesetzt werden, das geht am besten mit einem Kick-off Meeting.

4. **Strategie im Tagesgeschäft verankern:** Verteile die Roadmap, und weise die Abteilungsleiter an, diese anzuwenden und im Blick zu halten.

Neben den internen Anforderungen solltest du für die Gestaltung der Roadmap ein grundlegendes Verständnis für die künftigen Marktbedürfnisse entwickeln. Neben den eigenen Produkten kannst du also auch technologische und marktspezifische Termine und Abhängigkeiten in die Roadmap eintragen.

4.2 Der Growth-Hacking-Prozess

Das Erarbeiten der Growth-Hacking-Taktiken funktioniert in allen Bereichen ähnlich und erfolgt in einem iterativen Prozess. Klassische Projektmanagement-Methoden sind dafür nicht geeignet. Die Zeiten, in denen man monatelang Konzepte und Projektbeschreibungen formuliert hat, sind in der Softwareentwicklung und im digitalen Umfeld so oder so vorbei. Gerade der Growth Hacker benötigt eine flexible Arbeitsweise, mit der er schnell auf Veränderungen reagieren kann. Du hast ja bereits gelernt, dass Geschwindigkeit beim Growth Hacking ein entscheidender Erfolgsfaktor sein kann. Um schnell voranzukommen, solltest du versuchen, Produkte in kurzen Iterationen weiterzuentwickeln. Dabei wiederholst du dieselben Prozesse mehrfach und näherst dich so immer mehr der angestrebten Lösung. Diese Vorgehensweise kann gerade dann sehr wertvoll sein, wenn du die Kosten niedrig halten möchtest. Ein weiterer sehr wichtiger Aspekt bei agilen Projekten ist der während der Projektlaufzeit gleichbleibende Einfluss der Stakeholder. Du solltest deine Lösungen also möglichst nahe an den Erwartungen der Stakeholder entwickeln. Es macht keinen Sinn, Lösungsansätze zu kreieren, die am Ende nicht den Vorstellungen des Kunden oder deines Vorgesetzten entsprechen.

Auch für den Growth Hacker ist es von großer Bedeutung, dass durch die Planung kurzer Iterationen, Kunden, Mitarbeiter und Vorgesetzte immer wieder beteiligt sind und die Ergebnisse damit beeinflussen können. Das wäre früher in klassischen Wasserfallprojekten undenkbar gewesen. Am Ende geht es darum, im Unternehmen eine Growth-Kultur zu schaffen. Damit das gelingt, müssen die agilen Grundwerte im Unternehmen gelebt werden. Nicht zu unterschätzen ist also der menschliche Faktor. Wo sich der Projektmanager früher allein hinter seiner Arbeitsstation vergraben konnte, wird bei agilen Methoden häufiger im Team gearbeitet und in Workshops schnell und möglichst effizient an Lösungen gefeilt. Du hast eingangs des Buches gelernt, dass der Growth Hacker ein Generalist mit Spezialfähigkeiten in gewissen Teilgebieten ist, vieles selbst beginnt und austestet, aber keineswegs alles im Alleingang erledigen muss. Damit du schlussendlich effizient arbeiten kannst, brauchst du also agile Methoden.

Anders als beim klassischen Wasserfallmodell setzt sich die Produktentwicklung beim Growth Hacking aus kurzen Zyklen zusammen. Ziel ist es, frühzeitig und regelmäßig Ergebnisse zu sehen und diese analysieren und optimieren zu können. Die einzelnen Zyklen bestehen wiederum aus verschiedenen Etappen (siehe Abbildung 4.5):

▶ **Kreative Ideen entwickeln:** Mithilfe von Kreativitätstechniken wird nach kreativen Lösungsansätzen gesucht. Erinnere dich an das Triple-Diamond-Modell, starte also immer zuerst mit einem Problem deiner Nutzer und berücksichtige die Anforderungen der Stakeholder und die Bedürfnisse der Nutzer. Die Ideen werden methodisch priorisiert.

▶ **Minimum Viable Product (MVP) bauen und testen:** Du entwickelst ein mindestfunktionsfähiges Produkt (MVP) und testest dieses an deiner Zielgruppe.

▶ **Messen und Auswerten:** Als Entscheidungsgrundlage für den nächsten Schritt werden die Daten analysiert. Dazu kannst du diverse Verfahren und Tools nutzen.

▶ **Lerne:** Das Wichtigste ist, dass du am Ende des Prozesses etwas dazugelernt hast und genügend Informationen hast, um dein Produkt weiterzuentwickeln.

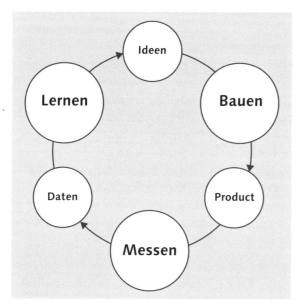

Abbildung 4.5 Der Growth-Hacking-Prozess

Nach dem ersten Durchgang und eingängiger Analyse aller Daten beurteilst du die Ergebnisse, suchst nach Optimierungspotenzial, priorisiert diese nochmals und führst einen weiteren Test durch. Du kannst nur die Headline einer Website austauschen oder gleich komplexe Veränderungen an der Funktionalität des Systems vornehmen. Diese Vorgehensweise wiederholst du immer und immer wieder, bis der entscheidende Hack gelingt. Sei dir bewusst, dass auch ein fehlgeschlagener Durchgang eine wertvolle Information liefern kann. Zu wissen, wo das Problem liegt und was nicht funktioniert, kann eine erste wichtige Information sein. Growth Hacking ist ein Lernprozess, und man darf nicht Angst vor dem Scheitern haben. Fehler gehören dazu. Wichtig ist einfach, dass du die gewonnenen Informationen richtig interpretierst.

4.2.1   Think big, iterate fast

Ein häufiger Fehler ist, stets von Beginn an möglichst umfangreiche und bis ins letzte Detail durchdachte Konzepte erstellen zu wollen. Das Resultat solch einer Vorgehensweise ist oft Frustration. Viele, wirklich sehr viele Ideen werden nach monatelanger, ja jahrelanger Planung verworfen, weil sie am eigentlichen Problem vorbei entwickelt werden. Das soll nicht heißen, dass du nicht an großen Ideen arbeiten werden darfst, im Gegenteil, plane das Big Picture, arbeite dich in kleinen Schritten an das Ziel heran (siehe Abbildung 4.6).

Als ich, Sandro Jenny, vor gut zehn Jahren damit begann, mich mit Softwareentwicklung auseinanderzusetzen, war mein Traum, ein eigenes Spiel zu entwickeln. Ich kann mich noch gut daran erinnern, wie enthusiastisch ich damals an die Sache heranging. Gemeinsam mit ein paar Webentwicklern, die ich im Internet kennengelernt hatte, hatte ich mir das Ziel gesetzt, ein neues, revolutionäres Internetspiel zu entwickeln. Es sollte alles Bisherige in den Schatten stellen und dem Nutzer tausend Möglichkeiten bieten. Inspiriert von Sid Meiers »Civilization« schrieb ich nächtelang Konzepte. Ich beschrieb Hunderte Prozesse. Ich habe sogar beschrieben, was mit dem Mehl passiert, wenn der Bauer den Mehlsack zum Bäcker bringt. Wir verzettelten uns so sehr in detaillierten Abläufen, dass nach zwei Jahren Planungsphase alle viel zu erschöpft waren, um die Entwicklung anzugehen. Außerdem hatten andere Entwicklerfirmen in der Zwischenzeit ähnliche Ideen bereits in die Tat umgesetzt, und in unserem kleinen Entwicklerteam hätten wir gegen die Konkurrenzprodukte nicht den Hauch einer Chance gehabt.

Selbst Unternehmen wie Google und Amazon lancieren nicht alle fünf bis zehn Jahre den Relaunch eines Produkts. Sie entwickeln die Funktionalität Schritt für Schritt weiter, so dass der Nutzer kaum bemerkt, dass etwas verändert wurde.

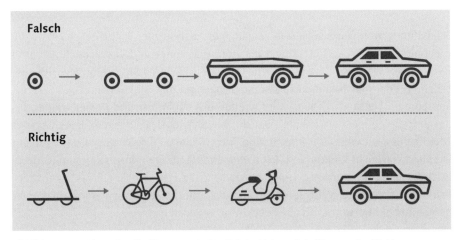

Abbildung 4.6 Plane das Big Picture, arbeite dich in kleinen Schritten an das Ziel heran.

Für den Growth Hacker sind diese kleinen Schritte von großer Bedeutung. Und es zeigt uns auch sehr gut was der große Unterschied zwischen einem herkömmlichen

Marketer und einem Growth Hacker ist. Ein Online-Marketer würde sich kaum Gedanken über die Entwicklungsschritte eines Produkts machen, diesen Part überlässt er dem Produktmanagement. Produktentwicklung gehört aber genauso zu deinem Arbeitsfeld wie darauffolgenden Marketingmaßnahmen. Das ist der Hauptgrund, wieso sich ein Growth Hacker um agiles Projektmanagement Gedanken machen muss.

4.2.2 Product-/Market-Fit schrittweise optimieren

Du solltest möglichst früh damit beginnen, dein MVP an deiner Zielgruppe zu testen. Es geht darum, bei jeder Iteration so schnell und so viel wie möglich über die Nutzung deines Produkts zu lernen. Das Ziel ist, nach jedem Durchgang den Product-/Market-Fit zu optimieren (siehe Abbildung 4.7). Mit dem Schritt »Bauen« ist somit nicht gemeint, dass man nach jeder Iteration direkt neue Funktionen entwickeln muss. Es geht lediglich darum, dass man nach jeder Durchführung etwas Messbares testen sollte. Und es geht vor allem auch darum, bei jedem Schritt dazuzulernen. Je besser du deine Nutzer und den Kontext verstehst, indem sie deine Produkte nutzen, desto zielgerichteter kannst du den Product-/Market-Fit optimieren.

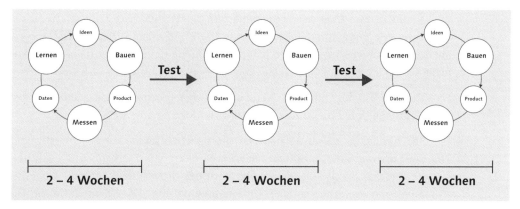

Abbildung 4.7 Nach zwei bis vier Wochen sollte eine Iteration abgeschlossen sein.

Je früher im Prozess du Veränderungen vorantreibst, desto größer ist der Einfluss auf dein gesamtes Business. Änderst du z.B. etwas an der Funktionalität deines Produkts, hat das nur einen kleinen Einfluss auf das gesamte Produkt. Änderst du hingegen deine Zielgruppe, ändern sich automatisch auch die zu befriedigenden Bedürfnisse. Das wiederum hat einen großen Einfluss auf die *Value Proposition* (dein Werteversprechen) und damit auf dein Produkt selbst (siehe Abbildung 4.8).

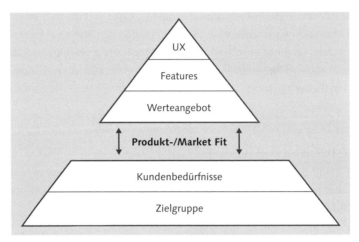

Abbildung 4.8 Die Product-/Market-Fit-Pyramide[1]

4.2.3   Vor dem Pivot: Optimierung

André Morys und sein Team bei der Optimierungsagentur Web Arts haben jahre-lange Erfahrung bei unzähligen Kundenprojekten in ein Framework gegossen, das ihre Vorgehensweise bei der Conversion-Optimierung beschreibt. Passend zum Titel dieses Buches trägt das Framework den Namen »Growth Canvas«. Er ist für dich dann von Bedeutung, wenn du zwar Traffic auf deiner Website hast, diesen aber nicht ausreichend aktivieren kannst, also wenn deine Nutzer deine Produkte nicht kaufen, Formulare nicht ausfüllen oder Artikel nicht lesen.

Das Grundprinzip des Canvas ist: Finde die richtigen Ideen, priorisiere und teste sie, in dieser Reihenfolge (siehe Abbildung 4.9).

Eine Inspiration für dieses Modell war die Build-Measure-Learn-Systematik von Eric Ries, die die Basis für die schnelle Entwicklung von Start-ups und auch von Growth Hacking ist. Grundgedanke und Kern des Growth Canvas ist die Überein-stimmung von Nutzerzielen und Unternehmenszielen. Was bedeutet das? Du musst dein Unternehmen auf die tief liegenden Motive und Wünsche des Kunden ausrichten, um erfolgreich zu sein. Du musst, so Morys, »die Realität deiner Kunden erforschen und verstehen, wo deine Kommunikation nicht zu dieser Realität passt.« Dafür benötigst du natürlich sowohl die demografischen Daten deiner Zielgruppe als auch psychologische Insights, die du für deine Persona(s) gewonnen hast. Mit diesem Wissen kannst du die Customer Journey planen und diese entsprechend auf Schwachstellen hin analysieren.

---

1   Dan Olsen: The Lean Product Playbook. John Wiley & Sons: Hoboken 2015.

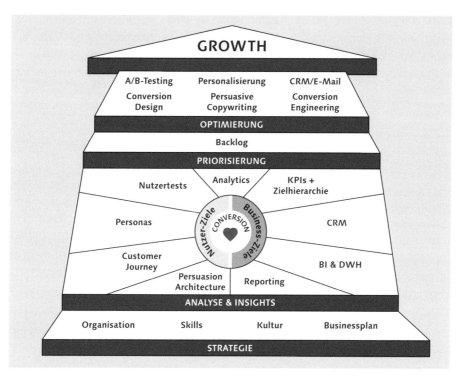

Abbildung 4.9 Das Growth Canvas von André Morys/Web Arts

Das funktioniert aber nur, wenn auch die unterste, die strategische Ebene auf sta-bilen Füßen steht: Ist das Unternehmen – in diesem Fall dein eigenes – überhaupt in der Lage, die Customer Journey entsprechend den Bedürfnissen der Kunden zu gestalten? Bestehen der Wille und der Mut für tief greifende Änderungen, die für wichtige Optimierungen notwendig sind? Gibt es eine Kultur für Tests und Fehler? Besteht die technische Infrastruktur, um die notwendigen Tests durchzuführen? Gibt es das Personal, das die Optimierungen veranlassen und umsetzen kann? Erst mit dem strategischen Fundament und einem Fit zwischen den Nutzer- und den Unternehmenszielen kannst du dich an die Optimierung machen.

Ganz wichtig auch hier: erst Ideen sammeln, dann priorisieren und erst danach eine nach der anderen umsetzen! Die wichtigsten Ansatzpunkte für Conversion-Opti-mierung findest du ganz oben im Modell: A/B-Testing (z. B. von Formularen oder Call-to-Actions auf Buttons), E-Mail-Marketing (z. B. an Kaufabbrecher) oder Per-suasive Copywriting, über das du noch mehr in den nachfolgenden Kapiteln (insbe-sondere in Abschnitt 6.6, »Psychologische Hacks«) erfährst.

Start-ups haben in der Regel den Nachteil, dass sie nicht über vergleichsweise viel Traffic wie etablierte Konkurrenten verfügen und somit weniger schnell zu validen

Testergebnissen kommen. Aber dafür haben sie einen Vorteil, der deutlich überwiegt, nämlich den Mut zu tief greifenden Veränderungen im User Interface, bei denen jeder CI[2]-Evangelist eines Mittelständlers aus dem Fenster springen würde. Morys spricht vom »Mut zu kontrastreichen Veränderungen«, den man zweifelsfrei haben muss.

4.2.4   Weiter iterieren oder Pivot?

Der Begriff Pivot stammt aus dem Lean Management und beschreibt einen Richtungswechsel. Sollte die eingeschlagene Strategie in absehbarer Zeit keine Früchte tragen, ist es an der der Zeit, etwas zu verändern. Vor allem für Start-ups mit wenig Erfahrung kann es aber eine große Herausforderung sein, den Moment für einen Pivot nicht zu verpassen. Steigt man zu früh aus, vergibt man möglicherweise eine große Chance, wartet man zu lange, verbraucht man zu viele Ressourcen. In so einer Situation empfiehlt es sich, gemeinsam mit dem Team einen Schritt zurückzutreten, die Ausgangslage nochmals zu analysieren und jede Phase der Product-/Market-Fit-Pyramide zu hinterfragen. Spätestens wenn dein Produkterfolg über einige Iterationen hinweg nicht zufriedenstellend wächst, solltest du einen Pivot in Erwägung ziehen. Ein typischer Indikator für einen Pivot ist z.B. auch, wenn deine Kunden einige deiner Produkte bevorzugen, die du selbst nicht im Fokus hattest, oder wenn du bemerkst, dass deine Konkurrenz etwas verändert hat, was ihnen einen entscheidenden Wettbewerbsvorteil gebracht hat.

4.3   Growth-Teams

Ein einzelner Solopreneur oder Freelancer kann auf seiner Website oder für sein eigenes kleines Business schnell und einfach kreative Maßnahmen testen. In Unternehmen ist das komplizierter. Andy Johns, Produktmanager und Zuständiger für Wachstum bei Quora, sagt, dass Unternehmen ein Team mit Fokus auf Wachstum bilden sollten.[3] Die eigentliche Herausforderung für Unternehmen ist also nicht unbedingt das Anwenden von Growth Hacks, sondern das Bilden von interdisziplinären Growth-Teams und das Etablieren einer Growth-Kultur (siehe Abbildung 4.10).

Wenn ein Growth Hacker nicht in die Unternehmensprozesse integriert wird, ist die Akzeptanz meist sehr gering, was einer der Hauptgründe dafür ist, wieso Growth-Hacking-Initiativen in Unternehmen scheitern. Die Entwicklung einer Growth-Kultur ist kein einfaches Unterfangen, alle Beteiligten müssen das neue Credo akzep-

---

2   Corporate Identity, die (vermeintlich unumstößlichen) Regeln für das einheitliche Erscheinungsbild einer Marke.

3   *www.quora.com/profile/Andy-Johns*

tieren und die Änderungen der internen Prozesse befürworten. In kleinen Unternehmen und Start-ups muss häufig der Gründer selbst die Wachstumsinitiativen anstoßen und vorantreiben. In größeren Unternehmen müssen verschiedene Abteilungen und Abteilungsleiter an einer gemeinsamen Wachstumsvision arbeiten.

Hinzu kommt, dass auch agiles Projektmanagement ein gewisses Maß an Planung braucht. Auch wenn es beim Growth Hacking hauptsächlich darum geht, effizient voranzukommen und schnell zählbare Ergebnisse zu erzielen – ganz ohne Struktur geht es dann doch nicht. Meiner Erfahrung nach entstehen in einem Team außerdem die besten Ergebnisse. Wenn sich ein einzelner Produktmanager hinter seinem Computer verkriecht und tagelang an einer Lösung feilt, sind die Resultate häufig zu einseitig. Wenn dein Produkt die Phase der Early Adopters einmal hinter sich hat, wirst du vor neuen, komplexeren Herausforderungen stehen.«

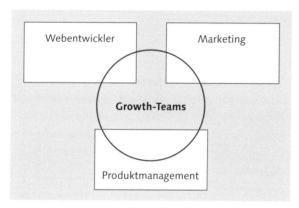

Abbildung 4.10 Growth-Teams

Wachstum darf kein Nebenprojekt sein. Das Growth-Team braucht (neben den notwendigen Ressourcen, insbesondere im Bereich IT und Entwicklung) die unbedingte und nach allen Seiten kommunizierte Unterstützung durch die Geschäftsleitung, um nicht in bürokratischen Grabenkämpfen aufgerieben zu werden. Insbesondere altgediente Mitarbeiter tendieren dazu, neuen Methoden und abteilungsübergreifenden Initiativen mit Skepsis zu begegnen (»Das haben wir doch schon immer so gemacht – wo kommen wir denn dahin?!«), und müssen von den Führungskräften entsprechend ins Boot geholt werden.

Um in dieser Phase weiter wachsen zu können, benötigst du neue Spezialisten in deinem Team:

- Produktmanager
- User-Experience-Spezialist(en)
- Marketingspezialist(en)
- Webentwickler
- Data Analyst(en)

Da Growth Hacking noch eine sehr junge Disziplin ist und eigentlich in keine Schublade gesteckt werden kann, wäre es vermessen, zu behaupten, es gäbe die eine richtige Methode. Die gibt es natürlich nicht. Aber grundsätzlich ist es nicht falsch, sich an agilen Methoden zu orientieren, von denen man weiß, dass sie sich in der Praxis bewährt haben. Eine sehr bekannte agile Vorgehensweise ist *Scrum*. Die Scrum-Methode ist gerade deswegen so gut für Growth Hacker geeignet, weil sie nur sehr lose Rahmenbedingungen setzt und dem Nutzer große Freiheiten lässt. Ein typischer Projektablauf in einem Scrum-Projekt sieht folgendermaßen aus:

▶ Anforderungen und Ideen sammeln

▶ Planung der Iterationen (gemeinsam mit Stakeholdern)

▶ Iterationen festhalten

▶ Produkt innerhalb einer Iteration weiterentwickeln

▶ Feedback einholen

▶ Planung gemäß Feedback anpassen

Du siehst, diese Vorgehensweise ähnelt doch stark den typischen Growth-Hacking-Zyklen. Es kann also durchaus hilfreich sein, Scrum-Techniken zumindest einmal im Unternehmen auszuprobieren. Und was man nicht vergessen darf: Auch Kreativität braucht gewisse Schranken, um sich in die richtige Richtung zu entfalten. So gesehen könnte die Implementierung von Scrum dein gesamtes Team beflügeln und dafür sorgen, dass effektiver und zielführender gearbeitet wird (siehe Abbildung 4.11). Sehr nützliche Scrum-Techniken sind beispielsweise:

▶ **Product Backlog:** In diesem Dokument werden die Ideen und Anforderungen festgehalten. Typischerweise ändern sich diese natürlich während des Projekts. Die Beschreibung enthält zu jeder Anforderung eine Schätzung der Arbeitszeit. Sobald die Anforderungen für die Umsetzung gutgeheißen werden, werden sie in ein sogenanntes Sprint Backlog übernommen.

▶ **Sprint:** In Scrum wird die Durchführung einer Iteration Sprint genannt.

▶ **Sprint Backlog:** In diesem Dokument werden die Arbeiten für die Entwicklungsabteilung beschrieben, die für den nächsten Sprint (die nächste Iteration) umgesetzt werden sollen.

Neben diesen Techniken kannst du den Growth Hacker den typischen Scrum-Rollen hinzufügen:

▶ **Scrum Master:** Ist dafür verantwortlich, dass die Regeln in einem Scrum-Team eingehalten werden. Er ist für alle im Team der Ansprechpartner bei Unsicherheiten.

▶ **Product Owner:** Ist nahe an den Stakeholdern und kennt deren Anforderungen. Sorgt dafür, dass das Team alle notwendigen Informationen erhält.

- **Dev Team:** Rolle des Entwicklers, der das Produkt schlussendlich umsetzt.
- **Growth Master:** Der Growth Hacker wird als Growth Master in das Scrum-Team integriert, koordiniert alle Wachstumsmaßnahmen und führt das Growth-Team. Der Growth Master wird manchmal auch als PM of Growth bezeichnet und sollte ein Generalist sein und das Produkt gut kennen.

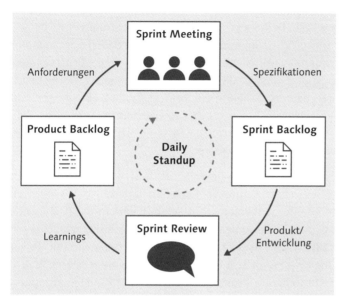

Abbildung 4.11 Das Scrum-Framework

Konfliktpotenzial zwischen Product Owner und Growth Master

Da sowohl der Product Owner als auch der Growth Master einen starken Produktfokus haben, besteht bei diesen Rollen natürlich Konfliktpotenzial. Gute Kommunikation und klar definierte Kompetenzfelder müssen also dafür sorgen, dass es nicht zu Interessenkonflikten kommt.

Für den Growth Hacker bedeutet das, dass er alles, was er nicht sowieso selbst umsetzen kann, auf diese Weise an das Team oder die Entwickler weitergeben kann. In der Praxis ist die größte Herausforderung die Einstellung auf die kurzen Sprints. Nicht jeder Mitarbeiter kann damit gleich gut umgehen, und ehrlicherweise muss man sagen, dass das Arbeiten mit so kurzen Zyklen auch Stress bedeuten kann. Kommt mit dem Growth Master jetzt noch ein weiterer Spezialist in das Scrum-Team hinzu, bedeutet das eine weitere Zunahme der Komplexität. Ob du mit agilen Methoden in deinem Unternehmen Erfolg hast, hat also auch stark mit den Führungsqualitäten des Scrum Masters zu tun, der dafür sorgen muss, dass die Prozesse reibungslos funktionieren.

4.3.1   Hacks in einem Growth-Team umsetzen

Nehmen wir an, du als Growth Master möchtest, dass die Nutzer ihre Freunde per E-Mail zu deinem Produkt einladen, ähnlich wie das Dropbox gemacht hat. Du kannst zwar das Produkt konzipieren und hättest auch die Fähigkeiten, die Lösung selbst zu programmieren, aber in deinem Unternehmen gibt es eine Entwicklungs- abteilung, den Produktmanager und die Marketingabteilung, in deren Kompetenz- feld du dich damit bewegst. Es ist also ratsam, dass diese Mitarbeiter deinen Lösungsansatz vor der Umsetzung zumindest einmal gesehen haben oder sogar ihr Einverständnis geben konnten. Möglicherweise sind auch deine Programmier- kenntnisse nicht so ausgeprägt, dass du die Hilfe der Entwicklungsabteilung benö- tigst. Also macht es Sinn, dein Vorhaben in ein Product Backlog einzutragen und damit in einen etablierten Unternehmensprozess zu übertragen. Du siehst, auch wenn Scrum keine eigentliche Growth-Hacking-Disziplin ist, hilft die Methode, einen Growth Hacker in das Team zu integrieren.

Das widerspricht dank der Freiheiten, die einem Scrum lässt, auch keineswegs den Regeln. Im Gegenteil, da es sich bei Scrum nicht um eine Projekt- sondern eher um eine Prozessmanagementmethode handelt, wird Scrum häufig in das bestehende Projektmanagement integriert. Oder umgekehrt werden Projektleiteraufgaben an den Scrum Master verteilt. In der Praxis ist es oft so, dass auch der Growth Hacker nicht einfach eine »grüne Wiese« vor sich hat und machen kann, was er will. Also macht es Sinn, ihn in die bestehende Struktur einzubetten. Das kann die Akzeptanz für das Growth Hacking in deinem Unternehmen enorm verbessern. Sollte das in deinem Unternehmen nicht möglich sein, ist es zumindest ratsam, vorab gemein- sam mit dem Produktmanagement und den Stakeholdern die Anforderungen und Abgrenzungen genau zu definieren. Nichts ist schlimmer als ein Growth Hacker, der nicht genau weiß, wo seine Kompetenzen liegen, oder diese überschreitet und dann nachträglich immer mal wieder eins auf die Kappe kriegt.

Was sagen uns all diese agilen Methoden? Wichtig ist, dass du in kurzen Iterationen planst. Nach spätestens zwei, drei Wochen solltest du die ersten Tests durchführen können. Ergebnisse kannst du ebenfalls sehr schnell und einfach innerhalb der Trello-Karten notieren. Wie genau die Karten benannt und sortiert werden, ist von Projekt zu Projekt unterschiedlich. Es empfiehlt sich aber vor allem zu Beginn, keine zu komplexe Struktur zu wählen und das Board Schritt für Schritt auszubauen. Und du solltest jede Woche ein Meeting mit allen Beteiligten ansetzen, damit jeder kurz und knapp schildert, was der aktuelle Stand ist, welche Ziele in den nächsten Tagen erreicht werden sollen und ob sie dabei Unterstützung benötigen.

Trello

Trello ist eine webbasierte Projektmanagementsoftware, die sich besonders gut für agiles Projektmanagment eignet. Die Nutzer können sogenannte Boards und Listen erstellen, in denen beliebig viele Listen, Texte und Anhänge wie Bilder organisiert werden können. Trello bietet außerdem eine Reihe weiterer Funktionen wie das Festlegen von festen Fristen pro Karte oder das Zuweisen von Trello-Nutzern zu Karten. So können Zuständigkeiten und Termine einfach geregelt werden.

4.3.2   Weekly Growth-Meetings

Gute Ideen entstehen oft in einem Team. Menschen inspirieren sich gegenseitig und entwickeln in einem Team eine ganz andere Dynamik als allein. Ein sehr effektives Mittel ist demnach das wöchentliche Growth-Meeting, in dem alle Wachstumsmaßnahmen kurz besprochen werden. Am Anfang sollten in einem Briefing mit den Stakeholdern die Rahmenbedingungen geklärt und die Ziele festgelegt werden. Auf der Agenda des Growth-Meetings steht außerdem:

- ▶ Brainstorming: Kreation und Bewertung neuer Wachstumsideen
- ▶ KPI-Review: Besprechen der gesetzten Wachstumsziele
- ▶ Sprint-Review: Besprechen der letzten Tests
- ▶ Learnings: Besprechen der Learnings aus den letzten Tests
- ▶ nächste Sprints/Tests planen
- ▶ Integration des nächsten Sprints in das Sprint Backlog

4.3.3   Daily Stand-ups

Neben wöchentlichen Growth-Meetings können Daily Stand-ups klassische Meetings ersetzen. Anstatt langatmig stundenlang zusammenzusitzen, wird in kurzen, produktiven Meetings im Stehen alles Wesentliche besprochen, und durch das Stehen entsteht eine höhere Dynamik als in klassischen Meetings. Schlussendlich geht es darum, möglichst unkompliziert und unbürokratisch zusammenzuarbeiten. Gerade als Growth Hacker ist es wichtig keine zu langen Entscheidungswege zu haben, will man effektiv Experimente durchführen können.

4.3.4   Grundregeln für produktive Meetings

Wir alle kennen Meetings, die einfach nicht enden wollen, Meetings mit schlechter Führung und voller unmotivierter Teilnehmer. Solche Meetings sind reine Zeitverschwendung und bringen in den meisten Fällen nicht die erhofften Ergebnisse. Beachte folgende Grundregeln, und deine Meetings werden um ein Vielfaches produktiver sein:

▶ Setze nur Meetings an, die unbedingt notwendig sind.

▶ Formuliere ein klares Ziel für das Meeting, und versende dieses ein paar Tage vor der Durchführung an alle Teilnehmer. Es sollten zwischen drei und acht Personen teilnehmen.

▶ Jeder Teilnehmer sollte sich am Anfang vorstellen und seine Erwartungen an das Meeting nennen.

▶ Plane genügend Zeit ein, und starte pünktlich.

▶ Ein gutes Briefing ist die halbe Miete. Stelle das Thema kurz vor und gib den Teilnehmern einen Überblick über die bestehenden Ideen, den Budgetrahmen, über Stakeholder-Erwartungen, die Zielgruppe und die Marktdaten.

▶ Denke an die Infrastruktur, und besorge Stifte, Karten, Magneten, ein Flipchart etc.

▶ Moderiere das Gespräch und sorge dafür, dass die Teilnehmer nicht zu weit vom Thema abkommen.

▶ Pausen verbessern die Denkleistung, insbesondere bei längeren Meetings.

▶ Sprich schweigsame Teilnehmer gezielt an, und integriere sie ins Gespräch.

▶ Führe ein Protokoll und versende es nach dem Meeting an alle Teilnehmer.

Bei LinkedIn ist die Bildung von Growth-Teams so erfolgreich gewesen, dass aus einer ursprünglich 15-köpfigen Gruppe inzwischen 120 Mitarbeiter geworden sind, die Wachstum in voneinander unabhängigen Gebieten vorantreiben. Bei Typeform, einem spanischen Start-up für Online-Umfragen, wurde diese Organisationseinheit inzwischen wieder abgeschafft, weil es zu Grabenkämpfen mit den Produktmanagern gekommen ist und weil die Mitarbeiter außerhalb des Growth-Teams das Gefühlt hatten, für Wachstum nicht zuständig zu sein. Sean Ellis ist hingegen der Meinung, dass die »kreative und datenbasierte Denke« des Growth-Teams in alle anderen Bereiche des Unternehmens abstrahlt und deswegen zum internen Treiber für Innovation jeglicher Art werden kann.

4.4 Kreative Lösungen entwickeln

Das Wachstumspotenzial ist dann am größten, wenn ein Produkt die Erwartungen der Kunden übertrifft. Das erreicht man mit innovativen Lösungsansätzen. Eine gute Idee ist also die Basis einer erfolgreichen Produktentwicklung und entscheidet über Erfolg oder Misserfolg. Im Growth-Hacking-Prozess steht nach dem Identifizieren des Nutzerproblems die Ideenfindung an zweiter Stelle. Schlussendlich geht es darum, neue Wege zu finden, um Wachstum zu erzielen. Gute Ideen zu finden ist aber harte Arbeit, und häufig entstehen die besten Ideen nicht während eines geplanten Meetings, sondern in einem völlig neutralen Moment. Möglicherweise hast du manchmal die besten Ideen auch während des Autofahrens, unter der Dusche oder beim Spaziergang durch den Wald. Das ist kein Zufall, denn Kreativität kannst du nicht erzwingen. Sie braucht Inspiration und ein gutes Klima. Doch viele Menschen sind es auch einfach nicht gewohnt, kreativ zu arbeiten. Gerade wenn die Unternehmenskultur sich wandelt und sich auf einmal auch Mitarbeiter aus weniger kreativen Abteilungen in kreativen Meetings wiederfinden, führt das oftmals zu mehr Frust als Lust. Um Frustration zu vermeiden, braucht es gute Moderatoren und Methoden, die die Kreativität fördern.

4.4.1 Design Thinking

Design Thinking ist ein Ansatz, der darauf beruht, dass Menschen unterschiedlicher Disziplinen zusammenarbeiten und Verfahren zur Lösung von Businessproblemen einsetzen, die sich an der Arbeit von Designern orientiert. Die Methode wurde von Terry Winograd, Larry Leifer und David Kelley, dem Gründer der Agentur IDEO, entwickelt. IDEO wurde vor allem durch die Entwicklung der ersten industriell hergestellten Computermaus für Apple bekannt.

Design Thinking ist ein nutzerzentrierter Ansatz, der versucht, möglichst emphatisch an eine komplexe Fragestellung heranzugehen. Dazu versucht man zuerst, das Problem und den Nutzungskontext zu verstehen, indem man in multidisziplinären Teams Menschen aus den verschiedensten Abteilungen in den Prozess integriert (siehe Abbildung 4.12).

> *»Design Thinking is a human-centered approach to innovation that draws from the designers toolkit to integrate the needs of people, the possibilities of technology and the requirements for business success.« – Tim Brown, IDEO*

Häufig werden zusätzlich echte Kunden in die Teams integriert, um die Probleme möglichst real abbilden zu können. Manchmal werden auch Feldbeobachtungen vor Ort durchgeführt, und man beobachtet die Kunden in ihrem realen Umfeld.

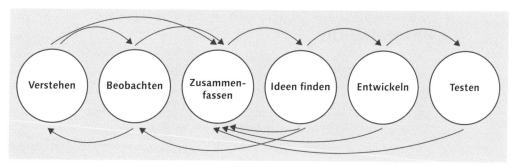

Abbildung 4.12 Der Design-Thinking-Prozess

Dann werden die Beobachtungen mit Klebezetteln und weitere Hilfsmitteln visualisiert und zusammengefasst. Dazu kannst du auch wieder Personas einsetzen. Mit gestalterischen Hilfsmitteln werden dann möglichst viele Lösungsansätze visualisiert, Papierprototypen entworfen und in kurzen Rollenspielen getestet.

4.4.2   Brainstorming

Der Klassiker unter den Kreativitätstechniken wurde 1939 von Alex F. Osborn und Charles Hutchison Clark entwickelt. Osborn lehrte kreative Problemlösungen an der Universität in Hamilton, wo er seinen Schüler Charles Hutchison Clark kennenlernte. Gemeinsam suchten sie nach neuen Ansätzen zur Erzeugung neuer Ideen. Dabei orientierten sie sich an der indischen Technik Prai-Barshana, die es bereits seit 400 Jahren gibt. Die daraus entstandene Brainstorming-Methode benannten sie nach dem Prinzip »Using the brain to storm a problem«.[4] Das Brainstorming ist die bekannteste Methode zur Ideenfindung. Es werden spontan Ideen zur Lösung eines konkreten Problems abgegeben. Der daraus folgende Gedankensturm kann enorm produktiv sein, vorausgesetzt, man hält sich an einige Grundregeln.

Brainstorming-Phasen

▶ Ideen finden: Meistens geschieht dies mithilfe einer Mindmap. In Gruppen können auch Karten verteilt werden, die anschließend an eine Magnetwand geheftet werden.

▶ Ergebnisse sortieren und bewerten: Sämtliche Ideen werden notiert, bewertet und sortiert. Es geht um die thematische Zugehörigkeit und das Aussortieren problemferner Ideen.

Brainstorming-Grundregeln

▶ Keine Kritik: Jede Idee, egal, wie verrückt sie auch sei, ist willkommen. Während des Prozesses findet also keinerlei Bewertung statt. Diskutieren und kritisieren ist strengstens untersagt.

▶ Je mehr, desto besser: Zu Beginn zählt vor allem die Masse und nicht die Klasse der Ideen.

▶ Offene, kommunikative Atmosphäre schaffen: Durch ein offenes Ambiente können Ideen und Gedanken deutlich besser ausgeschöpft werden. Oftmals ist Humor ein guter Weg, um eine offene kreative Atmosphäre zu schaffen.

▶ Unkonventionelle Ideen fördern: Radikale und unkonventionelle Ideen fördern analytisches Denken und erhöhen die Wahrscheinlichkeit, dass Denkblockaden überwunden werden. Beispiel: »Welche Marketingmaßnahme würde unser

---

4   *www.ideenfindung.de*

CEO nie erlauben?«, oder »Was ist die Schwachstelle unseres Konkurrenten – und wie können wir sie für uns nutzen?«

Egal, ob du Mindmaps erstellst oder einfach nur scribbelst: Anfangs ist es wichtig, dich nicht allzu sehr einzuschränken. Das fördert die Kreativität.

4.4.3   Die 6-3-5-Methode

Eine weitere interessante Kreativitätstechnik ist die 6-3-5-Methode. Sie wurde im Jahr 1968 von Professor Bernd Rohbach entwickelt. Zu Beginn erhalten alle ein vorbereitetes Arbeitsblatt, auf dem die Problemstellung kurz erläutert wird. Pro Teilnehmer gibt es eine Zeile zu je drei Spalten. Sechs Teilnehmer schreiben dann drei Ideen auf das Blatt Papier, und nach 5 Minuten wird das Papier jeweils weitergereicht. So entwickelt jeder Teilnehmer die Idee eines anderen weiter, und es entstehen in kurzer Zeit 108 Ideen.[5]

4.4.4   Die Walt-Disney-Methode

Mit einer Art Rollenspiel hat das berühmte Walt-Disney-Unternehmen eine Methode entwickelt, bei der ein Problem aus verschiedenen Blickwinkeln betrachtet wird. Jeder Teilnehmer erhält eine Rolle zugeteilt:

▶ **Der Träumer:** Seine Aufgabe ist es, neue Ideen zu liefern.

▶ **Der Realist:** Muss pragmatisch denken und genaue Pläne entwickeln.

▶ **Der Kritiker:** Äußert konstruktive und positive Kritik.

▶ **Der Neutrale:** Er beobachtet nur und berät das Team.

Anschließend setzt sich jeder Teilnehmer auf einen Stuhl, so dass jeder die anderen Teilnehmer im Blick hat. Die Ideen werden aus jeder einzelnen Perspektive diskutiert. Wichtig dabei ist, dass jeder Teilnehmer seine Rolle spielt. Dann rutschen alle Teilnehmer eine Position weiter und nehmen eine weitere Rolle ein. Das wird so lange gemacht, bis jeder Teilnehmer jede Rolle spielen durfte.

4.4.5   Waterholes

Eine spezielle Meeting-Form ist die Waterholes-Methode. Angelehnt an Wasserlöcher in der Wildnis, wo sich allerhand verschiedene Tierarten an Wasserlöchern treffen, werden auch im Unternehmen Mitarbeiter aus unterschiedlichen Abteilungen zu einem Meeting eingeladen. Das hat den Vorteil, dass einmal nicht nur Ideen von Produkt-, Marketing- und Entwicklungsteams in eine Diskussion einfließen, sondern auch ganz andere Sichtweisen. Mitarbeiter aus dem Kundenservice, Leute aus

---

5   Christian Moser: User Experience Design. Springer: Berlin/Heidelberg 2012.

der Buchhaltung oder Lernende können sehr wertvolle Ideen einbringen, auf die du sonst möglicherweise nie gekommen wärst. Eine Telefonistin oder Innendienst-Mitarbeiterin ist häufig sehr nahe am Kunden und erfährt wichtige Informationen, die ohne so ein Waterholes-Meeting nie bis zur Produktentwicklung vorgedrungen wären. Da bei solchen Treffen Menschen miteinander diskutieren, die es nicht gewohnt sind, über Produktentwicklung zu sprechen, macht es Sinn, dem Meeting eine klare Struktur zu geben, ansonsten würde die Diskussion in kreativem Chaos enden.

Es braucht also einen Gesprächsleiter, sauber vorbereite und kurze Präsentationen und einen gut strukturierten Gesprächsablauf. Die Präsentation kann folgendermaßen aufgebaut sein:

▶ Hook: kurze, prägnante Frage, die das Problem schnell auf den Punkt bringt

▶ Ausgangslage

▶ Problembeschreibung

▶ Lösungsansatz

Jede Idee wird anhand dieser Präsentationsvorlage vorgestellt. Nach der Präsentation werden die Teilnehmer in zwei Gruppen aufgeteilt. Eine Gruppe darf nur konstruktive Kritik zur Idee abgeben, die andere darf die Vorteile der Idee hervorheben. Zum Schluss wird das abgegebene Feedback in einer offenen Runde diskutiert. Diese Vorgehensweise mag merkwürdig erscheinen, aber sie führt dazu, dass das Feedback sehr zielgerichtet abgegeben wird. Zu meiner, Sandro Jennys, Zeit bei Scout24 wurden auch Waterholes ohne diese klare Gruppenaufteilung getestet, das Ergebnis war ungenügend und chaotisch. Die Waterholes mit klarer Aufteilung hingegen waren äußerst effektiv und führten zu sehr hilfreichen Ergebnissen.

4.4.6   Das Charrette-Verfahren

Eine weitere Methode, die Menschen aus den unterschiedlichsten Abteilungen zusammenbringen soll, ist das Charette-Verfahren. In den USA wird dieses auch als *Designstudio-Methode* bezeichnet.[6] Mit dieser Kreativitätstechnik kannst du in sehr kurzer Zeit in einem Team sehr viele Ideen zu Papier bringen. Alles, was du dazu benötigst, sind ein Blatt Papier, ein paar Buntstifte, ein Whiteboard und Magneten. Zu Beginn der Session wird vom Moderator die Ausgangslage und das zu lösende Problem erklärt. Es ist wichtig, dass alle Beteiligten die Zielgruppe kennen. Dann skizzieren alle Teilnehmer ihre Designvorschläge auf ein Papier, bestehend aus einem 6er-Raster (siehe Abbildung 4.13).

Wenn alle Teilnehmer ihre sechs Skizzen fertiggestellt haben, werden die Resultate in der Gruppe präsentiert und besprochen. Dass die Kritik möglichst konstruktiv

---

6   Todd Zaki Warfel: The Design Studio Method (*https://vimeo.com/37861987*).

sein sollte, ist selbsterklärend. Achte außerdem darauf, die einzelnen Präsentationen nicht länger als 5 Minuten zu halten. Am Schluss wird eine ausgewählte Skizze pro Teilnehmer zu einem einzelnen, großen Blatt ausgearbeitet.

Skizze 1	Skizze 2	Skizze 3
Skizze 4	Skizze 5	Skizze 6

Abbildung 4.13 Die Papiervorlage für die Charrette-Methode

4.4.7 Die Osborn-Checkliste und SCAMPER

Alex F. Osborn hast du ja bereits kennengelernt. Neben dem Brainstorming entwickelte er 1957 eine weitere Kreativitätstechnik. Diese Fragetechnik dient dazu, Produkte und etablierte Ideen in einem Innovationprozess weiterzuentwickeln, um neue Perspektiven zu gewinnen.

Osborn-Checkliste

▸ Gibt es für mein Produkt eine alternative Verwendung?

▸ Kann ich mein Produkt oder Teile davon anpassen?

▸ Kann ich die Farbe, Bewegung, den Ton Geruch, die Form oder Richtung verändern?

▸ Kann ich das Produkt vergrößern oder etwas hinzufügen?

▸ Kann ich das Produkt oder Bestandteile davon ersetzen?

▸ Kann ich etwas umordnen?

▸ Kann ich die Idee umkehren oder auf den Kopf stellen?

▸ Kann ich Ideen oder Ansätze kombinieren oder mischen?

Da die Osborn-Checkliste ursprünglich für die Weiterentwicklung physischer Produkte gedacht war, wurde eine Ergänzung 1997 von Bob Eberle entwickelt, die SCAMPER-Methode. Diese Kreativitätstechnik ähnelt der Osborn-Checkliste sehr und besteht ebenfalls aus einer speziellen Fragestellung. Wie die Osborn-Checkliste ist sie besonders gut für die Produktentwicklung geeignet, und durch die Vereinfachung kann man die Fragen auch auf digitale Produkte und Online-Marketing-Maßnahmen anwenden.

SCAMPER-Methode

▸ **S – Substitute:** Ersetze einzelne Komponenten, Elemente, Materialen, Personen oder andere Merkmale des Produkts.

▸ **C – Combine:** Kombiniere oder vermische die Funktionen des Produkts.

▸ **A – Adapt:** Verändere Teile der Funktionen oder Aspekte des Produkts.

▸ **M – Modify:** Steigere, vermindere, variiere Attribute wie Haptik oder die Farbe des Produkts.

▸ **P – Put:** Finde andere Verwendungszwecke für das Produkt.

▸ **E – Eliminate:** Entferne Komponenten, reduziere oder vereinfache das Produkt.

▸ **R – Reverse:** Stelle den Nutzen auf den Kopf.

4.4.8   Die morphologische Matrix

Der Schweizer Astrophysiker Fritz Zwicky entwickelte eine neue Denkmethode, die einem dabei helfen soll, den vollen Umfang einer Aufgabenstellung zu überschauen. Seine Idee war es, ein Ordnungssystem für jede mögliche Aufgabenstellung zu erschaffen, mit dem sinnvolle Lösungen systematisch gefunden werden können. Das Wort Morphologie ist altgriechisch und bedeutet »Lehre von Ordnung, Form, Struktur und Gebilden«. Ein Kasten wird in verschiedene Felder und Zeilen aufgeteilt. Dann werden in den Zeilen die Paramater und in den Spalten verschiedene Ausprägungen notiert. Durch das Ausfüllen der Felder werden komplexe Sachverhalte in einzelne Teile zerlegt und neu kombiniert (siehe Abbildung 4.14).

Parameter	Ausprägung 1	Ausprägung 2	Ausprägung 3
Thema	WordPress	Drupal	Typo3
Zielgruppe/Persona	Amateure	Semi-Professionelle	Pros
Headline	sachlich	emotional	reißerisch (Click-Bait)
Content	kurz und prägnant	ausgewogen	umfangreich
Rich Media	nur Text	Bilder	Bilder und Videos
Kommentare	nicht erklaubt	moderiert	offen
Kanäle	nur Website	Social Media	Newsletter
Businessmodell	Free	Freemium	Abo

Abbildung 4.14 Morphologische Matrix

So gehst du vor:

▶ Zunächst wird die Zielformulierung erarbeitet.

▶ Dann bestimmst du die Parameter und notierst pro Zeile einen Parameter.

▶ Anschließend wird für jede Spalte eine Ausprägung gesucht.

▶ Nun werden alle denkbaren Variationen in die Zellen eingetragen.

▶ Sobald du alle Zellen ausgefüllt hast, verbindest du die besten Ergebnisse miteinander.

Wenn du z.B. einen Blogartikel über ein Content-Management-System (CMS) schreiben möchtest, kannst du deine Parameter nach Thema, Zielgruppe und typischen Blogmerkmalen unterscheiden. In unserem Beispiel haben wir das CMS WordPress ausgewählt. Außerdem möchten wir den Artikel für die Zielgruppe der semi-professionellen Anwender schreiben. Die Headline soll sachlich sein und der Content ausgewogen. Die morphologische Matrix hilft uns also in einem ersten Schritt, verschiedene Ideen und Ausprägungen zu entwickeln, und in einem zweiten Schritt können wir dann aus den verschiedenen Varianten eine auswählen.

4.4.9   Die 19 Kanäle

Bevor dein Team und du Ideen generieren, ist es sehr empfehlenswert, sich die Daten der Customer Journey anzuschauen. Ziel ist dabei, herauszufinden, an welcher Stelle ihr den größten Bedarf habt. Habt ihr zu wenig Nutzer oder werden nur zu wenige zu Leads? Habt ihr viele Leads, erzielt aber wenige Abschlüsse? Konzentriert euch auf den Bereich, in dem eine positive Änderung den größten Effekt auf euer Wachstum hätte, und vermeidet Multitasking. Schritt für Schritt.

Eine Herausforderung bei der Ideenfindung ist auch das Finden passender Inspirationsquellen. Beim Growth Hacking möchtest du ja unter anderem geeignete Kanäle für deine Hacks finden. In ihrem Buch »Traction« beschreiben Gabriel Weinberg und Justin Mares 19 Kanäle, die dir zu diesem Zweck zur Verfügung stehen:

1. **Blogger Relations und Influencer**
   Gastbeiträge in etablierten Blogs kann einer der effizientesten Marketingkanäle sein. Noah Kagan gewann damit 40.000 Nutzer für Mint, bevor das Unternehmen überhaupt online ging. Auch das aktuell heiß diskutierte Thema Influencer Marketing gehört in diese Sparte.

2. **Publicity bzw. klassische PR**
   Das basiert auf dem Aufbau eines guten Verhältnisses zwischen dir und Journalisten, die über dich schreiben.

3. **Unkonventionelle PR**

   Wird oft auch als Guerilla Marketing bezeichnet: eine ungewöhnliche, Aufsehen erregende Aktion, die sich zuerst viral verbreitet und dann von Journalisten aufgegriffen wird.

4. **Suchmaschinenmarketing (SEM)**

   Sehr gut skalierbar und global verfügbar ist Suchmaschinenmarketing ein gutes Tool, um Nutzer zu gewinnen, die bereits am Ende der Customer Journey stehen und genau wissen, wonach sie suchen. Aufgrund des dominanten Marktanteils ist Google hier die erste Wahl, aber je nach Land gibt es Alternativen wie das Bing- und Yahoo-Network, Yandex oder Baidu.

5. **Social und Display Ads**:

   Klassische Online-Banner auf Websites, wo sich deine Zielgruppe tummelt oder Anzeigen in sozialen Netzwerken wie Facebook, Twitter und Instagram. Wie Suchmaschinenmarketing sehr leicht zu implementieren, testen und analysieren.

6. **Offline-Werbung bzw. klassische Media**

   Bezeichnet Werbung, die seit Jahrhunderten funktioniert: TV-Spots, Printanzeigen, Plakate oder Radiospots. Etablierte Unternehmen investieren in diese Massenmedien immer noch mehr als in Online-Werbung, weil sie (wie der Name sagt) extrem viele Menschen erreichen und damit Awareness für ihre neuen Produkte generieren können. Diese Kanäle werden von Start-ups nur selten bespielt, weil sie in der Regel eine hohe finanzielle Einstiegshürde haben. In Zeiten, in denen aber auch Offline-Werbung immer digitaler wird, lassen sich auch klassische Kanäle immer besser granulieren und somit »günstige« Tests durchführen. Aber natürlich ist die Analyse dieser Werbemaßnahmen schwieriger als bei digitaler Werbung, weil es keine Interaktionsmöglichkeit gibt und du selten messen kannst, wie viele Menschen deine Werbung wahrgenommen und deswegen eine Aktion ausgeführt haben.

7. **Suchmaschinenoptimierung (SEO)**

   Wenn du dir die Traffic-Quellen vieler erfolgreicher Seiten und Portale ansiehst, wirst du feststellen, dass der organische Traffic von Suchmaschinen in der Regel den mit Abstand größten Teil ausmacht. Je besser die Nutzer deine Seite bei der Suche nach relevanten Begriffen finden, desto erfolgreicher wirst du sein. Dieser Kanal ist extrem wichtig für jedes Online-Business und besonders nachhaltig.

8. **Content Marketing**

   Content Marketing beschreibt die Generierung und Distribution von Inhalten (klassischerweise Blogartikel oder Videos), die einen Mehrwert für deine Zielgruppe bieten. Wie Suchmaschinenoptimierung ist Content Marketing ein Langzeitprojekt.

9. **E-Mail-Marketing**

   Regelmäßig wird die E-Mail als Marketingkanal totgesagt, aber sie funktioniert seit über 30 Jahren hervorragend. Die Herausforderung besteht wie beim Content Marketing darin, relevant zu sein und sich von Spam, der über 80% aller E-Mails ausmacht, durch hohe Qualität und hohe Personalisierung abzuheben. Denn deine Werbe-E-Mails sind im gleichen, intimen Umfeld wie die E-Mails von Freunden, Familienmitgliedern und Bekannten.

10. **Virales Marketing**

    Virales Marketing oder digitale Mundpropaganda beschreibt nichts anderes als persönliche Empfehlungen von Nutzern deines Produkts an ihr soziales Umfeld. Diese Empfehlungen oder Einladungen waren der Grundstein für das Wachstum der meisten sozialen Netzwerke wie Facebook und Twitter. Aber dieser Kanal ist von allen neunzehn Alternativen der am schwierigsten zu planende und umzusetzende.

11. **Engineering as Marketing**

    Wenn du Zugriff auf begabte Entwickler hast, könnte es sich für dich lohnen, wenn du deiner Zielgruppe hilfreiche (und oft kostenlose) Tools zur Verfügung stellst, die sie neugierig auf dein Kernprodukt machen. Insbesondere im B2B-Umfeld ist diese Vorgehensweise oft anzutreffen, und Unternehmen wie Moz oder HubSpot haben damit sehr erfolgreich ihr Wachstum beschleunigt.

12. **Business Development**

    Im Gegensatz zum klassischen Vertrieb richtet sich Business Development nicht an den Endkunden, sondern an andere Unternehmen, die die gleiche Zielgruppe mit einem anderen Produkt ansprechen wollen. Idealerweise profitieren beide Partner von einer solchen Zusammenarbeit.

13. **Sales/Vertrieb**

    Vertrieb inkludiert die Schaffung eines klassischen Sales Funnels, an dessen Anfang die Generierung und Qualifizierung von Leads und an dessen Ende der Kauf steht. Das Ziel ist ganz banal: mehr zahlende Kunden.

14. **Affiliate-Programme**

    Affiliation bezeichnet die Partnerschaft zwischen zwei Unternehmen, bei der ein Unternehmen anteilig für eine bestimmte Aktion (in der Regel die Generierung eines Leads oder eines Kaufs) bezahlt wird. Vorteil: Du kannst dich ganz auf dein Produkt konzentrieren, weil du die Generierung von neuen Kunden einem anderen überlässt. Nachteil: Eine solche Partnerschaft kann zu Abhängigkeiten führen. Viele E-Commerce-Shops wie Amazon, eBay und Netflix verdanken einen Großteil ihres Wachstums solcher Affiliate-Modelle. Auf der anderen Seite gibt es auch sehr erfolgreiche Unternehmen wie Holidaycheck,

Urlaubsguru oder myDealz, deren Geschäftsmodell auf der Generierung von neuen Kunden für Partner-Websites basiert.

15. **Existierende Plattformen**

Du lebst nicht in einer Blase. Deine Kunden nutzen bereits bestehende Plattformen und Netzwerke wie XING, Facebook oder GuteFrage.net. Finde heraus, welche das sind, und mache dir diesen Umstand zunutze, indem du sie genau dort erreichst.

16. **Messen**

Natürlich besonders für B2B-Unternehmen ist das ein wichtiger Kanal. Du musst kein Aussteller sein, um eine Messe für dein Wachstum zu nutzen. Nutze die Gelegenheit, eine Vielzahl von potenziellen Kunden, Partnern und Wettbewerbern in kurzer Zeit an einem einzigen Ort zu treffen. Plane Meetings und gemeinsame Essen weit im Voraus, und informiere dich über die Werbemöglichkeiten vor Ort.

17. **Offline-Events**

Sponsoring oder Organisation von Offline-Events (seien es Meet-ups oder große Konferenzen) kann ein wichtiger Hebel für dein Wachstum sein, wenn du deine Zielgruppe punktgenau triffst. Denn diese Veranstaltungen erlauben dir wie Messen den persönlichen Kontakt mit Partnern und potenziellen Kunden, insbesondere dann, wenn diese Kunden über digitale Wege nur schwer erreichbar sind.

18. **Speaking Engagements**

Nicht nur für Menschen, die sich selbst als Marke positionieren wollen, sind Rede-Engagements eine gute Möglichkeit, sich potenziellen Kunden vorzustellen. Dieser Kanal funktioniert dann, wenn sich eine Gruppe von Menschen an einem Ort zusammenfindet, die das Wachstum deines Unternehmens schnell positiv beeinflussen könnte. Unabhängig von deinem Vortrag ist oftmals das Networking im Nachgang eine extrem gute Quelle für Feedback und idealerweise für neue Kundenkontakte.

19. **Community Building**

Zu diesem Kanal gehört, dass du den Austausch und die Beziehungen zwischen deinen Kunden förderst und ihnen damit hilfst, mehr Kunden für dein eigenes Unternehmen zu gewinnen. Paradebeispiel dafür ist Wikipedia, deren Administratoren eine sehr enge Beziehung miteinander pflegen und damit helfen, die Qualität des Produkts stets hochzuhalten.

Wenn dein Team und du Ideen sammeln, verwerft eine Taktik nicht, weil sie an anderer Stelle nicht funktioniert hat. Und obwohl ihr auf die Ratschläge von Gründern hören solltet, die bereits ein paar Schritte weiter sind als ihr, ignoriert keine Kanäle, weil sie gerade »uncool« sind. Gerade diese Kanäle könnten für dich mangels Wettbewerb effizient und wirkungsvoll sein. »Probiert alles aus und schließt nicht vorzeitig mit einem Thema ab, nur weil es für andere nicht funktioniert«, sagt Fabian Spielberger, der Gründer von myDealz.

4.5   Ein positives Nutzererlebnis gestalten

Schon als Kind versuchte Don Norman herauszufinden, wie seine Spielsachen aufgebaut sind und wie diese genau funktionieren. Es war also wenig überraschend, dass er später an der Universität von Pennsylvania einen Bachelor of Science in Elektrotechnik machte. Da er außerdem immer schon sehr interessiert daran war, wie das menschliche Gehirn funktioniert, promovierte er an derselben Universität auch in Psychologie. Er war Vizepräsident der Advanced Technology Group bei Apple, hat für Hewlett-Packard gearbeitet und gründete zusammen mit Jakob Nielsen und Bruce Tognazzini die Nielsen Norman Group, die sich auf dem Fachgebiet der User Experience weltweit einen Namen gemacht hat.[7] Norman kombinierte im Verlauf seiner Karriere sein Wissen um die Elektrotechnik und Psychologie und entwickelte verschiedene Theorien dazu, wie Menschen mit Gegenständen und Produkten interagieren. Er bemerkte, dass es überall um ihn herum sehr viele Designprobleme gab. Muss man eine Tür stoßen oder ziehen, um diese zu öffnen? Muss man den Wasserhahn nach rechts oder links drehen, um warmes Wasser zu bekommen? Es beobachtete einfach alles und fragte sich eine simple Frage: Wie weiß ich, wie man diese Dinge benutzt? Er forschte weiter und versuchte den Kommunikationsprozess zwischen Objekten und Menschen besser zu verstehen. Er fand heraus, dass man viele der Produkte verbessern könnte, wenn man die Produktdesigner ein paar einfache, aber mächtige Prinzipien lehren würde:[8]

▸ Versuche immer den Kontext, in dem die Produkte genutzt werden, zu verstehen.

▸ Emotionen spielen bei der Nutzung eines Produkts eine große Rolle. Nutze diese Emotionen bei deinem Produktdesign. Frage dich, wie sich der Nutzer bei der Benutzung deines Produkts fühlt, und versuche, ein positives Erlebnis zu kreieren.

▸ Gutes Design ist so einfach und verständlich, dass der Nutzer eine Anweisung zur Nutzung des Produkts nur ein einziges Mal erhalten muss, bevor er versteht, wie es funktioniert.

---

7   Don Norman: The Design of Everyday Things. Basic Books: New York 2013.
8   *www.youtube.com/watch?v=Wl2LkzIkacM&t=1s*

In seinem Buch »The Design of Everyday Things« erklärt Norman, dass sich gutes Design an den Bedürfnissen und Handlungsweisen der Menschen orientieren sollte und dass du als Designer zuerst verstehen musst, wie sich die Menschen in bestimmten Situationen verhalten. Norman meint, dass die alltäglichen Handlungen nach einem bestimmten Prozess ablaufen. Am Anfang steht immer das Ziel, dann wird die Handlung geplant und anschließend ausgeführt. Danach nimmt man wahr, was passiert ist, interpretiert die Ergebnisse und vergleicht sie mit dem Ziel. Nur wenn das Ergebnis zum Ziel passt, war die Handlung erfolgreich.

Deine Produkte und Webseiten sollten also nicht nur möglichst verständlich, sondern auch emotional und auf den Nutzer ausgerichtet gestaltet werden. Ein Produkt kann nur dann Erfolg haben, wenn es den Kunden zufriedenstellt. Anders gesagt, das Produkt muss die Erwartungen der Kunden erfüllen oder übertreffen. Beim User Experience Design versuchen wir das Erlebnis, das ein Kunde mit einem Produkt erlebt, so zu gestalten, dass es positive Emotionen auslöst. Auch als Growth Hacker stellen wir dafür nicht mehr nur die Unternehmens- oder Kampagnenziele, sondern vor allem die Bedürfnisse der Nutzer und damit das Produkt selbst ins Zentrum. Sean Ellis meint, dass die Optimierung der User Experience einer der wichtigsten Hebel für einen Growth Hacker sein kann:

> *»I think one of the biggest levers for a growth hacker is improving the user experience … at the root of sustainable growth is delivering a valuable experience. A valuable experience is what leads to retention. Without retention, there is no growth.« – Sean Ellis*

Während meiner, Sandro Jennys, Zeit bei Scout24 hatten nutzerzentriertes Design und benutzerfreundliche User Interfaces oberste Priorität, denn unsere Produkte waren auf der Priorisierungsliste des Marketings ziemlich weit unten angesiedelt, was uns zu kreativen Maßnahmen zwang. Wir hatten also sehr wenige Ressourcen für die Vermarktung unserer Produkte. Das Online-Tool, das ich betreute, war bereits sehr gut in die Umgebung der Scout24-Plattformen integriert. Der Traffic war also nicht das Problem. Das Tool wurde einfach zu wenig genutzt. Also mussten wir neue Wege suchen, die Nutzer besser zu aktivieren und damit mehr Verträge zu verkaufen. Die Nutzerbefragungen und Analysen bestätigten unsere Befürchtung: Das Tool war für die Nutzer zu kompliziert. Viele Nutzer waren frustriert und meinten, Konkurrenzprodukte wären schneller und einfacher zu bedienen. Die Nutzung des Produkts löste also negative Emotionen aus. Wir wussten, ein Produkt kann nur dann Erfolg haben, wenn es beim Nutzer positive Emotionen auslöst. Also machten wir uns daran, das Gesamterlebnis des Kunden zu optimieren. Wir setzten in kurzer Zeit einen funktionsfähigen Prototyp um und testeten diesen an der Zielgruppe. Die ersten Tests waren wenig vielversprechend und zeigten weitere Schwächen auf. Wir optimierten den Prototyp weiter, bis die Tests zufriedenstellend waren. Tatsächlich schafften wir durch die Optimierung der User Experience, dass die Nutzung des Tools enorm anstieg. Es war einer meiner erfolgreichsten Growth Hacks.

Das Beispiel mit dem Online-Tool von Scout24 zeigt, wie wichtig ein gutes Nutzererlebnis sein kann. Es bringt nichts Tausende neuer Nutzer auf eine Webseite zu bringen, wenn dort dann das Erlebnis nicht stimmt. Ein positives Erlebnis entsteht durch die Erfüllung von Erwartungen, und diese sind wiederum abhängig davon, dass ein Produkt gewisse Eigenschaften bietet.

Es gibt drei verschiedene Eigenschaften eines Produkts:

1. Erwartete Eigenschaften: Diese werden implizit erwartet und werden häufig erst dann bemerkt, wenn sie fehlen.

2. Qualitative Eigenschaften: Diese werden vom Nutzer bewusst gekauft und machen den Unterschied zwischen einem guten und einem sehr guten Modell aus.

3. Innovative Eigenschaften: besonders innovative Charakteristika, die nicht erwartet werden und beim Nutzer einen Wow-Effekt erzeugen

Nicht nur die Funktionen, sondern auch der Kontext sind für das Design entscheidend. In einem privaten Umfeld werden Produkte häufig ganz anders verwendet als geschäftlich. Du musst alle Berührungspunkte, die der Kunde mit dem Produkt hat, in möglichst realer Umgebung genau untersuchen, um die User Experience erfolgreich zu gestalten. User Experience Design beschreibt dabei alle Aspekte der Erfahrungen eines Nutzers bei der Interaktion mit einem Produkt. Als Growth Hacker versuchst du, das Erlebnis entlang der *Pirate Metrics* zu gestalten (siehe dazu Abschnitt 4.5.8).

Viele Unternehmen möchten ihre Produkte immer noch viel zu sehr auf ihren eigenen Vorstellungen aufbauen. Das Resultat sind meistens Produkte, die am Zielpublikum vorbei entwickelt werden. Damit du ein gutes Benutzererlebnis gestalten kannst, musst du zuerst einmal, wie in Kapitel 3, »So stellst du die Weichen auf Wachstum«, beschrieben, den Nutzer, seine Bedürfnisse, Ziele und Gewohnheiten verstehen. Im Prinzip geht es darum, möglichst viel über deine definierte Zielgruppe zu erfahren. Zu Beginn solltest du also ein grundlegendes Verständnis für die Arbeitsabläufe des Nutzers aufbauen. Neben Erhebungstechniken wie Datenanalyse, Interviews und Umfragen nutzen wir beim User Experience Design vor allem auch die Nutzerbeobachtung. Durch die Beobachtung der Nutzer in ihrem realen Umfeld erhältst du zusätzlich zu den Zielgruppeninformationen auch wichtige Informationen über den Kontext der Untersuchung. Begleite den Nutzer und stelle ihm laufend Fragen zu seiner Arbeit. Vor der eigentlichen Beobachtung solltest du dir ein gutes Basiswissen über das Fachgebiet des Nutzers aneignen, so musst du während der Beobachtung keine zu oberflächlichen Fragen stellen.

4.5.1   UX Design mit Personas und der Customer Journey

Mit den neu gewonnenen Informationen aus der Webanalyse, dem Social Media Monitoring, Interviews und Kundenbefragungen kannst damit beginnen, die User Experience (UX) zu gestalten. Wie bei der Modellierung eines Businessmodells nutzt du beim UX Design ebenfalls Personas, um deine Produkte in die richtige Richtung zu entwickeln. Beim UX Design solltest du zwei Merkmale deiner Zielgruppe besonders stark hervorheben:

▶ die Probleme und Herausforderungen deiner Zielgruppe

▶ die Lösungen zu diesen Herausforderungen

Sobald du die Probleme und Lösungen erarbeitet hast, kannst du damit beginnen, alle Berührungspunkte (Touchpoints) entlang der Customer Journey[9] aufzulisten. Dabei solltest du alle On- wie Offline-Berührungspunkte, die der Kunde mit deinem Produkt hat, berücksichtigen. Überlege dir auch, wie sich deine Persona bei den jeweiligen Berührungspunkten fühlt und ob sie bei dem Kontakt mit deinem Produkt positive oder negative Gefühle erlebt.

Bei einem SmallBill[10]-Kunden könnten das folgende Berührungspunkte sein:

1. Der Verantwortliche für die Finanzen eines Start-ups sucht online nach einer einfachen Buchhaltungssoftware, weil er mir seiner aktuellen Lösung unzufrieden ist.

2. Da er noch überhaupt keine Idee hat, in welche Richtung es gehen soll, informiert er sich in Fachblogs, Internetforen und Facebook-Gruppen über die Möglichkeiten, die es auf dem Markt gibt.

3. Er vergleicht die gefundenen Lösungen und filtert zwei Favoriten heraus, darunter ist auch unser SmallBill-Tool.

4. Weil beide Lösungen preislich ähnlich aufgestellt sind und einen ähnlichen Funktionsumfang bieten, entschließt er sich, beide Tools zu testen (beide Tools bieten einen kostenlosen Freemium-Account an).

So in etwa könnte die Auflistung der Berührungspunkte aussehen. Wichtig ist, dass alle Berührungspunkte auf echten Daten basieren. Du solltest diese Informationen also aus Umfragen, Nutzerbefragungen, Nutzerbeobachtungen und Webanalysen beschaffen. Weiter fällt auch bei diesem Beispiel auf, wie wichtig die User Experience für ein Produkt sein kann. Heute werden die meisten Produkte vor dem Kauf

---

9   Die Reise deines Kunden beschreibt alle Zyklen, die dein Kunde durchläuft, bevor er sich dazu entscheidet, dein Produkt zu kaufen.

10 SmallBill ist ein SaaS-Startup, das wir betreut haben. Der Firmenname wurde aus Datenschutzgründen geändert.

von den Nutzern genau untersucht oder wie in diesem Beispiel sogar ausgiebig getestet.

4.5.2   Anforderungen definieren

Aus der Analyse der Customer Journey und der Nutzerforschung wählst du die wichtigsten Herausforderungen deiner Kunden und die passenden Lösungen dazu aus und formulierst daraus Anforderungen. Mithilfe von User Storys oder Jobstorys formulierst du aus den Problemen deiner Nutzer kurze Geschichten. Diese Geschichten bilden die Lösung zu den Problemen deiner Nutzer. Epics bilden dabei die übergeordneten Themen.

User Storys werden folgendermaßen formuliert:

Formulierung einer User Story

Als (Rolle) möchte ich (Ziel/Wunsch), um (Nutzen) zu erreichen.

Weil User Storys in der Praxis manchmal etwas umständlich sein können, setzt sich immer mehr das Modell der Jobstorys durch. Diese fokussieren zuerst auf den Kontext, dann auf die Motivation des Nutzers und zum Schluss auf das Ergebnis:

Formulierung einer Jobstory

Wenn (Kontext/Situation), will ich (Aktion/Motivation), dann (Ergebnis).

Und so wie in Abbildung 4.15 könnten Jobstorys in der Praxis aussehen.

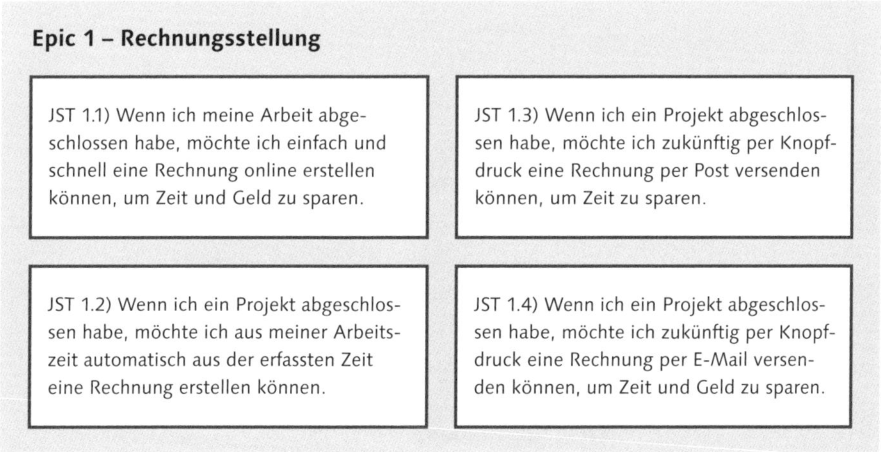

Epic 1 – Rechnungsstellung

JST 1.1) Wenn ich meine Arbeit abgeschlossen habe, möchte ich einfach und schnell eine Rechnung online erstellen können, um Zeit und Geld zu sparen.

JST 1.3) Wenn ich ein Projekt abgeschlossen habe, möchte ich zukünftig per Knopfdruck eine Rechnung per Post versenden können, um Zeit zu sparen.

JST 1.2) Wenn ich ein Projekt abgeschlossen habe, möchte ich aus meiner Arbeitszeit automatisch aus der erfassten Zeit eine Rechnung erstellen können.

JST 1.4) Wenn ich ein Projekt abgeschlossen habe, möchte ich zukünftig per Knopfdruck eine Rechnung per E-Mail versenden können, um Zeit und Geld zu sparen.

Abbildung 4.15 Jobstorys am Beispiel des SmallBill-Tools

Zur Formulierung einer User Story oder Jobstory kannst du neben den Ergebnissen aus der Nutzerforschung auch deine Persona zur Hand nehmen. Diese Vorgehensweise hilft dir dabei, emphatische und nicht zu funktionale Lösungen zu entwickeln. Die Anforderungen in Form von Storys werden später an die Designer weitergereicht, die auf dieser Basis das Design des Prototyps entwerfen.

4.5.3 Anforderungen priorisieren

Wenn du die Anforderungen formuliert hast, geht es darum, zu überprüfen, ob diese überhaupt machbar sind und welche Anforderung wie priorisiert werden soll. Es geht darum, herauszufinden, ob die Produktidee zu den Geschäftszielen passt, ob genügend Ressourcen und Know-how verfügbar sind oder ob die Erträge höher sind als die Aufwände. Diese Priorisierung geschieht bestenfalls in einem Workshop gemeinsam mit allen Projektbeteiligten. Vor allem der Kunde selbst sollte Einfluss auf diesen Prozess nehmen können. Sobald klar ist, welche Elemente am wichtigsten sind, kannst du aus diesen das Szenario gestalten.

Die einfachste Methode ist die Priorisierung über eine Matrix (siehe Abbildung 4.16).

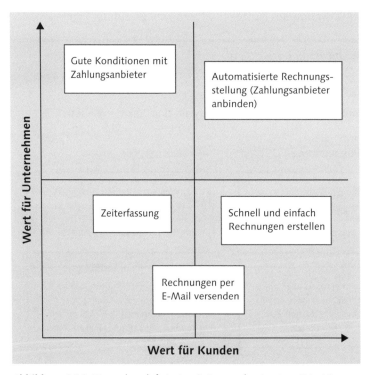

Abbildung 4.16 Die vorher definierten Epics werden in einer Priorisierungsmatrix platziert.

4.5.4   Die BRASS-Methode

Neben der einfachen Priorisierungsmatrix gibt weitere umfangreichere Priorisierungsmethoden. Bei der BRASS-Methode bewertest du deine Growth-Hacking-Ideen für die folgenden Kategorien auf einer Skala von 1 bis 5:

▸ **B – Blink (Bauchgefühl):** Dein intuitives, spontanes Bauchgefühl. Vermeide es dabei, zu viel nachzudenken.

▸ **R – Relevance (Relevanz):** Wie relevant ist diese Idee für deine Zielgruppe und dein Produkt? Wie gut triffst du deine Zielgruppe in diesem Kanal? Die Relevanz beschreibt den Fit zwischen Produkt und Kanal.

▸ **A – Availability (Aufwand):** Eine Bewertung des Aufwands, der für die Umsetzung notwendig ist. Wie einfach lässt sich die Idee testen? Wie lange wird es dauern und wie viel kosten? Hast du die nötigen Ressourcen dafür? Beispiel Content Marketing: Wenn du testen möchtest, ob du deine Zielgruppe mit Blog-Posts überzeugen kannst, du aber keinen guten Schreiber in deinem Team hast, würde das zu Abstrichen bei der Bewertung führen.

▸ **S – Scalability (Skalierbarkeit):** Wie gut lässt sich der Kanal skalieren? Angenommen, deine Hypothese ist korrekt und deine Idee bringt dir jede Menge neuer Nutzer und Leads, könntest du den Kanal ausbauen, um noch mehr zu gewinnen?

▸ **S – Score (Summe):** Die Summe aus den vier Bewertungskategorien. Die Idee mit der höchsten Summe wird umgesetzt.

4.5.5   Die ICE-Methode

Eine andere Scoring-Methode wird mit ICE abgekürzt und unter anderem von Sean Ellis verwendet. Das Prinzip ist das gleiche wie bei BRASS: Du bewertest jede Idee auf einer Skala von 1 bis 5 anhand folgender Kriterien:

▸ **I – IMPACT (Relevanz):** Wenn die Testidee funktioniert, wird sie einen wirklich ausschlaggebenden Effekt haben?

▸ **C – CONFIDENCE (Vertrauen):** Wie sehr glaubst du daran, dass deine Growth-Idee funktionieren wird?

▸ **E – EASE (Einfachheit):** Wie einfach ist es, die Idee zu testen, oder wird es Wochen dauern, bis du sie umsetzen kannst?

▸ Die Idee mit dem höchsten Wert wird zuerst durchgeführt.

4.5.6 Das PIE-Modell

Das dritte Scoring-Modell, das du zur Priorisierung deiner gesammelten Ideen einsetzen kannst, ist das PIE-Modell:

▶ **P – Potential (Potenzial):** Welches Potenzial hat dieses Projekt tatsächlich, um zur Erreichung deines Wachstumsziels beizutragen? Kann es wirklich etwas bewegen? Je wahrscheinlicher ein bestimmtes Projekt großen Einfluss haben wird, desto näher an 10 wird es eingestuft.

▶ **I – Importance (Bedeutung):** Ist dieses Projekt bahnbrechend? Kann es weitreichende Auswirkungen haben, oder wirkt es sich nur auf einen kleinen Teil deines Unternehmens aus? Ein gutes Beispiel hierfür könnte die Analyse der Seitenzugriffe bei der Entscheidung sein, welche Ressourcen optimiert werden sollten. Die Optimierung deiner Homepage wird sich immer stärker auswirken als die Optimierung einer Landingpage.

▶ **E – Ease (Einfachheit):** Dieser Aspekt ist wichtig, weil hier speziell untersucht wird, wie schwierig die Durchführung des Projekts (etwa die Änderung einer Seite oder einer Gruppe von Seiten) wäre. Bei der Bewertung werden unter anderem Faktoren wie technische Umsetzbarkeit miteinbezogen.

Jedem dieser drei Faktoren sollte eine Punktzahl zwischen 1 und 10 zugewiesen werden. Berechne dann den Durchschnitt dieser drei Zahlen, um schließlich den PIE-Score zu erhalten.

4.5.7 Die Bullseye-Methode

Die Ergebnisse des Priorisierungsprozesses kannst du in einer Übersicht eintragen, die sich Bullseye nennt und aus drei Ringen besteht (siehe Abbildung 4.17):

▶ Der äußere Ring bezeichnet, was möglich ist: In diesem Ring kannst du alle Ideen sammeln, die dein Brainstorming ergeben haben.

▶ Der mittlere Ring bezeichnet, was wahrscheinlich ist: Auf dieser Ebene trägst du alle Hypothesen ein, die getestet werden können. Bevor du zu viele Ressourcen in einen Test investiert, führe einen schnellen ersten Test durch. Im Sinne des Lean-Start-ups nennen wir diesen Test *Minimum Viable Test* (MVT). Schreibe deine Hypothese und das erwartete Resultat auf. Stelle sicher, dass du die Ergebnisse messen und analysieren kannst. Und dann führe das Experiment durch. Lass dich von den ersten Ergebnissen nicht entmutigen, aber sei ehrlich bei der Analyse der Ergebnisse. Wenn du das gesetzte Ziel nicht erreicht hast, woran hat es gelegen? Könntest du deinen Text verändern? Das Design? Die Value Proposition?

▶ Der innere Ring bezeichnet, was funktioniert: In diesen Ring trägst du nur die Kanäle und Methoden ein, die einen erfolgreichen MVT hatten und die wirklich zu deinem Unternehmenswachstum beitragen. Konzentriere dich dabei immer nur auf einen Kanal und lass dich nicht von anderen Möglichkeiten ablenken.

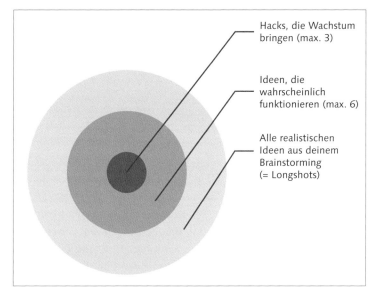

Hacks, die Wachstum bringen (max. 3)

Ideen, die wahrscheinlich funktionieren (max. 6)

Alle realistischen Ideen aus deinem Brainstorming (= Longshots)

Abbildung 4.17 Die Bullseye-Methode

4.5.8   Die Pirate Metrics

Dürfen wir dir Dave McClure vorstellen? McClure ist ein alter Hase in der Start-up-Welt, der bereits 1998 sein erstes eigenes Technologieunternehmen nach vier Jahren am Markt verkauft hat. Danach arbeitete er unter anderem bei PayPal und Simply Hired. Aber wie so viele wurde er abhängig vom Aufbau neuer Unternehmen und Projekte. In Sichtweite von Googles Hauptquartier in Mountain View gründete er 2010 den Accelerator- und Risiko-Fonds *500 Start-ups*, in dem seitdem neue Ideen realisiert und skaliert werden. Man kann also davon ausgehen, dass McClure weiß, wovon er spricht. Bereits 2007 hielt McClure einen ebenso informativen wie unterhaltsamen Vortrag über die sogenannte *Pirate Metrics*. Was das mit Piraten zu tun hat? Reiht man die Anfangsbuchstaben aneinander, ergibt sich »AARRR«, was nicht viel hergibt, außer vielleicht dem Kampfschrei eines Piraten. Wieso ich dir das erkläre? Der Growth-Hacking-Prozess basiert zu einem wesentlichen Teil auf dieser Metrik. Deine Kunden durchlaufen bestenfalls alle Phasen dieses Funnels, und als Growth Hacker möchten wir die Erfahrungen unserer Kunden in jeder dieser Phasen positiv beeinflussen.

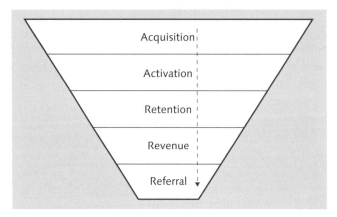

Abbildung 4.18 Die Pirate Metrics

1. **Acquisition (Akquisition):** Auf höchster Ebene besteht Nutzerakquise daraus, etwas Wünschenswertes zu schaffen, das ein Segment der Weltbevölkerung haben möchte, und es eben diesem Segment anzubieten. Doch woher kommen deine Nutzer? Es geht bei der Akquise darum, möglichst viele potenzielle Nutzer anzulocken. Dazu kannst aus dem Vollen schöpfen. Teste Hacks auf allen möglichen Kanälen: auf Facebook und Twitter, über dein Blog, E-Mail-Marketing oder bezahlte Ads. Das wichtigste Credo ist auch hier: Der Kreativität sind keine Grenzen zu setzen.

2. **Activation (Aktivierung):** Nachdem du neue Besucher auf dich aufmerksam gemacht hast, ist der nächste Schritt die Aktivierung. Die Besucher verwandeln sich in einen Lead, indem du beispielsweise die Kontaktinformationen erfasst, mindestens die E-Mail-Adresse. Eine Aktivierung geschieht genau dann, wenn die Nutzer eine Aktion ausführen, die eine Beziehung mit deinem Unternehmen startet. Darum ist es so wichtig, nutzerzentriert zu denken und möglichst nahe am Kunden zu sein. Manchmal reicht es, wenn du die User Experience optimierst, um die Conversion Rate erheblich zu steigern.

3. **Retention (Bindung):** An dieser Stelle geht es darum, den Lead an das Unternehmen zu binden. Er soll dazu gebracht werden, die Website oder die App möglichst oft und regelmäßig zu nutzen. In dem Moment wird der Lead im wahrsten Sinne des Wortes zum wiederkehrenden Nutzer, um es in der Sprache von Google Analytics zu sagen.

4. **Revenue (Umsatz):** Kannst du das Verhalten deiner Nutzer zu Geld machen? Streng genommen hast du erst dann ein Business.

5. **Referral (Empfehlung):** Gefällt dein Produkt den Kunden so gut, dass sie ihren Freunden davon erzählen? Können sie ein organisches oder gar virales Wachstum generieren?

Diese fünf Bereiche bilden die Einordnung jeglicher Kommunikationsmaßnahmen, sowohl für Start-ups als auch für etablierte Unternehmen (siehe Abbildung 4.18).

Für uns sind diese Metriken extrem hilfreich, um eine Einordnung der Growth-Hacking-Maßnahmen vornehmen zu können. Dabei wirst du nicht nur feststellen, dass sich die Anzahl der Taktiken in einer umgekehrten Pyramide darstellen lässt: Die meisten Tipps gibt es im Bereich Akquisition, die wenigsten für den Bereich Empfehlung. Dieser Umstand ergibt sich aus der Tatsache, dass Traffic, also die Generierung von Nutzern auf deiner Website, die Basis für alles andere ist. Ohne Traffic keine Aktivierung, keine Bindung, kein Umsatz. Außerdem wirst du merken, dass viele der Taktiken sich auch für einen anderen Bereich nutzen lassen. Je besser dir die Bindung an deine Kunden gelingt, desto höher die Wahrscheinlichkeit, dass sie dich ihren Freunden und Kollegen empfehlen werden.

4.5.9   Ein Szenario erstellen

Sobald klar ist, welche Anforderungen überhaupt umgesetzt werden sollen und wie die Umsetzung priorisiert werden soll, kannst du damit beginnen, das Nutzerszenario zu gestalten. Dazu musst du dir für die jeweiligen Phasen der Pirate Metrics folgende Fragen stellen:

▶ **Aquisition:** Wie kommen die Nutzer zu dir?

▶ **Activation:** Wie bringst du die Nutzer dazu, mit deinem Produkt zu interagieren?

▶ **Rentention:** Wie bringst du deine Nutzer dazu, zu dir zurückzukommen?

▶ **Revenue:** Wie bringst du deine Nutzer dazu, etwas bei dir zu kaufen?

▶ **Referral:** Wie schaffst du es, dass dich deine Kunden weiterempfehlen?

Die zuvor erarbeiteten Jobstorys und Personas und die gesammelten Nutzerinformationen helfen dir dabei, ein möglichst realistisches Szenario zu gestalten.

In diesem Beispielszenario in Abbildung 4.19 sehen wir bereits zwei Growth Hacks. Die Nutzer wurden über ein Referral-Programm eingeladen oder sahen die Tagline »Diese Rechnung wurde von SmallBill erstellt«. Damit der Hack funktioniert, ist natürlich wichtig, dass die E-Mail von hoher Qualität ist und den Empfänger davon überzeugt, dass er seine Rechnungen zukünftig auch so versenden will. Auch die nächsten Schritte Activation und Rentention zeigen, wie gut ein Szenario visualisiert werden kann und wo du die Hebel ansetzen kannst, um die User Experience optimal zu beeinflussen. Um deine Nutzer zu aktivieren, braucht es eine möglichst überzeugende Landingpage mit einem tollen Produktvideo. Und damit die Nutzer auch zu dir zurückkehren, muss die Erfahrung des Nutzers beim Erstellen des Test-Accounts und der ersten Testrechnung positiv und überzeugend sein. Sonst wird er nicht zurückkommen, wenn er das nächste Mal eine echte Rechnung erstellen möchte. Mit einem kostenpflichtigen Premium-Account monetarisieren wir das Produkt schlussendlich. Passende Ideen dazu haben wir ja bereits mit dem *Business Model Canvas* erarbeitet. Und zum Schluss nutzt auch unser Nutzer wieder das Referral-Programm, um weitere Funktionen freizuschalten.

Acquisition	Activation	Retention	Revenue	Referral
▸ Der Nutzer hat eine Facebook-Anzeige gesehen. ▸ Der Nutzer wurde von einem Freund über das Referral-Programm eingeladen. ▸ Der Nutzer hat die Tagline »Diese Rechnung wurde durch SmallBill erstellt« in einer erhaltenen E-Mail gesehen.	▸ Der Nutzer kommt auf eine Landingpage und sieht Informationen zum Produkt. Dort konsumiert er ein Einführungsvideo. ▸ Der Nutzer erstellt einen kostenlosen Test-Account und erstellt damit ein paar Online-Rechnungen.	▸ Der Nutzer hat einen Auftrag, den er verrechnen möchte. Er kehrt zurück zu SmallBill, um seine erste echte Rechnung zu erstellen. ▸ Der Nutzer hat bereits eine erste Rechnung erstellt, welche aber nicht bezahlt wurde. Also muss er eine Mahnung über das System auslösen.	▸ Der Test-Account ist auf einen Zahlungsempfänger beschränkt. Um weiteren Kunden eine Rechnung zustellen zu können, muss unser Nutzer einen Premium-Account lösen.	▸ Der Kunde kann über ein Referral-Programm (Einladen weiterer Nutzer) zusätzliche Funktionen freischalten.

Abbildung 4.19 Szenario entlang der Pirate Metrics

4.6   MVP bauen und testen

Keines der erfolgreichen Tech-Start-ups aus dem Silicon Valley ist aufgrund einer genialen Idee wie aus dem Nichts exponentiell gewachsen, auch wenn das einige Erfolgsgeschichten vermuten lassen. Vielmehr wuchsen diese Unternehmen, weil sie hartnäckig immer wieder neue Ideen am Markt testeten, bis sie die richtige Konfiguration gefunden hatten. Die besten Growth-Hacking-Ergebnisse basieren also auf vielen kleinen Erfolgen.

Nachdem du deine Anforderungen mithilfe von User Storys oder Jobstorys spezifiziert und priorisiert hast, geht es darum, daraus dein MVP umzusetzen und verschiedene Varianten zu testen. Dazu stellst du mit einem Experiment eine Frage in den Raum. Dieser Frage liegt deine bestimmte Annahme zugrunde, die mit dem MVP geprüft werden soll. Ob dein MVP nur aus einer Landingpage oder einem Blog oder bereits aus einem vollfunktionsfähigen Produkt besteht, hängt schlussendlich von deinen Ressourcen ab. Frage dich vor jedem Entwicklungszyklus, was du in welchem Zeitraum kreieren kannst, das auch tatsächlich am Zielpublikum getestet werden kann. Wenn du in vier Wochen etwas Zählbares umsetzen kannst, dann solltest du diese Zyklusdauer wählen.

4.6.1 MVP-Typen

Es gibt viele verschiedene MVP-Typen, die du testen kannst. Im Wesentlichen unterscheiden wir aber vor allem Produkt- und Marketingtests. Das hängt natürlich vor allem davon ab, ob es überhaupt bereits ein Produkt gibt, das getestet werden kann. Unterschiedlich sind ebenfalls die Ergebnisse, die erzielt werde können.

Folgende Marketing-MVP-Typen gibt es:[11]

▶ **Qualitative Marketingtests:** Zeige Bilder, Videos, Erklärvideos oder Auszüge deines Produkts in Interviews oder Gesprächen mit dem Kunden und hole so Feedback ein.

▶ **Werbekampagne:** Zeige deine Produkte in einer Werbekampagne (z. B. in einer Facebook-Ad).

▶ **Landingpage/Smoke Test:** Erstelle eine Landingpage zu einem fiktiven Produkt, und teste dieses an der Zielgruppe. Idealerweise bietest du den Besuchern die Möglichkeit an, ihre E-Mail-Adresse einzutragen, um über Produkt-Updates auf dem Laufenden zu bleiben.

▶ **Crowdfunding:** Über eine Crowdfunding-Kampagne lässt sich sehr gut testen, ob die Menschen bereit sind, für dein Produkt Geld auszugeben. Gleichzeitig sammelst du Geld für die Produktion deines Produkts ein.

Marketingtests liefern zwar bereits wichtige Informationen, über Produkttests erhältst du aber wesentlich detaillierte und tiefer gehende Information über die Nutzung.

Folgende Produkt-MVP-Typen gibt es:

▶ **Papierprototypen:** Das ist die einfachste und schnellste Form, um dein Produkt zu testen. Anstatt bereits viel Zeit zu investieren und am Computer detaillierte Entwürfe anzufertigen, zeichnest du die Funktionen deines Produkts auf Papier.

▶ **Wireframes:** Da Papierentwürfe die Funktionalität des Produkts nur sehr spärlich demonstrieren können, werden Prototypen häufig mithilfe von klickbaren Wireframes erstellt. Ein Wireframe stellt nur die nötigsten Elemente einer Website dar. Es geht darum, die Struktur und Logik der Website kurz und knapp mit einem Tool, wie z. B. Balsamiq, zu visualisieren. Dabei können schon erste Rückschlüsse auf die Struktur, Anordnung und Priorisierung der einzelnen Elemente gezogen werden.

▶ **Mockups:** Wer einen Schritt weitergehen möchte, kann bereits Screendesigns seines Produkts herstellen lassen und diese untereinander verlinken.

---

11 Dan Olsen: The Lean Product Playbook. John Wiley & Sons: Hoboken 2015.

▶ **Interaktive Prototypen:** Du kannst auch bereits funktionsfähige HTML-Proto-typen zusammenbauen. Und je nach Möglichkeiten kannst du diese um CSS oder JavaScript ergänzen. Auch Systeme wie WordPress oder Drupal eignen sich hervorragend dazu, schnell ein funktionierendes Produkt umzusetzen. Wie weit du mit deinem Prototyp gehen willst oder kannst, ist abhängig von deinen Ressourcen und der Situation, in der du dich befindest. Entscheidend ist, dass du schnell etwas umsetzen und testen kannst.

▶ **Echte Produkte:** Idealerweise kannst du natürlich ein echtes Produkt testen. Das bedingt jedoch, dass dieses in einem möglichst frühen Stadium getestet werden kann. Ein guter Weg ist auch, Teile des Produkts noch gar nicht umzu-setzen und sogenannte *Fake Doors* zu entwickeln. Damit sind Links gemeint, die zwar suggerieren, dass sich dahinter eine Funktion oder eine neue Seite befin-det, die aber letztendlich nur auf eine Landingpage oder 404-Seite zeigen. Auf dieser Auffangseite misst du alle Zugriffe. So lässt sich herausfiltern, welche Funktionen später tatsächlich von den Kunden gesucht werden.

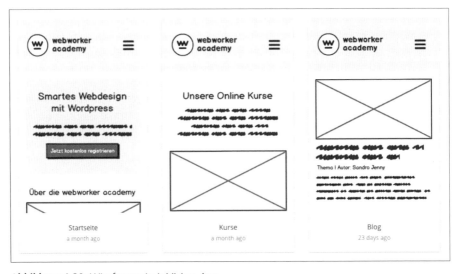

Abbildung 4.20 Wireframes in InVision-App

Wirklich interessant wird es, wenn man die Wireframes mithilfe eines Tools wie InVision klickbar macht und so die Funktionsweise des Produkts unter realen Bedingungen simulieren kann (siehe Abbildung 4.20).

4.6.2 High-Tempo-Testing

Viele Unternehmen verpassen neue virale Trends, weil sie einfach zu langsam mit der Produktentwicklung sind und lieber lange und detailliert planen, anstatt neue Möglichkeiten einfach mal zu testen. Unternehmen, die am schnellsten wachsen, lernen schneller als die Konkurrenz. Je mehr Experimente du durchführst, desto mehr wirst du also über deine Produkte und deine Maßnahmen lernen und desto mehr Erfolg wirst du mit deinen Experimenten haben. 2016 erklärte Sean Ellis an der StartCon in Sidney, dass Unternehmen wie Twitter mittlerweile mindestens zehn Tests pro Woche durchführen würden.

4.6.3 A/B-Testing

Gute Ideen kreieren ist ein guter Anfang, doch wirst du häufig an den Punkt kommen, an dem du nicht genau weißt, in welche Richtung du eine Lösung entwickeln willst. Vor allem dann, wenn du mehrere gute Lösungsansätze erarbeitet hast und dir nicht sicher bist, welche du nun einsetzen möchtest. Für dieses Problem gibt es eine Lösung: den A/B-Test (auch Split-Test genannt). Das Konzept ist einfach, du erstellst zwei Versionen einer Webseite oder Landingpage und testest beide, um zu beobachten, welche besser funktioniert. Meistens werden nicht zwei komplett unterschiedliche Varianten verglichen, sondern nur einzelne Elemente innerhalb der Umsetzung. Eine Hälfte der Besucher bekommt Variante A zu sehen, und der anderen Hälfte wird Variante B gezeigt (siehe Abbildung 4.21). Die Variante mit der besseren Conversion Rate gilt als Gewinner des Tests.

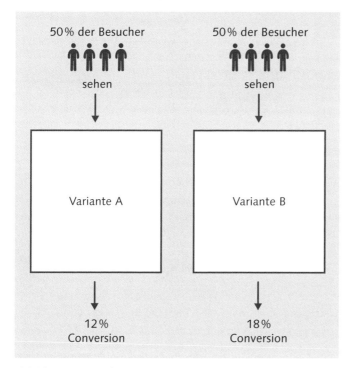

Abbildung 4.21 So funktioniert ein A/B-Test.

Es gibt diverse Elemente, die du mit solchen Tests vergleichen kannst:

▶ die Headline oder Untertitel

▶ den Copytext

▶ den Call-to-Action-Text oder -Buttons

▶ unterschiedliche Bilder oder Videos

▶ komplett unterschiedliche Designs

▶ unterschiedliches Pricing

▶ Links

▶ Betreffzeilen in E-Mails

Bevor du einen A/B-Test startest, solltest du mithilfe deiner bestehenden Website-Daten analysieren, wo es Conversion-Probleme geben könnte. Dazu kannst du z. B. den Verhaltensfluss verfolgen. An den Stellen, wo die Abbrüche bzw. Absprungraten am höchsten sind, solltest du ansetzen (siehe Abbildung 4.22).

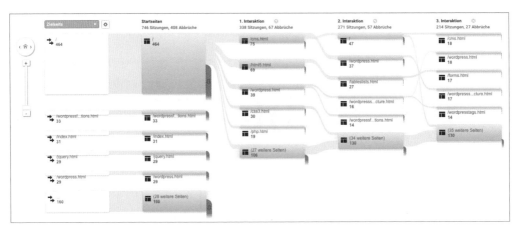

Abbildung 4.22 Analyse des Verhaltensflusses mit Google Analytics

Je mehr Daten du bereits vorliegen hast, desto besser. Nachdem du ein mögliches Problem identifiziert hast, startest du mit einem A/B-Testing-Tool die ersten Versuche. Ein empfehlenswertes Tool ist beispielsweise der Visual Website Optimizer (weitere findest du in Anhang A). Er ist sehr einfach zu bedienen: Nach der Registrierung musst du lediglich folgende Schritte befolgen:

1. Installiere den VWO-Tracking-Code.

2. Wähle eine URL, die du testen möchtest.

3. Wähle ein Element auf deiner Website aus, das du testen möchtest.

4. Erstelle eine Variation (siehe Abbildung 4.23).

5. Ändere den Inhalt oder den Code des Elements.

6. Wähle deine Tracking-Ziele (z. B. Klick auf CTA).

7. Starte den Test, und messe die Ergebnisse.

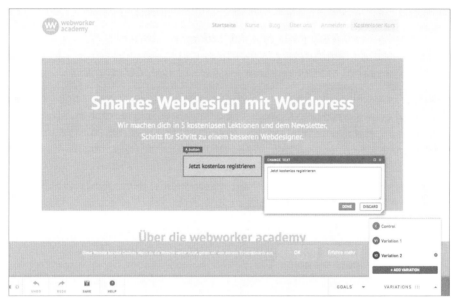

Abbildung 4.23 A/B-Testing mit dem Visual Website Optimizer (VWO)

A/B-Testing ist die beste Methode, um die Absprungrate und Conversion Rate auf deiner Website nachhaltig zu verbessern. Was natürlich am Ende auch einen positiven Effekt auf deine Produktverkäufe hat. Beim E-Mail-Marketing lassen sich über A/B-Testing die Öffnungsraten optimieren, indem man verfolgt, welche Headlines und Inhalte am besten funktionieren.

4.6.4 Usability Testing

Du solltest dich bei der Erarbeitung deiner Webkonzepte nicht nur auf dein Gefühl und deine Erfahrung verlassen. Und zwar aus einem ganz einfachen Grund: Der Köder muss dem Fisch schmecken, nicht dem Angler. Es reicht leider nicht, die Kunden zu fragen, was sie wollen, denn Nutzer tun nicht immer, was sie sagen, und sagen nicht immer, was sie tun. Außerdem kommen Nutzer auch nicht unbedingt auf neue Ideen und Lösungswege. Du kannst aber die Nutzer bei der Arbeit beobachten und ihnen zuhören. Fordere sie dazu auf, laut zu denken und jeden ihrer Schritte zu kommentieren. Aufgrund dieser Beobachtungen kannst du kreative Ideen entwickeln.

Es gibt sogar Usability-Labore, die moderne Eye-Tracking-Verfahren einsetzen, um genau nachzuvollziehen, was die Probanden anschauen. Für den Anfang reicht es aber, wenn du deine Nutzer beobachtest. Einen Tipp gebe ich dir noch: Lass deine Nutzer mündlich erklären, was sie gerade machen und warum sie das tun. So kannst du noch besser verstehen, was im Kopf deines Nutzers vorgeht.

> *»You will learn more in a day talking to customers than a week of brainstorming, a month of watching competitors or a year of market research.« – Aaron Levie, CEO von Box*

Usability-Tests helfen dir dabei, das Benutzererlebnis zu verbessern und Schwachstellen auf deiner Website aufzudecken. Es gibt verschiedene Arten von Usability-Tests. Auf der einen Seite setzt man auf Experten, die ein System nach bestimmten Gesichtspunkten analysieren und auf der Basis dieser Analyse Verbesserungsvorschläge machen. Auf der anderen Seite lässt man die Nutzer selbst das System testen und erhält so gute Hinweise auf Nutzungsprobleme. In der Praxis werden häufig Experten- und Nutzertests kombiniert.

Die einfachste Form des Usability Testings ist der Hallway-Test. Die Idee ist einfach, einen Bürokollegen quasi im Gang (Hallway) anzusprechen und ihn für einen kurzen Test an den Computer zu holen. Der Vorteil dieser Methode ist, in kurzer Zeit ein Feedback zu erhalten. Die etwas professionellere Form wäre, Leute aus der Zielgruppe auszuwählen und den Test per Screencast (Video und Audio) aufzunehmen. Du solltest mindestens drei Personen einem Test unterziehen.

Die Vorgehensweise bei so einem formalen Test ist folgendermaßen:

1. Du bestimmst ca. fünf Szenarien, die du testen möchtest.

2. Dann erstellst du ein Manuskript, auf dem du alle Instruktionen festhältst, die du während des Tests an die Teilnehmer weitergibst. So ist gewährleistet, dass alle Teilnehmer dieselben Voraussetzungen haben.

3. Setze den Teilnehmer vor einen Computer und beginne mit der Aufzeichnung.

4. Erkläre dem Teilnehmer die Vorgehensweise, mache ihm deutlich, dass nicht er, sondern das System getestet wird und dass er keine Fehler machen kann. Vergiss nicht, das Einverständnis des Teilnehmers einzuholen.

5. Nun lässt du den Teilnehmer jedes Szenario durchtesten. Wichtig ist, dass die Teilnehmer laut und deutlich alle Gedanken aussprechen, die sie während des Tests haben. Du musst jeden Schritt des Teilnehmers nachvollziehen können.

Mit dieser Vorgehensweise kannst du in Echtzeit mitverfolgen, wie deine Website benutzt wird und wo die Nutzer auf Probleme stoßen.

Eine weitere Möglichkeit, um das Verhalten der Nutzer zu testen, sind Heatmaps. Mit einem Tool, wie beispielsweise Hotjar, kannst du visualisieren, wie sich der

Nutzer auf deiner Website verhält. Die klassische Heatmap stellt einfach die Klicks deiner Nutzer dar. Es gibt aber auch die Möglichkeit, Mausbewegungen und sogenannte Scrollmaps anzulegen, die das Scrollverhalten aufzeichnen.

4.6.5   Prinzipien der Nielsen Norman Group

Als Jakob Nielsen und Don Norman 1998 die Nielsen Norman Group gründeten, gab es noch kaum Unternehmen, die sich Gedanken über das Thema User Experience machten. In der Zwischenzeit wurden die Bücher der Nielsen Norman Group in 22 Sprachen übersetzt.[12]

Wenn du die fünf UX-Prinzipien von Jakob Nielsen verstehst, bist du auf dem richtigen Weg:

1. **Erlernbarkeit:** Versteht der Nutzer das System bei der ersten Nutzung und kann er seine Aufgaben erledigen?

2. **Effizienz:** Wie schnell kann der Nutzer seine Aufgaben erledigen, sobald er das System verstanden hat?

3. **Einprägsamkeit:** Wenn der Nutzer das System ein zweites Mal verwendet, kann er die Aufgaben immer noch so gut erledigen?

4. **Fehlertoleranz:** Wie viele Fehler macht der Nutzer bei der Benutzung des Systems? Sind diese verkraftbar?

5. **Zufriedenheit:** Wie glücklich ist der Nutzer bei der Benutzung des Systems?

4.7   Ergebnisse messen

Raffael Hermann entwickelte 2012 mit der Wissenspyramide ein Modell zur Darstellung von Wissen und unterteilte dieses in vier Ebenen: Zeichen, Daten, Informationen und Wissen (siehe Abbildung 4.24). Auf der untersten Ebene befinden sich die Zeichen. Damit meinte Hermann messbare Ziffern oder Buchstaben, die sich zu Daten strukturieren lassen. Diese Daten lassen sich dann wiederum zu Informationen zusammenfassen, aufgrund derer du Probleme besser erklären und Ziele formulieren kannst. Herman hielt fest, dass echtes Wissen erst ganz am Ende dieser Pyramide entstehen könne, indem man Informationen durch Erfahrungen, Wertvorstellungen und Fachkenntnisse verknüpft.[13]

---

12 *www.nngroup.com*
13 *https://derwirtschaftsinformatiker.de/2012/09/12/it-management/wissenspyramide-wiki*

Abbildung 4.24 Die Wissenspyramide von Raffael Hermann

4.7.1   Webanalyse

Viele Unternehmen treffen heute immer noch zu viele Bauchentscheidungen, frei nach dem Motto: »Wir machen das so, weil wir das immer so gemacht haben.« Das Wissen stützt sich häufig auf Aussagen weniger Kunden, zu denen ein persönlicher Kontakt besteht. Das hat aber mehr mit Glückspiel als mit echter unternehmerischer Entscheidungsfindung zu tun. Du solltest bei der Entscheidungsfindung reflektieren und Entscheidungen immer auf der Grundlage echter Daten treffen. Mit jeder durchgeführten Iteration solltest du bestenfalls richtungsweisende Informationen gewinnen können. Kombinierst du deine gewonnenen Informationen zusätzlich mit deiner Erfahrung, entsteht eine sehr gute Entscheidungsgrundlage.

Für die Webanalyse unterscheiden wir vier verschiedene Teilbereiche:

▶ **Qualitative Analyse:** Session Monitoring oder Usability Testing

▶ **Quantitative Analyse:** Traffic-Analyse oder User-Engagement-Analyse

▶ **Komparative Analyse:** A/B-Tests

▶ **Kompetitive Analyse:** Konkurrenzvergleich

Es gibt eine Reihe von Fragen, die du beantworten solltest, bevor du mit einer Webanalyse beginnst. Zuerst solltest du dir Ziele und Prioritäten setzen, damit du genau weißt, worauf du bei der Analyse achten sollst. Stelle dir folgende Fragen:

▶ Was sind die Ziele deiner Nutzer?

▶ Welche Schritte müssen deine Nutzer unternehmen, um diese Ziele zu erreichen?

▶ Was musst du über deine Nutzer und deren Ziele wissen?

▶ Wie willst du die gesammelten Daten nutzen, um deine Produkte zu verbessern?

Nachdem du weißt, was du messen willst, kannst du folgende Schritte in die Wege leiten:

▶ **Datenquellen auswählen:** Es gibt eine Menge an Informationen, die du auf deiner Website messen kannst, doch nicht alle Informationen helfen dir wirklich weiter. Identifiziere alle relevanten Datenquellen. Dabei solltest du auch die Daten berücksichtigen, die außerhalb der Webanalyse existieren.

▶ **Daten auswerten:** Sobald du alle Datenquellen identifiziert hast, kannst du mit der Auswertung beginnen. Ein Excel-Sheet reicht, um erste Schlüsse zu ziehen. Sehr hilfreich ist die Pivot-Tabelle. Sie dient dazu, Daten unterschiedlich darzustellen und auszuwerten, ohne dabei die Ausgangsdaten verändern zu müssen.

Eine gute Analyse ist also umsetzbar, vergleichbar und beantwortet deine Fragen. Alle Informationen, die du misst, sollten dir dabei helfen, zu identifizieren, welche Änderungen die größten Auswirkungen auf deine Produkte haben. Valide Daten ebnen also den Weg für datengetriebene Entscheidungen.

4.7.2   Google Analytics

Google Analytics ist das meistverbreitete Webanalysetool der Welt. Doch die meisten Website-Betreiber nutzen das Tool nur sehr oberflächlich und profitieren nicht von den vielen Funktionen, die es bietet. Neben geografischen, demografischen und technischen Daten lässt sich das Verhalten deiner Nutzer bis ins Detail zurückverfolgen, du kannst Ziele hinterlegen und die Conversions messen und sogar den Customer Lifetime Value verfolgen.

Weitere fortgeschrittene Analysemöglichkeiten sind die folgenden:

▶ **Zielvorhaben definieren und messen:** Durch die Auswahl eines bestimmten Zielvorhabens lassen sich Ziele messen. Du kannst als Ziel den Aufruf einer bestimmten URL, das Erreichen eines Umsatzziels, eine Kontaktanfrage, die Erstellung eines Kontos oder eine gezielte Interaktion wie das Abspielen eines Videos hinterlegen.

▶ **Multi-Channel-Trichter:** Identifiziere Besucher über mehrere Sessions und Kanäle hinweg bis hin zur Conversion.

▶ **Events tracken:** Neben der Analyse von Seitenaufrufen lassen sich auch Events wie der Klick auf einen ausgehenden Link messen. Dazu musst du mithilfe von JavaScript spezielle Tracking-Snippets einbauen.

▶ **On-Site-Suche analysieren:** Vor allem für Onlineshops kann die eigene Suche wertvolle Informationen liefern. Finde heraus, welche Begriffe auf deiner Seite am meisten gesucht werden.

▶ **Kampagnen tracken:** Über Parameter kannst du spezielle Links erstellen. Diese kannst du in Google Analytics hinterlegen und so die Herkunft des Traffics einer spezifischen Kampagne zuweisen.

Diese Übersicht ist nicht abschließend, aber sie zeigt dir, dass du mit Google Analytics nicht nur einzelne Seitenaufrufe, sondern komplette Customer-Journey-Analysen machen kannst. Das liefert dir wichtige Indikatoren über das Zusammenspiel der verschiedenen Kanäle und Conversions.

Da du bei deinen Growth-Hacking-Maßnahmen häufiger Kampagnen-Tracking einsetzen wirst, werfen wir einen genaueren Blick auf diese Methode. Es gibt mittlerweile viele Tools, die dich dabei unterstützen können. Da Google Analytics in der Praxis mit Abstand am häufigsten eingesetzt wird, werden wir für unser Beispiel diese Software verwenden. Es gibt verschiedene Arten von Kampagnen, die sich messen lassen:

▶ Imagekampagnen

▶ E-Mail-Marketing-Kampagnen

▶ Social-Media-Kampagnen

▶ Mobile-Kampagnen

▶ Display- oder AdWords-Kampagnen

▶ klassische Kampagnen (Tracking über QR-Codes)

Ganz am Anfang musst du dich fragen, welche Ziele du mit deiner Kampagne verfolgen willst. Mögliche Ziele sind:

▶ die Lead-Generierung

▶ das Markenbewusstsein steigern

▶ Registrierung

▶ Kauf eines Produkts in einem Onlineshop

Du kannst ein übergeordnetes Ziel wie den Kauf eines Produkts auch in kleinere Ziele unterteilen. So wird vor der eigentlichen Kaufabsicht möglicherweise noch die Produktbroschüre heruntergeladen, oder der Kunde stellt über ein Kontaktformular Fragen zu deinem Produkt. Wichtig ist, dass du dir die richtigen Ziele setzt und diese mit den entsprechenden Zahlen unterlegst. Willst du z. B. mit einer Kampagne 1.000 neue E-Mail-Adressen generieren oder den Absatz eines Produkts um 30 % steigern?

Durch den Einsatz von Kampagnen-Tracking lassen sich die Besucherströme segmentieren. So kannst du eine exakte Erfolgsmessung durchführen und die Conversions tief gehend auswerten.

Damit du deine Kampagnen auswerten kannst und die Links in Google Analytics nicht als ORGANIC, REFERRAL oder DIREKTZUGRIFFE erfasst werden, musst du deinen Kampagnenlinks sogenannte *UTM-Parameter* hinzufügen. UTM-Parameter lassen sich unterschiedlich kennzeichnen:

▶ über den Kanal (z. B. E-Mail)

▶ über die Quelle (z. B. Google)

▶ über eine spezifische Kampagne

▶ über Keywords

▶ über den Anzeigeinhalt

Möchtest du als Besitzer eines Blumenladens also eine spezielle Muttertags-Kampagne über dein Newsletter-Tool erstellen, kannst du den Link zu deiner Kampagne um die jeweiligen UTM-Parameter ergänzen. Das wird wie folgt aussehen:

http://webseite.com/landingpage/?utm_campaign=muttertag&utm_source= e-mail-liste&utm_medium=e-mail

4.7.3   Kissmetrics

Kissmetrics ist ein Webanalysetool, das ebenfalls auf die Conversion-Analyse ausgerichtet ist. Anders als z. B. Google Analytics, das die Daten Session- oder Pagebasiert analysiert, lassen sich die Daten in Kissmetrics personenbasiert auswerten (siehe Abbildung 4.25).

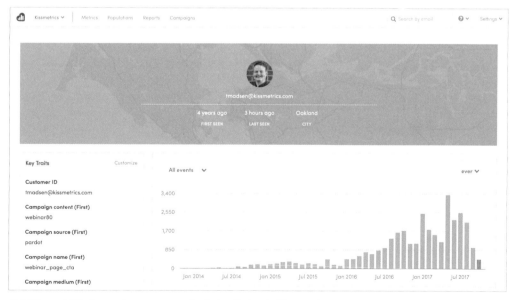

Abbildung 4.25 Auswertung personenbasierter Daten in Kissmetrics

Damit kannst du herauszufinden, woher deine wertvollsten Kunden genau kommen. Mit Kissmetrics kannst du analysieren, für welche Kanäle (SEO, SEM, Social Media, E-Mail-Marketing) du am meisten Geld ausgibst und welche Kampagnen am besten funktionieren. So liefert dir Kissmetrics zu jeder Kampagne Messwerte wie die Conversion Rate, den durchschnittlichen Umsatz pro Kunde und berechnet zeitgleich den Return on Investment (ROI). Kissmetrics trackt außerdem die Zeit, die ein Nutzer benötigt, bis er zu einem Lead wird. Dafür gehst du wie folgt vor:

1. Wähle unter dem Navigationspunkt PEOPLE die Bedingung HAVE DONE EVENT SIGNED UP AT LEAST 1 TIMES.

2. Wähle den Zeitraum mit DATE RANGE, und klicke auf SEARCH.

3. Kissmetrics wird dir eine Liste aller E-Mail-Adressen der Personen anzeigen, auf die diese Bedingung zutrifft.

Durch einen Klick auf die angezeigten Personen gelangst du auf eine Übersichtsseite dieses Nutzers (siehe Abbildung 4.26).

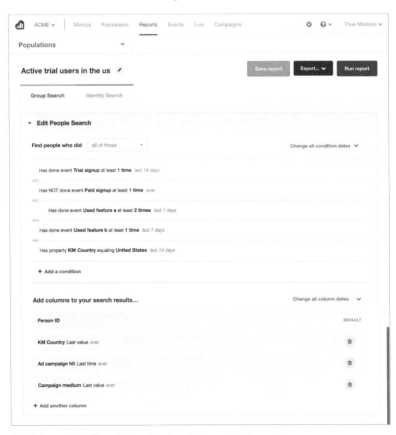

Abbildung 4.26 Übersichtsseite eines Nutzers in Kissmetrics

Auf dieser Übersichtsseite erhältst du weitere Informationen zu diesem Nutzer. Du erfährst, woher er gekommen ist, wie oft er deine Website bereits besucht hat, wie lange er bereits Kunde ist und wie viel Geld er bereits ausgegeben hat (Customer Lifetime Value) oder welche Inhalte er konsumiert hat.

Abbildung 4.27 Die Funnels-Übersicht in Kissmetrics

Sämtliche personenbasierten Analysedaten können entlang eines Funnels analysiert und ausgewertet werden. In der Analyseübersicht siehst du, wie viele Nutzer deine Seite besucht haben und von welcher Quelle sie auf deine Seite kamen (siehe Abbildung 4.27). Es wird dargestellt, wie viele dieser Nutzer die Registrierungsseite aufgerufen haben und wie viele sich schlussendlich tatsächlich registriert haben. Wenn du mit dem Mauszeiger über den Schritt SIGNED UP fährst, erhältst du die Möglichkeit, alle Personen aufzulisten, die sich registriert haben und die sich nicht registriert haben. Das eröffnet dir natürlich ganz neue Möglichkeiten. Du kannst z. B. alle, die noch keinen Account erstellt haben, gezielt ansprechen.

Kissmetrics bietet eine ganze Reihe weiterer nützlicher Funktionen, die dir z. B. dabei helfen, zu analysieren, wieso jemand nicht zu einem Kunden geworden ist:

▶ Segmentierung der Nutzerdaten nach Kanal, Kampagne, geografischen Merkmalen oder Gerätetyp

▶ Anzeige aller wiederkehrenden Nutzer pro Segment

▶ Anzeige der Abwanderungsquote (Churn Rate) pro Segment

▶ Anzeige der Einnahmen pro Segment. Du kannst also z. B. auswerten, welche Nutzer von welchem Kanal dir am meisten Einnahmen beschert haben.

▶ pro Nutzer eventbasierte Mitteilungen anzeigen

▶ Auswertung von A/B-Tests

4.7.4 Mixpanel

Mixpanel hat einen ähnlichen Funktionsumfang wie Kissmetrics und ist ein sehr stark anpassungsfähiges Analysetool. Mithilfe des FUNNELS-Tools kannst du verschiedene Schritte definieren, die getrackt werden sollen (siehe Abbildung 4.28).

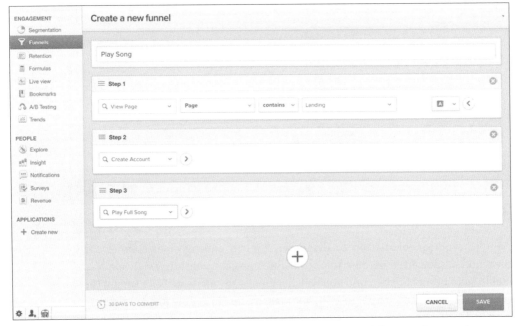

Abbildung 4.28 Mit Mixpanel kannst du verschiedene Schritte definieren, die getrackt werden sollen.

Du kannst z.B. messen, wer eine spezielle Landingpage besucht hat, dort einen Account erstellt hat und später eine bestimmte Aktion wie das Abspielen eines Videos oder Songs ausgeführt hat. Ähnlich wie in Google Analytics kannst du auch Kampagnen über UTM-Parameter tracken.

Im SEGMENTATION-Report kannst du deine Analyseberichte nach Events sortieren und nach Wunsch weitere Filterkriterien wie System, Gerät, Kanal, oder demografische Merkmale hinzufügen (siehe Abbildung 4.29).

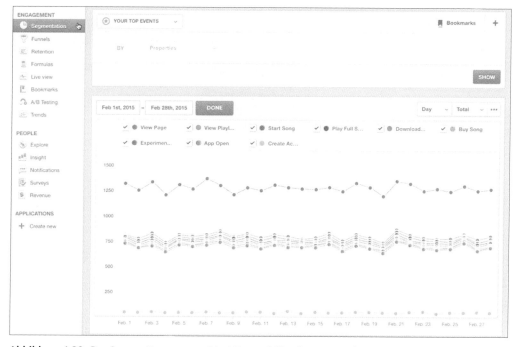

Abbildung 4.29 Der Segmentierungsreport in Mixpanel (Quelle: mixpanel.com)

Mit dem RETENTION-Report kannst du einfach analysieren, wie viele deiner Nutzer über einen bestimmten Zeitraum eine Aktion mehrmals ausgeführt haben. Im in Abbildung 4.30 aufgeführten Beispiel haben mehr als 85% der Nutzer eine Woche nach dem ersten Abspielen eines Songs noch mindestens einen weiteren Song abgespielt. So erhältst du wichtige Informationen darüber, ob die Nutzer zu dir zurückkehren.

Wie Kissmetrics bietet auch Mixpanel die Möglichkeit, eventbasierte Mitteilungen und E-Mails an deine Nutzer zu senden oder A/B-Tests zu machen.

Damit Mixpanel die verschiedenen Events tracken kann, musst du lediglich ein paar JavaScript-Trackingcodes in deine Website einbauen.

171

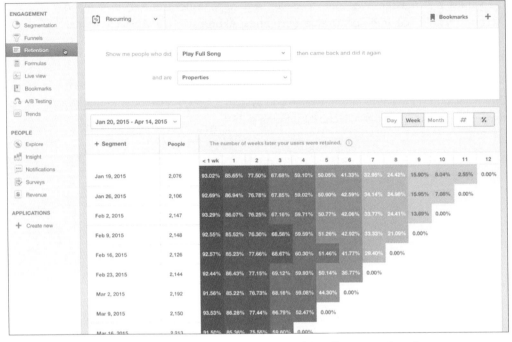

Abbildung 4.30 Der Retention-Report in Mixpanel (Quelle: mixpanel.com)

4.7.5 Logdateianalyse

Wenn bei dir im Unternehmen die Analysetools bisher nur oberflächlich eingerichtet waren und dir nicht genügend Informationen liefern, gibt es eine weitere Möglichkeit, an nützliche Daten zu kommen. Webserver protokollieren Seitenaufrufe in einer Logdatei. Sobald ein Besucher auf deiner Website eine Seite aufruft, werden folgende Daten gespeichert:

▶ die IP-Adresse des Besuchers

▶ Datum, Uhrzeit und Zeitzone des Aufrufes

▶ der Aufrufbefehl (z.B. GET)

▶ der Statuscode der HTML-Seite (Dieser beschreibt, ob die Seite korrekt ausgeliefert wurde.)

▶ die Ausgangsseite (Referr), von der die Seite aufgerufen wurde

▶ der User-Agent (Browser) und das Betriebssystem, mit dem die Seite aufgerufen wurde

Du siehst, auch ohne den Einsatz eines Analysetools wie Google Analytics kannst du ganz schön viele Informationen von deinem Webserver beziehen. Kommt ein

Nutzer z. B. über Google auf deine Website, lassen sich sogar die Suchbegriffe aus dem Aufruf herausfiltern. Die Logdatei kann dir dein Hosting-Anbieter oder der zuständige Systemadministrator besorgen.

4.7.6   Social Media Monitoring

Wenn du mit deinem Unternehmen auf Social Media aktiv bist, solltest du Analysetools einsetzen, die dir dabei helfen, deine Social-Media-Strategie zu überprüfen. Es geht nicht nur darum, herauszufinden, wie groß deine Reichweite oder die Interaktionsrate sind, sondern du solltest auch überprüfen, ob deine Social-Media-Strategie mit deinen Unternehmenszielen konform geht. Willst du über Social Media dein Image aufbauen oder verbessern? Möchtest du die Markenbekanntheit erhöhen oder neue Kunden gewinnen?

Du kannst dazu Folgendes untersuchen:

▶ Wie setzt sich mein Publikum zusammen?

▶ Wann ist meine Zielgruppe aktiv? Wann lohnt es sich, etwas zu posten?

▶ Wer spricht wie über mein Unternehmen?

▶ Wie ist die Social-Media-Strategie meiner Konkurrenz?

▶ Was sind die aktuellen Trends und Top-Themen?

Durch den Einsatz von Social-Media-Tools wie Hootsuite oder Buffer kannst du außerdem deine Social-Media-Prozesse automatisieren und monitoren oder umfangreichere Wettbewerbsanalysen erstellen. Facebook liefert mit dem hauseigenen Tool Facebook Insights bereits eine sehr umfangreiche Analyseplattform, mit der du detaillierte Metriken zu deinen Posts und deinem Engagement erhältst. Auch Twitter, Pinterest und YouTube liefern eigene Analysetools, die du unbedingt nutzen solltest.

Weitere Analysetools, die dir wertvolle Informationen liefern können, findest du in Anhang A.

4.7.7   Das Facebook-Pixel

Mit dem Facebook-Pixel kannst du deine Werbekampagnen auf Facebook und Instagram messen und optimieren (siehe Abbildung 4.31). Du kannst z. B. die Verkäufe deiner Produkte oder die Newsletter-Anmeldungen tracken. Die Einrichtung ist selbsterklärend:

1. Klicke im Werbemanager oben im Menü auf FUNKTIONEN.

2. Klicke auf PIXEL.

3. Klicke auf PIXEL ERSTELLEN, und gib deinem Pixel einen Namen.

4. Füge nun den Pixelcode allen Seiten deiner Website hinzu.

5. Füge den Eventcode den Seiten hinzu, die du tracken möchtest.

6. Bestätige, dass das Pixel korrekt implementiert wurde.

Abbildung 4.31 Die Übersicht des Facebook-Pixels

In einem zweiten Schritt kannst du auf Facebook anhand der getrackten Besucher eine benutzerdefinierte Zielgruppe (CUSTOM AUDIENCE) erstellen und damit die Besucher deiner Website auf Facebook erneut ansprechen. Über eine LOOKALIKE AUDIENCE kannst du dann sogar Facebook-Nutzer ansprechen, die durch ihre Interessen deinen Website-Besuchern ähneln. Mit dieser Re-Targeting-Methode kannst du Menschen ansprechen, die bereits Interesse an deinen Produkten gezeigt haben.

4.8   Lernen und optimieren

Du hast jetzt viel von agilen Prozessen, der Arbeit in Teams und Kreativitätstechniken gehört. Doch wie kannst du eigentlich selbst Hacks umsetzen? Wir haben eine Methode entwickelt, die dir dabei helfen soll, Hacks einfach umzusetzen und schnell Lernfortschritte zu erzielen. Das Growth-Hacking-Board besteht aus einem Raster und zwei verschiedenen Dimensionen (siehe Abbildung 4.32):

▶ **Erste Dimension (vertikal):** der Growth Hacking Funnel

▶ **Zweite Dimension (horizontal):** der Growth-Hacking-Prozess

Funnel	Ideen	Experimente	Konversionen (Learnings)
Nutzer akquirieren		A	A
		B	B
Nutzer aktivieren		A	A
		B	B
Kunden binden		A	A
		B	B

Abbildung 4.32 Das Growth-Hacking-Board

In einem ersten Arbeitsschritt entwickelst du mithilfe einer Kreativitätstechnik kreative Lösungswege für die verschiedenen Phasen des Funnels. Wir haben für unser Beispiel einen ganz einfachen Funnel verwendet. Je nachdem, wie detailliert du arbeiten möchtest, kommt ein anderer Funnel infrage. Bei Bedarf kannst du das Raster z.B. um alle Phasen der Pirate Metrics erweitern. Um schnell an einem Whiteboard neue Hacks zu entwickeln, ist die einfache Variante, die wir bei unserem Beispiel gewählt haben, die richtige Wahl. Für die detaillierte Erarbeitung verschiedener Hacks wären die Pirate Metrics besser geeignet. Dazu kannst du das Raster auch auf ein A3-Blatt zeichnen.

Nehmen wir an, du möchtest als Taschenhersteller deinen Onlineshop neu entwickeln, weil die Käufe in den letzten Monaten stark zurückgegangen sind. Weil du bereits Kundenbefragungen durchgeführt hast, dein Produkt und deine Konkurrenz gut kennst, weißt du, dass deine Kunden sich vermehrt individuellere Produkte wünschen. Du organisierst ein Growth-Meeting mit Mitarbeitern aus deinem ganzen Unternehmen. Für das Meeting zeichnest du das Growth-Hacking-Board an das Whiteboard.

Selbstverständlich kannst du auch zusätzliche Kreativitätstechniken einsetzen. Lass deine Mitarbeiter z.B. mit Mindmaps nach neuen Lösungswegen suchen. Die erarbeiteten Wachstumsideen schreibst du dann pro Funnel-Zeile in die Zellen in der Spalte »Ideas«. Nehmen wir an, während des Meetings hatte ein Mitarbeiter die Idee, ein neues Tool zu entwickeln, mit dem die Nutzer ihre eigenen Taschen gestalten können. Und ein anderer Mitarbeiter hat den Einfall, die Nutzer über die bestehende E-Mail-Liste auf die neue Funktion aufmerksam zu machen. Um die Kunden zu binden, möchtest du außerdem eine Online-Abstimmung veranstalten, bei der die Nutzer über die schönsten Entwürfe abstimmen können. All diese Ideen werden auf dem Growth-Hacking-Board notiert (siehe Abbildung 4.33).

Funnel	Ideen	Experimente	Konversionen (Learnings)
Nutzer akquirieren	E-Mail/Newsletter	A	A
	Gratis-Tasche über Referral-Funktion	B	B
Nutzer aktivieren	Taschen-Konfigurator Neues Tool entwickeln	A	A
		B	B
Kunden binden	Taschen-Wettbewerb	A	A
		B	B

Abbildung 4.33 Im Team wird mit dem Growth-Hacking-Board an neuen Ideen gearbeitet.

In einem zweiten Schritt bestimmst du nun, welche Experimente du durchführen möchtest. Du kannst beispielsweise unterschiedliche E-Mail-Betreffzeilen testen. Oder du versuchst, den Konfigurator einmal schnell und oberflächlich mit drei Prozessschritten und einmal umfangreich und etwas länger in fünf Prozessschritten umzusetzen. Solche Tests können dir in einer sehr frühen Produktentwicklungsphase wichtige Erkenntnisse liefern und das Benutzererlebnis für dich und deine Kunden nachhaltig verbessern. Die verschiedenen Varianten notierst du dann in der Spalte »Experiment« in die jeweiligen Zellen A und B (siehe Abbildung 4.34).

Sobald du weißt, was du testen möchtest, kannst du damit beginnen, alle Maßnahmen zu planen und die Funktionen zu entwickeln. Achte auch bei diesem Schritt darauf, nur das Wichtigste umzusetzen. Erste Priorität bei so einem typischen Growth-Hacking-Experiment ist das Feedback der Community. Auf Basis dieses Feedbacks kannst du später deine Produkte immer noch optimieren. Wenn die Umsetzung abgeschlossen ist und die Analysetools implementiert sind, kannst mit den Tests beginnen.

Funnel	Ideen	Experimente		Konversionen (Learnings)	
Nutzer akquirieren	E-Mail/Newsletter Gratis-Tasche über Referral-Funktion	A	Betreff A	A	
		B	Betreff B	B	
Nutzer aktivieren	Taschen-Konfigurator Neues Tool entwickeln	A	Prozess A (3 steps)	A	
		B	Prozess B (5 steps)	B	
Kunden binden	Taschen-Wettbewerb	A	Wettbewerb über Facebook	A	
		B	Wettbewerb auf Website	B	

Abbildung 4.34 Die verschiedenen Varianten werden auf das Growth-Hacking-Board übertragen.

Sei nicht enttäuscht, wenn die Nutzung deines Produkts nicht nach dem ersten Test durch die Decke geht. An erster Stelle stehen jetzt die Analyseergebnisse und die Learnings, die du daraus ziehen kannst. Möglicherweise kommen nicht genügend Nutzer auf die Website, um das neue Tool zu nutzen. Dann musst du den Kanal und die Werbebotschaft hinterfragen. Vielleicht kommen viele Nutzer auf die Seite, brechen aber den Prozess bei beiden Varianten nach dem ersten Schritt ab. Dann musst du das Produktdesign und die User Experience hinterfragen. In einem erneuten Growth-Meeting zeigst du allen beteiligen Mitarbeitern die Experimente und die Testergebnisse. Dazu werden alle Learnings in der Spalte »Conversions/Learnings« notiert (siehe Abbildung 4.35).

Möglicherweise kannst du im ersten Growth-Meeting erste Erfolge vermelden. Falls nicht, musst du das nicht unbedingt als Rückschlag sehen. Manche der erfolgreichen Silicon-Valley-Unternehmen veranstalten zwanzig oder mehr solcher Tests, bevor eine Idee wirklich einschlägt. Manche Tests werden dir aber einfach zeigen, dass deine Idee nicht funktioniert. Auch in diesem Fall hast du mit dieser Methode wenigstens teure Entwicklungskosten für die Umsetzung des fertigen Taschen-Konfigurators gespart.

Funnel	Ideen	Experimente	Konversionen (Learnings)
Nutzer akquirieren	E-Mail/Newsletter Gratis-Tasche über Referall-Funktion	A Betreff A	A 23% Öffnungsrate Gewinner
		B Betreff B	B 5% Öffnungsrate
Nutzer aktivieren	Taschen-Konfigurator Neues Tool entwickeln	A Prozess A (3 Steps)	A 23% Öffnungsrate Gewinner
		B Prozess B (5 Steps)	B 75 bestellte Taschen Gewinner
Kunden binden	Taschen-Wettbewerb	A Wettbewerb auf Website	A 300 Teilnehmer 255 neue Fans
		B Wettbewerb über Facebook	B 34 Teilnehmer

Abbildung 4.35 Growth-Hacking-Board mit Learnings

Dieses Board funktioniert natürlich nur bei ganz einfachen Hacks. Wenn du komplexere Strukturen testen und optimieren möchtest, lohnt es sich, alle Funktionen und Hacks in eine Tabelle zu übertragen (siehe Tabelle 4.1) und die Veränderungen über alle Iterationen hinweg zu testen und nach jedem Durchgang zu optimieren. Möglicherweise findest du so heraus, dass eine bestimmte Funktion vermisst wird, der Registrierungs-Button nicht erkannt wird, die Nutzer etwas nicht verstehen oder ein bestimmter Hack nicht den gewünschten Effekt erzielt.

Funktionen/Hacks	Iteration 1	Iteration 2	Iteration 3	Iteration 4
Anzahl der Nutzer, die Funktion 1 vermissen	40%	0%	0%	0%
Nutzer, die die Funktion 2 nicht verstehen	60%	32%	15%	12%
Nutzer, die den Registrierungs-Link nicht erkannt haben	35%	25%	8%	7,5%
Conversion Rate, Lead-Magnet	1,5%	2,2%	6%	6,5%
Nutzerwachstum durch Hack 1	–	–	125%	260%
Nutzerwachstum durch Hack 2	–	–	175%	360%

Tabelle 4.1 Growth-Hacking-Tabelle mit Ergebnissen aus den Iterationen

Die erste Auswertung zeigt, dass wir in der ersten Iteration schwerwiegende Probleme mit der User Experience haben und unbedingt die Nutzung optimieren sollten, bevor wir mit weiteren Maßnahmen beginnen. Nach der zweiten Iteration konnten wir die meisten Usability-Probleme eliminieren. Nach Durchgang 3 und 4 konnten wir dann die eigentlichen Hacks implementieren und für mehr Wachstum sorgen.

Vor einiger Zeit habe ich, Sandro Jenny, ein Gespräch mit einem E-Commerce-Händler geführt. Er hat mich um Rat gebeten, weil seine Verkäufe immer wieder zurückgingen, insbesondere im Sommer. Er hatte die Idee, neue, speziell auf den Sommer zugeschnittene Produkte zu entwickeln. Ich riet ihm, abzuwarten und zuerst das Problem genauer zu analysieren. Wir hatten zwar einen Zusammenhang gefunden: Alle Produkte stagnierten im Sommer. Da im Produktsortiment Winter- und Sommerkleider gleichermaßen vertreten waren, nützte uns diese Erkenntnis allein also nichts. Daraus hätten wir keine Maßnahmen ableiten können, die tatsächlich etwas verändert hätten.

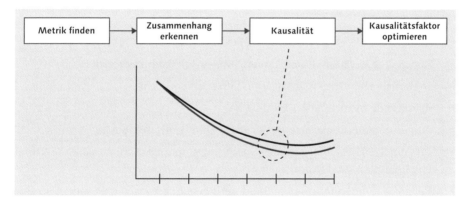

Abbildung 4.36 Die Kausalität beschreibt die Beziehung zwischen Ursache und Wirkung.[14]

In so einem Fall gibt es mehrere Wege, um eine Kausalität herzustellen (siehe Abbildung 4.36). Entweder du führst eine Nutzerbefragung durch, oder du analysierst die bestehenden Daten. Uns brachte eine Google-Analytics-Statistik schlussendlich auf die richtige Fährte. Im Gegensatz zum Winter waren im Sommer die Abbruchrate und die mobile Nutzung höher. Also stellten wir die Hypothese auf, dass die Kunden im Sommer und in der Ferienzeit wohl vermehrt mobile Geräte nutzten und die Verkäufe darum und wegen der schlechten mobilen Website zurückgingen. Wir gingen dem Problem nach, und wie erwartet funktionierte der

---

14 Benjamin Yoskovitz: Lean Analytics. O'Reilly: Boston et al. 2013.

Bestellprozess auf mobilen Geräten nicht zufriedenstellend. Der Kunde ließ die die mobile Website optimieren, und tatsächlich verbesserte sich die Situation.

Das ist zwar kein Hack, aber dieses Beispiel zeigt, wie wichtig es ist, das Problem zu verstehen, um dem Produkt überhaupt eine Wachstumschance zu geben. Hätte der Online-Händler einfach neue sommerliche Produkte entworfen, hätte es wohl nichts an seiner Situation geändert. Nebst einem grundlegenden Verständnis für das Problem solltest du versuchen, die richtige Metrik zu finden, d.h., einen Zusammenhang zwischen Ursache und Wirkung herzustellen, nur dann kannst du in einem zweiten Schritt die richtigen Hebel in Bewegung setzen, um das Wachstum zu steigern.

Um das Problem vollumfassend verstehen zu können, musst du also nicht nur die Zusammenhänge, sondern auch die Kausalität erkennen. Das hilft dir dabei, eine gute Hypothese zu formulieren. Eine Hypothese ist eine Annahme, deren Gültigkeit zwar für möglich gehalten wird, die bisher aber nicht bewiesen ist. Die Hypothese ist die Vorstufe der Theorie, zu der sie werden kann, insofern es niemandem gelingt, diese zu widerlegen.

Mögliche Annahmen sind beispielsweise:

▸ Snapchat ist der beste Kanal, um ein junges Publikum zu erreichen.

▸ Emotionale Headlines funktionieren besser als sachliche.

▸ Mein Kunde bevorzugt das Produkt XY.

▸ Mit günstigen E-Books erzeuge ich mehr Umsatz als mit teuren.

▸ Über ein Social Login erreiche ich mehr Registrierungen als mit einer Registrierung über die E-Mail-Adresse.

▸ Wenn die Kunden in unserem Shop per Rechnung bezahlen können, verkaufe ich mehr Produkte.

Bevor du selbst all deine Hypothesen testest, solltest du überprüfen, ob es nicht bereits bestehende Informationen oder Theorien gibt, die deine Annahme bestätigen oder widerlegen. Damit kannst du viel Zeit sparen.

Unterstützt wird die Prüfung einer Hypothese also häufig durch eigene empirische Untersuchungen. Das können Usability-Berichte, Wettbewerbsanalysen, Studien, Beobachtungen oder andere Datensammlungen sein. Ein Growth Hacker sollte also möglichst viele Daten sammeln, um eine Theorie später auch belegen zu können.

5 Acquisition – so bekommst du mehr Nutzer

Ab hier beginnt das Playbook, und wir zeigen dir viele praktische Tipps, die du umsetzen und testen kannst. Aufgrund der Vielzahl an verfügbaren Kanälen behandeln die meisten Hacks das Thema Nutzer-Akquise, also die Erhöhung des Traffics auf deiner Website. Damit beschäftigen wir uns in diesem Kapitel.

Denke immer daran: In den seltensten Fällen gibt es den einen, ultimativen Growth Hack. Es bedarf mehr als aus einer Liste zwei, drei Hacks zu wählen und für das eigene Business zu adaptieren. Growth Hacking ist ein Prozess des fortlaufenden Experimentierens. Diese Beispiele sollen dich inspirieren, deinen eigenen Weg zu finden.

Wir starten mit Acquisition-Maßnahmen. Das Ziel dieser Hacks ist es, deiner Website oder App mehr Traffic zuzuführen, was die Voraussetzung für jeglichen Erfolg darstellt. Nun willst du nicht irgendwelchen »dummen« Traffic, sondern idealerweise genau und ausschließlich deine Kunden gewinnen. Um das eine vom anderen unterscheiden zu können, bedarf es einer korrekt implementierten und analysierbaren Analytics-Infrastruktur. Außerdem setzen wir voraus, dass dir deine Zielgruppe bekannt ist und dass du mindestens eine Persona deines »Lieblingskunden« gebildet hast. Wie das funktioniert, wird in Kapitel 2, »So funktioniert Growth Hacking«, erläutert.

Die wichtigste Metrik für diese erste Stufe des Growth Hacking Funnels sind die sogenannten *Customer Acquisition Costs* (Akquirierungskosten):

KPI: Customer Acquisition Costs

Die Akquirierungskosten beschreiben den Preis, den du bezahlen musst, um einen neuen Kunden zu gewinnen. Verwechsle diese Metrik nicht mit dem Cost per Action, der nur eine einzelne Aktion beschreibt (beispielsweise das Ausfüllen eines Formulars). Zu Berechnung teilst du die Kosten durch die Anzahl der neuen Kunden in einem bestimmten Zeitraum.

Die Akquirierungsmaßnahmen unterteilen wir in zwei Kategorien, die jedem Digital Marketer bekannt sein sollten: Push- und Pull-Maßnahmen.

Unter Pull verstehen wir alle Taktiken, die den Menschen einen Anreiz geben, zu dir zu kommen. Sie werden nicht dazu gedrängt, sondern quasi eingeladen, »herangezogen«. Du bzw. dein Produkt bietet einen Mehrwert – und im Gegenzug wird der Nutzer zu deinem Kunden. Ganz simpler Vergleich: Stell dir eine Blüte vor, die möglichst viele Bienen durch ihren verführerischen Geruch und leckeren Nektar anlockt. Der einzige Grund für das Aussehen, den Geruch und den Nektar ist die Absicht, Pollen zu verteilen. Genau so funktioniert Pull-Marketing. SEO und Content Marketing sind zwei der wichtigsten Bausteine für Pull-Marketing.

Im Gegensatz dazu ist Push-Marketing aggressiver und mit klassischer Werbung gleichzusetzen. Die Menschen werden durch Werbung in ihrem Verhalten gestört und unterbrochen, sie wird ihnen »aufgedrückt«. Deswegen werden Fernsehspots als nervig empfunden: Sie unterbrechen das eigentliche Benutzerverhalten (Unterhaltung durch das aktuelle Programm) durch eine vollkommen unterschiedlich ausgerichtete Kommunikation (Verkauf von Produkten). Du »drückst« dein Produkt sozusagen in die Welt hinaus.

5.1   Suchmaschinenoptimierung (SEO)

Suchmaschinenoptimierung ist ein »Urgestein« des digitalen Marketings, denn Suchmaschinen (und damit meinen wir Google[1]) sind für einen Großteil der Bevölkerung *der* Einstiegspunkt ins Internet. Wer Besucher auf seiner Seite haben möchte, der kommt um das Thema SEO nicht herum.

Suchmaschinenoptimierung beschreibt jede Maßnahme, deren Ziel es ist, dass deine Website und ihre Inhalte in den entsprechenden Suchergebnissen möglichst weit oben stehen. Wir reden dabei von der sogenannten organischen Suche, also nicht von werblichen Anzeigen (die du mit Geld kaufen kannst und die entsprechend gekennzeichnet sind). Wie genau man eine Website und ihren Inhalt aufbaut und erstellt, um möglichst weit oben in der Suchliste zu stehen, damit beschäftigen sich weltweit Zehntausende Menschen. Sie alle versuchen, Googles Anforderungen möglichst genau zu verstehen und daraufhin Optimierungsmaßnahmen durchzuführen.

Aber Achtung: Im Gegensatz zu vielen anderen Maßnahmen, über die du in diesem Buch lesen wirst, ist SEO ein langfristiges Projekt. »SEO und kurzfristig passt nicht zusammen«, sagt Mario Jung, SEO-Experte und Geschäftsführer der Online-Marketing-Agentur ReachX. Aber langfristig ist SEO der günstigste Kanal von allen, und du bekommst Traffic und Conversions zu einem Preis, den du über Google

---

1   In Deutschland liegt der Marktanteil von Google bei 87 %, weit vor Bing und Yahoo. Trotz einiger nationaler Konkurrenten wie Yandex in Russland und Baidu in China ist Google weltweit mit ca. 88 % Marktanteil absolut dominant.

AdWords oder Facebook-Ads niemals erreichen kannst. In einer Nische ist das natürlich deutlich einfacher als in einem umkämpften Markt, wie beispielsweise Versicherungen. Wir haben Mario Jung gefragt, wie auch kleine und mittlere Unternehmen erfolgreich Traffic von Google bekommen können. Einige dieser Maßnahmen stellen wir im Folgenden vor.[2]

5.1.1   Der »Warum in die Ferne schweifen«-Hack

Grundsätzlich sollte man immer schauen, was das Unternehmen bereits macht. Oft betreiben Unternehmen gute Pressearbeit und wissen gar nicht, dass man die Inhalte, die dort produziert werden, auch relativ einfach für die Suchmaschinenoptimierung nutzen könnte. Damit spart man sehr viel Geld, weil man das Geld bereits ausgegeben hat, und man müsste nur an kleinen Stellschrauben drehen, um das auch für die Sichtbarkeit im Internet nutzen zu können. Andere Firmen haben vielleicht einen eigenen Programmierer. Es ist relativ einfach, das technische SEO gut aufzusetzen und damit schon an einer großen Stellschraube zu drehen.

5.1.2   Die »Mehr Links für meine Website«-Hacks

Wenn du dich mit dem Thema Suchmaschinenoptimierung beschäftigst hast, dann weißt du, dass viele und »gute« Links auf deine Website dazu führen, dass du in den organischen (im Gegensatz zu den werblichen) Ergebnissen bei Google & Co. über deiner Konkurrenz stehst.

> *»Es bringt nichts, guten Content zu haben, wenn Google ihn nicht indexieren kann. Aber es bringt auch nichts, guten Content zu haben, wenn ich kein Linkbuilding betreibe. Man wird sich aufgrund der Fülle des Contents, der mittlerweile im Netz existiert, relativ schwer nur durchsetzen und Google bevorzugt ein Zusammenspiel dieser Rankingfaktoren.«*
> *– Mario Jung, GF ReachX*

Historisch hat das einen ganz logischen Grund: Larry Page und Sergey Brin, die Gründer von Google, mussten ein Verfahren entwickeln, um die Wertigkeit von Webseiten zu bewerten, um ihren Nutzern die besten Ergebnisse anzuzeigen. Sie ließen sich von akademischen Referenzen inspirieren: Je häufiger ein Fachbuch von anderen zitiert wird, desto wichtiger muss es für das jeweilige Thema sein. Genauso gingen sie vor und entwickelten den sogenannten *Page Rank*: Je öfter eine Seite von anderen relevanten Seiten verlinkt ist, desto wichtiger muss sie für das jeweilige

---

2   Wer sich intensiv mit dem Thema Suchmaschinenoptimierung beschäftigen möchte, dem sei folgendes Buch nahegelegt: Sebastian Erlhofer: Suchmaschinen-Optimierung. Rheinwerk Verlag: Bonn 2016.

Thema sein. Die Bewertung hängt (vereinfacht ausgedrückt und neben vielen anderen Faktoren) von der Anzahl der Links und von der Relevanz ihrer Quelle ab. Schöner Nebeneffekt: Du bekommst nicht nur mehr Traffic von Suchmaschinen, sondern auch von diesen Quellen selbst. Mit den folgenden Tipps bekommst du mehr Links auf deine Website.

Links von Web-2.0-Profilen

Etwas altbacken, aber eine gute Ausgangsbasis: Erstelle Profile auf den relevanten Social Communitys und verlinke auf deine Website. Neben den bekannten Facebook und Twitter gehören dazu auch YouTube, WordPress, blogger.com, Tumblr, about.me, Gravatar, DailyMotion, BuzzFeed, yahoo.answers.com, GuteFrage.net, XING, LinkedIn und viele mehr. Vergiss nicht lokale Verzeichnismedien!

Links von Freunden, Kunden und Partnern

Eigentlich naheliegend, aber trotzdem selten genutzt: Schau dich in deinem persönlichen und beruflichen Bekanntenkreis um (z.B. über XING und LinkedIn). Mache eine Liste mit allen Bekannten, die Einfluss auf den Inhalt einer vertrauenswürdigen Website haben. Berücksichtige auch passende Verbände und Vereine. Beschreibe ihnen dein Projekt und gib ihnen zu verstehen, dass sie dich mit einem Link (idealerweise an prominenter Stelle und auf dein wichtigstes Keyword) sehr unterstützen könnten.

Links von bestehenden Artikeln

Installiere die *MozBar* für Google Chrome. Suche auf Google nach deinem Keyword. Mache aufgrund der Moz-Daten eine Liste mit den besten Artikeln, die dein Keyword benutzen, es aber nicht verlinkt haben. Sofern der Autor des Artikels nicht angegeben ist, kannst du das Tool Lead Generation von *builtwith.com* nutzen, um die Seitenbetreiber zu identifizieren und sie kontaktieren zu können. Bitte sie um einen Link auf deine Website.

Links von Blogkommentaren

Finde mit Google, BuzzSumo oder der MozBar passende Blogbeiträge über dein Thema. Sofern möglich, schreibe einen Kommentar unter den fraglichen Blog-Post und inkludiere deine URL. Denke aber daran, mit deinem Kommentar einen echten Mehrwert zu bieten. Lobe den Autor und teile ihm mit, was dir am besten gefallen hat. Verweise auf bisher ungenannte Aspekte, die im Artikel noch fehlen, oder stelle eine Frage. Idealerweise verlinkst du auf einen eigenen Blog-Post. Positiver Nebeneffekt: Wenn du das regelmäßig bei den fünf wichtigsten Blogs in deinem Gebiet machst, werden die Leser auf deinen Namen aufmerksam werden und sich dafür interessieren, wer du bist. Außerdem wirst du davon nicht dümmer.

Links mit Content Marketing

Finde mit Tools wie *openlinkprofiler.org* oder *ahrefs.com* die Seiten, die auf einen Blog-Post deines Wettbewerbs verlinken. Schreibe dann einen besseren und aktuelleren Post und informiere die Seitenbetreiber, dass sie doch lieber auf deinen neuen Artikel verlinken sollten, um ihren Lesern einen Mehrwert zu bieten. Schau dir dazu auch Abschnitt 5.2.4, »Der Skyscraper-Hack«, an!

Link von Wikipedia

Versuche nicht, einen Artikel über dich, dein Unternehmen oder dein Produkt auf Wikipedia zu veröffentlichen. Die Relevanz-Richtlinien sind sehr streng und werden von einem kleinen Kreis Administratoren genau überwacht. Suche stattdessen auf Wikipedia nach Fachartikeln über dein Gebiet. Analysiere sie gründlich nach Fehlern oder fehlenden Informationen. Schreibe dann einen Blogartikel mit exakt diesen fehlenden Infos und verlinke von Wikipedia auf dein Blog.

Link-Building-Content

Vergiss für einen Moment deine eigentliche Zielgruppe und erstelle Content speziell für Blogger, Autoren oder Publisher. Studien, Karten, Statistiken, Daten Visualisierungen, Grafiken, Rankings, besondere Ressourcen oder Infografiken eignen sich besonders gut. Dazu musst du das Rad nicht neu erfinden. Mögliche Inspirationsquellen sind:

▶ Wikipedia-Artikel

▶ Datenbanken und Bundesämter

▶ Google Trends

▶ Fachzeitschriften oder akademische Informationen

▶ Reports

▶ Studien

▶ Social-Media-Statistiken

Nun übermittle anschließend deinen erstellten Content an die auserwählten Blogger, Autoren und Publisher und weise sie darauf hin, dass sie diesen kostenlos verwenden dürfen, wenn sie deine Seite verlinken.

5.1.3   Der »Meine Website soll schneller werden«-Hack

Die Ladegeschwindigkeit deiner Website ist für Google ein sehr wichtiges Qualitätskriterium – und wirkt sich auch direkt auf deine Conversions und deinen Umsatz aus. Insbesondere für Besucher mit mobilen Endgeräten sollte sich deine Website so schnell wie möglich laden, um wertvolles Datenvolumen zu sparen. 47 % der Nutzer erwarten, dass sich eine Website innerhalb von 2 Sekunden öffnet, und 40% verlassen eine Seite wieder, wenn sie nach 3 Sekunden noch nicht geladen ist.

Außerdem wirkt sich eine schnelle Website direkt auf die Nutzerfreundlichkeit aus – und damit bei einem E-Commerce-Unternehmen unmittelbar auf die Conversion Rate. Der Online-Verkäufer Shopzilla reduzierte seine Ladegeschwindigkeit von 7 auf 2 Sekunden und erzielte eine Zunahme von 25% beim Seitenabruf und eine Umsatzsteigerung von 7–12%. Kein schlechtes Ergebnis für einen kleinen Aufwand. Oder andersherum betrachtet: Eine Verzögerung von nur 1 Sekunde kann eine Reduzierung der Conversions um 7% bedeuten. Bei einer E-Commerce-Website mit einem Umsatz von 100.000 Euro pro Tag, wären das 2,5 Millionen Euro verlorener Umsatz um Jahr! Eine schnelle Website ist daher für den Nutzer, für Google und für dich von Vorteil. Neben einem suboptimalen Hosting-Server sind meistens zu große Bilder die Ursache langer Ladezeiten. So kannst du kleine Bilder verwenden, ohne an Qualität einzubüßen:

Tipp 1: Identifiziere die Bilder auf deiner Website

Gehe auf *google.com* und tippe dort ein: »site:meinewebsite.de« (ersetze meinewebsite.de durch deine Domain). Klicke auf BILDER, und du siehst alle von Google indexierten Bilder auf deiner Website. Suche nach den »schwersten« (die kB-Zahl) und größten (die px-Zahl) Bildern. Alternativ kannst du auch das Pagespeed-Tool von Google nutzen: *developers.google.com/speed/pagespeed/module*

Tipp 2: Komprimiere die größten Bilder

Nutze ein Tool wie *tinypng.com* oder *optimizilla.com*, um die Bildgröße bis zu 70% zu reduzieren, ohne dabei nennenswerte Qualitätsverluste in Kauf zu nehmen. Wenn du schon dabei bist, überprüfe auch gleich den Dateinamen der Bilder und gehe sicher, dass dort dein wichtigstes Keyword vorkommt.

5.1.4　Der Barkeeper-Hack

Grundlage von vielen digitalen Maßnahmen – insbesondere von allen Maßnahmen im Umfeld der Suchmaschinenoptimierung – ist eine Keyword-Recherche. Jeder Website-Betreiber sollte wissen, bei welchen Suchphrasen er möglichst weit oben gelistet sein möchte, um möglichst viel Traffic zu bekommen. Entsprechend dieser Suchphrasen sollte er die Struktur, Verlinkung und die Inhalte seiner Website aufbauen. Die deutliche Mehrheit aller Blogartikel und jede Seitenbeschreibung sollte dieses wichtige Keyword beinhalten. Nur, woher weiß man, welche Keywords wichtig sind? Welche Suchphrasen nutzen Menschen, die genau das Problem haben, für das deine Website die Lösung bietet?

Wie ein guter Barkeeper musst du deinen Kunden zuhören, um ihre Fragen und Bedürfnisse zu identifizieren. Um das herauszufinden, gibt es eine Reihe von Online-Tools. Neben den bekannten Google Trends (*trends.google.de*) und dem Google Keyword Planer (ein Feature von Google AdWords) sind vor allem *ubersuggest.io* und *hypersuggest.com* empfehlenswerte und kostenlose Alternativen für die Anfänge.

Ein Großteil der Menschen nutzt Google, um die Lösung eines akuten Problems zu finden, d.h., ihre Keywords sind Fragen:

▶   Wie orte ich mein Handy?

▶   Wohin mit dem Handy beim Konzert?

▶   Wo Handy verkaufen?

▶   Welches Handy hat den besten Empfang

Schlaue Marketer werden exakt diese sogenannten W-Fragen als Themen für ihr Blog wählen, um das Problem der Menschen zu lösen und einen Mehrwert zu bieten. Und schlaue Marketer können genau für diese Recherche das umfangreiche und kostenlose Tool *answerthepublic.com* nutzen (siehe Abbildung 5.1).

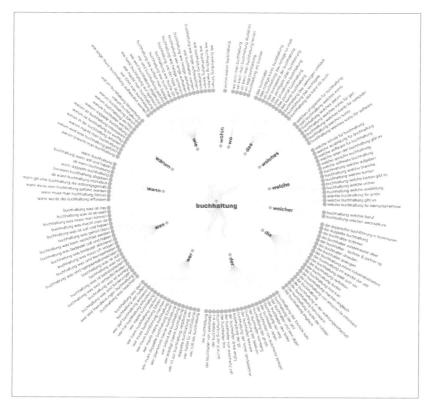

Abbildung 5.1 W-Fragen zum Thema Buchhaltung bei answerthepublic.com

5.1.5   Der »Was schert mich mein Geschwätz von gestern?!«-Hack

Nehmen wir an, du möchtest bzw. musst einen Blog-Post über einen Artikel schreiben, der vermutlich kritisch aufgenommen werden und nicht viele Backlinks generieren wird. Was machst du? Du könntest einen Blog-Post über das Thema schreiben, aber dabei einen populären Standpunkt oder eine How-to-Anleitung schreiben. Nachdem du den Post über deine Kanäle publik gemacht und damit möglichst viele Backlinks eingesammelt hast, änderst du einfach den Inhalt. Natürlich solltest du dabei die Kernaussage nicht verändern, denn ansonsten lässt du jeden Kommentar und jeden Link-Geber doof aussehen und er wird es sich in Zukunft sehr genau überlegen, ob er nochmal mit dir zusammenarbeitet. Doch wenn du den Text, aber nicht den Sinn änderst, dann hast du gewonnen.

5.2   Inbound- und Content Marketing

Die Begriffe Inbound-Marketing und Content Marketing liegen gerade stark im Trend im Digital Marketing. Content Marketing beschreibt das wichtigste Werkzeug im Bereich Pull-Marketing: Ergänzend oder sogar anstelle von klassischer Werbung, bietet das werbetreibende Unternehmen seinen potenziellen Kunden einen Mehrwert in Form von Information und Inhalten. Der Nutzer findet die (idealerweise hilfreichen) Inhalte und beginnt in diesem Moment seine Beziehung zum Unternehmen.

> *»Content Marketing die Kunst, mit Kommunikation Bedürfnisse zu erfüllen und deswegen geliebt oder geachtet zu werden.« – Mirko Lange, Scompler*

Content Marketing ist also Werbung, die die Leute hören und sehen wollen. Das Prinzip ist nicht neu: Der »Guide Michelin« zeichnet seit 1900 herausragende Restaurants aus. Seit 1956 informiert die »Apotheken-Umschau« über allerlei medizinische Bedürfnisse. Seit 1964 zeigen sich Top-Models in knapper Bademode jedes Jahr in der »Sports Illustrated Swimsuit Issue« oder ganz ohne jedwede Mode im Pirelli-Kalender, der im gleichen Jahr erstmalig erschien.

Aber wenn Content Marketing schon seit über 100 Jahren in der Welt ist, warum spricht dann die ganze Welt jetzt darüber? Weil inzwischen so viele Werbebotschaften jeden Tag auf die Menschen einprasseln, dass sie sich mit Werbeblockern davon schützen. Viele Unternehmen haben erkannt, dass der Kampf um Aufmerksamkeit nicht mit traditionellen Mitteln wie TV-Werbung oder Bannern gewonnen werden kann. Diese Unternehmen wollen die Probleme von Menschen lösen und einen Mehrwert bieten, damit diese aus eigenem Antrieb zu ihnen kommen.

In diesem Kapitel nehmen wir dich mit auf einen kleinen Crash-Kurs in Sachen Content Marketing. Wir sprechen auch über praktische Growth Hacks, aber bei diesem komplexen und anspruchsvollen Thema ist eine gute Strategie entscheidend, wenn du deine Zeit nicht durch Trial and Error vergeuden möchtest.[3]

Wer von Content Marketing spricht, der muss auch über Inbound-Marketing sprechen. In der Literatur werden die beiden Begriffe oft verwechselt, es herrscht ein »Grabenkampf« zwischen diesen beiden Begriffen, wie Vladislav Melnik sagt. Dabei gibt es einen wichtigen Unterschied. Inken Kuhlmann ist Senior Manager Growing Markets bei HubSpot, einem SaaS-Anbieter (Software as a Service) von Inbound-Marketing-Software und eine *der* Expertinnen im deutschsprachigen Raum für Inbound- und Content Marketing. Sie sagt: »Inbound-Marketing ist für mich ein umfassendes Konzept, das das ganze Unternehmen neu ausrichtet. Nicht nur die Marketing-Sicht wird durch die Kundenansprache mit relevantem Content verändert, auch Vertrieb und Service agieren ganz anders. Beim Inbound-Ansatz geht es darum, hilfreiche Inhalte anzubieten. Und das an jeder Stelle des Kaufzyklus, nicht nur beim Marketing. So kann es sein, dass der Vertrieb weitere Informationsmaterialien anbietet und zugleich sicherstellt, dass die Beratung auf den Kunden abgestimmt ist.« Oder wie Melnik sagt: »Inbound-Marketing ist vertriebsorientiertes Content Marketing.«

Sprich: Es geht um mehr als die Erstellung und Produktion von Content, denn diese Elemente sind im Inbound-Marketing immer Teil eines Sales Funnels, ebenso wie Landingpages oder E-Mail-Marketing. Ganz vereinfacht ausgedrückt: Inbound-Marketing ist Content Marketing mit einem Button und einem Call-to-Action.

Wichtig: Erwarte von Inbound-Marketing keinen kurzfristigen Erfolg! Im Schnitt dauert es etwa sechs Monate, bis er sichtbar wird. Kuhlmann vergleicht Inbound-Marketing gerne mit einem Hauskauf: Im Gegensatz zu einer Wohnung, die man vorübergehend mietet wie einen Anzeigenplatz im Marketing, investiert man mit Inbound-Marketing in eine dauerhafte Präsenz im Netz. Und wie bei einem Haus auch, dauert es einige Zeit, bis sich der Einsatz amortisiert. Der Erfolg ist dann aber umso größer.

Die Inhalte können dabei in mannigfaltiger Form auftreten:

▶ Case Studies	▶ How-to-Guides	▶ Pressemitteilungen
▶ Infografiken	▶ Reports und Trends	▶ Studien
▶ Artikel	▶ PDF und E-Books	▶ Webforen
▶ Bewertungen	▶ Videos	▶ Präsentationen
▶ Bilder und Fotos	▶ Interviews	▶ Listen
▶ FAQ-Websites	▶ Gewinnspiele	▶ Podcasts

---

3 Wer sich noch tiefer mit dem Thema Content Marketing beschäftigen möchte, dem empfehlen wir das folgende Buch: Miriam Löffler: Think Content! Rheinwerk Verlag: Bonn 2014.

Der Kunde ist König – diesen Leitsatz eines jeden Dienstleisters solltest du auch als Growth Hacker verinnerlichen. Denn wenn du dein Produkt und dein Marketing nach den Nutzern ausrichtest, wirst du nicht scheitern. Durch eine gute Internetrecherche weißt du bereits, über welche Themen du schreiben solltest, bevor du den ersten Tastenanschlag machst. Wenn du dich an der Nachfrage orientierst, wird sich der Erfolg automatisch einstellen.

Wie man die besten Themen findet:

▶ Recherchiere auf Frage-Antwort-Seiten wie Foren, GuteFrage.net oder Quora nach Fragen im Umfeld deines Fachgebiets. Mache eine Liste mit den am häufigsten gefragten Themen und Problemen. Stelle sicher, dass du den genauen Wortlaut kopierst, denn daraus bilden sich deine Keywords und Überschriften

▶ Nutze unbedingt BuzzSumo, um populäre Blogbeiträge zu identifizieren, und lies dort auch die Kommentare und Fragen, die dem Autor gestellt werden.

▶ Analysiere die Fragen, die dir deine bestehenden Nutzer und Kunden stellen. Sprich dafür mit deinem Customer-Support, analysiere die Zugriffsdaten der Hilfeseite und die On-Site-Suche auf deiner Website. Identifiziere die wichtigsten Fragen und Probleme und erstelle dazu hilfreichen Content. Tipp: Auch die Hilfeseiten deiner Wettberber sollten dir Inspiration geben können.

Wie man die besten Themen priorisiert:

Stelle zu jedem recherchierten Thema eine Frage auf Twitter, Facebook, LinkedIn oder XING (je nachdem, wo du die meisten Follower hast). Jetzt warte etwas. Das Thema mit der höchsten Interaktionsrate wird zu deiner obersten Priorität.

5.2.1   Die richtige Content-Strategie

Damit deine Content-Hacks funktionieren können, musst du dich zuerst um die richtige Content-Strategie kümmern. Jeder Content sollte ein spezifisches Ziel verfolgen. Du kannst nicht mit jedem Content jedes Ziel erreichen.

Mirko Lange, Content-Stratege, Autor und Gründer von Scompler, sagt, dass Content Marketing die Aufgabe hat, Informationen und Botschaften so zu vermarkten, dass Nutzer das Angebot als wünschenswert wahrnehmen. Strategisches Content Marketing ist die nachhaltige Ausrichtung der Kommunikation auf die konkreten Informationsbedürfnisse der Zielgruppen, um strategische Unternehmensziele zu erreichen, wie z.B. Vertrauensaufbau, Kompetenz- oder Serviceführerschaft sowie Markenbildung und Profilierung. Ein Unternehmen kann die Preisführerschaft anstreben, aber Content Marketing wird dazu keinen Beitrag leisten können.

Damit ein Unternehmen die richtige Strategie finden kann, hat Lange das sogenannte SCOM-Framework[4] entwickelt (siehe Abbildung 5.2).

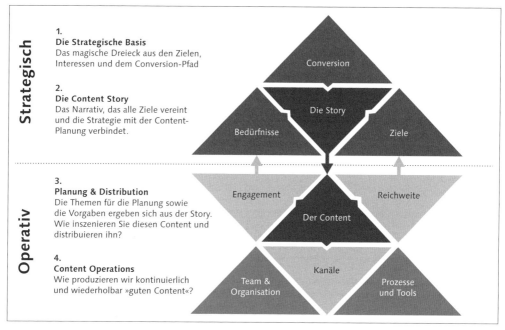

Abbildung 5.2 Das SCOM-Framework von Scompler

Auf der strategischen Ebene sind die Informationen wichtig, die du im Rahmen deiner Positionierung (siehe Abschnitt 3.8) gesammelt hast:

▶ Bedürfnisse: Was sind die Bedürfnisse und Motive deiner Zielgruppen? Je besser du die Bedürfnisse kennst, desto besser wird auch dein Content werden.

▶ Ziele: Welche Ziele verfolge ich für meinen Geschäftserfolg?

▶ Wie erreiche ich meine Ziele, indem wir Bedürfnisse erfüllen?

▶ Die Story beantwortet die Frage nach dem Warum. Warum sollten die Menschen das lesen oder anschauen, was du veröffentlichst? Warum hebst du dich von allen anderen ab? Die Story ist der Kern und das Herz deines Content Marketings.

▶ Erst wenn du diese Fragen beantwortet und deine eigene Story entwickelt hast, solltest du in den operativen Modus wechseln:

▶ Mit welchem Content »erzähle« ich die Story am besten?

▶ Kanäle: Über welche Kanäle veröffentliche ich meinen Content?

▶ Reichweite: Wie sorge ich dafür, dass mein Content Reichweite bekommt?

---

4 SCOM: Strategisches Content Marketing

▶ Engagement: Wie bringe ich die Nutzer dazu, mit meinem Content zu interagieren?

▶ Team und Organisation: Wer ist verantwortlich, wer koordiniert, wer produziert, wer veröffentlicht?

▶ Prozesse und Tools

Du kannst dieses Framework als eine Checkliste[5] nutzen, um Schritt für Schritt deine Content-Strategie zu entwickeln.

Wenn du das geschafft hast, kannst du im nächsten Schritt konkret planen, was du veröffentlichen solltest, damit du deine Ziele erreichen kannst. Auch dazu hat Lange zwei Modelle entworfen: Das *FISH-Modell* und den *Content Radar*.

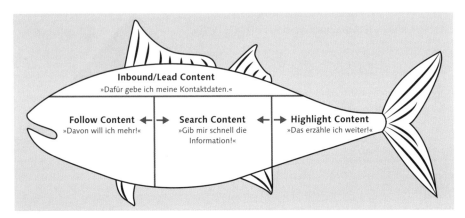

Abbildung 5.3 Das FISH-Modell

Der Grundgedanke des FISH-Modells ist, dass Content bestimmte Aufgaben erfüllen muss (siehe Abbildung 5.3), sowohl für dich als auch für deine Kunden. Da sich diese Aufgaben auch gegenseitig behindern können, bedarf es einer klaren Strukturierung.

Folgende vier Kategorien gibt es:

1. **Follow-Content:** Dieser Content ist darauf ausgerichtet, Menschen so sehr zu interessieren, dass sie mehr davon haben möchten. Es eignen sich dafür spezielle Rubriken, Serien oder Storytelling. Entscheidend ist, eine Möglichkeit anzubieten, dass der Kunde den Content abonnieren kann.

2. **Inbound-Content:** Aufwendig produzierter Content mit hohem Nutzen für deine Kunden. Zielt darauf ab, den Nutzer in einen Lead zu verwandeln. Studien und Whitepapers sind z.B. sehr gut für diese Content-Form geeignet.

---

5 Lange selbst bezeichnet seine Modelle als »betreutes Denken«.

3. **Search-Content:** Mit diesem Content möchtest du eine Frage beantworten. Dein Nutzen ist, dass du einerseits gefunden wirst und andererseits Reputation aufbaust. SEO und Keyword-Optimierung spielen bei dieser Content-Form eine wichtige Rolle.

4. **Highlight-Content:** Damit möchtest du Aufmerksamkeit erregen. Dieser Content soll deine Zielgruppe begeistern. Bestenfalls soll sich der Content viral verbreiten. Videos sind z. B. sehr gut für diese Form geeignet.

Das zweite Modell fügt eine weitere Dimension hinzu. Während sich das FISH-Modell vor allem um deinen Nutzen kümmert, stellt der Content Radar den Nutzen für deine Kunden dar. Wenn beide Modelle kombiniert werden, erhältst du eine genaue Strategie für die Umsetzung deines Contents. Mit dem FISH-Modell bekommst du ein Tool an die Hand, das dir hilft, deine Content-Typen strategisch zu kategorisieren. Die verschiedenen Kategorien beschreiben den Nutzen, den du für dich generierst, indem du einen Nutzen für deine Zielgruppe schaffst.

Das zweite Modell, der Content Radar, unterscheidet emotionalen bzw. funktionalen Content einerseits und vorder- bzw. tiefgründigen Content andererseits:

Abbildung 5.4 Der Content Radar (Quelle: talkabout, Mirko Lange)

▸ **Emotional/funktional:** Wir unterscheiden, ob der Nutzer mit unserem Content etwas lernt oder ob wir vor allem Emotionen transportieren wollen.

▸ **Vordergründig/tiefgründig:** Betrifft die Frage, wie viel Zeit der Nutzer hat, um unseren Content zu konsumieren, und ob nur oberflächliches Interesse vorhanden ist. Ist das der Fall, muss der Content z.B. kurz und knackig sein, damit der Leser das Interesse nicht verliert.

Achtung: Erst die Story, dann der Content, dann der Kanal. Bevor du also Content erstellst, solltest du dich immer fragen, ob er der Story und damit deinen Unternehmenszielen dient. Ob dein Content gut oder schlecht ist, richtet sich nach der Story: Wenn der Content der Story dient, ist er gut, wenn nicht, dann nicht. Du wirst erkennen, dass Content Marketing kein Selbstzweck ist, sondern immer zielgerichtet sein muss. Aufmerksamkeit für deine Marke (Brand Awareness) ist gut und schön, aber Bekanntheit ohne Interaktion hilft nicht. Auch gute Filme mit berühmten Schauspielern können floppen, wenn sie nicht genügend Kinozuschauer anlocken. An dieser Stelle musst du Traffic generieren und ihn möglichst elegant »aktivieren«, also die Nutzer dazu bringen, das zu tun, was du möchtest, wie beispielsweise ein Formular ausfüllen, einen Artikel lesen oder ein Produkt kaufen (mehr zum Thema Aktivierung im folgenden Kapitel). An dieser kritischen Stelle wird aus Content Marketing Inbound-Marketing.

Inken Kuhlmann hat uns die Inbound-Marketing-Methodik von HubSpot vorgestellt (siehe Abbildung 5.5): »In den unterschiedlichen Phasen verwenden wir jeweils unterschiedliche Content-Formate. Für den Erstkontakt ist das Blog natürlich ein entscheidender Faktor: Mit suchmaschinenoptimierten und für die Buyer-Persona hilfreichen Inhalten ist das Corporate-Blog der Ausgangspunkt, um potenzielle Kunden auf die Website zu holen (Anziehen). Im nächsten Schritt bieten wir dem potenziellen Kunden über Calls-to-Action (CTAs) weiterführenden Inhalt zum Thema an, etwa ein E-Book oder auch Videos, Podcasts und vieles mehr. Über eine Landingpage erhält der potenzielle Kunde den Premium-Inhalt und wir Hintergrundinformationen, um weitere nützliche Inhalte anbieten zu können (Konvertieren). Sobald ein konkretes Interesse für eines unserer Produkte geweckt wurde, kommt der Vertrieb ins Spiel, um Hilfestellung anzubieten – nur dann nehmen wir von Unternehmensseite aus den direkten Kontakt auf (Abschließen). Wenn wir den Interessenten als Kunden gewinnen konnten, erhält er die nötigen Informationen, um das Produkt erfolgreich einzusetzen und wird weiterhin persönlich angesprochen. Ganz wichtig ist hier die Kundenpflege (Begeistern). Inbound-Marketing hat den gesamten Customer Lifecycle im Blick und ist deswegen so wirksam. Der Königsweg ist dabei, das Inbound-Mindset über alle Abteilungen hinweg zu etablieren, um neue Kunden zu gewinnen und bestehende zu begeistern.«

Abbildung 5.5 Der Inbound-Marketing-Prozess entlang der Customer Journey von HubSpot

5.2.2 Gutes Content Marketing in der Praxis

Für ein Buch, das dir pragmatische Tipps und Tricks für mehr Wachstum zeigen möchte, waren die letzten beide Abschnitte sehr theoretisch. Aber viele Unternehmen, die auf diese strategischen Überlegungen verzichten, vergeuden ihre wertvollen Ressourcen oder verzetteln sich in ihrem Aktionismus. Getreu dem Motto: Es reicht nicht, keine Content-Strategie zu haben, man muss auch unfähig sein, sie umzusetzen. Wir möchten dir jetzt einige Beispiele von Unternehmen präsentieren, die ihre Hausaufgaben gemacht haben und sehr erfolgreich Content Marketing betreiben:

▶ Springlane ist primär ein Onlineshop für Küchenutensilien. Um mehr Produkte zu verkaufen, nehmen sie den Nutzer nicht nur an die Hand und erläutern mit vielen wertvollen Details, worauf man z.B. bei einem guten Messer achten sollte und wie man mit diesem sicher umgeht. Sie gewinnen auch durch die vielen liebevollen Rezepte in ihrem Blog[6] sehr viel Traffic, den sie anschließend elegant zu Käufern machen.

▶ Der Kosmetikhersteller Schwarzkopf hat ebenfalls ein sehr detailliertes Blog[7], bei dem sich alles rund um das Thema Schönheit und Gesundheit dreht – (beinahe) ohne dabei die eigenen Produkte anzubieten.

▶ Dove hat weltweit mit ihrer Initiative »Real Beauty« für Aufsehen gesorgt. In einer Reihe von Kampagnen und viralen Videos[8] sprechen sie offensiv über un-

---

6 www.springlane.de/magazin

7 www.schwarzkopf.de/de/haarfarbe.html

8 www.dove.com/us/en/stories/campaigns/real-beauty-sketches.html

sere moderne Definition von Schönheit – und wie sehr das Selbstbild vieler Frauen darunter leidet. Der Content ist nicht nur hervorragend produziert, sondern er begegnet den Menschen »auf Augenhöhe« und spricht über ein kontroverses, relevantes Thema in einer Form, wie man es von einem etablierten Unternehmen nicht gewohnt ist. Denn sie haben herausgefunden, wie wichtig die Selbstwahrnehmung ihrer Kunden ist.

▶ Der Kamerahersteller GoPro setzt fast ausschließlich auf Content Marketing. Sie erstellen spektakuläre Videos[9], die mit ihren Kameras in exotischen Kulissen aufgenommen worden sind, und laden Kunden damit dazu ein, ebenfalls Teil dieses Abenteuers zu werden (indem sie eine Kamera kaufen).

▶ Früher mal war Red Bull eine Firma, die Energydrinks dank origineller TV-Spots verkauft hat. Inzwischen ist Red Bull zu einem globalen Medienkonzern geworden. Sämtliche Sponsoring-Maßnahmen (auf deren Auflistung wir zugunsten der Übersichtlichkeit verzichten) werden für multimediales Content Marketing genutzt. Red Bull hat einen eigenen TV-Sender (Servus TV), ein eigenes Magazin (Red Bulletin) und mit dem Red Bull Media House eine eigene Produktionsfirma.

5.2.3   Der »Dieser Hack wird dein Leben verändern!«-Hack

Sprechen wir über eine klassische Form von Content Marketing: Blogging. Du hast den besten Blogbeitrag deines Lebens geschrieben, ihn schulbuchmäßig über Facebook & Co. beworben, aber trotzdem lesen ihn nur die fünf Freunde, die ohnehin *jeden* Beitrag von dir lesen, aber niemand sonst? Dann solltest du dir vielleicht Gedanken machen, ob deine Headlines aussagekräftig genug sind und zum Lesen anregen. Denn eine Headline ist keine Zusammenfassung des Artikels, sondern nichts anderes als ein weiteres Marketingtool. Und sie hat nur ein einziges Ziel: Neugierig zu machen und damit zum Klicken anzuregen. Ähnlich wie Betreffzeilen von E-Mails sind Überschriften das erste und wichtigste Werkzeug, um potenzielle Leser zum Öffnen zu verleiten.

Wie kann das funktionieren? Headlines sind Werbung. Und Werbung basiert auf Wahrnehmung und damit auf Psychologie. Es mag dir vielleicht widerstreben, in diese Werbewelt einzutauchen und diese Regeln zu beherzigen. Aber führe dir vor Augen, dass diese Regeln die Grundlage des Erfolgs für viele Publikationen und Blogs sind, beispielsweise für den Bestseller »1000 Places To See Before You Die«. Würden sie nicht funktionieren, würde sie niemand beherzigen. Und was ist frustrierender: eine Überschrift, die nach Werbung klingt oder ein Blogbeitrag, den niemand liest?

---

9   *www.youtube.com/watch?v=vlDzYllOYmM*

16 Strategien für erfolgreiche Überschriften

1. Überraschung: »Das ist kein perfekter Artikel (aber er könnte es sein)«

2. Fragen: »Weißt du, wie man den perfekten Artikel schreibt?«

3. Neugier (und Zahlen): »10 Bestandteile des perfekten Blogartikels. Nummer 9 hat mich umgehauen!«

4. Vermeidung von Nachteilen: »So schreibst du niemals wieder einen langweiligen Blogartikel«

5. How to: »So schreibst du den perfekten Blogartikel«

6. Ansprache deiner Zielgruppe: »Für Menschen auf der Suche nach dem perfekten Blogartikel«

7. Spezifizierung: »Mit diesen 6 Schritten verdoppelst du die Zugriffe auf dein Blog«

8. Halte dich kurz! Denk daran, dass maximal 65 Zeichen in den Suchergebnissen von Google & Co. angezeigt werden. Versuche daher, längere Headlines zu vermeiden. Die Content-Marketing-Profis von Kissmetrics haben außerdem herausgefunden, dass die Nutzer tendenziell die ersten und die letzten drei Wörter einer Headline lesen. Die ideale Länge wären somit sechs Wörter.

9. Beginne mit einem Bang!

10. Ende mit einem Cliffhanger!

11. Verwende starke Adjektive. Damit verleihst du deinen Überschriften Charakter. Je stärker, persönlicher und provozierender deine Adjektive sind, desto eher wirst du deine Leser dazu bringen können, den Beitrag zu lesen.

12. Verwende Zahlen. Es wird Aufmerksamkeit erzeugen und gibt deinen Lesern einen Vorgeschmack darauf, was sie erwartet. Studienergebnisse zeigen, dass Zahlen besser als Wörter wirken (also schreibe nicht »fünf«, sondern »5«).

13. Nutze populäre Suchanfragen, wie beispielsweise »wie man …« oder »was ist …«. Menschen suchen immer nach relevanten und hilfreichen Informationen. Tipp: Führe selbst eine Google-Suche durch, um zu recherchieren, welche Überschriften für dein Thema schon verwendet werden.

14. Negative Überschriften können unter Umständen effizienter sein als positive, weil sie sich von der Masse abheben. Beispiel: »Wir haben diese 5 Fehler gemacht, damit du sie vermeiden kannst«

15. Vermeide Irreführungen. Wenn deine Headline nicht die Essenz deines Blog-Posts wiedergibt, dann verlierst du an Glaubwürdigkeit und beschädigst deinen Ruf. Auch wenn es verführerisch ist, deinen Titel anzupassen, um ein ganz klein wenig mehr Aufmerksamkeit zu generieren, wird es deinem Blog langfristig nur schaden. Außerdem wird dein Blog von Suchmaschinen abgestraft werden.

16. Lass dich nicht eingrenzen. Auch nicht von diesen Tipps und dieser Liste. Verliere niemals deinen einzigartigen Stil. Sei (und bleibe) kreativ!

Weitere Beispiele

▸ »Das Geheimnis von ____«

▸ »So ___ die Profis«

▸ »Was du über ____ wissen solltest«

▸ »Was ich von ____ gelernt habe«

▸ »____ für Anfänger«

▸ »So überlebst du (deinen ersten) ___«

Einer der erfolgreichsten Blogbeiträge von Tomas Herzberger hatte die Überschrift »4 Gründe, warum sich die DMEXCO[10] nicht lohnt«. Relativ kurz, provokant, mit einer niedrigen Nummer versehen und zeitlich direkt nach der Messe veröffentlicht. Dazu ein Thema, das eine klar definierte Nische (die Messebesucher) angesprochen hat.

Vorgehensweise für bessere Überschritten

Überlege dir 25 verschiedene Überschriften. Wähle die zwei bis vier besten aus. Teste deine Ideen anschließend per Crowdsourcing: Frage in passenden Facebook-Gruppen, frage bei Twitter, nutze Facebook-Ads oder erstelle fünf Grafiken mit je einer Headline, die du mit PickOne in deinem Netzwerk teilen kannst. Die Headline mit mehr Likes und Shares »gewinnt«. Das amerikanische Medienunternehmen BuzzFeed testet nach einem internen Scoring zwei verschiedene Überschriften zu einem Artikel in verschiedenen Regionen, um die Überschriften mit den besten Klickraten zu ermitteln.

5.2.4   Der Skyscraper-Hack

Als Skyscraper wird ein Blogartikel bezeichnet, der sich sehr intensiv mit einem Thema auseinandersetzt. Er hat seinen Namen von der Länge: 5.000 Wörter dürfen es schon sein, gerne mehr. Der Begriff wurde von Brian Dean, einem SEO-Profi und Autor, geprägt. Diese Technik basiert auf dem Prinzip des Reverse Engineerings: Du schaust dir an, was bei anderen bereits gut funktioniert hat – und machst es besser! Dadurch ist das Risiko, nicht den gewünschten Erfolg zu haben, sehr gering.

Marco Janck ist einer der bekanntesten deutschen SEO-Experten und Geschäftsführer der Agentur sumago. Er beschreibt Skyscraper-Artikel als »holistische Landingpage«, weil das jeweilige Thema extrem intensiv beschrieben wird, so dass dem Leser jede mögliche Frage beantwortet wird. Gemeint ist damit, dass man auf einer Seite (URL) ein Thema angemessen umfangreich abhandelt, um eine best-

---

10 Die DMEXCO ist eine Online-Marketing-Messe in Köln.

mögliche Antwort auf eine Suchanfrage anzubieten. Statt vieler einzelner Seiten für jedes exakte Keyword eines Themas erstellt man eine Seite, auf der die Inhalte gebündelt werden – ein ganzheitlicher, eben holistischer Ansatz.

Aber nicht nur der Leser, auch Google »mag« Skyscraper und indexiert sie entsprechend positiv. Dadurch wirst du die Reichweite deiner Website steigern und neue Nutzer gewinnen können.

Um einen Skyscraper zu schreiben, solltest du wie folgt vorgehen:

1. Finde heraus, für welche Themen sich deine Leser interessieren. Das hast du bereits gemacht, als du die Persona deines »Lieblingskunden« erstellt hast. Nutze außerdem das Tool BuzzSumo. BuzzSumo ist eine Suchmaschine, die zu jedem Suchbegriff den Content findet, der am häufigsten geteilt wurde. Sie zeigt sogar genau an, wie oft ein Artikel in den einzelnen großen Netzwerken geteilt wurde.

2. Wenn die am häufigsten geteilten Artikel zu einem Thema sehr viele Shares in sozialen Netzwerken bekommen haben (also ca. 500+), handelt es sich erwiesenermaßen um ein populäres Thema. Das heißt: Wenn du zu diesem Thema Content verfasst, wird er mit Sicherheit in sozialen Netzwerken geteilt werden.

3. Finde heraus, welche Blogbeiträge es zu diesen Themen bereits gibt und wer sie geschrieben hat. Schau dir auch ganz genau an, wie diese Texte geschrieben wurden. Was steht drin? Was steht nicht drin? Was kannst du besser machen?

4. Weiterer Ninja-Trick: Nutze die gute alte Google-Suche nach Blogbeiträgen, die zu deinem Thema weit oben stehen. Leider gibt dir Google im Gegensatz zu BuzzSumo keine Infos darüber, welcher dieser Beiträge am meisten geteilt worden sind. Aber das kannst du trotzdem herausfinden! Nutze SEO-Tools mit Backlink-Checker, wie z. B. Ahrefs oder SEO-Spyglass, um herauszufinden, welcher Blogbeiträge viele Backlinks bekommen haben.

5. Schreibe einen besseren Beitrag zu dem Thema, besser und länger. Mehr als 5.000 Wörter dürfen es gerne sein. Damit schaffst du die inhaltliche Tiefe und zeigst deinen Lesern und Google, dass du Experte auf dem Gebiet bist. Und warum ist das wichtig? »Menschen vertrauen bei ihrem Handeln auf Autoritäten«, sagt André Morys. »Sie folgen z. B. anerkannten Experten ohne große Bedenken. Je bekannter bzw. etablierter eine Person oder ein Unternehmen ist, desto größer ist das Vertrauen.«

6. Starte mit einem kleinen Inhaltsverzeichnis und nutze dafür Sprungmarken (Jump Links). Das erleichtert Google, deinen Text zu indexieren, und dem Leser, zu verstehen, was ihn an welcher Stelle erwartet.

7. Erstelle Bilder, Videos und Grafiken, um deinen Text aufzulockern und dem Leser den Sachverhalt anschaulich zu erklären. Pro Textblock solltest du ein

Multimediaelement einfügen. Die Videos sollten nicht länger als 3 Minuten sein und auf YouTube gehostet werden.

8. Erstelle deine Überschriften als Fragen, damit deine Leser sofort verstehen, worum es geht. Zumal viele Suchanfragen als Frage formuliert werden – ein Trend, der durch Voice Search[11] noch verstärkt werden dürfte.

9. Nutze Daten und Statistiken von Statista, um deine Artikel zu verbessern. Selbst mit der kostenlosen Version von Statista und dem Newsletter bekommst du wertvolle Informationen, mit denen du deine Artikel aufpeppen und deine Thesen belegen kannst.

10. Verlinke zu den Autoren der bisherigen Beiträge zu diesem Thema und kontaktiere sie. Schreibe ihnen, dass ihr Artikel für dich sehr hilfreich war, dass dir aber A und B aufgefallen ist oder du C vermisst hast. Deswegen hast du A, B und C in deinem Blogartikel ergänzt. Frage die Experten freundlich und höflich, ob sie nicht deinen Artikel lesen und, wenn er ihnen gefällt, mit ihren Followern teilen wollen.

11. Finde mit BuzzSumo heraus, welche Influencer den ursprünglichen Artikel geteilt haben, und informiere sie über dein Update.

Du merkst, der Aufwand für einen Skyscraper ist erheblich. Daher solltest du dir sicher sein, dass deine Kunden sich exakt für dieses Thema interessieren, das du behandeln möchtest.

5.2.5   Der Round-up-Hack

Suche und finde Experten in deinem Fachgebiet mithilfe von BuzzSumo und Followerwonk. Stelle ihnen allen eine kurze, fachlich spezifische Frage per E-Mail. Wenn du die Antworten bekommen hast, füge alles zu einem Blogbeitrag zusammen und informiere die Experten über die Veröffentlichung. Markiere sie außerdem auf deinen Social-Media-Posts. Viele werden deinen Beitrag teilen.

Beispiel: Expertenlisten bei Unbounce

Unbounce ist ein Anbieter von Landingpage-Software und richtet sich an Digital-Marketer. In ihrem Blog haben sie die beiden Artikel »75 Marketing-Expertinnen, mit denen du dich vernetzen solltest« und »50 Marketing-Experten, die du nicht auf dem Schirm hast, jedoch kennen solltest« veröffentlicht. Natürlich haben viele der darin genannten Experten diese Auszeichnung nur allzu gerne in ihrem sozialen Umfeld geteilt und damit die Reichweite des Blogs – und die Awareness von Unbounce – stark vergrößert.

---

11 Als Voice Search bezeichnet man die Suche per Sprachbefehl, wie es mit Apples Siri, Googles Assistant oder Amazons Echo möglich ist.

> **Beispiel: Kundenblogs bei 247Grad/dirico**
>
> Dirico ist eine Social-Media-Management-Software für mittlere und große Unternehmen. Dem Geschäftsführer und Gründer, Sascha Böhr, ist ein Round-up-Hack gelungen, indem er einfach einen Blogartikel über die 38 besten Corporate Blogs veröffentlichte und die erwähnten Unternehmen – die natürlich die perfekten Kunden für dirico sind – über die Veröffentlichung informiert hat. 80% der Unternehmen haben sich dafür bedankt, und 5% wurden zu Kunden – kein schlechter Erfolg für einen einfachen Blogbeitrag.

5.2.6 Der Vorschau-Hack

Fast jedes soziale Network verwendet eingebettete Open-Graph-HTML-Tags, um Link-Previews zu generieren, damit Leser Seiten im Preview anschauen können, bevor sie sie anklicken, um einen Post zu lesen.

Link-Previews werden durch die Verwendung eines kleinen Bits aus einem Metatag-Code generiert. Dieses befindet sich in den Kopfdaten deiner HTML-Seite. Dieses einfache Codeschnipsel sagt deinem sozialen Netzwerk, welches Bild, welchen Titel und welche Beschreibung es benutzen soll, wenn ein Post live geschaltet wird. Manchmal muss man etwas tüfteln, um die Tags zu konfigurieren und zu testen, aber letztendlich lohnt es sich: Open-Graph-Tags können die Klickrate verbessern.

Wenn du WordPress verwendest, eignet sich das WordPress-SEO-Plug-in von Yoast vorzüglich für alle großen Netzwerke.

Zumindest solltest du aber überprüfen, wie deine Links im Preview aussehen. Dazu kannst du diese praktischen Tools verwenden:

- *https://search.google.com/structured-data/testing-tool/u/0*
- *https://cards-dev.twitter.com/validator*
- *https://developers.facebook.com/tools/debug*
- *https://developers.pinterest.com/tools/url-debugger*

5.2.7 Der Buffer-Hack

Das Social-Media-Start-up Buffer hat für viel Aufsehen (und Traffic!) gesorgt, indem sie *Transparancy Marketing* für sich entdeckt haben. Buffer veröffentlicht nicht nur den Umsatz des Unternehmens, sondern auch die Gehälter der Manager und Angestellten, Pitch-Decks für Investoren und den Einsatz der erzielten Umsätze. Diese Transparenz kann zu einem hohen Vertrauen zwischen den Mitarbeitern, dem Kunden und dem Unternehmen führen.

5.2.8   Der Kurator-Hack

Du möchtest gerne mit Content Marketing starten, hast aber leider zu wenig Zeit und Ressourcen, um ein Blog aufzubauen und jede Woche einen Newsletter zu verfassen? Dann es ist empfehlenswert mit *Curated Content* zu starten: Du sammelst die besten Blogartikel, Videos oder Interviews über dein Thema und schickst deinen Abonnenten in regelmäßigen Abständen diese Sammlung – zusammen mit deinem professionellen und persönlichen Kommentar. Diese Vorgehensweise ist wenig zeitaufwendig (insbesondere, wenn du diese Artikel ohnehin schon liest), günstig und wirkungsvoll, weil du dich als Experte auf deinem Gebiet etablierst und – am wichtigsten – deinen Lesern einen Mehrwert bietest. Je genauer du weißt, wie du deinen Lesern helfen kannst, desto besser wird auch deine Artikelauswahl sein – und deine eigenen Artikel. Denn ein kuratierter Newsletter ist eine gute Vorstufe für ein eigenes Blog. Ich, Tomas Herzberger, selbst nutze inzwischen das Tool Revue für meinen Newsletter »Growth Hacking Rocks«, das auf kuratierte Newsletter spezialisiert ist.

5.3   Content Distribution

Die Produktion von hervorragendem Content ist nur die halbe Miete. Schau dir noch einmal das SCOM-Framework an, insbesondere die beiden Module Reichweite und Engagement (siehe Abbildung 5.2 in Abschnitt 5.2.1): Du musst deinen Content unter die Augen deiner Zielgruppe bringen und sie idealerweise aktivieren. Der Tipp von Vladislav Melnik dazu lautet, genauso viel Zeit in die Distribution deines Contents zu investieren, wie du in seine Erstellung investiert hast!

Dazu solltest du natürlich deine eigenen Kanäle nutzen, beispielsweise deine Social-Media-Profile und deinen Newsletter. Und natürlich solltest du es deinen Lesern so einfach wie möglich machen, deinen Beitrag zu kommentieren (fordere sie am Ende sogar zur Interaktion auf!) und ihn auf ihren Kanälen zu teilen, indem du deutlich sichtbare Sharing-Buttons integrierst. Aber exponentiell vergrößerst du deine Reichweite erst, wenn du andere Menschen auf anderen Plattformen mit ins Boot holst. Verfalle auch beim Thema Content Marketing nicht dem Hope-and-Pray-Ansatz, sondern promote deinen Content offensiv auf so vielen (passenden) Plattformen wie möglich! Diese Vorgehensweise ist auch als *Cross-Publishing* bekannt.

5.3.1   Der »Öl ins Feuer«-Hack

Sowohl bei seinem »Affenblog« als auch bei seinem aktuellen Start-up Chimpify setzt Vladislav Melnik sehr stark auf Content Marketing in Form von Blogartikeln,

Podcasts und Interviews. Natürlich verbreitet er diese auf Social Media, aber er bedient sich eines Tricks, um die virale Verbreitung anzufeuern: Er nutzt zum einen Überschriften, die neugierig auf den Inhalt machen, etwa »David vs. Goliath: 7 Gründe, warum du jetzt mit Inbound Marketing starten solltest«, und zum anderen bewirbt er diese Blog-Posts auf Facebook mit bezahlter Werbung. Dabei macht er sich die vielfältigen Targeting-Möglichkeiten zunutze, um beispielsweise Blogger oder Solopreneure zu erreichen. Ist die Zielgruppe zu klein, unterstützt ihn Facebook mit der Funktion der Lookalike Audiences und findet für ihn Personen, die beispielsweise seinen Fans oder Kunden ähneln und sich mit großer Wahrscheinlichkeit auch für das Thema interessieren – auch wenn sie sich mit deinem Thema noch gar nicht auseinandergesetzt haben und deswegen nicht aktiv nach einer Lösung suchen. So befeuert Melnik die Interaktion (Likes und Klicks) und damit auch die Reichweite für seine Posts. Diese Methode ist zwar nicht kostenlos, aber schnell und gleicht damit einen großen Nachteil von Content Marketing aus: Man sieht schnell Ergebnisse. Gerade zu Beginn kannst du mit dieser Methode Traffic und potenzielle Kunden generieren *und* das Fundament für nachhaltigen SEO-Erfolg ausbauen.

5.3.2 Der »Ich kenne den ganzen Club«-Hack

Nehmen wir an, du hast einen ausführlichen Blogartikel, eine Podcast-Episode oder ein Video erstellt und willst es jetzt distribuieren. Dann informiere die Menschen, die du in deinem Blog-Post verlinkt und erwähnt hast, und lasse sie wissen, dass du dich freuen würdest, wenn sie den Artikel mit ihrem Netzwerk teilen würden.

Markiere erwähnte Menschen und Unternehmen in deinen Social-Media-Posts, mit denen du den Blogbeitrags bewirbst. Das Ergebnis? Der Großteil der angesprochenen Menschen wird nicht nur deinen Post lesen, sondern ihn auch liken, teilen und kommentieren. Somit bekommst du mehr Interaktion und mehr Reichweite. Diese beiden Tipps haben weitere positive Nebeneffekte: Indem du etablierte Quellen in deinen Blog-Posts angibst, erhöhst du deine eigene Glaubwürdigkeit und verbesserst deinen Content. Außerdem beginnst du ganz automatisch, Beziehungen zu den Experten in deinem Gebiet aufzubauen und dein Netzwerk zu vertiefen.

Bei der Bewerbung meines (Tomas Herzberger) kuratierten Newsletters »Growth Hacking Rocks« markiere ich immer alle Autoren, deren Artikel ich erwähne, in den Social-Media-Posts. Zum Dank erreicht mein Post mehr Likes und Shares, somit mehr Reichweite und somit mehr neue Abonnenten für den Newsletter.

5.3.3   Der »Denk um die Ecke«-Hack

Nutze nicht nur deine Profile, sondern gehe noch einen Schritt weiter: Teile deinen Beitrag mit relevanten Gruppen auf Facebook, XING, LinkedIn, Google+ (ja, nicht vergessen!) sowie gegebenenfalls Expertenforen und unter entsprechende Fragen bei Quora, reddit und GuteFrage.net.

Suche und nutze relevante Hashtags, wenn du den Beitrag auf Twitter und Instagram teilst. Damit erhöhst du die Chance erheblich, dass deine Zielgruppe auf deinen Beitrag aufmerksam wird. Für Instagram ist das Tool Display Purposes sehr gut geeignet, bei Twitter kann dir die erweiterte Suche (*https://twitter.com/search-advanced*) oder RiteTag helfen.

5.3.4   Der LinkedIn-Teaser-Hack

LinkedIn ist mittlerweile nicht nur ein berufliches Social Network, sondern auch eine Content-Plattform. Und wie auf jeder Plattform mit viel Reichweite ist auch hier der Kampf um Aufmerksam längst entbrannt. Mache dir die Möglichkeiten von LinkedIn zunutze, einen Blogbeitrag in deinem Profil zu veröffentlichen.

Du willst den Traffic auf deine eigene Seite lenken? Dann verfasse einen kurzen Abstract deines Beitrags und veröffentliche ihn auf deinem LinkedIn-Profil. Integriere deine Headline in ein gutes Bild und setze das als Header. Ende mit einem Cliffhanger und einem starken Call-to-Action (= Handlungsaufruf), wie beispielsweise »Neugierig? Hier weiterlesen« und verlinke auf dein Blog – et voilà, du hast Traffic auf deinem Profil (wo sich die Leute direkt mit dir persönlich vernetzen können) und auch auf deiner Website.

5.3.5   Der Slideshare-Hack

Falls du Slideshare nicht kennen solltest: Es handelt sich dabei um eine Mischung aus Social Network und PowerPoint-Bibliothek, das 2012 von LinkedIn für über 118 Millionen US-Dollar gekauft worden ist. Es ist eine Plattform, um Wissen mit der Welt zu teilen, und kann daher in deiner Content-Distributionsstrategie eine wichtige Rolle spielen. Die Nutzer von Slideshare mögen Informationen, die sie schnell »zwischendurch« konsumieren können. Halte daher deine Präsentation zwischen 10 und 30 Folien und nutze eine Schriftgröße von mindestens 90 pt. Platziere deinen Call-to-Action an Anfang und Ende der Präsentation.

5.3.6 Der Multimedia-Hack

Integriere den Tweet, mit dem du deinen Blogbeitrag beworben hast, mit der Embed-Funktion im Blogbeitrag selbst. Klingt nach einer Banalität, aber ein eingebetteter Tweet ist voll funktionsfähig. Dadurch vergrößerst du nicht nur die Reichweite deines Twitter-Profils (weil du es den Lesern sehr einfach machst, dir zu folgen), sondern sorgst auch für mehr Likes und Shares. Das Gleiche gilt auch für YouTube: Wenn du ein Video zu deinem Beitrag erstellt hast, solltest du es auf YouTube posten und dieses Video ebenfalls in den Blog-Post integrieren.

5.3.7 Der Recycling-Hack

Im Gegensatz zu einem Buch, das nur einmal veröffentlicht wird und dann erst wieder bei der nächsten Auflage geändert werden kann, solltest du deinen Online-Content immer wieder aus dem Regal holen und anpassen. In Wahrheit stört es niemanden bzw. merkt es keiner, dass du deinen Content mehr als einmal postest, solange du dich nicht wie ein Spammer benimmst. Du solltest deine Nachrichten nicht zu schnell nacheinander versenden und deswegen einen Zeitplan für alle deine Konten in den sozialen Netzwerken erstellen. Dabei kann dir eine Social-Automation-Software wie Buffer helfen.

5.4 E-Mail

Die E-Mail ist eines der ältesten Werkzeuge im Koffer eines Online-Marketers, denn es gibt sie bereits seit Anfang der 1970er Jahre. Nach seinem Studium am MIT arbeitete Ray Tomlinson als Computertechniker bei Bolt Beranek and Newman (BBN) in Cambridge (Massachusetts), einem privaten Forschungsunternehmen, das 1968 vom US-amerikanischen Verteidigungsministerium den Auftrag erhielt, das Arpanet – den Vorgänger des Internets – aufzubauen. Dabei entstand CPYNET, ein Protokoll, das Dateien zwischen miteinander verbundenen Computersystemen übertragen konnte. Es sollte dahingehend erweitert werden, dass auch Nachrichten übertragen werden können. Weil es in der Schriftsprache nicht verwendet wurde, wählte Tomlinson das @-Zeichen als eindeutiges Trennzeichen zwischen Computer und Adressat. 1971 präsentierte Tomlinson seinen Mitarbeitern das Programm und versandte die erste E-Mail. Deren genauer Inhalt ist unbekannt; Tomlinson konnte sich nur noch daran erinnern, dass er darin unter anderem die Verwendung des @-Symbols erklärte.

Natürlich hat sich die E-Mail seitdem kontinuierlich weiterentwickelt, aber weitaus weniger als andere Technologien. Im Grundsatz ist es immer noch eine textbasierte Nachricht zwischen zwei oder mehreren Nutzern.

Der Vorteil für den Marketer: E-Mail-Versand ist spottbillig, und man ist unabhängig von Gatekeepern wie Facebook, Google oder Microsoft. Stell dir vor, du hast es mit viel Aufwand und Zeit geschafft, sehr viele Follower auf Facebook zu generieren – und nun ändert Facebook von einem auf den anderen Tag plötzlich seine AGB oder seinen Algorithmus (wie in der Vergangenheit bereits geschehen), und du erreichst deine Fans plötzlich nicht mehr. Es gibt nichts, was du dagegen machen könntest – außer Geld zu investieren.

Bei E-Mail bist du hingegen vollkommen unabhängig von jedem technischen Dienstleister. Die Liste mit den Adressen ist dein Kapital. Und du solltest von Anfang an damit beginnen, sie zu füllen.

In Deutschland (und voraussichtlich ab Mai 2018 in der gesamten EU) ist das Thema Datenschutz sehr wichtig und die Regeln sehr streng. Um auf der sicheren Seite zu sein, solltest du unbedingt das Double-Opt-in-Verfahren anwenden, bei dem der Nutzer nach Eingabe seiner Adresse eine E-Mail mit einem Bestätigungslink bekommt. Erst nach dieser Aktivierung darf er werbliche E-Mails von dir bekommen. Außerdem solltest du darauf hinweisen, dass er sich jederzeit und kostenlos wieder abmelden kann. Achte darauf, einen deutlich sichtbaren Abmelde-Link in jedem Newsletter einzufügen (siehe Abschnitt 2.9.3). Die meisten E-Mail-Provider wie Cleverreach, Mailchimp oder AWeber bieten diese Funktionen an.

In diesem Bereich verstoßen wir gegen McClures Piraten-Systematik (siehe Abschnitt 4.5.8, »Die Pirate Metrics«), weil die Generierung einer E-Mail-Adresse streng genommen bereits zur Aktivierung der Nutzer gehört. Der Übersicht halber belassen wir es aber bei diesem Abschnitt, denn je besser dein E-Mail-Marketing funktioniert, desto mehr Traffic wirst du generieren können.

5.4.1 Der Erdrücken-durch-Umarmen-Hack

Biete deinen Nutzern ein wertvolles, digitales Produkt im Austausch für ihre E-Mail-Adresse an, beispielsweise Zugang zu einem Blogbeitrag, ein E-Book, einen Gutschein, einen Rabattcode oder Ähnliches. Diese Belohnung (böse Zungen würden es Bestechung nennen) solltest du nicht erst auf der Website, sondern bereits in deinen E-Mails bewerben. Dieser Content ist deine Visitenkarte, dein Aushängeschild. Von seiner Qualität hängt dein Ruf ab, denn wenn ein Mensch dir seine E-Mail-Adresse anvertraut und im Gegenzug nur Informationen minderwertiger Qualität bekommt, wirst du es nur sehr schwer haben, dich als Experte zu etablieren. Björn Tantau, der diese Methode sehr erfolgreich nutzt, vergibt nicht weniger als sieben E-Books, fünf Checklisten und drei Whitepaper an neue Abonnenten seines Newsletters. Natürlich vergibst du diesen Content nicht nur aus Nächstenliebe, sondern weil du dahinter einen Sales Funnel aufgebaut hast.

Warum funktioniert diese Taktik so gut? Jeff Walker spricht von *Reciprocity*: Die Verpflichtung zur Gegenleistung ist tief in der menschlichen Kultur verankert. Erhalten Menschen eine Gefälligkeit oder ein Geschenk, fühlen sie sich in der Schuld, auch wieder etwas zurückzugeben, um dies auszugleichen.

Überlege dir also, ob du bei deinen Nutzern etwas »gut« hast und ob du nicht für die eine oder andere positive Überraschung sorgen kannst. Mehr Informationen zu *Content Upgrades* oder auch Lead-Magneten findest du in Kapitel 6, »Activation – so aktivierst du deine Nutzer«, und zum Sales Funnel in Kapitel 9, »Revenue – so verdienst du Geld«.

5.4.2 Der »Nutze jede Gelegenheit«-Hack

Du solltest keine Gelegenheit auslassen, die E-Mail-Adresse deiner Nutzer einzusammeln. Du kannst folgende Ideen für dich nutzen:

1. Schicke ihnen eine Quittung per E-Mail.
2. Lade sie ein, sie als Erste über dein nächstes Produkt zu informieren (sogenannter Pre-Sell).
3. Biete einen Online-Kurs an.
4. Veranstalte ein Event oder ein regelmäßiges Meet-up.
5. Poste einen Call-to-Action in deinem Skype-Status.
6. Erwähne einen Call-to-Action in deiner E-Mail-Adresse.
7. Führe eine Umfrage durch und frage am Ende nach der E-Mail-Adresse.
8. Kreiere ein Quiz. Neil Patel schwört auf diesen Hack und nutzt dafür das Tool LeadQuizzes.
9. Bitte deine bestehenden Abonnenten um Weiterleitung.
10. Nutze ein Tool wie WiseStamp, Mailtastic oder den Signaturgenerator von HubSpot, um einen Call-to-Action in deiner E-Mail-Signatur zu integrieren

5.4.3 Der »Nutze jede Gelegenheit in Social Media«-Hack

1. Tweete einen Call-to-Action mit der Belohnung, die deine Newsletter-Abonnenten bekommen. Pinne diesen Tweet an dein Profil.

2. Integriere den Call-to-Action in einen Post auf Instagram (und wiederhole das regelmäßig).

3. Integriere den Call-to-Action in dein Facebook-Cover-Bild und verweise auf einen passenden Button, wie z.B. »Registrieren«.

4. Integriere einen E-Mail-Sign-up-Tab auf deiner Facebook-Seite.

5. Poste deinen Call-to-Action in deinem Facebook-Profil und in passenden Gruppen.

6. Starte eine exklusive Facebook-Gruppe ausschließlich für deine Newsletter-Abonnenten (der Zugang ist das Incentive für die Registrierung).

7. Poste den Call-to-Action in Gruppen auf Google+.

8. Integriere den Call-to-Action auf deinen LinkedIn- und XING-Profilen sowie in passenden Gruppen.

9. Integriere den Call-to-Action in deine YouTube-Videos.

10. Pinne den Call-to-Action auf dein eigenes Board bei Pinterest und auf passende Gruppen-Boards.

11. Teile deinen Call-to-Action in passenden Slack-Communitys. Eine Übersicht von 1.000 wichtigen Slack-Gruppen findest du hier: *https://standuply.com/slack-communities*

12. Veranstalte ein Webinar, und gib dein Wissen virtuell an deine Zielgruppe weiter. Das ist nicht nur gut für dein Karma, du bekommst auch jede Menge neuer E-Mail-Adressen.

13. Sei Gast bei einem regelmäßigen Podcast – oder starte deinen eigenen.

14. Bemühe dich um Gastbeiträge auf etablierten Blogs und erwähne dein Incentive.

15. Blogge auf Medium.com, einer Plattform für *Social Journalism*. Als Alternative zu Twitter konzipiert, hat sich Medium mittlerweile als Kanal für hochwertigen Content in der englischsprachigen Welt etabliert.

5.4.4   Der »Exportiere deine LinkedIn-Kontakte«-Hack

Du hast Hunderte Kontakte auf LinkedIn und würdest ihnen gerne eine Nachricht zukommen lassen? Dann brauchst du entweder einen sehr teuren Profi-Account oder du bedienst dich dieses relativ unbekannten Features: Bereits mit einem kostenlosen LinkedIn-Account kannst du alle Kontaktdaten exportieren. Gehe auf Mein Netzwerk • LinkedIn-Kontakte • Kontakte exportieren.

Aber Achtung: Diese Kontakte haben dir per se kein Einverständnis für werbliche E-Mails gegeben, und streng genommen verstößt du damit gegen bestehende Datenschutzgesetze. Wenn du diesen Hack trotzdem durchführen möchtest, dann solltest du diese Adressen auf keinen Fall in deinen regulären Verteiler aufnehmen, sondern sie persönlich mit Verweis auf eure LinkedIn-Bekanntschaft anschreiben und sie auf dein Angebot hinweisen.

5.4.5   Der »Exportiere deine XING-Kontakte« Hack

Leider erlaubt XING nicht mehr den direkten Export der Kontakte. Aber es gibt trotzdem mehrere Möglichkeiten. Die einfachste ist das CRM-Tool Centralstation. Du kannst einen kostenlosen Account erstellen und mit deinem XING-Account verbinden. Im Anschluss hast du bei Centralstation die Gelegenheit, alle Kontaktdaten zu exportieren. Beachte aber auch hier, dass die Nutzer nicht ihr Einverständnis für werbliche E-Mails gegeben haben.

5.4.6   Der »Ich kenne dich doch!«-Hack

Wir reagieren sehr sensibel auf unsere eigenen Namen. Selbst auf einer belebten, lauten Party wirst du aufhorchen, wenn jemand deinen Namen sagt. Dieses Prinzip kannst du dir auch beim Newsletter-Versand zunutze machen: Erstelle einen Platzhalter für den (Vor)Namen im Betreff und deine E-Mail wird unter allen anderen E-Mails im Posteingang deines Adressaten hervorstechen. Ein ähnlicher Trick: Du beginnst deinen Betreff mit »AW:« oder »WG:« und gaukelst dem Leser damit vor, dass diese E-Mail Teil einer bestehenden Unterhaltung ist, was sich positiv auf die Öffnungsrate auswirken kann. Ob verschiedene Betreffzeilen einen positiven Effekt haben oder nicht, solltest du testen, indem du einen A/B-Test vornimmst: Schicke dazu an ca. 10% deiner Nutzer deine Nachricht, wobei 5% Betreff A und die anderen 5% Betreff B erhalten. Der Betreff mit der höheren Öffnungsrate wird für die verbleibenden 90% verwendet.

5.4.7   Der »Let's keep it simple«-Hack

E-Mail ist eine auf Text basierende Kommunikation. Es waren Marketer wie wir, die unbedingt HTML benutzen wollten, um E-Mails mehr wie Webseiten aussehen zu lassen. Das ist aber nicht nur in der Erstellung deutlich aufwendiger, es führt auch zu einer ganzen Reihe von Nachteilen, unter anderem, weil viele Clients Bilder nicht automatisch herunterladen. Daher solltest du maximal ein Header-Bild integrieren, aber ansonsten auf reine Text-E-Mails setzen. Text wird auf jedem Endgerät vollständig dargestellt und Links werden automatisch farblich hervorgehoben. Je weniger Ablenkung du deinen Lesern bietest, desto höher die Chancen, dass sie deinen Call-to-Action betätigen.

5.4.8 Der »Teste deine E-Mails vor dem Versand«-Hack

Nutze *mail-tester.com*, um deine E-Mails vor dem Versand auf Spam-Verdacht hin zu testen und gegebenenfalls Änderungen vorzunehmen. Außerdem empfehlen wir dir, deine E-Mails vor Versand auf verschiedenen Clients (z. B. *t-online.de*, *gmail.com*, *web.de*) und verschiedenen Endgeräten zu testen, insbesondere wenn du HTML verwendest.

5.4.9 Der »Zweimal hält besser«-Hack

Bilde ein Segment aus den Adressaten, die deine letzte E-Mail nicht geöffnet haben. Schicke ihnen vier bis sieben Tage später die E-Mail erneut, aber mit einem anderen Betreff. Auf diese Weise verdoppelst du deine Chancen, dass die E-Mail geöffnet wird, ohne deine Adressaten zu belästigen. Gleichzeitig etablierst du dich bei den E-Mail-Providern als vertrauenswürdiger Absender und reduzierst damit das Risiko, dass deine E-Mails im Spam-Ordner landen.

Viele E-Mail-Anbieter, wie beispielsweise Mailchimp, erlauben Automation, d. h. in diesem Fall, dass automatisch ein Segment der Nicht-Öffner generiert wird, an die deine E-Mail einige Tage später mit einem alternativen Betreff geschickt wird. Mit diesem automatischen Workflow kannst du viel Zeit sparen. Diesen Hack nutze ich bei den meisten meiner Kunden. Noch nie hat sich ein Leser beschwert, und mit kaum einer anderen Methode wirst du derart günstigen Traffic auf deine Website bekommen.

5.4.10 Der »Noch ist lange nicht Schluss«-Hack

Nutze jeden Berührungspunkt (Touchpoint) mit dem Nutzer, auch z. B. den, wenn er sich von deiner Liste abmelden möchte. Du kannst festlegen, auf welche Seite der Abmeldelink in deinen E-Mail führen soll. Mach nicht den Fehler, die Abmeldung für deine Adressaten technisch schwierig oder kompliziert zu machen. Mach es aber emotional schwierig, indem du beispielsweise deine Trauer ob des Abschieds ausdrückst, etwa mit einem humorvollen Video auf der Opt-out-Seite. Oder frage nach dem Grund für die Abmeldung und verweise auf deine Social-Media-Kanäle (für den Fall, dass der Nutzer zwar nach wie vor Interesse an deinem Produkt hat, aber einfach weniger E-Mails bekommen möchte).

5.5 Social Media

Die Nutzung von Social Media als Privatperson und als Marketer unterscheiden sich sehr stark voneinander, insbesondere dann, wenn dein Ziel schnelles Wachstum ist. Denn dann richtest du alle deine Aktivitäten darauf aus, mehr Follower, Interaktionen und letztendlich Leads zu generieren und Kunden zu gewinnen. Daher eine Warnung vorweg: Professionelles Social Media Marketing macht lange nicht so viel Spaß wie die private Nutzung. Aber dafür hat es realen Nutzen und ist nicht nur reiner Zeitvertreib.

Gutes Social Media Management für dein Business basiert auf der sozialen Interaktion. Dafür wurden Twitter, Facebook & Co. konzipiert. Schnelles, hilfreiches und freundliches Engagement wird belohnt werden und dich von der Masse abheben. Allerdings nimmt es auch sehr viel Zeit in Anspruch. Daher solltest du keineswegs versuchen, auf jeder Plattform aktiv zu sein. Experimentiere und analysiere, wo sich deine Zielgruppen tummeln und austauschen. Investiere deine wertvolle Zeit nur in solche Kanäle, die dir beim Wachstum helfen.

Ein großer Vorteil von professionellem Social Media Management: Es ist sehr datenlastig und erlaubt dir daher, den Erfolg deiner Bemühungen schnell und einfach zu messen. Gleichzeitig hast du auch die Möglichkeit, deine Bemühungen mit bezahlter Werbung zu flankieren, und das mit sehr flexiblen Budgets. Kurzum: Es ist eine ideale Spielwiese für Growth Hacker. Aber denke daran, dass du dich zu Teilen von der jeweiligen Plattform abhängig machst und nur eine kleine Änderung im Algorithmus oder den AGB dazu führen kann, dass du deine schwer erarbeiteten Follower nicht mehr erreichst.

Achte außerdem darauf, viel zu posten – aber nur mit relevanten Inhalten. Zu wenige Beiträge, und man sieht dich nicht. Zu viele wahllose Inhalte (insbesondere für dein Thema irrelevanter Content), und du wirkst beliebig und austauschbar. Den Unterschied macht dein persönliches Engagement in der sozialen Interaktion. Poste im Zweifel lieber einmal zu viel, als einmal zu wenig. Immerhin scheuen wir Growth Hacker das Risiko nicht. Wie viel ist viel? Das hängt von deiner Zielgruppe ab (auf welchen Social Networks ist sie wie oft mit welchem Bedürfnis aktiv?) und von der Plattform selbst. Auf einem Netzwerk mit Fokus auf dem »Hier und Jetzt« wie Twitter und Instagram kannst du bis zu zehnmal am Tag posten, ohne dass es negativ auffällt. Denn weil die Nutzer sehr oft posten, ändert sich der Newsfeed fortwährend, und du *musst* sogar oft posten, um überhaupt eine Chance zu haben, gesehen zu werden. Auf Facebook würde diese Vorgehensweise schnell störend wirken, weil sich der Newsfeed dort in der Regel nicht so schnell ändert.

Außerdem: Teste unbedingt neue Plattformen, besonders, wenn es noch niemand anderes tut. Bist du zu Beginn eines Social Networks aktiv, fällt dir die Verknüpfung oft noch sehr leicht, weil sich viele Early Adopters dort vernetzen wollen. So hast du einen großen Vorteil gegenüber etablierten Unternehmen, die erst später einsteigen. Denke beispielsweise an Snapchat, Musical.ly oder Slack. Auch auf etablierten Kanälen wie Facebook und Instagram kannst du schnell Reichweite generieren, wenn du neue Funktionen so schnell wie möglich nach Release testest, wie beispielsweise Live-Video oder Stories. Die Plattform-Betreiber werden die neuen Funktionen, in deren Entwicklung viel Zeit und Geld geflossen ist, schnell bekannt machen wollen und belohnen Early Adopters daher oft mit hoher Reichweite. Außerdem solltest du keine Scheu vor Konventionen haben: Nur weil du ein B2B-Produkt vermarktest, musst du keinen Bogen um Instagram machen. Auf der anderen Seite des Bildschirms sitzt immer ein Mensch, egal, ob du ihn bei der Arbeit oder in der Freizeit erreichst. Wage dich also auch in Netzwerke, wenn du zunächst keinen unmittelbaren Fit zwischen der Plattform und deinem Unternehmen siehst, solange sich deine Zielgruppe dort tummelt.

5.5.1 Der »Den kenne ich doch!«-Hack

Wichtige Voraussetzung für professionelles Social Media Marketing ist ein eindeutiges und konsequent umgesetztes Corporate Design. Nutze überall den gleichen Namen, die gleichen Profilbilder, Textbausteine und Profilbilder, damit dich deine Nutzer und Kunden wiedererkennen. Man spricht von einem Branding-Effekt. Nutze dazu das Tool knowem.com, um mit einem Klick die Verfügbarkeit deiner Marke auf den wichtigsten sozialen Netzwerken zu überprüfen. Das hervorragende (und in der Basisversion kostenlose) Grafik-Tool Canva hilft dir bei der schnellen und einfachen Erstellung von Header-Bildern.

5.5.2 Der »Einer für alle«-Hack

Guter Content kann in sozialen Medien sehr schnell einen viralen Effekt erreichen, wenn er innerhalb von kurzer Zeit von möglichst vielen Menschen geteilt und gelikt wird. Leider ist virales Marketing nur schlecht planbar, insbesondere mit begrenztem Budget. Aber das Mindeste, was ihr, du und dein Team, tun könnt, ist die Interaktion mit den Posts eures Unternehmens. Sprich: Sobald ihr von eurem offiziellem Account postet, sollten die eigenen Teammitarbeiter die ersten sein, die den Beitrag liken und teilen. Sucht euch zusätzlich einen kleinen, aber feinen Kreis von Unterstützern und echten Fans, die das ebenfalls gerne tun. Beliebt sind auch gegenseitige Shout-outs (die öffentliche Ansprache eines anderen Accounts), beispielsweise anlässlich von Events und Messen, zum #FollowerFriday oder #ThrowbackThursday. Damit erreichst du regelmäßig hohe Interaktion und damit mehr Sichtbarkeit für dein Profil.

Die professionellere Version dieses Hacks sind sogenannte *Engagement Groups*, die insbesondere bei Einzelpersonen wie Coaches, Influencern und Experten wirkungsvoll sein können. Sie funktionieren wie folgt: Wo immer es Überschneidungen in der Zielgruppe und keine Interessenkonflikte gibt, vereinbaren die Inhaber von Instagram-, Twitter- oder Facebook-Accounts, dass sie ausgewählte Posts gegenseitig liken und teilen. Damit erhöhen alle Teilnehmer der Engagement Group ihre Reichweite und mehr Chancen auf Traffic und damit Umsatz.

Eine weitere Steigerung dieser Engagement Groups ist die gemeinsame Erstellung von Content, wie es beispielsweise viele »Let's Play«-YouTuber tun, wenn sie nicht allein, sondern miteinander spielen und dann die Videos in ihren jeweiligen Kanälen teilen. Auch Unternehmen mit den gleichen Zielgruppen können zusammenarbeiten und beispielsweise Webinare oder E-Books gemeinsam anbieten und ihren jeweiligen Social-Media-Fans oder E-Mail-Abonnenten anbieten.

5.5.3   Der »Jab, Jab, Jab, Right Hook«-Hack

Der Tipp von Gary Vaynerchuk: Für jeden werblichen Post solltest du drei, vier Posts zur Informationen oder Unterhaltung beisteuern. Sorge mit Videos, Bildern, Links, Studien usw. für Abwechslung bei deinen Followern und überfrachte sie nicht mit Werbung – egal, auf welcher Social-Media-Plattform.

5.5.4   Der »Bin ich wichtig?«-Hack

Apropos Abwechslung: Mit Klout kannst du nicht nur die Reichweite all deiner Social-Media-Kanäle messen und analysieren (insbesondre für Blogger sehr interessant, weil der Klout-Score mittlerweile eine angesehene Reichweitenmetrik darstellt), sondern du bekommst auch Empfehlungen für passende Beiträge, basierend auf deinen Fachthemen. Alles, was du tun musst, ist den Beitrag mit einem Kommentar zu versehen und zu posten. Mein Klout-Score hat mir Presse-Akkreditierungen zu dem einen oder anderen spannenden Branchen-Event eingebracht.

5.5.5   Der »Mehr als nur ein Link«-Hack

Es gibt drei Tools, die du immer dann nutzen kannst, wenn deine Nutzer auf einen Link klicken sollen. Nutze zunächst das kostenlose Tool *bit.ly*, um deine Links zu verkürzen und um die Klicks messen zu können.

Willst du noch mehr Informationen erhalten, nutze den *UTM-Builder* von Effin. Damit kannst du deinen Link um kampagnenbezogene Variablen ergänzen und so beispielsweise nicht nur messen, ob ein Besucher von Facebook auf deine Website gekommen ist, sondern exakt welchen Link er geklickt hat. Das funktioniert in Kombination mit *bit.ly* übrigens hervorragend, um schon auf Mikroebene den Erfolg von Links messen zu können. Du kannst mit *bit.ly* sogar deine eigene, individuelle Short-URL erzeugen.

Noch einen Level weiter kannst du mit *snip.ly* gehen. Das Tool erlaubt dir, einen eigenen Call-to-Action zu erstellen, der dann als Button jedem Nutzer angezeigt wird, der auf deinen Link geklickt hast. Selbst wenn du also Content von Dritten teilst, kannst du mit *snip.ly* deine Marke bewerben und mehr Traffic generieren. Zusätzlich hast du auch hier ein implementiertes Tracking.

Wenn du Ambitionen hast, mit deinen Content-Maßnahmen Erfolg zu haben, solltest du dir die Möglichkeiten von Link-Shortenern eingehend anschauen, denn ansonsten lässt du eine eindrucksvolle und sehr günstige Chance auf Wachstum (und Validierung deiner Thesen, was den Nutzern gefällt) liegen. Tabelle 5.1 bietet eine kurze Übersicht.

Shortener	Editierbare Links?	Tracking	Weitere Features	Preis
goo.gl	nein	▶ Klicks ▶ Referrers ▶ Browser ▶ Länder ▶ Zeitleiste	–	kostenlos
Bit.ly	ja	▶ Klicks ▶ Referrers ▶ Länder ▶ Zeitleiste	Enterprise-Version	Basisversion kostenlos
ReBrand.ly	ja	▶ Klicks	▶ Chrome-App ▶ Emojis	kostenlos
Snipl.ly	nein	▶ Klicks ▶ Conversions	▶ Call-to-Action ▶ Chrome-App ▶ Integrationen zu Buffer, Twitter, Facebook etc.	Basisversion kostenlos

Tabelle 5.1 Populäre Link-Shortener im Vergleich

5.5.6 Der »Was sagen andere über mich?«-Hack

Seitdem es Social Media gibt, wollen werbetreibende Unternehmen feststellen, was andere Menschen über ihr Unternehmen schreiben. Dafür gibt es eine Reihe von Social-Media-Monitoring-Tools wie Talkwalker oder Mentions, die das öffentlich zugängliche Netz nach definierten Begriffen scannen. Leider sind diese Tools in der Regel zu teuer für Einzelunternehmen oder Start-ups (was dich bei Interesse nicht davon abhalten sollte, mit den Vertriebsmitarbeitern zu verhandeln). Eine günstige Alternative ist BuzzBundle. Eine kostenlose, aber auch eingeschränkte Alternative ist Google Alerts. So bekommst du immer eine E-Mail, sobald Google deine ausgesuchten Keywords irgendwo im Netz findet. Für Social Media funktioniert Google Alerts allerdings nur sehr eingeschränkt.

5.5.7 Der »Wann sollte ich meine Beiträge posten?«-Hack

Viele Social-Media-Influencer sind der Ansicht, dass man gar nicht oft genug posten kann. Gerade bei Heavy Usern von Social Media ist der Newsfeed ständig in Bewegung, so dass du sehr oft posten *musst*, um überhaupt sichtbar zu sein, zumal deine Fans natürlich nicht den ganzen Tag online sind und du früher oder später auch Follower aus anderen Zeitzonen haben wirst. Ob das für dein Business sinnvoll ist, musst du entscheiden. Aber wenn es dir erstmal nur um die Anzahl der Follower geht (was es nur dann tun sollte, wenn sich diese Anzahl direkt positiv auf dein Business auswirkt), dann poste auch zehnmal am Tag. Unter anderem können diese zwei Tools dir dabei helfen:

Buffer ist, insbesondere für Einzelunternehmer und kleine Unternehmen, ein hervorragendes Social-Media-Management-Tool. Du kannst damit nicht nur deine Beiträge über mehrere Plattformen gleichzeitig planen und auswerten, sondern dir auch eine Queue an zukünftigen Posts erstellen. Wenn du willst, postet Buffer deine Beiträge auch in der Zeit, in der die höchste Interaktion zu erwarten ist. Ben Harmanus schwört derzeit auf das hierzulande noch relativ unbekannte Tool *Meet Edgar*, das die eigenen Posts automatisch der passenden Zielgruppe zu den passenden Uhrzeiten anzeigt und so erheblich Zeit beim Social Media Management einsparen kann.

5.5.8 Der »Was sollte ich posten?«-Hack

Die Inhalte deiner Posts sind zum einen von dir und deinen Zielen abhängig, zum anderen aber auch von der jeweiligen Plattform. Um die jeweiligen Gepflogenheiten kennenzulernen, solltest du zunächst einen privaten Account eröffnen und ein wenig experimentieren.

Generell gilt: Wenn möglich, inkludiere ein Bild zu deinen Posts, insbesondere auf Twitter und Facebook. Mit Tools wie Canva oder Pablo kannst du sehr schnell und einfach Social-Media-Grafiken erstellen (weitere Tools findest du in Anhang A). Bilder haben den Charme, dass du andere Nutzer und auch Unternehmen auf ihnen markieren kannst. Solltest du beispielsweise den Link zu einem Blogbeitrag über eine Fachkonferenz posten, könntest du die Teilnehmer auf dem Bild innerhalb des Twitter-Posts verlinken, um sie darauf aufmerksam zu machen. Somit erhöhst du die Chancen, dass dein Beitrag wahrgenommen und geteilt wird.

Eine Steigerung ist die Interaktion von animierten GIFs, wie du sie beispielsweise mit giphy.com oder der Instagram-App Boomerang erstellen kannst.

Noch aufwendiger, aber auch Erfolg versprechender sind Videos. Aber vermeide, wenn möglich, YouTube-Links. Auf Facebook oder Twitter hochgeladene Videos ermöglichen dir nicht nur bessere Reporting-Daten, sondern spielen im Newsfeed deiner Follower auch automatisch ab, was wiederum die Wahrscheinlichkeit auf Interaktion erhöht. Wenn du einen passenden Anlass hast, könntest du noch einen Schritt weitergehen und Live-Videos auf Facebook oder mit Periscope posten. Aber denke daran, dass sehr viele Nutzer Plattformen wie Facebook und Instagram ebenso auf ihrem Handy nutzen. Die Aufmerksamkeitsspannen sind kurz, daher sollten deine Videos schnell (innerhalb der ersten 5–10 Sekunden) auf den Punkt kommen. Außerdem kann es sinnvoll sein, Videos im Hochkantformat zu drehen, weil diese auf mobilen Endgeräten deutlich auffälliger sind als Videos im 16:9-Format. Und da ca. 80 % der Nutzung von Facebook und 100 % der Nutzung von Instagram auf dem Smartphone stattfindet, ist dieses Format in der Regel zu bevorzugen. Übrigens kannst du auch aus einfachen Standbildern schnell und einfach Videos machen und diese dann posten. Vorteil: Der Facebook-Algorithmus bevorzugt diese vor Bildern und externen Links, und du wirst mehr organische Reichweite erzielen.

5.5.9   Der Newsjacking-Hack

Live-Events eignen sich hervorragend, um neue Follower, Nutzer und Kunden für das eigene Unternehmen zu gewinnen. Mit provokanten Plakaten zu tagesaktuellen Ereignissen hat das Mietwagenunternehmen Sixt viel Aufsehen erregt. Dank digitaler Medien kannst du einen ähnlichen Effekt mit deutlich weniger Kosten erzielen. Der richtige Post zum richtigen Zeitpunkt mit dem richtigen Hashtag kann schnell viral gehen und eine sehr große Reichweite erzielen. Beispiele sind Messen, Konferenzen, populäre Fernsehshows, Feiertage oder Live-Sport-Events. So hat die NASA das Bild in Abbildung 5.6 während des Superbowls gepostet.

In honor of the #SuperBowl Half Time Show & @BrunoMars... well, here's Mars. #SB48 #SuperNovaSunday

Abbildung 5.6 Die NASA nutzt den Hashtag #SB48, um während der Halbzeitshow des Superbowls mehr Menschen zu erreichen.

Wichtig: Mache dir im Vorfeld des Events Gedanken dazu, wie du die Ereignisse mit deinem Produkt verknüpfen kannst, und bereite entsprechenden Content auf. Plane die Veröffentlichung über Buffer, aber interagiere live. Gerade auf öffentlichen Plattformen wie Twitter und Instagram kannst du auch als kleineres Unternehmen mit innovativen, hilfreichen oder humorvollen Posts eine erhebliche Reichweite bekommen.

Viele inspirierende (deutschsprachige) Beispiele findest du auf *www.dasbesteaus-socialmedia.de*.

5.5.10 Der »Ich bin neu hier«-Hack

Ein guter Start, um eine gesunde Basis an Followern zu generieren und sich mit den wichtigen Influencern zu vernetzen, ist wie folgt: Finde mit BuzzSumo oder Ninja-

217

outreach die zehn wichtigsten Influencer in deiner Nische. Folge ihnen und ihren treuesten, wichtigsten Followern (die findest du mit Followerwonk oder der erweiterten Twitter-Suche). Like mindestens drei ihrer Beiträge, teile mindestens einen (via Buffer) und markiere sie regelmäßig in Kommentaren und deinen eigenen Beiträgen.

5.5.11   Die »Cool, DAS geht?!«-Hacks auf Twitter

Twitter kann mehr, als es den Anschein hat. Also, wenn du herausgefunden hast, dass Twitter für deine Zielgruppe ein relevantes Medium ist, solltest du dir folgende Tricks anschauen:

Du kannst sowohl private als auch öffentliche Listen erstellen. Das kann dir nicht nur dabei helfen, deine Lieblings-Follower (z. B. wichtige Kunden, Fans, Experten) zu sortieren und sie öffentlich durch die Aufnahme auf eine Liste auf ein Podest zu heben, sondern auch, um auf dem Laufenden zu bleiben, was Journalisten oder Wettbewerber twittern, ohne, dass du ihnen folgst. Das funktioniert großartig in Verbindung mit TweetDeck.

Auf *https://twitter.com/search-home* findest du die erweiterte Twitter-Suche. Dort kannst du beispielsweise Tweets von Menschen finden, die das Problem haben, für das dein Produkt die Lösung ist – unabhängig von etwaigen Hashtags. Mit dem Geofilter kannst du auch Menschen finden, die sich gerade an einem bestimmten Ort an der Welt befinden (z. B. auf einer Messe), und du kannst ihnen daraufhin live eine Frage zum jeweiligen Ort bzw. Event stellen. Außerdem kannst du die Suche auch nutzen, um über deinen Wettbewerber auf dem Laufenden zu bleiben. Wenn sich beispielsweise seine Kunden über ein Produkt beschweren, könntest du in die Bresche springen und die Vorteile deines Produkts erläutern.

5.5.12   Der »Lustig, klick ich!«-Hack auf Facebook

Als Seitenbetreiber ist dir sicher schon aufgefallen, dass die organische Reichweite, also die Anzahl der Impressions deiner Posts, nicht der Anzahl deiner Follower entspricht. Das liegt zum einen natürlich daran, dass nicht jeder deiner Fans die ganze Zeit über online ist. Zum anderen will Facebook aber auch mit Werbeanzeigen Geld verdienen und begrenzt dadurch die Reichweite künstlich. Diese Begrenzung hast du bei Gruppen und Events in dieser Form aber noch nicht. Überlege dir also ein originelles Event, bei dem dein »Lieblingskunde« gerne dabei wäre. Denke auch an virtuelle Events (Messe, Produkt-Launch) oder fiktive Veranstaltungen (z. B. »Marty McFly Welcome Party«, »Netflix & Chill« – siehe Abbildung 5.7).

Abbildung 5.7   Facebook-Gruppe »Netflix & Chill«

Ein gelungenes Beispiel für solches virales Marketing war beispielsweise die »30-Day-Plank-Challenge«. Da sowohl Teilnehmer als auch deren Freunde über die Veranstaltung benachrichtigt werden, können Gruppen schnell viral gehen. Wichtig wird es dann sein, die Teilnehmer auch »abzuholen« und mit klugen Calls-to-Action in Leads umzuwandeln. Außerdem kannst du alle Menschen, die sich für das Event angemeldet haben, per Re-Targeting und Facebook-Ads sehr zielgenau mit gesponserten Posts erreichen.

5.6   Offline-Events

Bei allen Möglichkeiten in der digitalen Welt: Unterschätze niemals die von Live-Events. Sie bieten dir die großartige Chance, dich zu vernetzen und Freunde, Partner und Kunden zu finden. Der Austausch ist immer intensiver und wertvoller als auf sozialen Netzwerken. Auch bei Offline-Events sollte dein Mantra lauten: Die Welt ist eine Spielwiese. Als junges Start-up musst du dich nicht an die gängigen

Konventionen halten. Hab lieber den Mut, eine kreative Idee umzusetzen (auch wenn du dich dabei vielleicht lächerlich machst), als zwei Tage frustriert hinter der Theke deines teuren Messestandes vergeblich auf Besucher zu warten.

5.6.1 Der Messe-Guerilla-Hack

Messen gibt es schon seit Jahrhunderten. Das bedeutet: Sie funktionieren, und sie sind etwas eingestaubt. Als frecher Newcomer wird es dir leichtfallen, dich mit kreativen Ideen von der Masse abzuheben. Solltest du in einer sehr traditionellen Branche tätig sein und deinen ersten Messeauftritt planen, empfehlen wir dir den Besuch einer Messe mit einer komplett anderen Zielgruppe (beispielsweise der Gamescom oder der DMEXCO), um sich von den originellen Standideen inspirieren zu lassen. Denke daran, dass sich – egal, wie ernst und konservativ die Branche ist – unter jedem Anzug ein Mensch versteckt. Und Menschen haben alle die gleichen Bedürfnisse.

5.6.2 Der »Hier, lass mich dir helfen«-Hack

Als Messeaussteller ist es dein Ziel, möglichst viele Besucher an deinen Stand zu locken und mit diesen zu interagieren. Biete auf deinem Stand gratis gemütliche Sitzgelegenheiten, WLAN, Strom für Handys (Adapter!) und Getränke an. Die Messebesucher werden es dir danken und sich eine kleine Auszeit gönnen. Sind sie erst einmal an deinem Stand, werden sich die meisten gerne über dein Angebot informieren lassen und sich mit einem Tweet bedanken. Twitter funktioniert übrigens hervorragend auf Messen, Konferenzen und Live-Events und bieten dir eine gute Möglichkeit, dich mit Menschen in deiner Nische zu vernetzen. Achte darauf, die richtigen Hashtags zu nutzen. Hilfreiche Tipps über die Messe (z. B. aktuelle Events vor Ort, kostenloses Essen, Auflademöglichkeiten für das Handy) werden in der Regel immer sehr dankbar angenommen und weiter geteilt.

5.6.3 Der »Das traut sich sonst keiner«-Hack

Hebe dich und deine Teammitglieder von den anderen Messeausstellern ab, indem ihr freche, originelle Shirts oder sogar Kostüme tragt. Damit macht ihr die Menschen neugierig auf euch, und Neugier führt zu Aufmerksamkeit und vielleicht zur Interaktion. Ihr könnt auch verkleidete Hosts und Hostessen anstellen und diese entweder als Eyecatcher an eurem Stand platzieren oder mit einem deutlich sichtbaren Hinweis auf den Stand über die Messe laufen lassen. Der Klassiker sind sogenannte Walking Acts, also Menschen in Ganzkörper-Kostümen, aber deiner Fantasie sind keine Grenzen gesetzt. Schon mal an Bodypainting gedacht? Sehr viele Besucher lockst du auch mit originellen Foto-Gelegenheiten an, beispielsweise mit lustigen Schildern, kleinen Accessoires oder Fotoboxen. Die Menschen werden ein Erinnerungsfoto schießen wollen, dieses idealerweise auf Social Media teilen und werden in diesem Moment Brand-Ambassador für dich. Ebenso gut funktioniert Live-Printing von T-Shirts oder Taschen, die du an die Besucher (gegen einen Tweet oder Ähnliches) verschenkst.

5.6.4   Der »Wenn es ein Problem gibt, mach eine Party draus«-Hack

Warte nicht, bis es passende Events für dein Start-up gibt, sondern organisiere selbst eines. Anlass können ein wichtiger Meilenstein, ein neues Feature oder ein neuer Partner sein. Oder du organisierst eine »Danke für das tolle Jahr«-Feier. Um das Event digital zu verlängern, lade auch Multiplikatoren mit hoher Reichweite auf den sozialen Medien ein. Auch der eine oder andere Journalist freut sich über kostenlose Getränke und Häppchen. Nutze dein Event und vermarkte es, wo und wie du nur kannst. Kündige es auf allen passenden Kanälen an, verfasse Blogartikel, begleite es mit Live-Videos und Twitter-Kommentaren und fasse alles in einem Recap zusammen. Spätestens bei dieser Gelegenheit solltest du dich bei den wichtigen Teilnehmern für ihr Erscheinen durch einen öffentlichen Shout-out bedanken.

5.6.5   Der »Jeder hört mir zu«-Hack

Veranstalter von Messen, Konferenzen und Meetups sind immer auf der Suche nach neuen Speakern für ihre Events. Wende dich an die Organisatoren, und biete dich mit deinem Thema an. Lass sie wissen, dass du dein ganzes Netzwerk informieren wirst und neue Zuschauer kommen werden. Wenn die ersten Speaking-Gigs ein Erfolg sein sollten, bereite ein *Presenter Toolkit* vor. Ähnlich wie bei einer Pressemappe sind dort die wichtigsten Infos zu dir, deinem Thema und deinen vergangenen Auftritten enthalten. Der Veranstalter wird dir dankbar sein, und du kannst sichergehen, dass du korrekt vorgestellt wirst.

5.6.6   Der »Event sponsored by«-Hack

Nehmen wir an, du hast ein Event wie eine Konferenz oder eine Messe gefunden, wo sich deine Zielgruppe tummelt, also ein lohnendes Ziel, um auf dich aufmerksam zu machen. Nun könntest du dich dort vermutlich als Aussteller, Sponsor oder Speaker einbuchen – aber je größer das Event, desto teurer die Preise dafür. Gleiches gilt für klassische Werbung, beispielsweise im Ausstellerkatalog oder in den Messehallen selbst. Es gibt auch Alternativen, um deine Zielgruppe zu erreichen:

▶ Im Vorfeld, während und kurz nach dem Event buchst du Google-AdWords-Anzeigen mit dem Namen des Events als Keyword.

▶ Während des Events buchst du Anzeigen auf Facebook mit starker regionaler Einschränkung um den Veranstaltungsort, also im Umkreis von 1 Kilometer. Zusammen mit einem Targeting nach Alter oder Interesse an einem Thema kannst du eine sehr spezifische Kampagne für die Event-Besucher buchen und diese somit direkt ansprechen – ohne Streuverluste.

▶ Einen Versuch wert: *Tailored Audiences* auf Twitter. Es gibt sehr, sehr viele Tipps und Tricks, wie man seine organische Reichweite bei Twitter vergrößern kann. Aber nur die Wenigsten beschäftigen sich damit, dass man bei Twitter auch Werbung schalten kann. Und ebenso wie bei Facebook ist es möglich, Nutzer anhand ihrer Interessen auszuwählen. In Kombination mit einem Geo-Targeting (derzeit leider nur für Großstädte verfügbar) könnte es unter Umständen ein lohnenswerter Kanal für dich sein, insbesondere, wenn du einen aktiven Twitter-Kanal dein Eigen nennst.

5.7 Community Building

Für Community gibt es eine Vielzahl unterschiedlicher Begriffe: Fans, Tribe, Stammkunden oder schlicht Freunde sind einige davon. Egal, welches Wort du verwendest: Eine starke Gemeinschaft, die dich und dein Start-up unterstützt, ist mit Geld nicht aufzuwiegen. Sie wird nicht nur dazu beitragen, deine Bekanntschaft durch Mundpropaganda zu erhöhen. Sie wird dich auch vor Kritikern in Schutz nehmen. Viele dieser Fans gewinnst du insbesondere in der frühen Phase deines Start-ups unter den Innovatoren und Early Adopters. Denn sie sind – oft mit Recht – der Meinung, dass sie zum Erfolg deines Unternehmens beigetragen haben, und haben es damit auch zu ihrem Projekt gemacht. Erfolgreiche Beispiele sind die Administratoren von Wikipedia oder von KickTipp, die sich jeweils freiwillig für das Start-up engagieren. Es ist sehr empfehlenswert, eine solche Gemeinschaft zu fördern, zu hegen und zu pflegen.

5.7.1 Der »Über ein Geschenk freut sich jeder«-Hack

Insbesondere Influencer (Blogger, YouTube, Instagramer) freuen sich über Geschenke und kostenlose Probeexemplare deines Produkts, über das sie berichten können. Aber Vorsicht: Wähle deine Partner sorgsam aus. Hat der Influencer bereits eine große Reichweite erzielt, wird er vermutlich regelmäßig von Agenturen und werbetreibenden Unternehmen kontaktiert, um ihre Produkte zu promoten.

Der Preis ist dabei ganz abhängig von der Reichweite und der Frequenz der Promotion und wahrscheinlich zu hoch für deine Ressourcen. Suche daher nicht nur Influencer, die thematisch und seitens ihrer Follower zu dir passen, sondern die noch nicht den Durchbruch geschafft haben. Indikatoren sind die Anzahl der Follower, die Erwähnung von Sponsored Posts oder (bei Blogs) die Reichweite der Website. Nutze SimilarWeb, um die Anzahl der Seitenbesucher zu sehen. Spreche sie so persönlich wie möglich an und frage sie, ob sie an einer Promotion bzw. fairen Bewertung deines Produkts Interesse haben. Blogartikel haben den positiven Nebeneffekt, dass du einen zusätzlichen Link für deine Website generierst, was wiederum zu besseren Platzierungen in den Suchergebnissen bei Google & Co. führt.

5.7.2 Der »Veranstalte ein Gewinnspiel«-Hack

Gewinnspiele zu veranstalten ist weder neu noch schwierig. Und viele Menschen können nicht widerstehen, wenn sie die Aussicht auf einen attraktiven Preis haben. Aber du wirst kaum in der Lage sein, Autos, Häuser oder Tausende Euro zu verschenken. Aber lass dich davon nicht abschrecken! Eines der weltweit erfolgreichsten Gewinnspiele war eine Werbekampagne von Tourism Queensland. Das Ziel: Werbung für das Great Barrier Reef als Touristenziel. Die Methode: Es wurde »der beste Job der Welt« verlost, eine Art Praktikum als Natur-Ranger auf einer wunderschönen Insel. Teilnehmer mussten sich mit einem Video bewerben und erläutern, warum ausgerechnet sie für diesen Job der beste Kandidat seien. Das Ergebnis: Der Ansturm war so groß, dass die Server in die Knie gegangen sind. Tourism Queensland investierte 1 Million US-Dollar in die Kampagne und erreichte durch die virale Verbreitung schon eine Reichweite in Höhe von 70 Millionen US-Dollar. Das ist die Kraft, die in viralen Kampagnen und Gewinnspielen steckt. Häufig gibt es auch Bewerbungsverfahren, in deren Rahmen die Teilnehmer Stimmen für ihre Kandidatur generieren sollen. Damit schafft es das Unternehmen, die Teilnehmer aktiv Werbung machen zu lassen und durch sie Traffic zu generieren. Ein weiteres gutes Beispiel ist #myKavaj. Es ist ein regelmäßiges Gewinnspiel des Start-ups Kavaj, das Handyhüllen herstellt und verkauft. Unter allen Kunden, die mit dem Hashtag #myKavaj ihre Hülle auf den sozialen Medien posten, verlosen sie regelmäßig Preise, wie z.B. Amazon-Gutscheine. Auf diese Weise werden die Gewinnspielteilnehmer zu Multiplikatoren für das Unternehmen.

Je origineller der Preis ist, den die Teilnehmer gewinnen können, desto erfolgreicher wird dein Gewinnspiel sein. Gewinnspiele mit iPads gibt es mehr als genug. Aber warum nicht mal ein ganzes Paket Donuts für die ganze Abteilung verschenken? Sei kreativ und mache das, was sich deine Wettbewerber nicht trauen.

5.7.3   Der »Veranstalte ein Webinar«-Hack

Webinare sind Online-Vorträge. Im Vergleich zu Live-Vorträgen haben sie den Vorteil, dass du dich nicht um einen Veranstaltungsraum kümmern musst und deine Zuschauer auf der ganzen Welt verteilt sein können. Außerdem bekommst du von jedem Teilnehmer die E-Mail-Adresse. Du kannst eine Vielzahl von Tools nutzen, beispielsweise GoToMeeting oder auch Google Hangout. Bei der Durchführung empfiehlt es sich, die Aufgaben zu verteilen: Es sollte einen Redner geben, der sich um den inhaltlichen Vortrag kümmert. Und einen Moderator, der die Vorstellung übernimmt, sich um die Einhaltung des Zeitplans kümmert, den Chat im Auge behält und der dem Redner »den Rücken freihält«. Mache es deinen Zuschauern außerdem einfach, indem du die Teilnahme am Webinar per E-Mail bestätigst, so dass sie den Termin in den Kalender (Google, Outlook, iCal) importieren können.

5.7.4   Der »Wer nicht fragt, bleibt dumm!«-Hack

Clevere Marketer und Community Manager nutzen das Potenzial ihrer Fans und Follower, um das eigene Produkt sinnvoll weiterzuentwickeln. Es geht nicht nur darum, auf Kritik zu reagieren, sondern proaktiv nach gewünschten Features und Inhalten zu fragen. Björn Tantau fragt seine Community beispielsweise, über welches Thema er seinen nächsten Kurs abhalten oder sein nächstes E-Book schreiben soll. Genauso kannst du fragen, über welche Themen du in deinem Blog, auf Facebook und auf deinem Newsletter schreiben sollst. In diesem Moment hast du von Beginn an einen Product-/Market-Fit und damit die Grundlage für Erfolg, anstatt für ein bestehendes Produkt mühsam die richtige Zielgruppe finden und ansprechen zu müssen.

5.8   Bestehende Plattformen

Es gibt für dein Start-up eine Reihe von etablierten Plattformen, die dich beim Launch unterstützen können. Sie sind der perfekte Ort, um die wichtigen Innovatoren und Early Adopters zu generieren. Wenn dir eine Partnerschaft mit einer dieser Plattformen gelingt, profitierst du nicht nur von der großen Reichweite, sondern auch von dem etablierten »guten Ruf« in der Branche.

5.8.1   Der »Warum das Rad neu erfinden«-Hack

ProductHunt ist eine Website, auf der Benutzer neue Produkte teilen und entdecken können. Aufgrund ihres Potenzials, massive Mengen an Website-Traffic und neuen Benutzeranmeldungen zu generieren, ist sie schnell zur führenden Plattform für Produkteinführungen geworden.

1. Identifiziere eine in der ProductHunt-Community einflussreiche Person, die möglicherweise gewillt ist, dein Produkt einzureichen.

2. Suche auf Twitter nach »on @producthunt« oder »from:producthunt«. Damit werden die Tweets aus dem @ProductHunt-Twitter angezeigt. Du musst lediglich nach einem Produkt suchen, das deinem Produkt ähnelt, und dann die Person finden, die es eingereicht hat.

3. Denke daran, diese Person zunächst zu bitten, dein Produkt zu testen, bevor du sie bittest, es für dich einzureichen.

4. Richte eine Landingpage mit einem speziellen Rabatt oder Angebot für Product-Hunt-Mitglieder ein.

5. Bitte die einreichende Person, dich als Hersteller des Produkts zu markieren.

6. Sammel Upvotes, indem du das Product-Hunt-Listing per Social Media und Newsletter teilst. Bitte deine Follower, dein Projekt zu kommentieren oder positiv zu bewerten.

Die Community *betalist.com* funktioniert ähnlich, erlaubt aber jedem Gründer ohne Hürde die Einreichung seines Projekts.

5.8.2   Der »Wir helfen uns gegenseitig«-Hack

Hast du schon einmal etwas bei Outfittery bestellt? Das Berliner Start-up stellt Männern, die keine Lust und/oder Zeit für Shopping haben, individuell zusammengestellte Outfits zusammen und verschickt sie in großen Paketen. Neben Klamotten findet man dort auch Unmengen von Gutscheinkarten anderer junger Unternehmen. Warum? Weil diese Unternehmen mutmaßen, dass ein Kunde von Outfittery auch in ihrer Zielgruppe ist. Für Unternehmen mit unterschiedlichen Produkten aber einer vergleichbaren Zielgruppe kann es sehr lohnend sein, zusammenzuarbeiten. Paketbeileger sind nur ein Beispiel. Man könnte auch gemeinsamen Content wie Videos, Infografiken oder Webinare anbieten und die Kunden beider Unternehmen davon wissen lassen.

5.8.3   Der »Wir sind im Fernsehen«-Hack

Du hast ein B2C-Start-up? Bewerbe dich für die TV-Show »Die Höhle der Löwen«. Mit etwas Glück darfst du dein Start-up im Fernsehen vorstellen und wirst in kürzester Zeit Unmengen neuer Interessenten gewinnen – unabhängig von der Bewertung der Jury. Die Reichweite dieses Sendeplatzes verbunden mit einem neugierigen und aufgeschlossenen Publikum werden deine Produktbestellungen nach oben schnellen lassen!

Abbildung 5.8 Berichterstattung in der »Bild« über den Auftritt bei DHDL

Der Auftritt bei »Die Höhle der Löwen« sorgte für das Start-up Lizza nicht nur für ein Investment, sondern auch für rekordverdächtige Bestellungen.

5.8.4 Der Promi-Hack

Finde einen Experten oder Prominenten und begeistere ihn für dein Start-up. Manche haben vielleicht Interesse an einer Partnerschaft und werden dich von der immensen Reichweite ihrer Social-Media-Profile profitieren lassen oder stehen als Testimonial zur Verfügung. Einem Trend in den USA folgend, wollen sich immer mehr Prominente, wie hierzulande beispielsweise Joko Wintherscheid oder Philipp Lahm, als Investoren engagieren.

5.9   Video

Schon jetzt gehen laut Ciscos Visual Networking Index rund 68% des weltweiten privaten Internet-Traffics auf die Kategorie Video zurück. Und das Netz wird immer visueller. Die Popularität von Videoangeboten wie Netflix oder YouTube, Live-Video via Facebook und Instagram lassen das Internet immer mehr zum Videonet werden. Den Cisco-Analysten zufolge werden Videos im Jahr 2020 für 84% des Festnetz- und 75,4% des Mobil-Traffics verantwortlich sein.

5.9.1   Die »Mehr Zuschauer auf YouTube«-Hacks

YouTube ist nach Google die zweitgrößte Suchmaschine der Welt. Und trotzdem wird die Plattform häufig unterschätzt, wenn es um die Generierung neuer Nutzer geht. Dabei gibt es eine Vielzahl von Optionen, mit deren Hilfe man das Ranking der eigenen Videos verbessern kann, mehr Zuschauer finden und diese in Traffic verwandeln kann – obwohl es das primäre Ziel von YouTube ist, dass die Zuschauer ein Video nach dem anderen sehen und die Plattform nicht verlassen (sogenanntes »Binge Watching«).

Die höchste Zuschauerbindung erreichst du (wenig überraschend), wenn du mit hoher Frequenz Premium-Content veröffentlichst und deine Zuschauer wie ein TV-Sender dazu anregst, ein Video nach dem anderen zu schauen. So wichtig wie das Cover eines Buches ist das Thumbnail (das kleine Vorschaubild) deines Videos. Erstelle ein gutes, aussagekräftiges Thumbnail, das bereits den Titel enthält.

5.9.2   Der »Das ist gerade angesagt«-Hack

Musikvideos sind auf YouTube sehr gefragt und die Suchanfragen entsprechend hoch. Das bietet dir die Chance für folgenden Hack: Mit Parodien von oder Rezensionen zu aktuell populären Musikvideos wirst du sehr schnell sehr viele Zuschauer generieren können. Das gilt auch für Filme, Games und Serien. Bei der Identifikation lohnender Videos hilft dir die TRENDS-Liste von YouTube selbst.

5.9.3   Der YouTube-SEO-Hack

Sorge dafür, dass deine Videos in den relevanten Suchergebnissen über denen der Wettbewerber stehen, indem du diese Richtlinien befolgst:

1. Beschreibe dein Video mit 300 bis 500 Wörtern, wobei du eine Keyword-Dichte von 2% bis 5% anstreben solltest.

2. Verwende dein wichtigstes Keyword auch im Dateinamen deines Videos.

3. Erstelle Untertitel für dein Video (das kannst du inzwischen auch automatisch von YouTube erledigen lassen).

4. Das Ende deines Videos ist kritisch, denn weder du noch YouTube wollen, dass der Zuschauer die Seite verlässt. An dieser Stelle kommt der sogenannte *After-Roll* ins Spiel: Mit Bild- und Videoelementen bittest du den Zuschauer darum, dein Video zu liken, deinen Kanal zu abonnieren oder sich weitere Videos aus deinem Kanal anzusehen.

5. Erstelle eine Playlist, die dein wichtigstes Keyword verwendet, und speichere dort auch relevante Videos von anderen Nutzern.

5.9.4   Der »So verlinkst du auf eine externe Website«-Hack

YouTube macht es dir aus den oben genannten Gründen sehr schwer, auf eine externe Website zu verlinken. Die einfachste Möglichkeit besteht darin, den Link in der Beschreibung deines Videos einzusetzen, allerdings werden ihn dort nicht viele Zuschauer finden, sofern du es nicht in deinem Video explizit erwähnst und zum Klick aufrufst. Du kannst allerdings auch auf externe Links innerhalb von Einblendungen (*Annotations*) verweisen, wenn du ein verifizierter Partner von Google bist und die Einstellungen in deinem Kanal entsprechend anpasst. Noch eleganter ist die Nutzung der neuen Infokarten: Du kannst in deinem Videomanager ein Text-Bild-Element erstellen, das eine Verlinkung auf deine externe Website beinhaltet. Diese Karte wird dann sichtbar, wenn der Zuschauer den Button in der oberen rechten Ecke klickt.

5.9.5   Der »Kontaktiere erfolgreiche Publisher«-Hack

Recherchiere die populärsten Videos in deiner Nische, insbesondere Rezensionen und Kritiken. Im Kommentarfeld kannst du den Autor taggen und somit kontaktieren. Stelle in dem Kommentar kurz dein Produkt vor und frage, ob er nicht auch dieses gegen ein kostenloses Probeexemplar rezensieren wollen würde. Somit kannst du von seiner Reichweite profitieren.

5.10   App Store Optimization

Es ist erstaunlich, wie viele Unternehmen viel Zeit, Energie und Geld in die Entwicklung einer App stecken, nur um anschließend auf *Pray and Hope Marketing* zu setzen und sich zu wundern, warum die Download-Zahlen so niedrig sind.

Um dem vorzubeugen, gibt es *App Store Optimization* (ASO). Dadurch soll die Auffindbarkeit der App bei iTunes und im Google Play Store erhöht werden. Dieses

Beispiel zeigt, dass die Grenze zwischen Growth Hacking und gutem Digital Marketing fließend ist, denn wenn man seine Hausaufgaben macht, ist man häufig schon weiter als der Wettbewerb.

5.10.1   Der »Mach deine Hausaufgaben«-Hack

1. Der erste Berührungspunkt zwischen deinem potenziellen Kunden und der App ist das Icon. Daher solltest du auf die Gestaltung des Icons auch am meisten Zeit verwenden. Verwende am besten keine Wörter für dein Icon (dafür gibt es den Namen und die Beschreibung), sondern eine passende Metapher. Das erste Icon von Instagram war beispielsweise eine Retro-Kamera. Füge gegebenenfalls eine Umrandung hinzu, damit das Icon auf jedem Hintergrund heraussticht und dadurch nicht nur heruntergeladen, sondern auch häufiger genutzt wird. Sei innovativ und originell, damit du dich vom Wettbewerb abhebst! Und teste deine Icon-Entwürfe vorab auf jeden Fall innerhalb deiner Zielgruppe. Das kostenlose Tool PickOne kann dir dabei helfen.

2. Die Auswahl des richtigen Namens ist kritisch für den Erfolg einer App. Suche nach einem einfachen, einprägsamen Namen, der idealerweise auch ein Keyword enthält (dafür kannst du Tools wie hypersuggest oder ubersuggest nutzen). Versetze dich in die Lage des Nutzers, und erlaube ihm, zu erahnen, wozu die App gut ist. Dein App-Name sollte zwischen 20 und 40 Zeichen haben, um optimal dargestellt zu werden. Schau dir vor deiner Wahl auch den Wettbewerb an.

3. Nutze die oben genannten Keyword-Tools auch für die Beschreibung deiner App. Am wichtigsten sind die ersten drei Zeilen, denn sie sind *above the fold* und können gelesen werden, ohne dass der Nutzer auf Mehr klickt. Weil diese Zeilen so wichtig sind, solltest du sie mit testen lassen. Mit Umfragen bei deinen Fans oder einer kleinen AdWords- oder Facebook-Kampagne kannst du schnell und einfach den besten Text finden. Liste die wichtigsten Features in Bulletpoints auf, damit sie schnell gelesen werden können.

4. Ebenso wichtig wie die Beschreibung sind die Bilder und Videos. Geize hier nicht mit Zeit und Aufwand, denn deine potenziellen Nutzer werden es merken. Lade nur exzellente Bilder und Videos hoch. Der App-Store-Algorithmus wird deine App bevorzugt behandeln, wenn sie in verschiedenen Sprachen und für möglichst viele Endgeräte (Wearables, Tablets, Android Auto, Android TV) verfügbar ist.

5. Sorge dafür, dass du insbesondere zum Launch möglichst viele möglichst gute Bewertungen erhältst. Aktiviere dafür dein Netzwerk, Fans und Early Adopters. Je mehr Downloads du in kurzer Zeit generieren kannst, desto besser ist dein Ranking.

5.11   Presse

Es gibt wohl wenig, was ein Start-up – oder irgendein Unternehmen – so sehr benötigt wie gute Presse, sprich die möglichst ausführliche und möglichst positive Berichterstattung in einem redaktionellen Medium. Presse bringt einem Unternehmen alles, was es in der Wachstumsphase benötigt: Nutzer auf die Website, Erläuterung des Geschäftsmodells, Legitimation und Backlinks. Von all diesen Dingen kann man gar nicht genug bekommen.

> *»The Truth is: nobody cares about your Startup!«*
> *– Vincent Dignan*

Im Prinzip ist der PR-Prozess ein sehr einfacher: Du musst dein Unternehmen nur dem richtigen Journalisten zur richtigen Zeit pitchen. Sprich: Du verkaufst dich bzw. die Story deines Unternehmens an eine weitere, neue Zielgruppe. Tatsächlich sind es sogar mehrere Zielgruppen, abhängig von der Reichweite des Mediums. Wir brauchen also drei Dinge: spannenden Content (das Produkt) und Journalisten und Blogger (die Zielgruppe) sowie einen Weg, das Produkt unter die Augen der Zielgruppe zu bringen (in der Regel E-Mail).

Dieser Prozess aufwendig und schwer zu skalieren, weil auf er der persönlichen Interaktion beruht. Kein Journalist beklagt sich darüber, dass Start-ups ihn nicht genug pitchen würden, du hast also massive Konkurrenz, gegen die du dich durchsetzen musst. Gleichzeitig wird er auf keinen Fall über dich schreiben, wenn er die nötigen Informationen nicht bekommen kann. Auf der anderen Seite haben viele Journalisten, insbesondere die der großen Medienhäuser, den Anspruch, jeder Story etwas Neues hinzuzufügen, über das bisher noch niemand anderes berichtet hat. Diese Journalisten wollen exklusiven Content (z. B. ein Interview) oder Insights (z. B. Nutzerdaten). Exklusivität ist allerdings ein rares Gut, wenn du mit möglichst vielen Journalisten sprechen möchtest.

Um diese Herausforderung noch schwieriger für dich zu machen, gibt es außerdem eine klare Hackordnung unter den Journalisten. Diese Hackordnung hat der Growth Hacker Vincent Dignan als Presse-Pyramide beschrieben (siehe Abbildung 5.9). Der Grundgedanke ist: Wenn ein Journalist in Erwägung zieht, über dein Unternehmen zu schreiben, wird er zunächst recherchieren, was andere Kollegen bereits geschrieben haben. Wie alle anderen Kunden auch wollen sie den Social Proof, also den Beweis, dass es sich lohnt, über dich zu berichten. Gleichzeitig wollen sie aber auch nicht den fünfzigsten Artikel schreiben, der sich nur in Nuancen von deiner Pressemitteilung unterscheidet. Hier gilt es, den »Sweet Spot« zu finden.

Die Presse-Pyramide beginnt am Fundament, wo du eine große Anzahl an (mehr oder weniger professionellen) Blogs finden musst, die sich mit deinem Thema bzw.

deiner Branche beschäftigen. Je genauer das Blog auf dein Produkt passt, desto besser. Auf dieser Ebene funktioniert die Skalierung noch am besten: Statt mit Harpune kannst du mit Dynamit fischen. Es gilt, die URLs der passenden Blogs und die E-Mail-Adresse des Bloggers zu finden, um ihn zu kontaktieren und auf deine Story aufmerksam zu machen. Das Gleiche gilt auch für lokale Medien, die gerne über innovative Unternehmer aus ihrer Region berichten.

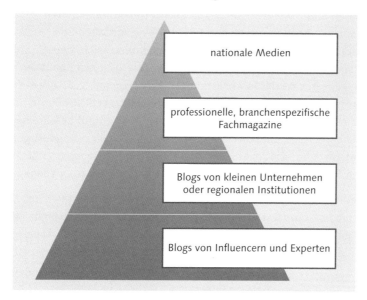

Abbildung 5.9 Die Presse-Pyramide

Hier kommen die folgenden Hacks ins Spiel.

5.11.1 Der Google-Bilder-Hack

Du kennst deine wichtigsten Wettbewerber. Finde die Bilder, die sie häufig verwenden, beispielsweise auf ihrer Website (vielleicht gibt es dort sogar einen Pressebereich), auf ihren XING- oder LinkedIn-Profilen oder einfach mit einer Google-Suche, die du anschließend nach Bildern filterst. Häufig ist das am meisten genutzte Bild ein Profilfoto des Gründers.

Nimm dieses Bild und führe eine Bildersuche auf Google durch: *www.google.de/imghp*. Jetzt kannst du sehen, welche Seiten und Blogs das Bild deines Wettbewerbers benutzt haben. In deinem Anschreiben kannst du auf diese Artikel verweisen und beschreiben, warum dein Produkt besser ist als das des Konkurrenten und es sich lohnt, darüber zu berichten.

5.11.2 Der »Du bist ein großartiger Journalist«-Hack

Dieser Hack kann dir bei der Formulierung deiner Pitch-Mail helfen, insbesondere, wenn du einen Journalisten gefunden hast, der sich regelmäßig und intensiv mit deiner Branche auseinandersetzt. Wenn sie bzw. er in Social Media aktiv ist, umso besser! Folge ihm dort und lege einen Google Alert mit seinem Namen an. Ziel ist es, ein langfristiges, gutes Verhältnis zu ihm aufzubauen. Dafür solltest du die meisten seiner Artikel lesen und – wenn passend – möglichst früh kommentieren. Gratuliere ihm zu diesem spannenden Artikel und lobe einzelne Aussagen oder Passagen. Stelle gelegentlich eine fachliche Frage. Teile gelegentlich seine Tweets und Posts. Das Wichtigste: Bleibe dabei authentisch, und biedere dich nicht an. Wenn du davon ausgehen kannst, dass der Journalist deinen Namen kennt (z.B. indem er deine Fragen beantwortet oder sich für das Teilen bedankt), schicke ihm eine E-Mail und stelle dich kurz vor. Gratuliere ihm zu seinem Artikel und beschreibe, warum du sie gerne liest. Hebe die Punkte A und B hervor, die dir besonders gut gefallen haben. Und frage ihn, warum er nicht über Punkt C geschrieben hat. Auch wenn es dich in den Fingern juckt: Vermeide es, dein Unternehmen zu pitchen!

Verfasse anschließend (zwei bis drei Wochen später, nach seinem nächsten Artikel) eine zweite E-Mail an den Journalisten. Rufe dich in Erinnerung, indem du an deine erste E-Mail erinnerst. Stelle ihm anschließend dein Start-up vor, kurz und knackig in einem einzelnen Satz, und frage ihn, ob er nicht mal darüber schreiben will. Nicht, um dir einen Gefallen zu tun, sondern weil es perfekt zu seinen bisherigen Artikeln passt. Biete an, ihm bei Interesse dein Press-Kit zuzuschicken.

Wichtig dabei: Weniger ist mehr. Mache es dem Journalisten so einfach wie möglich, mit »ja, das interessiert mich, bitte schickt mir Informationen« zu antworten. Lass alles Überflüssige weg, und versuche, dich so kurz wie möglich zu fassen.

5.11.3 Der »Hier ist dein Paket«-Hack

Dieser Hack ist kein Hack, sondern altbewährte, gute Pressearbeit. Aber da die wenigsten Gründer Erfahrungen in Sachen PR haben, sei es an dieser Stelle erwähnt: Wenn du PR ernsthaft betreibst (und das solltest du), raten wir dir dringend zu einem Electronic Press Kit (EPK). Ein professionelles EPK umfasst alle wichtigen Dinge, die ein Journalist oder Blogger zum Verfassen seines Beitrags benötigt.

Dazu gehören:

- ▶ Ein kurzer Überblick über die Firma: Wann wurde sie von wem gegründet, wie viele Mitarbeiter hat sie, welchen Jahresumsatz und welche Meilensteine hat sie erzielt etc.? Die verkürzte Version dieses Überblicks kann dir als sogenannte Boilerplate dienen und gehört an jede zukünftige Pressemitteilung.

- ▶ Die Story des Start-ups: Warum wurde es gegründet – und was macht euch so besonders?

- ▶ Profilbilder der Gründer und des Teams

- ▶ Logos (verschiedene Versionen und Dateiformate)

- ▶ Auflistung der bisherigen Presseerwähnungen

- ▶ Bilder oder Screenshots des Produkts

- ▶ Produkt- oder Unternehmensvideo

Packe all das in eine *.zip*-Datei und stelle diese auch per Download-Link zur Verfügung.

5.12   Engineering as Marketing

Einer der wichtigsten Unterschiede zwischen einem Growth Hacker und einem klassischen Marketer ist seine Fähigkeit, abseits der klassischen Kommunikationskanäle Wachstumsmöglichkeiten zu entdecken. Insbesondere das (digitale) Produkt selbst steht dabei im Vordergrund, denn jeder Berührungspunkt zwischen Nutzer und Produkt kann zu Wachstum führen. Bestes Beispiel ist der klassischste aller Growth Hacks: die Signatur »Sent from my iPhone«, die als Default unter jeder mit einem iPhone verschickten E-Mail steht. So wird nicht nur der Sender, sondern auch der Empfänger daran erinnert, welches Gerät verwendet worden ist. Dabei hatte sich Apple diesen Hack von Hotmail, einem browser-basierten E-Mail-Provider, abgeschaut. Dort lautete die Default-Signatur unter jeder Mail: »Get your free Email at Hotmail.«

Es sind Hacks wie diese, die für schnelles, exponentielles Wachstum sorgen können, denn einmal implementiert, sind sie kostengünstig und bedienen sich des Nutzerverhaltens, um virales Wachstum zu ermöglichen. Effektives Engineering ist effektives Marketing. Dabei versteht es sich von selbst, dass auch diese Maßnahmen zunächst und im Folgenden mit A/B-Tests optimiert werden.

5.12.1   Der Matrix-Hack

Betrachte dein Produkt nicht isoliert vom Rest der Welt. Deine Kunden werden nicht aufhören, YouTube, Facebook oder Slack zu benutzen, nur weil es jetzt dein Tool gibt. Betrachte diesen Umstand nicht als Hindernis, sondern als Möglichkeit. Sorge also dafür, dass sich dein Produkt harmonisch ins digitale Ökosystem einfügt, und erstelle Schnittstellen. Der schnellste Weg, ein Produkt zu verbreiten, ist der über die API-Anbindung an eine bestehende Plattform wie Facebook. Business

233

Development, Marketing und Wachstumsstrategien sind heute API- und nicht mehr menschenzentriert.

Erfolgreiche Beispiele sind die Browsererweiterungen von Pinterest oder Pocket, die es mit nur einem Mausklick erlauben, sich den jeweiligen Inhalt zu merken und später im eigentlichen Produkt wieder anzusehen. YouTube und Twitter haben es ermöglicht (und sehr einfach gestaltet), Videos bzw. Tweets vollständig funktionsfähig auf Drittseiten zu embedden. Dadurch sind diese Dienste nicht nur auf ihre eigenen Plattformen beschränkt, sondern quasi omnipräsent. Für Instagram war die Möglichkeit zum Cross-Posten auf Facebook, Tumblr und Twitter mit einer der entscheidenden Growth Hacks. Gleiches gilt für LinkedIn, wo es die Entwickler 2003 geschafft haben, es den Nutzern sehr einfach zu machen ihre bestehenden Outlook-Kontakte zu dem Businessnetzwerk einzuladen.

5.12.2 Der Admiral-Ackbar-Hack

Bei diesem aufwendigen Trick lockst du deine potenziellen Kunden in eine kleine Falle: Du programmierst ein kleines, feines Tool, das deinen Kunden einen echten Mehrwert bringt. Insbesondere für B2B-Marketer hat sich diese Vorgehensweise bezahlt gemacht. So bietet beispielsweise das SEO-Unternehmen Moz ein kostenloses Chrome-Add-on an, mit dem jede Seite hinsichtlich SEO analysiert werden kann. 247Grad hat sich auf Social Media Management spezialisiert und eine Software entwickelt, mit der Nutzer einen einfachen Facebook-Bot bauen können. Das hat ihnen nicht nur Hunderte von E-Mail-Adressen gebracht, sondern tatsächlich auch viele neue Kunden für ihr Kernprodukt. Auch HubSpot hat mit dem Website Grader ein kostenloses Tool entwickelt, das perfekt auf die Bedürfnisse der Buyer-Persona passt und deswegen ein sehr effizientes Tool für Neukundenakquise ist.

5.12.3 Der Jigsaw-Hack

Weißt du, warum Zeitschriften seit Jahrzehnten Quiz und »Persönlichkeitstests« integrieren? Weil die Leser sie lieben! Wer mag nicht den kurzen Kitzel eines schnellen Quiz, gerne auch zu fachlichen Themen? Mach dir diesen Spieltrieb der Menschen zunutze und baue Quiz, die leicht und schnell überall einzubetten sind. Der Clou daran: Füge ein Sign-up hinzu, und du hast eine Lead-Maschine gebaut. Beispiel: »Glückwunsch, du hast 123 Punkte! Willst du wissen, wie viele Menschen du überholt hast? Trage deine E-Mail-Adresse ein, und du siehst das komplette Ranking!« Neben den Leads selbst hast du gegebenenfalls sogar Informationen über die Nutzer durch das Quiz gesammelt. Wenn du die Technik testen möchtest, können dir fertige Bausatztools wie LeadQuizzes helfen.

5.12.4 Der Bill-Murray-Hack

Sagen wir, wie es ist: Es gibt extrem viel gute Software für beinahe jeden Zweck. Bestimmt bist du auch in deiner Branche nicht das erste Unternehmen, das sich der Lösung eines bestimmten Problems verschrieben hat. Wie kann man sich vom Wettbewerb unterscheiden? Humor ist immer einen Versuch wert. Selbst wenn es nicht zu besseren Resultaten führen sollte, habt ihr Spaß beim Versuch gehabt – und nur in wirklich spießigen Branchen werden es dir einige Nutzer übel nehmen.

Wie kannst du vorgehen? Nimm ein Standardelement einer jeden Website bzw. User Experience – und gestalte es um. Es gibt viele originelle Beispiele für humorvolle 404-Fehlerseiten (siehe Abbildung 5.10), Teamübersichten, Ladebalken und Success-Seiten. Sobald die Menschen anfangen, bei der Nutzung deines Produkts zu schmunzeln, hast du bereits einen wichtigen Schritt getan und die Basis für eine emotionale Verbindung aufgebaut.

Abbildung 5.10 Auf dieser 404-Seite kannst du Pacman spielen.

Wir empfehlen dir, mit der Adaption eines Elements zu starten, das sofort messbar ist und einen Effekt auf dein Wachstum hat. Beispiel: Groupon und Hootsuit hatten bzw. haben auf ihrer Newsletter-Abmeldebestätigungsseite ein sehr unterhaltsames Video integriert. Der Nutzer war zwar vom Newsletter abgemeldet, aber durch das Video wurde die emotionale Bindung dennoch gestärkt und die Wahrscheinlichkeit, dass der Nutzer sich erneut für den Newsletter abmeldet, erhöht. Das ist das Mantra eines guten Growth Hackers: Suche stets nach neuen Chancen!

5.12.5 Der Oprah-Winfrey-Hack

Ein Klassiker unter den Growth Hacks: Motiviere die Nutzer, dein Produkt zu benutzen, indem du ihnen (wie Oprah) Geschenke machst! So hat es beispielsweise PayPal zu Beginn gemacht: Jeder neue Nutzer hat bei Eröffnung seines PayPal-Accounts 10 US-Dollar Guthaben bekommen. Wenn der Customer Lifetime Value entsprechend hoch ist und die Akquirierungskosten von Nutzern in der Regel höher sind, kann sich dieses Vorgehen lohnen. Aber günstig ist es nicht[12] – zumal du erst einmal für Traffic sorgen musst. Lass das deine bestehenden Nutzer machen! Die Taxi-Dienste MyTaxi und Uber haben diese Mechanik auf das nächste, virale Level gehoben und mit klassischer Freundschaftswerbung verbunden: Wenn ein Kunde einen anderen Kunden geworben hat, haben beide einen Fahrgutschein bekommen.

Noch besser, weil günstiger: Verwende als Belohnung etwas, von dem du im Überfluss hast – idealerweise ist das der Kernwert deines Produkts! Dropbox hat dieselbe Mechanik verwendet, aber als Incentive kostenlosen Speicherplatz genutzt. Je mehr Freunde ein Nutzer geworben hat, desto mehr Speicherplatz konnte er nutzen.

5.12.6 Der Sharing-is-Caring-Hack

Es gab eine Zeit, in der kannte jeder Nutzer von Facebook das Spiel Farmville: Die eine Hälfte spielte es, die andere Hälfte wurde mit Einladungen ihrer Freunde überschwemmt. Farmville bzw. der Hersteller Zynga erkannte die Möglichkeiten zum Sharing, die Facebook während dieser Zeit bot, und nutzte sie bis zum Exzess, um sein Wachstum voranzutreiben. Dieses Beispiel soll dich dazu inspirieren, wie schnell man virales Wachstum erreichen kann, wenn man es den Nutzern nicht nur möglichst einfach macht, ihren Freunden öffentlich per Social Media dein Produkt zu empfehlen, sondern sie aktiv dazu anregt, indem man sie belohnt.

---

12 PayPal-Co-Gründer Elon Musk sprach von Kosten zwischen 60 und 70 Millionen Euro.

Der GPS-Beacon Hersteller TrackR bietet noch während des Bestellprozesses die Möglichkeit an, durch Social Sharing zusätzliche Farben seines Produkts freischalten und damit bestellen zu können. Auch nach der Bestellung erhält der Käufer (auf der Danke-Seite und zusätzlich auf der Kaufbestätigungs-E-Mail) einen Promotion-Code, den er mit seinen Freunden teilen kann.

Auch Blogger können sich diese Mechanik zunutze machen, indem sie das Tool *Pay with a Tweet* einsetzen. Dann können Nutzer einen Artikel erst lesen, wenn sie vorab auf ihrem Netzwerk dein Blog empfohlen haben. Das funktioniert für den Leser mit zwei Klicks. Neben einer öffentlichen Kundgebung kann die Gegenleistung für die Nutzung auch aus einem Link bestehen. Das Grafikportal Flaticon bietet die kostenlose Nutzung seiner Icons und Grafiken an, wenn man auf das Portal verlinkt. Das sorgt nicht nur für zusätzliche sichtbare Reichweite, sondern auch für jede Menge Backlinks, was wiederum der Suchmaschinenoptimierung sehr förderlich ist. Diese Technik ist nicht nur auf digitale Produkte beschränkt: Sogar der Autohersteller Tesla hat eine Viral-Kampagne gestartet, die denjenigen mit einem neuen Tesla belohnte, der zuerst eine bestimmte Anzahl neuer Käufer vermittelte.

5.13   E-Commerce

Solltest du deine Produkte online verkaufen, ist die Präsentation das Wichtigste, sogar noch vor einem unkomplizierten und einfachen Check-out-System. Investiere in qualitativ hochwertige Bilder deiner Produkte und demonstriere den Nutzen wenn möglich in einem Video. Darüber hinaus spielt Copywriting, also die Texte auf der Verkaufsseite, eine entscheidende Rolle. Mit folgenden Taktiken gelingt es dir, den Mehrwert deines Produkts so zu beschreiben, dass sich der Kunde »abgeholt« fühlt.

5.13.1   Der »Was schreiben andere darüber«-Hack

Analysiere ähnliche Produkte wie deine auf anderen Plattformen wie eBay und Amazon. Analysiere nicht nur deren Produktbeschreibungen, sondern vor allen Dingen ihre Produktrezensionen. Dort findest du nicht nur die für dich wichtigen Keywords, sondern auch die genauen Probleme, die Käufer mit dem Produkt haben. Finde heraus, warum die Menschen es kaufen und warum nicht. Weitere wichtige Quellen sind Frage-Antwort-Foren wie GuteFrage.net und Quora, Fachbücher (bei Amazon kannst du häufig die ersten Kapitel lesen, ohne das Buch kaufen zu müssen). Suche mit BuzzSumo auch populäre Blogartikel zu deinem Thema, und schau dir an, was Experten schreiben.

Die gewonnenen Erkenntnisse kannst du nicht nur auf deiner Produktseite nutzen, sondern in deiner gesamten Kommunikation (Werbemittel, Landingpage, Produktvideo etc.)

5.14 Google AdWords

An dieser Stelle verlassen wir die Welt der *Owned Channel*, also unserer eigenen organischen Möglichkeiten. Jetzt geht es darum, Geld in die Hand zu nehmen und es möglichst effizient zu investieren. Wir sprechen über *Paid Marketing*.[13]

> *»The moment you know what you really can afford to pay to acquire one profitable user is when the game starts.« –*
> *Andrei Marinescu, 500 startups*

Es war bereits im Jahr 2000, als Google sein eigenes Werbeprogramm Google AdWords launchte und die enorme Reichweite seiner Suchmaschine werbetreibenden Unternehmen öffnete. Was mit 300 Beta-Testern begann, hat sich zur erfolgreichsten Gelddruckmaschine der Gegenwart entwickelt: Allein im zweiten Quartal 2016 hat Google über 21,5 Milliarden US-Dollar umgesetzt – nur mit AdWords. Im gesamten Jahr 2015 waren es über 60 Milliarden US-Dollar!

Was ist das Erfolgsgeheimnis? Mehrere Faktoren spielen eine wichtige Rolle und können auch für dein Unternehmen ein Vorbild sein:

▶ **Einfachheit:** Es ist genauso einfach, eine Kampagne in Deutschland, im gesamten Land, zu schalten wie auch ausschließlich nur im Süden von Buenos Aires. Auch die Eintrittshürde hinsichtlich Know-how und notwendiger Technik ist sehr gering – ein Internetanschluss genügt. Ein Vermarkter, wie es sie bei allen anderen damals verfügbaren Werbekanälen gab, ist nicht notwendig. Du musst nicht einmal Werbematerial wie Banner gestalten lassen, weil die Anzeigen nur aus Text und einem Link bestehen.

▶ **Skalierbarkeit:** Du kannst eine Kampagne mit 5 Euro Tagesbudget ebenso einfach schalten wie eine Kampagne mit 50.000 Euro Tagesbudget. Du kannst den Betrag auch jederzeit wieder ändern oder abhängig von den Resultaten dynamisch anpassen. Kein anderes Medium hat damals diese Flexibilität geboten.

▶ **Responsivität:** Die Anzeigen funktionieren auf jedem Gerät, unabhängig von der Bildschirmgröße.

---

13 Der dritte Kanal im Bunde des sogenannten EOP-Modells wird mit *Earned* bezeichnet. Damit sind alle Kanäle gemeint, die nicht direkt vom werbetreibenden Unternehmen, sondern von Dritten bedient werden. Dazu gehören insbesondere Presse, Tests bzw. Bewertungen und Social Media.

Auch wenn Google AdWords per se ein sehr einfach zu bedienendes Werbeme-
dium ist, so bietet es doch sehr vielfältige Möglichkeiten zur Optimierung. Über die
meisten dieser Möglichkeiten kannst du dich mit einem guten Fachbuch oder
einem Seminar informieren. Wir wollen dir einige Tricks verraten, die in den meisten Büchern unerwähnt bleiben, aber Grundkenntnisse über die Funktionsweise
von AdWords voraussetzen.

5.14.1 Der »Auf welche Keywords soll ich bieten?«-Hack

Sicherlich sind dir die grundlegenden Techniken der Keyword-Suche bekannt. Nutze
nicht nur das in Google AdWords integrierte Keyword-Research-Tool, sondern auch
externe Seiten wie hypersuggest.com oder ubersuggest.io. Recherchiere aber auch
nach passenden Produkten bzw. Rezensionen auf Amazon und Udemy und finde die
Vokabeln, die deine Zielgruppe verwendet, auf GuteFrage.net. Dein Ziel ist dabei,
die »schmutzigen« Keywords zu finden, nach denen deine Nische sucht und auf die
kein etabliertes Unternehmen bietet. Denn mit diesen Keywords wirst du die erfolgreichsten Kampagnen starten.

Wenn du noch ganz am Anfang stehst oder einen neuen Markt erobern willst, dann
lass dich von deinen Wettbewerbern inspirieren. Setzen sie konstant auf AdWords,
wird sich der Kanal für sie lohnen. Profitiere von der Lernkurve, die sie bereits hinter sich haben. Dabei helfen dir Tools wie Alexa, iSpionage und SpyFu.

5.14.2 Der »Ich will weit oben stehen«-Hack

Kenne deine Key Performance Indicators (KPIs): Für eine effiziente und performante
Kampagne sind einzig und allein die Kosten pro Conversion entscheidend, keinesfalls die Position der Anzeigen. Sicherlich tut es dem eigenen Ego gut, wenn man
regelmäßig über dem Wettbewerb steht, dem Kontostand allerdings nicht. Optimiere daher dein Gebot dahingehend, dass du die beste Korrelation aus Kosten und
Ertrag hast. Die Conversion-Optimierung von Google kann dir dabei helfen.

5.14.3 Der Kellner-Hack

Du kennst es aus dem Restaurant: Ein guter Kellner wird deine Bestellung wieder-
holen und dabei deine eigenen Worte verwenden. Nutze die gleiche Technik: Für
Keywords mit der Option EXAKT kannst du Keyword-Insertion nutzen. Dabei platzierst du einen Platzhalter in deine Anzeigen, der mit dem Keyword des Nutzers
gefüllt wird. Auf diese Weise erscheint der Suchbegriff des Nutzers in deiner Anzeige und er wird sich »erhört« fühlen.

5.14.4   Der »7 Gründe, diese Anzeige zu klicken«-Hack

Kennst du den Begriff Clickbaiting? Darunter versteht man die Formulierung von Überschriften auf solche Art, dass sie extrem neugierig machen und zum Klick anregen. Meistens wird diese Methode leider missbraucht, um auf Artikel mit zweifelhaften Inhalten zu verlinken, worunter ihr Ruf sehr leidet. Tatsächlich ist die Methode aber ein sehr effizientes Werkzeug, das auf den Grundlagen der Psychologie beruht. Clickbaits werden meist für Blogartikel verwendet, aber sie können sich auch sehr gut für Google-Anzeigen eignen. Insbesondere seitdem die kreativen Möglichkeiten mit der Einführung von *Extended Text Ads* (ETA) deutlich größer geworden sind. Lies dir noch einmal die Headline-Hacks in Abschnitt 5.2.3, »Der »Dieser Hack wird dein Leben verändern!«-Hack«, durch und adaptiere die Prinzipien für Google-Anzeigen.

5.14.5   Der »Wer braucht schon mehr als ein Keyword?«-Hack

Wenn deine AdWords-Kampagnen bereits mindestens drei Monate lang laufen, könntest du die Ergebnisse mit *Single Keyword Ad Groups* (SKAGs) noch verbessern: Identifiziere dafür deine Top-5-Keywords und erstelle für sie jeweils eine eigene Anzeigengruppe. In diesen neuen Anzeigengruppen hast du also nur jeweils ein Keyword, aber mit verschiedenen Anzeigenoptionen (Weitgehend passend, Wortgruppe und Genau passend).

Für unser Start-up SmallBill sähe das Keyword-Set wie folgt aus:

▶ [einfache buchhaltung]

▶ «einfache buchhaltung»

▶ +einfach +buchhaltung +online

Starte mit diesen Keywords und analysiere die Performance. Achtung: Deaktiviere die alten Keywords nicht, sondern pausiere sie nur. Abhängig von deinem Budget sollten die Daten nach zwei bis drei Wochen aussagekräftig genug sein, um den Hack zu validieren. SKAGs erlauben dir außerdem die Verwendung von *Keyword Insertion* in deinen Anzeigen. Hilfreich ist dabei auch die etwas versteckte Funktion Suchbegriffe auf Keyword-Ebene. Dort zeigt dir Google nämlich die exakten Suchbegriffe, die eine Impression deiner Anzeige ausgelöst haben, also den exakten Wortlaut deiner Nutzer. Überprüfe diesen Bericht regelmäßig, füge gute Keywords (mit der Option Genau passend) ein und schließe negative Keywords aus, damit sie keine Anzeigenschaltung auslösen.

Apropos negative Keywords: Du solltest niemals eine Kampagne ohne Keyword-Ausschlüsse beginnen. Darunter versteht man solche Wortkombinationen, bei denen du auf keinen Fall eine Anzeige schalten möchtest, sei es, weil es nicht zielführend ist (z. B. »jobs« oder »kostenlos«) oder weil es deine Marke beschädigt (z. B. »hacks«).

5.14.6 Der »Wir stoppen die Blutung«-Hack

Auch diese Taktik ist erst verwendbar, wenn deine Kampagne schon mindestens drei Monate läuft. Dann wirst du Hunderte von Keywords haben, die noch nie eine Conversion erzielt haben. Um die Effizienz deiner Kampagne zu steigern, kannst du nun diese Keywords per Filterfunktion anzeigen lassen, als CSV-Datei exportieren und anschließend als negative Keywords wieder hochladen. So werden deine Anzeigen nicht mehr bei den Suchbegriffen angezeigt, die noch nie eine Conversion generiert haben. Am besten funktioniert das mit exakten Keywords, sei vorsichtig, wenn du weitgehende Keywords verwendest. Achtung: Deine Kampagne wird dadurch an Reichweite verlieren, und du wirst gegebenenfalls dein Budget nicht mehr ausgeben können. Suche stattdessen nach neuen Keywords, die du testen kannst.

5.15 Google Display Network

Das Google Display Network (GDN) ist eine der reichweitenstärksten Netzwerke weltweit. Neben Millionen von Partnerseiten erlaubt es auch die Schaltung von Werbung auf den Google-Töchtern YouTube und Gmail – alles über eine einzige Plattform mit vielfältigen Targeting-Möglichkeiten. Anstatt also einen nicht unerheblichen Teil deines Budgets an Vermarkter zu verschwenden, kannst du auch mithilfe des GDN direkt auf anderen Seiten Banner-, Text- und Videoanzeigen schalten. Wie bei Werbung auf AdWords sind die Einstiegshürden auch hier sehr gering. Aber ein Wort der Vorsicht: Im Gegensatz zu AdWords befinden sich die Nutzer noch nicht auf der Suche nach einem Problem, sie stehen also an einer wesentlich früheren Stelle des Customer Lifetime Cycles, und du musst mehr Energie aufwenden, um sie von deiner Lösung zu überzeugen. In der Praxis bedeutet das: niedrigere Klickraten und Conversion Rates als bei AdWords. Die Kosten pro Conversion können mitunter dennoch attraktiv sein. Daher eignet sich Werbung im GDN besonders dann, wenn die Möglichkeiten auf AdWords ausgereizt sind. Mache dich insbesondere mit den vielfältigen Targeting-Möglichkeiten vertraut, und denke daran: Je spitzer deine Zielgruppe erfasst ist, desto effizienter ist die Kampagne. Du kannst beispielsweise Nutzer erreichen, die eine bestimmte App (z. B. die deines Wettbewerbers) installiert haben.

5.15.1 Der »Das funktioniert immer«-Hack

Wenn du erstmalig eine Bannerkampagne schalten möchtest und keinerlei Erfahrungswerte hast, mit denen du starten kannst *und* auch deine Wettbewerber keine Display Ads schalten, dann halte dich bei der Gestaltung der Banner an einige grundlegende Regeln:

1. Menschen mögen Menschen. Zeige attraktive Gesichter als Eyecatcher.

2. Weniger ist mehr: Dein Banner wird nur Sekundenbruchteile wahrgenommen. Je kürzer dein Text ist, desto besser.

3. Ein Bild sagt mehr als tausend Worte: Wenn möglich, verwende ein Bild deines Produkts.

4. Das Wichtigste ist der Call-to-Action: Kurz und knapp, originell, aber trotzdem eindeutig. Starte mit einem blauen Button.

5.15.2 Der »Immer besser als die anderen«-Hack

Bevor du auch nur deinen ersten Euro investierst, solltest du dir anschauen, wo und wie deine Wettbewerber Werbung schalten. Dafür stehen dir Tools wie Mixrank, SimilarWeb, Adbeat oder What Runs Where zur Verfügung. Denk daran, dass die anderen Unternehmen, insbesondere wenn sie schon länger erfolgreich am Markt vertreten sind, bereits gelernt haben, wo sich ihre Zielgruppe befindet. Mach dir diese Erfahrungswerte zunutze!

5.15.3 Der Gmail-Hack

Kein Hack, aber noch nicht vielen Unternehmen bekannt ist die Möglichkeit, Werbung im Gmail-Postfach zu platzieren. Diese Werbeform ist unter dem Namen Gmail Native Ads zu finden. Somit erreichst du Nutzer, die ein Postfach von Google nutzen. Um die für dich relevanten Nutzer zu finden, stehen dir alle Targeting-Optionen des Google Display Networks zu Verfügung, darunter auch Keywords. Und mit dieser Funktion kannst du Werbe-E-Mails an Leute verschicken, deren E-Mails bestimmte Begriffe beinhalten. Diese Begriffe können deine Branche, dein Nutzerproblem, relevante Messen und Veranstaltungen oder den Namen (oder die Domain) deiner Wettbewerber beinhalten.

5.15.4 Der »Wir nehmen, was wir kriegen können«-Hack

Apropos Werbung auf YouTube: Natürlich kannst du dort mehr als nur Banner oder Textanzeigen schalten. Kern der Seite sind Videos, und es gibt kaum eine Plattform, auf der du so günstig Videos schalten kannst wie auf YouTube (gemessen am Cost per View). Denn mit TrueView-Videoanzeigen bezahlst du nur, wenn der Nutzer sich das ganze Video angesehen hat! Bricht er vorher ab, hast du einen kostenlosen Branding-Effekt generiert. Hier sind einige Tricks für deine Videowerbung:

1. Erzähle das Wichtigste zuerst! Die ersten 5 Sekunden sind entscheidend dafür, ob der Nutzer sich dein Video weiter anschaut oder es überspringt.

2. Mache alle 1 bis 3 Sekunden einen Schnitt, um den Unterhaltungsfaktor hochzuhalten.

3. Die Länge deiner Videos sollte 31 Sekunden betragen. Damit nutzt du die maximale Länge eines Video-Ads aus. Und wenn die Nutzer es sich nicht komplett ansehen, bezahlst du nichts, hast aber trotzdem »die Saat gelegt«.

5.16 Facebook

Bis 2015 waren die meisten Unternehmen bestrebt, möglichst viele Fans für ihre Facebook-Seiten zu gewinnen. Denn dort konnten sie kostenlos[14] mit ihrer Zielgruppe interagieren, Gewinnspiele veranstalten, auf neue Produkte hinweisen und Katzenvideos teilen.

Diese Zeiten sind vorbei, denn dir organische Reichweite von Facebook-Posts sinkt stetig. Inzwischen erreichen große Unternehmen nur noch 10–15 % ihrer Fans mit einem Post. Gut für Facebook, denn spätestens jetzt ist die Zeit der Monetarisierung gekommen: Was früher noch kostenlos war, lässt sich Facebook nun gut bezahlen. Viele Unternehmen unterstützen ihre organischen Posts nun mit Mediabudget und »boosten« damit ihre Beiträge, um ihre Fans zu erreichen.

> *»Not advertising on Facebook is like winking to a girl in*
> *the dark – you know it, but she doesn't.«*
> *– Dennis Yu, CTO Blizzmetrics*

Wenn man also alle Möglichkeiten zur Erhöhung der organischen Reichweite verprobt und optimiert hat (siehe Abschnitt 5.5, »Social Media«), geht es um die Optimierung der Anzeigen auf Facebook.[15]

Es gibt eine Vielzahl von Leitfäden und Fachbüchern, die dir die Grundlagen dieser Kanäle hervorragend erläutern. Insbesondere der Technologie-Anbieter AdEspresso bietet Unmengen an guten, aktuellen Leitfäden kostenlos an. Facebook und Instagram erlauben mit ihren mannigfaltigen Targeting-Optionen vielverspre-

---

14 Natürlich entstehen für die Planung, Erstellung und Distribution immer noch interne Kosten.

15 Damit wird Facebook Google immer ähnlicher, denn es wird bald zwei Social-Media-Fachbereiche geben: Optimierung des organischen Contents (SEO) und Optimierung der bezahlten Anzeigen (SEA).

chende Möglichkeiten, genau deine Nische zu erreichen. Je spitzer und genauer deine Zielgruppe abgesteckt ist, desto weniger Reichweitenverluste wird deine Kampagne haben oder – besser gesagt – desto effizienter investierst du ein Geld.

> **Tipp**
>
> Unter *www.facebook.com/ads/preferences/edit* kannst du alle Interessen sehen, die Facebook für die personalisierte Werbung auf deinem Newsfeed nutzt. Dies kann dir als Inspiration für deine eigenen Kampagnen dienen.

Prinzipiell gilt: Nutze die zahlreichen Targeting-Möglichkeiten, die dir Twitter, Facebook und Google (sowohl für Banner im Google Display Network als auch auf YouTube) bieten. Je genauer dein Targeting ist, desto weniger Reichweitenverluste hast du und desto effizienter wird deine Kampagne sein. Der CPC (Cost per Click) kostet dann vielleicht etwas mehr, aber die Kosten pro Conversion, Order oder pro Lead sollten deutlich niedriger sein. Wenn du dich mit diesen Grundlagen auseinandergesetzt hast, können dir diese Taktiken bei der Verbesserung deiner Kampagnen helfen. Beginnen wir mit den Möglichkeiten der bezahlten Werbung auf Facebook, wobei Instagram immer impliziert ist.

5.16.1   Der »Was macht mein Wettbewerber so?«-Hack

Auch beim Thema bezahlte Werbung auf Facebook sollte eine gute Wettbewerbsanalyse am Anfang deiner Aktivitäten stehen.

Der Erfolg von Facebook-Ads hängt dabei von drei Faktoren ab von:

1. Zielgruppe
2. Anzeigen
3. Landingpages

Folgende Fragen solltest du versuchen, im Rahmen einer Wettbewerbsanalyse zu beantworten:

▶ Welche Art von Anzeigen haben die höchste Interaktion (Newsfeed-Ad, Video-Ad, Lead-Ad, Carousel-Ad etc.)?

▶ Welche Platzierung nutzt der Wettbewerb (Desktop, Mobile, Instagram etc.)?

▶ Welche Art von Bildern und welche Farben werden verwendet?

▶ Welches Werteversprechen macht der Wettbewerb? Wie sind Wording und Tonalität?

▶ Wie aktiv betreibt der Wettbewerb Facebook-Anzeigen-Management? Ist das Targeting durchdacht? Gibt es A/B-Tests oder verschiedene Landingpages?

Letztendlich geht es darum, welche Lerneffekte du für dich daraus ziehen kannst, damit deine Kampagnen von Anfang so effizient sind wie die des Wettbewerbs (sofern er ein gutes Kampagnenmanagement macht). Ein mögliches Ergebnis kann aber auch sein, dass dieser Kanal für deinen Wettbewerb bisher kaum bespielt wird. Liegt das daran, weil die Ergebnisse nicht zufriedenstellend sind? Oder gibt es hier tatsächlich eine strategische Lücke, die du zu deinem Vorteil nutzen kannst?

So gehst du vor:

1. **Analysiere die Facebook-Seiten der Konkurrenz**
   Diese Analyse lohnt sich immer, unabhängig davon, ob du Anzeigen auf Facebook schalten möchtest oder nicht. Denn die Facebook-Seite deines Wettbewerbs zeigt dir wesentlich aktueller auf, welche Produkte und Themen das Unternehmen kommuniziert – und in welcher Tonalität.

   Tools wie Fanpage-Karma erlauben es dir sogar, genau zu erfahren, welche Beiträge die höchsten Interaktionsraten haben, also besonders erfolgreich waren, oder zu welchen Uhrzeiten die Posts veröffentlicht worden sind, was dir unter Umständen bei der Optimierung der eigenen Maßnahmen (sowohl organisch als auch werblich) sehr helfen kann.

2. **Nutze Facebook als Spionage-Tool**
   Du kannst bei jeder Anzeige (»Gesponsert«) einen kleinen, nach unten gerichteten Pfeil entdecken. Klicke darauf und öffne »Warum wird mir das angezeigt«. Jetzt siehst du die Targeting-Mechanismen deines Wettbewerbers (siehe Abbildung 5.11).

Abbildung 5.11 Erläuterung von Facebook mit Hinweisen zum Targeting

245

Wenn du nicht selbst Teil der Zielgruppe bist, hast du folgende Optionen:

– Besuche die Website des Wettbewerbers. Vielleicht hat er eine Re-Targeting-Kampagne für Website-Besucher.

– Finde jemanden, der vermutlich zur Zielgruppe des Wettbewerbers gehört (z.B. einen Kollegen oder Freund).

– Erstelle ein Fake-Profil einer Persona, die in der Zielgruppe sein müsste.

3. **Suche nach Beweisen und Inspiration**
Tools wie AdEspresso und Adicted.io haben eine sehr große Bibliothek von Facebook-Anzeigen ihrer Kunden. Vielleicht ist dein Wettbewerber dort sogar gelistet. Selbst wenn nicht, wirst du ein Unternehmen finden, dass in deiner Nische Anzeigen geschaltet hat (siehe Abbildung 5.12).

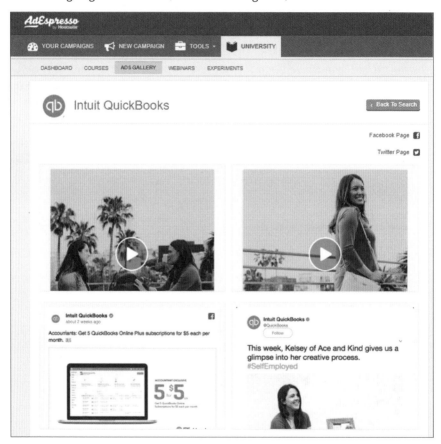

Abbildung 5.12 Die Anzeigen der Wettbewerber bei AdEspresso

4. **Analysiere die Landingpages der Konkurrenz**

   Schau dir die Webseiten an, auf die die Facebook-Ads verlinken:

   – Ist es die Homepage, eine Produktseite oder sogar eine spezielle Landingpage für diese Facebook-Anzeige?

   – Ist dort ein Facebook-Pixel installiert? Das kannst du beispielsweise mit der kostenlosen Chrome-Erweiterung Ghostery herausfinden.

   – Analysiere das Wording: Was ist der Call-to-Action?

   – Welcher Mehrwert wird versprochen?

   – Inwiefern finden sich Text und Bild der Anzeige auf der Landingpage wieder?

   – Gibt es Rabatte?

   – Gibt es A/B-Tests?[16]

Wichtig: Wenn wir von Facebook-Ads sprechen, dann meinen wir damit auch automatisch Ads auf Instagram. Denn Instagram steht werbetechnisch jetzt da, wo Facebook vor fünf Jahren stand, und wird in den nächsten Jahren an Bedeutung gewinnen.

5.16.2   Der Legolas-Hack

Facebook ist vor allem deswegen als Werbeplattform so erfolgreich, weil es eine enorm große Reichweite hat, sprich man kann dort viele Menschen mit überschaubarem Aufwand erreichen. Aber dank der Informationsvielfalt der Nutzerprofile und der unzähligen Targeting-Möglichkeiten kann man auch extrem spitz abgesteckte Zielgruppen auf Facebook erreichen. Dieses Mikro-Targeting macht Facebook für den Growth Hacker so attraktiv. Denn es ist keinesfalls die Kunst, mit viel Budget eine Vielzahl von Menschen zu erreichen, sondern exakt die richtige Nische zu finden und anzusprechen.

Hier sind einige Beispiele, wie du mit wenig Mediabudget auf Facebook viel erreichen kannst:

1. Du kannst das Targeting entsprechend des Arbeitgebers einrichten. Auf diese Weise kannst du beispielsweise alle Facebook-Nutzer erreichen, die bei einem potenziellen (Groß-)Kunden arbeiten und dies in ihrem Facebook-Profil entsprechend genannt haben. Du kannst so auch potenzielle neue Mitarbeiter ansprechen, die aktuell noch bei einem Wettbewerber arbeiten.

---

16 Mit *www.stillio.com* kannst du automatisch und regelmäßig Screenshots von den Websites deiner Konkurrenz machen. Somit wirst du feststellen, ob und welche Elemente verändert und ob A/B-Tests durchgeführt werden. Eignet sich auch hervorragend für die Analyse des Check-out-Prozesses.

2. Targeting nach der Berufsbezeichnung, z.B. Anwälte, Journalisten, Fotografen oder Architekten: Wenn dein Start-up eine für Konzerne relevante Software anbietet, kannst du auf diesem Weg womöglich exakt die Entscheider (oder deren Kollegen) für deine Wunschkunden finden. Oder du machst die Redakteure eines für deine Zielgruppe wichtigen Magazins auf dein Produkt aufmerksam – oder potenzielle neue Mitarbeiter auf die Vorteile deines Unternehmens.

3. Mit sehr exaktem geografischen Targeting ist es möglich, alle Menschen im Umfeld eines Quadratkilometers anzusprechen. Diese Option ist beispielsweise spannend bei Konzerten, Parks, Messen, Bahnhöfen, Flughäfen oder Sportveranstaltungen. Insbesondere dann, wenn die Menschen in einer Wartesituation sind und Zeit haben, auf Facebook oder Instagram zu surfen. Dieses Targeting kannst du auch mit Offline-Aktivitäten kombinieren: Wirbt dein Unternehmen beispielsweise mit einem Plakat auf dem Berliner Alexanderplatz, könntest du dazu passende Facebook-Werbung in diesem geografischen Umfeld schalten.

4. Gelegentlich kannst du auch Menschen erreichen, die sich für einen direkten Wettbewerber interessieren. Leider erlaubt es Facebook derzeit nicht, nur diese Menschen anzusprechen, die eine bestimmte Seite liken (sofern es nicht deine eigene ist). Aber oft kann man über Umwege auch zum Ziel kommen: durch das Targeting auf Interessen. Hast du z.B. ein Unternehmen für Mietwagenfirmen, kannst du die Menschen erreichen, die sich für Sixt, Avis, Budget oder Enterprise interessieren. Das Targeting basiert darauf, dass sich die Menschen für die jeweilige Firma oder etwas sehr Ähnliches interessieren, indem sie beispielsweise mit Beiträgen des jeweiligen Unternehmens interagiert haben. Diese Targeting-Option ist also weniger »hart« und präzise als das Like für eine Seite, aber trotzdem einen Versuch wert.

5.16.3 Der Custom-Audience-Hack

Im idealen Fall hast du bereits eine Liste mit den E-Mail-Adressen deiner Fans, Freunde und Early Adopters gesammelt. E-Mail ist allein aufgrund der Unabhängigkeit von großen Gatekeepern wie Facebook & Co. eine hervorragende Möglichkeit, deine potenziellen Kunden zu erreichen. Du kannst sie auch nutzen, um deine Nutzer auf anderen Websites zu finden und so Mehrfachkontakte zu generieren und die Wahrscheinlichkeit auf eine Aktion zu erhöhen. Denn Facebook, Twitter und Google bieten an, aus den E-Mail-Adressen deiner Subscriber eine sogenannte Custom Audience zu bilden, also eine von dir eigens erstellte Zielgruppe, bestehend aus deinen Kunden, Freunden und Fans (sofern diese Nutzer einen Account auf der jeweiligen Plattform haben). Diese kannst du nun entweder ganz gezielt mit Anzeigen erreichen oder sie ganz gezielt auslassen, wenn du neue Nutzer erreichen möchtest.

Weitere Einsatzbeispiele von Custom Audiences:

1. Erstelle in deinem Newsletter-CMS ein Segment der »Nicht-Öffner« deiner Newsletter. Das sind Adressen, die deine letzten Newsletter zwar bekommen, aber nicht geöffnet haben. Diese Nicht-Öffner kannst du nun über Werbung erreichen.

2. Auf Facebook und Google kannst du auch eine sogenannte Lookalike Audience aus Menschen bilden, die ein vergleichbares Profil wie deine Custom Audience haben (Demografie, Interessen etc.) und diese Nische mit Werbeanzeigen gezielt ansteuern (siehe Abbildung 5.13).

Abbildung 5.13 Werbeanzeige für Look-alike Audiences

3. Du kannst deine die Reichweite deiner organischen Facebook-Posts günstig vergrößern, wenn du sie zusätzlich deinen E-Mail-Kontakten anzeigst. Das funktioniert in dem Fall auch, wenn sie deine Seite nicht gelikt haben. Gleichzeitig sorgst du für mehr Fans für deine Facebook-Seite.

4. Du kannst die E-Mail-Adressen deiner geschäftlichen Kontakte von LinkedIn und XING nutzen, um damit eine neue Custom Audience zu generieren und diese Menschen auf weiteren Kanälen zu erreichen.

5. Custom Audiences lassen sich nicht nur aus E-Mail-Adressen, sondern auch aus Telefonnummern oder Facebook-IDs generieren. Laut den Richtlinien von Facebook müssen die Nutzer ihr Einverständnis gegeben haben, dass du ihre Daten dahingehend verwendest (beispielsweise mit einer entsprechenden Erweiterung deiner Datenschutzbestimmungen). Theoretisch könntest du also auch mit jeder Datensammlung, sei sie selbst generiert oder extern eingekauft, eine Custom Audience bauen. Wenn du eine kleine, aber sehr bestimmte Gruppe von Nutzern auf Facebook erreichen möchtest (z.B. Messebesucher, Influencer, Reporter oder

Entscheider in bestimmten Unternehmen), deren Namen du bereits kennst, dann könntest du ihre Facebook-ID herausfinden (Links zu entsprechenden Helferlein findest du in Anhang A) und somit deine Nischenzielgruppe als Custom Audience definieren. Kleiner Tipp für solche Aufgaben: Auf Fiverr findest du problemlos Freelancer, die solche Projekte für wenig Geld realisieren. Aber sei dir bewusst, dass du damit gegen die Richtlinien von Facebook verstößt.

5.16.4   Der »Wir schweifen in die Ferne«-Hack

Wenn du Anzeigen in einem stark umkämpften Mark verwenden möchtest, werden die Klickpreise entsprechend hoch sein, weil viele Wettbewerber die gleiche Zielgruppe wie du erreichen möchten. Diese Klickpreise lassen sich mithilfe des Facebook-Algorithmus senken: Ähnlich wie die Quality Scores bei Google AdWords hängt auch der Preis für eine Anzeige bei Facebook unter anderem von der Relevanz ab. Bei Facebook sind Shares und Likes ein Indikator für Relevanz. Wenn du also beispielsweise eine Anzeige für eine englischsprachige Zielgruppe in einem Markt mit hohem Wettbewerbsdruck schalten möchtest, dann könntest du diese Anzeigen zunächst in einem Land mit deutlich weniger Wettbewerbsdruck, aber englischsprachigen Nutzern zeigen. Denke an Indien oder einige afrikanische oder asiatische Länder. Somit kannst du nicht nur relativ günstig die beste Kombination aus Bild und Text für die Anzeigen finden, sondern auch viele Klicks für die Anzeigen generieren und somit die Relevanz nach oben schrauben. Wenn du anschließend diese Anzeigen mit vielen Klicks und Shares in deinem eigentlichen Zielmarkt schaltest, werden die CPCs geringer sein.

5.16.5   Twitter-Ads

Im Vergleich zu Facebook ist Twitter als Werbeplattform so etwas wie Bing zu Google: Ja, es funktioniert, aber die Performance ist einfach nicht die gleiche. Bei Twitter hast du weder die große Reichweite von Facebook noch die granularen Targeting-Optionen oder die Vielzahl an Anzeigenformaten.

> *»Twitter is the Bing of Social Media!«*
> *– Dennis Yu, CTO Blizzmetrics*

Wie bei Bing gibt es aber auch hier einen Vorteil: wenig Wettbewerb. Daher können unter Umständen niedrigere CPCs als auf Facebook erzielt werden. Zudem ist Twitter – insbesondere in Deutschland – sehr populär bei der »Bildungselite« wie Journalisten und Politkern. Daher kann es sich mit dem passenden Produkt lohnen, auch eine Kampagne auf Twitter zu testen.

Achte vorher darauf, dass du dein Profil entsprechend pflegst und dass dein Profilbild, deine Biografie, dein Titelbild und dein angehefteter Tweet aussagekräftig sind.

6 Activation – so aktivierst du deine Nutzer

*Im vorigen Kapitel haben wir Taktiken beschrieben, um möglichst effizient
Traffic zu generieren. Jetzt gilt es, eine möglichst positive Beziehung
zwischen deinem Unternehmen und den Nutzern aufzubauen. Dazu sollen
sie eine wie auch immer von dir bestimmte Aktion durchführen. In der
Regel wird der Traffic in sogenannte Leads umgewandelt.*

Besucher werden zu Leads, indem ihre Kontaktinformationen erfasst werden, mindestens die E-Mail-Adresse. Diese Kontaktinformationen sind als Start-up dein wichtigstes Kapital – sogar noch vor tatsächlichem Kapital –, da du aus diesen Kontakten Aufträge oder im besten Fall langjährige Kundenbeziehungen aufbauen kannst.

Doch bevor du daran denken kannst, Leads zu generieren, musst du dafür sorgen, dass die User Experience auf deiner Website oder Landingpage so gestaltet ist, dass sich der Nutzer schnell zurechtfindet. Und nicht nur das, deine Website sollte die Erwartungen des Kunden erfüllen oder bestenfalls sogar übertreffen. Erst dann ist ein Besucher bereit, dir seine Kontaktinformationen zu hinterlassen.

> *»A user journey of a thousand upgrades begins with a single
> activation.« – Quelle unbekannt*

Aktivierung bedeutet also, dass deine Nutzer mit deinem Produkt interagieren sollen. Warum ist das so wichtig? Jeder Mensch strebt nach konsistentem Denken und Handeln. Der erste Eindruck zählt, und eine einmal gewählte Richtung wird selten korrigiert. Festlegung ist der Auslöser für konsistentes Verhalten: Der eigene Standpunkt wird vertreten. Wenn du also einen Nutzer deiner Website dazu bringst, eine bewusste Aktion durchzuführen – sei sie auch noch so klein –, hat er einen ersten Schritt getan, um dein Kunde zu werden, da er in seinen Handlungen konsistent bleiben möchte. Deine Aufgabe ist es, die Nutzer, so gut es geht, dahin zu führen, dass sie eines deiner geplanten Aktivierungsziele tatsächlich ausführen.

Es gibt viele verschiedene Möglichkeiten, wie du deine Nutzer aktivieren kannst:

▶ Die Nutzer füllen ein Formular aus.

▶ Die Nutzer laden eine Datei herunter (z. B. ein kostenloses E-Book).

▶ Die Nutzer teilen deine Inhalte auf Social Media.

▶ Die Nutzer konsumieren ein Video.

▶ Die Nutzer hören sich eine Audiodatei an.

▶ Die Nutzer hinterlassen einen Kommentar.

Bei all diesen Aktionen ist es wichtig, dass der Nutzer dir seine Kontaktinformationen, in den meisten Fällen seine E-Mail-Adresse, hinterlässt.

6.1 Landingpages

Einen Nutzer auf eine themenspezifische Landingpage zu leiten, kann eine sehr gute Aktivierungsmaßnahme sein. Wenn du z. B. eine spezielle Marketingkampagne lanciert hast, solltest du die Nutzer in jedem Fall auf eine Landingpage leiten, die thematisch und optisch dem entspricht, was ihnen mit der Kampagne versprochen wurde. So ist die Chance um einiges höher, dass sie dir tatsächlich ihre Kontaktinformationen hinterlassen.

Eine gute Landingpage sollte folgende Elemente beinhalten

▶ einen Titel, der mit dem Titel der Kampagne übereinstimmt

▶ einen kurzen und emotionalen Untertitel, der den Besucher dazu anregt weiterzulesen

▶ ein gutes Produktbild oder Produktvideo

▶ Ein eindeutiger Call-to-Action (CTA): Ein CTA ist eine Handlungsaufforderung (z. B. »Hier klicken!«). Er leitet den Besucher zu einer Aktion.

▶ Vertrauensfördernde Elemente: Eine Empfehlung eines bekannten Experten oder ein Testimonial eines Kunden kann das Vertrauen in dein Unternehmen stärken

▶ Der erste Eindruck zählt: Eine Landingpage sollte grammatisch und inhaltlich von hoher Qualität sein.

Das klingt erst einmal sehr einfach. Aber du wirst schnell feststellen, dass es sehr schwierig ist, sich auf das (für deinen Nutzer) Wesentliche zu reduzieren. Denn damit der Nutzer das tut, was du möchtest, benötigt er Informationen, beispielsweise wo und warum er seine E-Mail-Adresse eintragen soll: Zu wenige Informationen – und der Nutzer wird dir nicht vertrauen. Zu viele Informationen – und der Nutzer ist verwirrt und weiß nicht, was er tun soll. Wie du eine Landingpage, aber auch einen gesamten Conversion Funnel dahingehend erstellst, dass der Nutzer möglichst schnell und einfach die gewünschte Aktivierung vollzieht, wird als Conversion-Optimierung bezeichnet.

6.2 Conversion-Optimierung

Als Barack Obama im Jahr 2008 mit dem Wahlkampf für die Präsidentschaftswahl begann, hatte Dan Siroker, CEO und Gründer von Optimizely, die Aufgabe, die Kampagne mit digitalen Maßnahmen zu unterstützen. Seine Idee war, mit verschie-

denen Kampagnen und Landinpages zu experimentieren und A/B-Tests durchzuführen. Sie testeten verschiedene Bilder und Call-to-Action-Buttons.

Abbildung 6.1 Die Siegervariante der Landingpage von Barack Obama[1]

Die Siegervariante zeigte ein Bild der Familie Obama und statt eines Sign-up-But-
tons einen Learn-more-Button (siehe Abbildung 6.1). Die Siegervariante zählte
eine Conversion Rate von über 11 %, was einer Steigerung von 40 % gegenüber der
anderen Variante entsprach.

Neben einem A/B-Test kannst du Folgendes tun, um die Conversion Rate deiner
Landingpages zu optimieren:

▶ Kreiere deine Landingpage mithilfe von Nutzerdaten. Das wichtigste Problem
deiner Zielgruppe sollte in der Headline und im Text erkennbar sein.

▶ Nutze Umfragemodule auf deiner Landingpage, um mehr über deine Nutzer zu
erfahren.

▶ Formulare gruppieren: So merkt der Nutzer schneller, welche Elemente zusam-
mengehören.

▶ Primary Color: Hebe alle klickbaren Elemente klar vom restlichen Design deiner
Webseite ab, indem du ihnen eine eindeutige Farbe zuweist.

---

1 Quelle: http://blog.optimizely.com

▶ Zeige auf das Conversion-Ziel, indem du richtungsweisende Elemente verwendest (z. B. einen Menschen, der in eine bestimmte Richtung schaut).

▶ Mache Usability-Tests (in Abschnitt 4.6.4 beschrieben).

Es gibt eine Reihe »Conversion-Killer«, die dir bekannt sein sollten, damit du einen großen Bogen um sie machen kannst. Slider z. B. sehen toll aus und bringen etwas Dynamik auf die Startseite. Sie werden auch immer wieder gerne verwendet, weil man sich nicht eindeutig entscheiden kann, welche Produkte oder Angebote man auf der Startseite priorisieren möchte. Doch genau hier liegt die Krux. Diese Entscheidung dem Kunden zu überlassen ist eine denkbar schlechte Lösung, weil der Kunde selbst Probleme damit haben wird, eine klare Entscheidung zu treffen. Anstatt den Nutzer also zu einem klaren Ziel zu leiten, wird er mit Möglichkeiten überhäuft. Ich, Sandro Jenny, habe in meinem Projekt, der »webworker academy«, selbst Slider eingesetzt und mit A/B-Tests herausgefunden, dass die Conversion Rate bei der Variante ohne Slider um über 200 % höher war (siehe Abbildung 6.2).

Abbildung 6.2 Die Startseite der »webworker academy« ohne Slider erzielte eine um 200 % höhere Conversion Rate.

Es gibt eine Reihe weiterer Conversion-Killer, die du beseitigen solltest, wenn du diese auf deiner Webseite einsetzt:

▶ Deine Website ist zu langsam.

▶ Deine Website ist nicht mobil optimiert.

▶ Deine Website verfügt über keinen klaren Call-to-Action.

▶ Deine Website hat keine eigene Persönlichkeit (z. B. durch die Verwendung von langweiligen Stockfotos).

▶ Deine Website hat keine klare visuelle Hierarchie.

▶ Schlechte Testimonials schaden deiner Website.

▶ Deine Kommunikation ist nicht konsistent (Kampagnen und Landingpages sollten aufeinander abgestimmt sein).

▶ Deine Website sieht nicht vertrauenswürdig aus (schlecht gemachte Templates oder Schreibfehler wirken unprofessionell und schaden dem Vertrauen).

▶ fehlende Zahlungsmittel (nicht jeder hat z. B. einen PayPal-Account)

▶ fehlende Kontaktmöglichkeiten

▶ fehlende Produktbilder (Produkte ohne Produktbilder werden weniger oft gekauft)

6.3 Call-to-Action-Buttons

Es ist eine Wissenschaft für sich, den Call-to-Action-Button in der richtigen Größe, der richtigen Farbe, der richtigen Beschriftung und an der richtigen Position zu markieren, um ein Maximum an Conversions zu erzielen. Warum? Weil es »richtig« nicht gibt. Jeder Marketer wird dir bestätigen, dass seine Erfahrungen von Projekt A bei Projekt B womöglich wertlos sind. Denn es gibt nur wenige allgemeingültige Regeln, wenn es um CTAs geht. Zu verschieden sind die Nutzer von Projekt A und B: Sie haben verschiedene Motive, verschiedene Erwartungen und stellen verschiedene Ansprüche an eine Website und dementsprechend auch an den CTA. Deswegen gilt auch bei diesem Thema: Daten vor Erfahrung und – noch wichtiger – Daten vor Meinungen. Teste verschiedene Variationen, um eine höchstmögliche Conversion Rate für *deine* Nutzer zu identifizieren.

All diese Einschränkungen vorangestellt, möchten wir dir doch einige Tipps geben, damit du schneller zum Erfolg kommst.

Anfänger-Tipps für Call-to-Action-Buttons

▶ Der CTA muss sich deutlich durch eine auffällige Farbe und einen deutlichen Umriss vom Hintergrund abheben.

▶ Die Schrift muss deutlich lesbar sein.

▶ Der Nutzer muss verstehen, was bei einem Klick passieren wird.

Eine der weltweit führenden Growth-Marketer, Angie Schottmuller, bietet eine Formel für die Formulierung von CTAs an:

Schottmullers CTA-Formel

I'd like to WHAT (specific reason).

Because I want WHY (benefit).

Mit »Hier klicken!« ist es also nicht getan. Laut Schottmüller erreichst du die besten Ergebnisse, wenn du deutlich machst, was beim Klick passieren wird und warum der Nutzer das tun sollte – aus der Sicht des Nutzers. Also beispielsweise:

▶ »Kostenloses E-Book herunterladen und die Konkurrenz überflügeln«

▶ »Anmeldung abschließen und Zugang bekommen«

▶ »Konto eröffnen und ab sofort Geld sparen«

▶ »Bestellung abschicken und leckere Pizza genießen«

Der Vorteil ist, dass der Nutzer nicht nur genau weiß, was beim Klick geschehen wird, du sprichst auch seine Motivation an und er fühlt sich von dir »abgeholt« und verstanden. Du kommunizierst auf Augenhöhe.

6.4   Hacks für bessere Formulare

Formulare bilden den Kern bei der Aktivierung eines Nutzers: Erst wenn du die Kontaktdaten eines Nutzers bekommen hast, wird aus einem anonymen Nutzer ein vielversprechender Lead. Deswegen kannst und solltest du ein besonderes Auge auf die Gestaltung und Formulierung deiner Kontaktformulare legen, denn hier ist viel Potenzial für Conversion-Optimierung. Im Folgenden findest du sechs Ansätze für deine Optimierung.

6.4.1   Der GIGO-Hack

Die Qualität der Ausgabe hängt von der Qualität der Eingabe ab. Das GIGO-Prinzip (Garbage in, Garbage out) stammt aus den 1950er Jahren. Wenn die Nutzer z. B. eine fehlerhafte E-Mail-Adresse, eine falsche Telefonnummer oder den Vornamen ins Feld des Nachnamens eintragen, kann das große Auswirkungen auf die Verarbeitung und Anzeige der Daten haben. Folgende Grundsätze sollten dir bei der Erstellung deiner Formulare bewusst sein:

▶ Je mehr Eingabemöglichkeiten es gibt, desto höher ist die Wahrscheinlichkeit für falsche Eingaben.

▶ Schränke die Eingabemöglichkeiten durch Auswahllisten ein.

▶ Schränke die Anzahl der Eingabefelder ein (z. B. bei Kreditkartenfeldern).

▶ Versuche, bereits gespeicherte Daten automatisch zu übernehmen.

▶ Zeige dem Nutzer das Ergebnis der Eingabe vor dem Versand der Daten.

6.4.2   Der Ajax-Hack

Da ungültige Formulareingaben in der Regel zu einem Abbruch oder zu Usability-Problemen führen, macht es Sinn, die Daten nicht erst auf dem Server, sondern bereits während der Eingabe zu überprüfen. Das verringert die Gefahr, dass Nutzer noch vor dem Absenden des Formulars deine Seite verlassen. Eine Validierung während der Eingabe erreicht man mithilfe von JavaScript oder jQuery. Da eine clientseitige Validierung die serverseitige Validierung nicht ersetzen kann, macht es Sinn, die Eingaben in Echtzeit per Ajax auch serverseitig zu überprüfen. So lassen sich z.B. nicht nur falsche Eingaben oder Formate vermeiden, sondern auch personenbezogene Daten wie Adressen oder die Postleitzahl überprüfen. Gib dem Nutzer stets Feedback zu seiner Eingabe und visualisiere ihm, was richtig und was falsch ausgefüllt wurde.

6.4.3   Der »Keep it simple«-Hack

Frage stets nur die wichtigsten Informationen ab, und verzichte auf alles, was den Nutzer von der Eingabe ablenken könnte. Gerade wenn du Leads generieren möchtest, reicht die Abfrage der E-Mail-Adresse in den meisten Fällen aus. Jedes weitere Feld kann den Nutzer davon abhalten, zu einem Lead zu werden. Wenn du trotzdem mehr Daten erfragen möchtest, sollten alle Pflichtfelder klar gekennzeichnet werden. Oder du gehst den umgekehrten Weg und markierst die optionalen Felder. Sehr wichtig ist auch die Relevanz, wichtige Fragen sollten an erster Stelle stehen.

6.4.4   Der »Nimm den Kunden an der Hand«-Hack

Achte genau auf die visuelle Hierarchie, und hilf dem Nutzer durch die Gruppierung der Felder zu Untergruppen, das Formular besser zu verstehen. Bei umfangreicheren Datenabfragen kannst du das Formular auch in Schritte auf mehreren Seiten unterteilen. Setze eine Prozessnavigation ein, damit der Fortschritt sichtbar ist. Gib dem Kunden außerdem immer genügend Hinweise zu den Feldern, damit klar wird, wieso welche Daten gebraucht werden.

6.4.5   Der Sicheres-Check-out-Hack

Schaffe Vertrauen, indem du Garantiehinweise und Icons für sicheres Bezahlen vor dem Absenden des Formulars platzierst. Erläutere, was mit den Nutzerdaten geschieht und dass diese vertraulich behandelt werden. Wiederhole beim Check-out nochmals dein Alleinstellungsmerkmal, und zeige dem Kunden, wieso er bei dir einkauft, das erhöht die Chancen auf einen Abschluss nochmals.

6.4.6 Der »Zur Hölle mit normalen Formularen«-Hack

Jeder kennt Internetformulare, denn es hat sich inzwischen ein globaler Standard hinsichtlich Inhalt und Optik der Formularfelder durchgesetzt. Es kann sich lohnen, sich von der Masse abzuheben und sein Formularfeld »menschlicher« zu gestalten. Warum solltest du den Nutzer nicht einen umgangssprachlichen Text ausfüllen lassen? Dadurch baust du bereits früh eine persönliche Beziehung zu ihm auf. Abbildung 6.3 zeigt ein Beispiel.

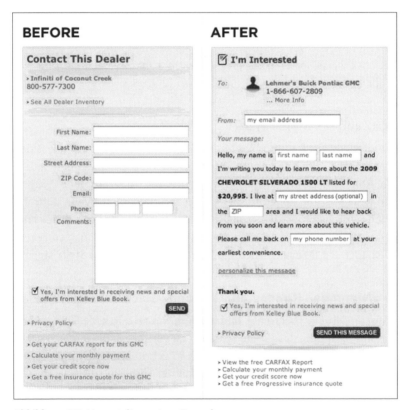

Abbildung 6.3 Umgestaltung eines Formulars

6.5 Usability-Hacks

Es gibt eine Reihe von Designmöglichkeiten, mit denen du deine Nutzer besser aktivieren kannst. Durch die Verwendung dieser etablierten Prinzipien, sogenannter

UX-Patterns, erhöhst du die Wahrscheinlichkeit, dass dein Design gut funktioniert. Versuche dabei, diese Patterns in einem neuen Kontext zu testen. Ein gutes Beispiel ist die psychologische Theorie der *Affordanz*, ein von *afford* (bieten, gewähren) abgeleitetes Kunstwort, das den Aufforderungscharakter bestimmter Objekte beschreibt. Ein Stuhl fordert z.B. zum Hinsetzen auf, ein Krug zum Trinken und eine Türklinke zum Öffnen.

Du kannst dir das zunutze machen, indem du diese Gegebenheit in einem neuen Kontext verwendest.

Beispiele für Affordanz

▶ **Explizite Aufforderung:** Benenne ein CTA-Button mit »Klick mich«.

▶ **Versteckte Affordanz:** Dropdown-Menüs sind zwar unsichtbar, aber nach einmaliger Nutzung weiß der Nutzer, dass sich in der Navigation ein Dropdown öffnet, wenn er mit dem Mauszeiger darüberfährt.

▶ **Negative Affordanz:** Der Button zum Versenden eines Formulars ist so lange grau, bis alle Pflichtfelder ausgefüllt sind.

▶ **Nutze bekannte Muster:** Platziere das Logo links oben auf deiner Webseite und mache es klickbar.

▶ **Skeuomorphismus:** Stelle Objekte digital so dar wie in der realen Welt, z.B. eine E-Book-Bilbliothek in Form eines echten Regals.

Es gibt eine Vielzahl solcher Muster, die du für deine Zwecke verwenden kannst. Dazu gehören z.B. auch bestimmte Designprinzipien.

Gutes Design lässt dein Unternehmen nicht nur professioneller aussehen, es zeigt deinem Publikum, dass du Wert auf Qualität legst. Aber Design geht viel weiter, als nur die Farbe und Form der Website zu bestimmen. Design bestimmt auch die Funktionsweise und die ganzheitliche Identität deines Unternehmens.

>*»Design is not just what it looks. Design is how it works.«*
>*– Steve Jobs*

Eine einheitliche Identität kann dein Image nachhaltig fördern, deinen Wiedererkennungswert steigern und deine einzigartige Persönlichkeit und Vision unterstreichen. Eine einheitliche Identität schafft Vertrauen bei deinen Kunden und kann die Differenzierung von deinen Mitbewerbern vereinfachen. Eine Corporate Identity (CI) vereinheitlicht Verhaltensregeln (Corporate Behaviour), deine Kommunikationsmaßnahmen (Corporate Communication), deine Bildsprache (Corporate Imagery) und zu guter Letzt dein Design (Corporate Design, CD). Gerade ein einheitliches Design kann wesentlich dazu beitragen, dass du auf allen Kanälen von deinen potenziellen Kunden wiedererkannt wirst. Nehmen wir als Beispiel deine Social-Media-Kanäle. Wenn du dir einen Namen machen und eine Thema besetzen möchtest, ist es von Vorteil, wenn deine Posts, Pins und Tweets eine einheitliche Bildsprache aufweisen. So erkennen deine Follower und Fans immer auf den ersten Blick, dass es wieder Content von dir gibt, und du gehst in der Masse nicht unter.

Versuche, deine Website neben einem einheitlichen Design über folgende visuellen Hacks hervorzuheben:

▶ Form folgt Funktion: Lesbarkeit und Logik sind wichtiger als Ästhetik.

▶ Sei konsistent, wähle ein Design und bleib dabei.

▶ Weißraum ist gut! Weniger ist mehr, fokussiere dich!

▶ Mach deine Website mit einer guten Struktur scannbar.

▶ Nutze nicht zu viele Farben oder Schriften auf deiner Website.

▶ Bilder sagen mehr als tausend Worte.

▶ Nutze Bilder mit Menschen.

▶ Sei authentisch, zeige die Menschen hinter dem Projekt.

▶ Vermeide dunklen Hintergrund für Text.

▶ Entwickle *mobile first* und responsiv.

▶ Nutze ein typografisches Raster.

▶ Menschen lesen von rechts nach links, priorisiere wichtige Elemente nach dieser Regel.

▶ Text ist verständlicher als Icons.

Was haben diese UX-Patterns mit Hacken zu tun? Ganz einfach, durch die Verwendung bestehender Muster in einem neuen Kontext kannst du tolle Ergebnisse erzielen. Schon allein die Änderung der Proportionen kann viel bewirken. Gute Beispiele dafür sind der goldene Schnitt oder die sogenannten Fibonacci-Zahlenfolge.

6.5.1 Der Pareto-Hack

Das von Vilfredo Pareto entdeckte statistische Phänomen besagt, dass 80 % der Ergebnisse mit 20 % des Aufwands erreicht werden. Pareto untersuchte die Verteilung des Bodenbesitzes in Italien und bemerkte, dass 20 % der Bevölkerung ca. 80 % des Bodens besitzen.

Nutze das Paretoprinzip ebenfalls in einem neuen Kontext:

▶ 80 % des Umsatzes eines Unternehmens werden meisten mit 20 % der Produkte erzielt.

▶ 80 % der Anrufe führt man mit 20 % seiner gespeicherten Kontakte.

▶   80% der Innovationen stammen von 20% der Bevölkerung.

▶   80% der Fehler werden von 20% der Komponenten verursacht.

▶   80% der Nutzer erreichst du mit 20% der Funktionen.

Für dich bedeutet das, dass du dich auf das Wesentliche konzentrieren solltest. Finde heraus, welche Funktionen tatsächlich wichtig für deine Nutzer sind (also 80% der Nutzung ausmachen) und priorisiere diese entsprechend.

6.5.2   Der Accessibility-Hack

Systeme sollten so gestaltet sein, dass möglichst viele sie ohne Probleme benutzen können. Die Prinzipien sind in vier Gruppen unterteilt: Wahrnehmbarkeit, Bedienbarkeit (insbesondere Tastaturbedienung), Verständlichkeit, Robustheit (Kompatibilität).

Die »Web Content Accessibility Guidelines« (WCAG) des W3C definieren die Grundlagen der Barrierefreiheit, die 14 Punkte umfassen:

1. Stelle äquivalente Alternativen für Audio- und visuellen Inhalt bereit.

2. Verlasse dich nicht auf Farbe allein.

3. Verwende semantisches Markup und Stylesheets und erledige das auf korrekte Weise.

4. Verdeutliche die Verwendung natürlicher Sprache.

5. Erstelle Tabellen, die geschmeidig transformieren.

6. Sorge dafür, dass Seiten, die neue Techniken verwenden, geschmeidig transformieren.

7. Sorge für eine Kontrolle des Benutzers über zeitgesteuerte Änderungen des Inhalts (indem beispielsweise eine Abschaltung oder eine Verzögerung erlaubt werden; das gilt im Besonderen auch für den Ablauf der Benutzersitzung oder für den Refresh von Seiten).

8. Sorge für direkte Zugänglichkeit eingebetteter Benutzerschnittstellen (Applets/ Skripts sollten auf dieselbe Art und Weise wie die Browserschnittstelle selbst bedienbar sein).

9. Wähle ein geräteunabhängiges Design (unabhängig vom Eingabegerät, sei es Tastatur, Maus oder Sprache).

10. Verwende Interimslösungen, bis die Standards in diesem Bereich von allen Eingabegeräten vollständig unterstützt werden.

11. Verwende W3C-Techniken und -Richtlinien.

12. Stelle Informationen zum Kontext und zur Orientierung bereit.

13. Stelle klare Navigationsmechanismen bereit.

14. Sorge dafür, dass Dokumente klar und einfach gehalten sind.

6.5.3 Der Bedeutungsträger-Hack

Gute Designer setzen dezente Hinweise für die Nutzung eines Produkts ein. Symbole oder textliche Aufforderungen unterstützen die Bedienung eines Produkts oder einer Webseite dort, wo die Affordanz nicht selbsterklärend ist. Die Knöpfe einer Kaffeemaschine sollten klar gekennzeichnet sein, so dass der Nutzer genau weiß, was er machen muss, um einen Espresso oder einen Milchkaffee zu bekommen. Auf einer Website solltest du auch alle Funktionen beschriften, die in ihrer Bedeutung nicht klar sind. So ist es z. B. angebracht, bei Datei-Downloads zu vermerken, was der Nutzer bekommt, wenn er auf den Link klickt.

6.5.4 Der iPod-Hack

Als Job Rubenstein im Februar 2001 Steve Jobs eine erste Version des iPods zeigte, war dieser gleich begeistert. Anders als die damals üblichen MP3-Player war die Funktionalität auf das Wesentliche reduziert, was den iPod sehr einfach bedienbar machte. Nespresso wendet mit seinen Kapseln dasselbe Prinzip an. Die Kapseln können nur auf eine Weise in das Gerät gesteckt werden. Durch diese Einschränkung der Funktionalität werden Fehlanwendungen vermieden und die Anwendung damit vereinfacht.

6.5.5 Der Feedback-Hack

Bestimmt hast du schon einmal eine Website besucht, auf der du an irgendeiner Stelle nicht mehr weitergekommen bist. Das wird besonders dann mühsam, wenn du dich mitten in einem Zahlungsprozess befindest, einen Bezahlen-Button gedrückt hast und aufgrund einer schlechten Performance tut sich einfach nichts mehr. Erhältst du nun kein Feedback, bist du verunsichert und drückst weiter auf den Knöpfen herum. Dieses Beispiel zeigt, wie wichtig ein gutes Feedback ist. Sorge also dafür, dass der Nutzer bei deinen Designs stets ein zufriedenstellendes Feedback erhält.[2]

---

2 Don Norman, The Design of Everday Things. Basic Books: New York 2013.

6.5.6 Der Archetyp-Hack

Marken wie Harley-Davidson oder Nike benutzen Archetypen, um ihre Werbebotschaften zu transportieren. Ein Archetyp ist z.B. ein Held oder ein Rebell, der Stärke, Macht oder Freiheit symbolisiert. Diese Symbole nutzen die Marken, um sich in dieser Rolle zu präsentieren.

Die verschiedenen Archetypen sind:

▶ **Der Held:** Er wird häufig von Sportmarken eingesetzt. Er steht für Mut und Disziplin.

▶ **Der Rebell:** Er widersetzt sich gesellschaftlichen Konventionen und will die Welt verändern. Berühmte Beispiele sind Steve Jobs (Apple) oder Richard Branson (Virgin).

▶ **Der Abenteurer:** Er ist, wie der Name schon sagt, abenteuerlustig, steht für Freiheit und Natur. Viele Outdoor-Marken, wie beispielsweise GoPro, nutzen diesen Archetyp.

▶ **Der Leidenschaftliche:** Steht für Liebe und alles Verführerische.

▶ **Der Humorvolle:** Witz und Humor sind seine Stärken. Er nimmt vieles nicht ganz so ernst, und sein Motto lautet: »Humor ist, wenn man trotzdem lacht.«

▶ **Der Leader:** Er steht für Macht und Unterstützung und treibt die Menschen an.

6.5.7 Der Kindchenschema-Hack

Wir Menschen neigen dazu, Dinge, die kindlich wirken, stärker unterstützen zu wollen. Große Augen oder eine kleine Nase lassen Figuren kindlich aussehen. Besonders in Zeichentrick- und Animationsfilmen kommt dieses Schema zum Einsatz. Vor allem in Manga-Comics sind diese Merkmale sehr stark ausgeprägt. Unternehmen nutzen diese Vorteile häufig in PR oder Werbung. Es wird auch oft vom Bambi-Effekt gesprochen. So verkaufen sich Produkte mit niedlichen Tierfotos besonders gut.

6.5.8 Der Fitts-Hack

Fitts' Gesetz beschreibt die Dauer, die du benötigst, um mit deinem Mauszeiger ein bestimmtes Bildschirmelement zu erreichen und anzuklicken. Diese Zeit ist proportional zur Entfernung des Ziels, das du anklicken möchtest. Außerdem benötigst du weniger Zeit, je größer das Bildschirmelement ist, das du ansteuerst. Wichtige Elemente wie Call-to-Action-Buttons sollten also möglichst nahe am Ausgangspunkt und genügend großflächig gestaltet werden.

6.5.9 Der Hicks-Hack

Das Hick'sche Gesetz erklärt den Zusammenhang zwischen der Entscheidungszeit und der Anzahl an Auswahlmöglichkeiten. Je mehr Auswahl- oder Navigationselemente zur Verfügung stehen, desto komplizierter ist der Entscheidungsprozess für den Benutzer. Das Gesetz von Miller geht noch einen Schritt weiter. Gemäß Miller kann ein Mensch nur sieben (+/- zwei) Elemente im Gedächtnis behalten. Eine Hauptnavigation sollte demnach nicht mehr als sieben Elemente beinhalten.

6.6 Psychologische Hacks

Wir Menschen verweisen gerne darauf, dass wir einen freien Willen haben und stets bewusste Entscheidungen treffen. Diese Aussage stimmt nur zur Hälfte: Zwar haben wir einen freien Willen, aber wir sind durch unsere Erziehung und Sozialisierung so konditioniert, dass wir äußeren Impulsen unbewusst folgen – wir sind manipulierbar. Gute Verkäufer machen sich diese Effekte zunutze, und auch als Growth Hacker solltest du zumindest testen, wie du diese Möglichkeiten ausschöpfen kannst, damit deine Nutzer das tun, was sie sollen. Das gilt nicht nur für B2C-, sondern auch für B2B-Kampagnen. Denn unabhängig davon, in welcher Branche dein Unternehmen tätig ist: 100 % deiner Kunden sind Menschen. Und die überwältigende Mehrheit der Menschen funktioniert nach den gleichen psychologischen Prinzipien.

Ein Experte auf dem Gebiet der psychologischen Hacks ist André Morys, Geschäftsführer der Bad Homburger Conversion-Agentur Web Arts. Primäres Ziel der Conversion-Optimierung ist es, »den inneren Dialog der Nutzer aufzugreifen«, sagt Morys. Um diesen Dialog zu kennen und aufgreifen zu können, musst du vorab Personas deiner Kunden entwickelt und diese mit Nutzertests validiert haben. Du musst die Gedankengänge der Nutzer verstehen und ihre Dialoge dokumentieren, damit du richtig reagieren kannst.

Eines der besten Beispiele für diese Vorgehensweise ist die Hotelplattform Booking.com. Mit Texten wie »Weltweiter Bestseller« und »Sehr gefragt« werden gleichzeitig die Mittel Social Proof wie auch Verknappung verwendet. Wenn dann auch noch (in roter Schriftfarbe!) danebensteht, wie oft das Hotel in den letzten 24 Stunden gebucht worden ist, dann wird der Verknappungseffekt sogar noch einmal verstärkt (siehe Abbildung 6.4). Dieses Schema zieht sich durch den kompletten Funnel.

Es gibt eine Reihe von Impulsen, die du dir zunutze machen kannst, wenn du möchtest, dass deine Nutzer eine Aktion durchführen (und von dir kaufen).

Abbildung 6.4 Booking.com setzt verstärkt auf psychologische Hacks.

6.6.1 Der »Ich bin Arzt!«-Hack

Autorität zieht. Menschen tendieren dazu, Menschen mit Autorität zu folgen. Um beim Beispiel Straßenverkehr zu bleiben: Wenn du willst, dass Autofahrer deinen Anweisungen Folge leisten, erhöhen sich deine Chancen durch das Tragen einer Warnweste und eines Walkie-Talkies deutlich – von einer Polizeiuniform ganz zu schweigen. Auch in einem Krankenhaus wird man einem Menschen mit einem weißen Kittel und Stethoskop mehr Aufmerksamkeit schenken als jemanden mit einem Bauhelm. Für dich gilt: Wenn du dich als Experte auf deinem Gebiet positionierst und dies deinen Besuchern kommunizierst, werden sie dir Glauben schenken.

6.6.2 Der Vertrau-mir-Hack

Vertrauen ist die Grundlage jeder geschäftlichen und persönlichen Beziehung. Vertrauen ist eines der stärksten psychologischen Motive für Entscheidungen. Ver-

265

trauen wächst in der Regel durch Zeit und ist daher unmöglich durch einen TV-Spot oder ein Banner aufzubauen. Ziel ist es, eine langfristige Beziehung aufzubauen, in der du als Verkäufer beweisen kannst, dass du (und damit dein Produkt) vertrauenswürdig bist und den guten Willen (oder die Nutzerdaten) nicht ausnutzt. Vertrauen ist auch der Grund, warum Online-Unternehmen Gütesiegel, wie z.B. von Trusted Shops, oder positive Berichte von Medien auf ihren Websites prominent platzieren.

6.6.3 Der »Nur noch zweimal schlafen«-Hack

Vorfreude ist der Grund dafür, warum Filmstudios Teaser-Poster, Teaser-Clips und Trailer produzieren, um damit im Vorfeld den Kinostart eines Films zu bewerben. Die Zielgruppe wird schon früh über das kommende Ereignis informiert, und mit Ausschnitten wird die Vorfreude geschürt. Auch Apple hat sich dieses Prinzips zunutze gemacht und kündigt seine Keynotes, auf denen die kommenden Produkte und Updates veröffentlicht werden, weit im Vorfeld an, um die Vorfreude der Käufer und Journalisten zu schüren.

Lass deine potenziellen Kunden wissen, dass etwas Wichtiges (wie dein Produkt-Launch) bevorsteht, und erinnere sie immer wieder daran. Wenn es dann so weit ist, sind sie mental vorbereitet und freuen sich (im Idealfall) sogar darauf.

6.6.4 Der »Weil wir das schon immer so gemacht haben«-Hack

Events, Gemeinschaft und Rituale sind für uns eine wichtige Sache. Menschen sind Herdentiere. Ein Erlebnis wird dadurch aufgewertet, dass wir es mit anderen Menschen teilen. Deswegen geben wir viel Geld für Konzerte und Sportveranstaltungen aus. Als Online-Business kannst du dir diesen Effekt zunutze machen, indem du dich bemühst – beispielsweise im Rahmen eines neuen Produkt-Launches –, den Launch als ein großes, einzigartiges Event zu kommunizieren, an dem viele tolle Menschen teilnehmen. Der Nutzer wird sich in seiner Entscheidung bestätigt fühlen, wenn er sich als Teil einer Gruppe fühlt. Denn eine Veranstaltung, an der viele gleichgesinnte Menschen teilnehmen, muss schließlich toll sein! Die Königsdisziplin ist die Erschaffung eines regelmäßigen Events, dem deine Kunden bereits im Vorfeld entgegenfiebern. Zum einen wissen sie, was sie erwartet, zum anderen freuen sie sich auf die neuen Aspekte. Nehmen wir erneut den Sport als Beispiel: Viele Menschen gehen regelmäßig alle zwei Wochen zu den Heimspielen ihrer Lieblingsmannschaft und durchleben mit ihren Freunden das immer gleiche Ritual von der Bahnfahrt bis zur Stadionwurst, kennen aber den Ausgang des eigentlichen Spiels nicht. Diese Mischung aus Bekannten und Neuem in der Gemeinschaft kann süchtig machen.

6.6.5 Der Blaue-Mauritius-Hack

Ein weiterer Growth-Hacking-Klassiker: künstliche Verknappung. Sobald ein Produkt nur einer kleinen Gruppe oder für einen begrenzten Zeitraum zugänglich ist, steigert es seinen Wert.

Bestimmt kennst du die berühmte Herausforderung für einen neuen Verkäufer: »Verkaufe mir diesen Stift!« Der Verkäufer muss demonstrieren, wie er einen alltäglichen und nach allen objektiven Maßstäben austauschbaren Gegenstand aufwertet, um beim Kunden das Verlangen zu wecken, diesen Stift zu kaufen. Ein beliebtes Mittel dafür ist Verknappung (ob echt oder künstlich sei an dieser Stelle dahingestellt, wichtig ist das Gefühl, das dein Gegenüber hat). Wenn der fragliche Stift nämlich nicht ein x-beliebiger Stift ist, sondern Teil einer exklusiven Sonderedition und von einem berühmten Designer kurz vor dessem Tod gestaltet worden ist, macht es ihn unmittelbar wertvoller und begehrenswerter.

Ein wichtiger Teil für den Erfolg von Dropbox, Googles Gmail, Amazons Echo oder dem Handy One Plus war die künstliche Verknappung zum Start des Produkts. Nur wer eine Einladung hatte, konnte das Produkt kaufen bzw. nutzen. Weitere Beispiele für Verknappung sind Limited Editions, Black Fridays und der Hinweis »nur solange der Vorrat reicht«. Schau dir dazu auch den FOMO-Hack in Abschnitt 6.7.5 an.

Diese Mechanik lässt sich noch mit Gamification-Elementen verbinden: Je mehr Anmeldungen ein Nutzer vermittelt, desto höher sind seine Chancen auf die Teilnahme. Mit einer Tabelle lässt sich sogar darstellen, an welcher Stelle die Nutzer stehen und wie viele ihrer Freunde und Bekannte sie noch überzeugen müssen, um eine Gewinnchance zu haben.

6.6.6 Der Babyschritte-Hack

Nudging oder »Anstubsen« ist ein weiterer psychologischer Hack, der funktioniert. Menschen scheuen sich davor, komplexe Aufgaben zu lösen, wie beispielsweise sich für ein Produkt mit sehr vielen Variablen zu entscheiden. Insbesondere in der B2B-Branche steht jeder Growth Hacker immer wieder vor dieser Herausforderung: Wie bringst Menschen dazu, Dinge zu tun, die sie nicht gerne tun? Beispielsweise könntest du nicht von vornherein alle Optionen und Alternativen anzeigen, sondern einen Filter/Dialog (oder »Einkaufsberater«) voranstellen. Führe deine Nutzer Schritt für Schritt durch den Sales Funnel, und nimm sie dabei an der Hand.

6.6.7 Der »Ich gehe lieber auf Nummer sicher«-Hack

Zero-Risk-Bias nennt sich im Englischen die Tendenz, Risiken um jeden Preis zu vermeiden, die meisten Menschen würden am liebsten gar kein Risiko eingehen.

Selbst wenn etwas für manche implizit als risikofrei erscheint, kann es von Vorteil sein, es auch explizit als risikolos oder so gut wie risikolos zu bezeichnen. Zeige deinen Nutzern explizit auf, wenn etwas risikolos ist. Wie schaffst du es, dass deine Nutzer sich sicher fühlen? Ein »Killer-Argument« ist eine Geld-zurück-Garantie. Wenn du Vertrauen in den Mehrwert deines Produktes hast, kannst du dem Kunden diese Garantie aussprechen. Der Bekleidungshändler Land's End spricht diese Garantie seit Jahren aus und hat extrem niedrige Missbrauchsfälle verzeichnet. Du könntest sogar noch einen Schritt weitergehen und dein Versprechen erhöhen: Wenn der Kunde mit dem Produkt nicht zufrieden ist oder es nicht die versprochenen Resultate erzielt, bekommt er nicht nur sein Geld zurück, er darf außerdem das Produkt behalten *oder* er bekommt sogar mehr zurück, als er bezahlt hat. Durch solche Versprechen nimmst du dem Kunden jegliche Befürchtung, einen Fehler zu machen und vor seinem Umfeld schlecht dazustehen. Als Nebeneffekt wird dich dieses Versprechen dazu motivieren, dein Wort zu halten und deinen Kunden die bestmögliche Qualität zu liefern, denn dein Ruf steht auf dem Spiel.

6.6.8   Der »Der Anfang und das Ende«-Hack

Der Primacy-Recency-Effekt beschreibt das Phänomen, dass den zuerst und zuletzt erhaltenen Informationen am meisten Aufmerksamkeit geschenkt wird. Diese Informationen werden später in der Erinnerung als die wichtigsten abgerufen. Wichtig für deinen nächsten Pitch!

6.6.9   Der »Das kenne ich, das ist gut!«-Hack

Allein die wiederholte Darbietung von Personen, Situationen oder Dingen kann die Einstellung eines Menschen dazu positiv beeinflussen. Das Wiedererkennen erleichtert die kognitive Verarbeitung; die Vertrautheit steigt. Auf diesem *Mere-Exposure-Effekt* basiert das Re-Targeting, das wiederholte Anzeigen von Werbung für ein Produkt, für das ein Nutzer bereits Interesse gezeigt hat.

6.6.10   Der Zahnarzt-Hack

Schmerz und Angst wollen wir unbedingt vermeiden, aus evolutionstechnischen Gründen sind wir darauf gepolt, schnellstmöglich eine Linderung zu suchen. Du musst verstehen, ob der Schmerz deiner Zielgruppe chronisch oder akut ist: Chronische Schmerzen treten immer wieder mal auf, dafür aber nicht so intensiv. Das Langsamerwerden eines Computers oder ein Handy mit kaputtem Display sind beispielsweise chronische Schmerzen, für die wir nicht sofort eine Lösung suchen (müssen). Im Gegensatz dazu stehen akute Schmerzen: Wir brauchen jetzt gleich eine Lösung für unser Problem, wenn beispielsweise der Rechner oder das Handy ihren Dienst komplett versagen. Kenne deine Nutzer, halte diesen Schmerz in deiner Persona fest – und deine Texte werden sie fesseln.

6.6.11 Der »Immer besser als du«-Hack

Viele von uns macht es stolz, besser als andere zu sein. Deswegen messen wir uns in Wettkämpfen, vergleichen, wer am schnellsten laufen, am höchsten springen oder möglichst oft einen Ball in ein Tor schießen kann. Auch Stolz kann man aus der evolutionären Entwicklung des Homo Sapiens erläutern: Wer seinen Mitmenschen überlegen ist, hat ein gestiegenes Sicherheitsgefühl. Du kannst dich dieser Eigenschaft bedienen, indem du deine Nutzer beim Stolz packst und ihnen verdeutlichst, wie sie durch die Nutzung deines Produkts im Vergleich zu anderen dastehen.

6.6.12 Der »Be like Mike«-Hack

Als »Herdentiere« vergleichen wir uns stetig mit unserem Umfeld und streben danach, den Anführern nachzueifern. Das ist der Grund, warum jeder Sportartikelhersteller mit einem prominenten Testimonial wirbt: Wenn wir die gleichen Schuhe tragen wie Michael Jordan, können wir auch (fast) so gut Basketball spielen wie er.

6.6.13 Der Dagobert-Hack

»Kaufe zwei zum Preis von einem« – wer kann da schon widerstehen? Wir sind darauf gepolt, möglichst sparsam mit unseren Ressourcen (insbesondere Geld) umzugehen. Und wenn wir einen überdurchschnittlichen Wert im Tausch gegen unser Geld erhalten, umso besser! Darum kaufen Menschen so gut wie alles, wenn der Preis reduziert *oder* der Gegenwert erhöht worden ist.

6.7 On-Page-Hacks

Als On Page bezeichnet man Elemente, die direkt in deinem Einflussbereich, nämlich auf deiner Website liegen. Als Off Page bezeichnet man Websites, Plattformen und Portale, die – du wirst es erraten haben – nicht dir gehören, aber auf die du (z. B. mit deinem Profil) Einfluss nehmen kannst, wenn auch begrenzt.

6.7.1 Der »Weniger ist mehr«-Hack

Erstaunlich viele Unternehmen, junge wie etablierte, scheitern daran, Landingpages sinnvoll einzusetzen. Landingpages sind Seiten, die nur für einen einzigen Zweck erstellt werden und in der Regel nicht Bestandteil der »normalen« Website-

Hierarchie sind. Stattdessen sind sie meist das Ziel einer Kampagne oder sonstigen Aktion, die auf eben diese Landingpage verlinkt. Der größte Vorteil ist, dass man genau weiß, woher die Nutzer kommen (durch die Werbemittel) und welche Erwartungshaltung sie haben. Der *Customer Flow* ist – zumindest in der Theorie – also wesentlich flüssiger und die Conversion Rate höher, als wenn eine Kampagne einfach nur auf die reguläre Website verlinkt. Auch das ist eigentlich kein Growth Hack, sondern einfach nur gutes Online-Marketing. Aber da bestimmt auch einige deiner Wettbewerber diese Mechanik entweder nicht kennen oder nicht effizient einsetzen, kannst du sie für dich nutzen.

> *»The main content on a landingpage should answer to simple questions: ›what is it?‹ (solution) and ›why should i care?‹ (problem).« – Georgiana Laudi, Unbounce*

Eine Landingpage ist folgendermaßen definiert:

1. Die Navigation ist auf das Allernotwendigste reduziert. Das ist in der Regel das Impressum und – am wichtigsten – der Call-to-Action-Button. Auf alles andere sollte verzichtet werden, weil es dem Nutzer nur die Chance bietet, nicht das zu tun, was du möchtest. Das ist schwieriger, als es sich liest. Am besten startest du mit einem weißen Blatt Papier und nicht mit dem Master-Layout deiner Website.

2. Es gibt nur einen einzigen Call-to-Action. In der Regel ist das ein Button in Verbindung mit einem Texteingabefeld für die E-Mail-Adresse. Dieser Call-to-Action sollte auf der rechten Seite und auf jeden Fall *above the fold*, also im sofort sichtbaren Bereich, sein. Außerdem sollte er so spezifisch wie möglich sein: »Ja, ich will mehr über XY lernen!«

3. Der Mehrwert des Produkts, also die Lösung für das Problem des Nutzers, ist textlich in den Vordergrund gestellt. Schreibe also nicht von der besten SaaS-Lösung (Software as a Service) auf dem Markt, sondern von den X Stunden, die der Nutzer dank deines Tools nun mehr Zeit für andere Dinge hat.

Wie bei einem Banner funktioniert die Verwendung von Bildern in der Regel gut, insbesondere von Gesichtern. Wenn das Hintergrundbild dann auch noch mit dem Call-to-Action harmoniert (beispielsweise indem ein Mensch auf den Button schaut, wie in Abbildung 6.5), wird das Auge der Nutzer perfekt geführt. Übrigens funktionieren Gesichter von attraktiven Frauen in der Regel gut – sowohl bei männlichen als auch weiblichen Nutzern.

Ein weiterer Vorteil von Landingpages ist die Tatsache, dass sie sich durch ihren Minimalismus sehr leicht anpassen lassen. So kannst du schnell eine Vielzahl von Landingpages erstellen und diese auf die jeweiligen Bedürfnisse der einzelnen Personas abstimmen, indem du einfach Text und Bild veränderst.

Abbildung 6.5 Sehr schlichte Landingpage mit Blickführung

Solltest du Inspiration für das Design von Landingpages benötigen (oder diese auch einfach und schnell aufsetzen wollen), empfehlen wir dir die Marktplätze von Leadpages und Unbounce sowie diese Checkliste:
https://unbounce.com/landing-pages/checklist

6.7.2 Der McDonald's-Hack

Vor amerikanischen Filialen des Fastfood-Restaurants McDonald's begrüßt dich oft ein Schild mit »over 99 billion served«. Warum steht das da? Weil der Mensch ein Rudeltier ist. Was so vielen anderen Menschen schmeckt, kann für mich nicht schlecht sein. McDonald's bedient sich einer Technik, die als Social Proof oder schlicht und einfach Konformität bekannt ist. Wir Menschen vertrauen Empfehlungen anderer Menschen. Wir wollen nicht allein dastehen, sondern fühlen uns in der Gruppe wohl. Deswegen sind Holidaycheck, eBay, Yelp und Amazon so erfolgreich: Die Bewertungen kommen (in der Regel) von anderen, echten Menschen mit den gleichen Problemen und Sorgen wie du und ich. Wenn so viele von ihnen Produkt XY positiv bewerten, dann wird es gut sein.

Du kannst und solltest dich des Social Proofs ebenfalls bedienen und möglichst viele möglichst positive Stimmen sammeln und an passender Stelle potenziellen Kunden präsentieren, um eine Aktivierung zu erreichen. Das kann auch auf der Landingpage geschehen, solltest du dich für ein längeres, scrollbares Format entscheiden. Der Social-Media-Management-Dienst Buffer hat dies auf seiner Website hervorragend gelöst, indem er nicht nur die Anzahl der Nutzer hervorhebt, sondern sie auch mit ihrem Gesicht nahbar und real darstellt (siehe Abbildung 6.6).[3]

Abbildung 6.6 Buffer zeigt zufriedene Kunden als Social Proof.

6.7.3 Der Lead-Magnet-Hack

Was ist ein Lead-Magnet? Nichts anderes als die »Belohnung« oder der Anreiz, der aus einem anonymen Nutzer einen Lead mit validen Kontaktinformationen macht. Es ist ein in der Regel ein kostenloses Angebot, das der Nutzer im Austausch gegen (mindestens) seine E-Mail-Adresse erhält (siehe Abbildung 6.7).

Die Theorie dahinter ist folgende: Die meisten Besucher deiner Website sind noch nicht bereit, dein Produkt oder deinen Service zu kaufen, weil sie dich nicht kennen. Dein Start-up ist keine bekannte Marke, die sich mit glamourösen TV-Spots und großflächigen Postern am Berliner Alexanderplatz schmücken kann. Dein potenzieller Kunde hat noch keinerlei Beziehung zu dir aufgebaut, du bist ein unbeschriebenes Blatt, das sich Vertrauen erst verdienen muss. Und der Lead-Magnet ist der erste Schritt zum Aufbau einer Beziehung zwischen Kunde und Anbieter.

Der Lead-Magnet, gelegentlich auch *Content Upgrade* genannt, ist in der Regel ein Angebot, das aus der Sicht des Kunden einen hohen Mehrwert und ein geringes Risiko hat. Die Eingabe der E-Mail-Adresse oder ein öffentliches Like auf Facebook ist ein kleines »Opfer«, wenn man dafür einen Leitfaden, ein Buch oder ein

---

3 Bei der Verwendung von Nutzerdaten solltest du immer vorher abklären, ob die Umsetzung nicht gegen das Datenschutzrecht verstößt.

Geschenk erhält. Wie jeder gute Verkäufer bescheinigen kann, ist das wichtigste Wort im Verkaufsprozess das Ja. Und mit der Einverständniserklärung zum Lead-Magneten hat der Kunde das erste Mal in eurer gemeinsamen Beziehung aktiv ja gesagt. Im Folgenden gilt es, diesem ersten (Mikro-)Ja weitere folgen zu lassen.

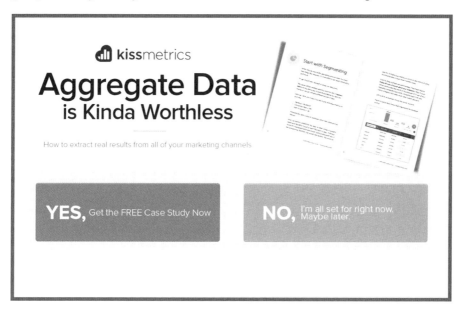

Abbildung 6.7 Kissmetrics lockt mit einer kostenlosen Case Study.

Die Basis dafür ist gelegt, denn der Nutzer hat dir seine E-Mail-Adresse gegeben und vertraut darauf, dass du sie nicht missbrauchst. Auch wenn kein Geld geflossen ist, wurde bereits die erste Transaktion getätigt. Im nächsten Schritt ist es für dich entscheidend, dich dieses Vertrauensvorschusses würdig zu erweisen und deinen neuen Lead nicht zu enttäuschen.

Der Lead-Magnet muss nicht groß und aufwendig sein. Im Gegenteil, die meisten Nutzer werden tendenziell eher abweichen von einem sehr langen Dokument oder einer kompletten E-Mail-Serie. Stattdessen muss der Lead-Magnet wertvoll sein. Und das wird er, wenn er ein Problem des Nutzers löst (oder zumindest beginnt, es zu lösen) oder er dem Nutzer hilft, etwas Neues zu entdecken.

Um das zu erreichen, musst du wissen, in welcher Phase der Customer Journey dein potenzieller Lead gerade ist und welches Problem er mit sich herumträgt, damit du zu dessen Lösung beitragen kannst. Einmal mehr wird die Qualität deiner Zielgruppenanalyse und deiner Personas auf die Probe gestellt. Aber wenn du deine Hausaufgaben im Vorfeld gemacht hast, kennst du die Probleme, Herausforderungen und Befürchtungen deiner Nutzer gut genug, um sie von deinem Mehrwert zu überzeugen. Wenn du einmal das Prinzip verstanden und richtig angewendet hast, wird es dir leichtfallen, nicht nur einen, sondern mehrere Lead-Magneten zu entwickeln – für jede Phase der Customer Journey, jeden Markt und jede Buying Persona einen.

Wie kannst du einen Lead-Magneten erstellen? Es gibt drei effiziente Methoden, um Ideen für einen Lead-Magneten zu generieren:

1. Lasse deine potenziellen Kunden eine kleine Umfrage ausfüllen und frage nach ihren größten Herausforderungen, Wünschen und Befürchtungen im Umfeld deines Produkts bzw. Services. Die häufigsten Antworten sollten sich in deinem Lead-Magneten widerspiegeln.

2. Analysiere das Verhalten deiner Wettbewerber: Bieten sie einen Lead-Magneten an? Wenn ja, in welcher Qualität, Tonalität und in welcher Tiefe? Was ist das Beste an dem kostenlosen Content deines Wettbewerbers? Wie sprechen seine Fans und Kritiker auf Social Media über ihn?

3. Analysiere (z. B. mit BuzzSumo) die populärsten Artikel und Themen in deiner Nische. Kannst du eine einzigartige, bessere oder tiefgründigere Perspektive ergänzen, dich durch Humor oder Provokation abheben?

Dabei gehst du nach dem Bikini-Prinzip vor:

> »90 % sind sichtbar, 10 % sind verdeckt – aber genau
> auf diese 10 % konzentriert sich alles.« –
> Sean D'Souza, Psychotactics

Die notwendige Aktion ist in der Regel die Eingabe von Kontaktdaten, es kann aber auch ein öffentlicher Social-Media-Post sein, der den Bonus-Content freischaltet. Dafür eignen sich die Tools *Pay with a Post* oder *Smartbribe*. Letzteres erlaubt sogar eine zweidimensionale Schranke: Der Nutzer muss einen Hinweis auf deinen Content erst über Social Media und anschließend per E-Mail teilen, bevor er Zugang erhält.[4]

Schreibe alle diese Ideen auf und priorisiere sie. Der beste Lead-Magnet hilft deinem potenziellen Kunden als schnellstes, zum Ziel zu kommen. Einige Beispiele:

Artikel als PDF

Die einfachste aller Methoden: Wenn du keine Zeit zur Erstellung eines Lead-Magneten hast, formatiere deinen Blogartikel als PDF-Datei und biete diese zum Download an.

---

4 Wir empfehlen dir, eingehend zu testen, ob eine zweifache Schranke für deine Nutzer unter Umständen nicht doch zu hoch ist.

Werkzeugkasten

Erstelle eine Liste mit allen Tools, die dem Nutzer bei der Lösung seines Problems helfen können.

Leseempfehlung

Erstelle eine Liste mit allen Artikeln, Büchern, Infografiken oder Videos, die dem Nutzer helfen können.

Webinare

Webinare haben den großen Vorteil, dass sie Nutzer sehr schnell in Leads umwandeln, da sie viel Spielraum für die Erläuterung des eigenen Produkts bieten. Der Nachteil ist, dass die Vorbereitung und Durchführung zeitaufwendig ist.

Mini-Kurs via E-Mail oder WhatsApp

Ein solcher Kurs kann sehr praktisch sein, ist aber mit Problemen behaftet. Zum einen kannst du dir nicht sicher sein, dass die Leser auch wirklich jede E-Mail öffnen und lesen, zum anderen bekommt der Rezipient nicht den versprochenen Mehrwert auf einmal, sondern in einzelnen Teilen.

Mini-Kurs via Video

Wenn du alle Videos auf einmal bereitstellst, hast du nicht das Problem des »gestückelten« E-Mail-Kurses. Aber dafür ist die Planung, Produktion und Distribution von Videos natürlich deutlich aufwendiger. Dafür sind Videos ein hervorragender Weg, deine Leads zu qualifizieren. Außerdem kannst du durch Re-Targeting deine Zuschauer durch Werbeanzeigen ansprechen, zusätzlich zur E-Mail.

How-to-Video

Die einfachere (und für den Leser hilfreichere) Alternative zum Videokurs. Mit einem Tool wie Screenflow oder Ashampoo Snap (bei Apple kannst du einfach den Recorder des Quicktime Players verwenden) kannst du schnell und einfach Tutorials erstellen und deiner Zielgruppe demonstrieren, wie man ein relevantes Problem lösen kann. Dieses Video kannst du einfach auf Vimeo und/oder YouTube hochladen und auf einer geschützten Landingpage einbetten. How-to-Videos werden vergleichsweise selten als Lead-Magnet genutzt, dabei erfüllen sie alle relevanten Kriterien.

E-Books

Der Klassiker unter den Lead-Magneten: Erstelle ein hilfreiches, kleines E-Book und biete es zum Download an. Tools wie Calibre helfen dir bei der Umformatierung deines Textes in das passende Format für die gängigsten E-Book-Reader. Aber Vorsicht: Das Wort E-Book oder Buch ist mitunter für den einen oder anderen Interessenten eine Hürde, weil er vermeintlich viel lesen muss. Verwende daher Titel wie Guide, Strategie, Leitfaden oder einfach Tipps. Hervorragende Beispiele für solche E-Books sind die Bibliotheken von HubSpot und Unbounce und die Academy von AdEspresso.

Free Trial

Die einfachste und populärste Lösung für SaaS-Start-ups. Gewähre dem Besucher die kostenlose Nutzung deines Produkts für einen definierten Zeitraum. So kann er in Ruhe ausprobieren, ob dein Produkt auch wirklich sein Problem löst. Wenn du den Testzeitraum nicht begrenzt, wird dein Unternehmen einen Teil seiner Ressourcen in die Unterstützung solcher Testnutzer investieren müssen, ohne dass du dafür Geld bekommst. Eine Begrenzung des Zeitraums oder der Produktfeatures sind wichtige Elemente, um aus Gratisnutzern bezahlende Kunden zu machen. So macht es Adobe für seine Produkte wie Photoshop und ist damit sehr erfolgreich.

Kostenloser Newsletter

Vermutlich der häufigste Lead-Magnet. Du versprichst dem Nutzer damit einen kontinuierlichen Strom an hilfreichem Content. Dieses Versprechen führt aber unter Umständen nicht zur sofortigen Gegenleistung des Nutzers, nichtsdestotrotz stehst du in der Verpflichtung, regelmäßig zu liefern.

VIP-Club

Eine Weiterentwicklung des kostenlosen Newsletters (und ein Bestandteil für den Aufbau einer eigenen Community, eines »Tribes«), ist der Zugang zu einem geschützten und damit exklusiven Mitgliederbereich, in dem du regelmäßig deine neuen Inhalte posten kannst. Der Vorteil: Bei einer lebendigen Gruppe bekommst du zeitnah Feedback deiner Fans, und sie können sich gegenseitig austauschen. Wenn du es dir einfach machen willst, kannst du eine geschützte Facebook-, WhatsApp- oder Slack-Gruppe aufbauen, zu der du Zutritt gewährst.

Infografiken

Wenn du etwas erstellen möchtest, das auch auf bildlastigen Kanälen wie Pinterest geteilt wird, dann sind Infografiken ein probates Mittel. Allerdings funktionieren sie aufgrund ihres Formats nicht gut auf Smartphones, zudem sind sie sehr aufwendig bzw. teuer in der Erstellung, sofern du selbst kein Grafiker bist. Und für die meisten Nutzer ist eine Infografik nicht wertvoll genug, um im Austausch die E-Mail-Adresse herzugeben.

Kostenlose Beratung oder Beurteilung

Insbesondere bei Beratern oder Coaches ist dieser Lead-Magnet beliebt, der quasi die »humane« (nicht technische) Version des Freemium-Modells ist: Gegen die Kontaktdaten gibt es eine kostenlose Beratung, die der erste Schritt eines langfristigen Coachings sein soll. Häufig wird dafür Skype verwendet. Die Herausforderung für den Berater ist, sich nicht ausnutzen zu lassen und seine Zeit mit Nutzern zu »verschwenden«, bei denen die Wahrscheinlichkeit für einen Kauf sehr gering ist. Dieses Risiko lässt sich reduzieren, indem die Nutzer vorab einen umfangreichen Fragebogen (einfach zu erstellen mit Typeform oder Google Forms) ausfüllen müssen. So erfährst du bereits im Vorfeld, wo die Interessenten der Schuh drückt oder – in Werbersprache – ihre *Pain Points*. Wenn du gerade als Berater oder Coach startest, könnte diese Methode für dich die ersten Kunden und Referenzen bringen. Später wirst du wählerischer sein können.

Kritisch ist hierbei, deinen Interessenten im Vorfeld genau zu erläutern, was sie erwarten können, und sie nahtlos in deinen bezahlten Beratungsservice zu überführen. Da deine Zeit sehr wertvoll ist, solltest du dir genau überlegen, wie du aus diesen kostenlosen Beratungen mit dem geringstmöglichen Zeitaufwand den größten Mehrwert für die Kunden erzielst. Beispielsweise kann dir ein Tool wie Calend.ly bei der Terminvereinbarung wertvolle Zeit sparen.

Wenn du technisch versiert oder Unternehmer bist, könntest du auch ein Tool erstellen, das automatisch die Beurteilung übernimmt. Ein Beispiel dafür ist HubSpots Marketing Grader. Die abgespeckte Version davon ist die Erstellung eines Quiz. Das Tool LeadQuizzes kann dir dabei helfen.

Tabelle/Checkliste/Mindmap

Mit diesen drei Formaten kannst du deine Besucher von deinen eigenen Erfahrungen profitieren lassen und ihnen damit extrem viel Zeit für Recherche ersparen. Nutze dein Wissen zu einem bestimmten Thema und bringe es in Form einer Tabelle, einer Checkliste oder einer Mindmap unter die Leute. Alle drei Formate sind einfach zu erstellen, und du kannst den Zugang via Google Drive oder Dropbox reglementieren. Für die Erstellung von Mindmaps gibt es eine Vielzahl guter Tools, wie Xmind, Fremind und Mindjet. Unsere Empfehlung ist allerdings MindMeister, da es nicht nur extrem einfach zu bedienen ist, sondern beispielsweise auch Aufgabenmanagement und Teamzusammenarbeit unterstützt. Beispielweise haben wir die Inhalte dieses Buches in MindMeister strukturiert.

Gewinnspiel

Eine sehr gute und sehr einfache Methode, um mehr Leads zu bekommen, ist ein Gewinnspiel. Der deutsche Marketer Björn Tantau verlost beispielsweise regelmäßig Fachbücher unter seinen Followern und Subscribern. Der Schlüssel zum Erfolg ist dabei, ein Produkt zu erschaffen, das extrem relevant für deine Zielgruppe ist.

Wenn du erst einmal einen Lead-Magneten erstellt hast, musst du diesen unter deinen Besuchern bekannt machen. Wenn sie von einer externen Quelle (beispielsweise über eine Anzeige oder einen Gastartikel) kommen, benötigst du eine Landingpage. Deren einziges Ziel ist es, den Mehrwert deines Lead-Magneten zu erläutern und es dem Besucher zu ermöglichen, Zugang zu bekommen (indem er seine Kontaktdaten in ein Formular eingibt). Wie erfolgreiche Landingpages aussehen, kannst du in den Galerien der Anbieter Unbounce und Leadpages sehen. Dort kannst du dich entweder inspirieren lassen oder – wenn du mehrere Lead-Magneten für eine Vielzahl von unterschiedlichen Nutzergruppen erstellst – die Templates sofort nutzen.

Sind die Nutzer aus anderen Quellen auf deiner Website (bzw. deinem Blog), kannst du dein Sign-up-Formular auch an anderen Stellen einbinden, beispielsweise in der Sidebar, via Pop-up oder über der Seite. Für Letzteres bietet sich das Tool Hellobar an.

6.7.4 Der »Du willst doch nicht etwa schon gehen?!«-Hack

Die wenigsten Nutzer mögen Pop-ups. Kein Wunder, denn meistens legt sich ein großformatiger Layer mit Werbung sinnfrei und überraschend über den eigentlichen Content. Wenn dann auch noch der Schließen-Button nicht deutlich oben rechts ist, wird diese Werbeform zu Recht verteufelt – und das werbetreibende Unternehmen hat einen potenziellen Kunden weniger.

In diesem Fall sprechen wir aber nicht von Werbe-Pop-ups, sondern von Maßnahmen, die den Nutzer aktivieren sollen. Insbesondere bei Unternehmen im E-Commerce können Pop-ups eine sehr effektive Maßnahme sein, um zu Käufen anzuregen.

Ein sogenanntes Exit-Intent-Pop-up erscheint dann, wenn der Nutzer die Seite verlassen will und dazu den Mauszeiger in den Bereich der Browsernavigation bewegt. Daraufhin erscheint ein Pop-up, das ihn vom Verlassen abhalten und zur gewünschten Aktion anregen soll. Das kann beispielsweise ein einmaliger Rabatt sein, den der Nutzer beim Kauf einlösen kann. Auf diese Weise soll dem Nutzer das Verlassen möglichst schwergemacht werden. Warum kann diese Technik funktionieren? Wie Morpheus im Film Matrix lässt man dem Nutzer eine ganz einfache Wahl: Nimm die rote oder die blaue Pille. Dadurch verringert man die Herausforderung eines großen Angebots drastisch. In der Galerie von Nudgr.io findest du jede Menge Beispiele zur Inspiration (siehe Abbildung 6.8).

Eine Steigerung dieser Mechanik ist das Feel-Bad-Pop-up. Bei dieser Variante wird dem Nutzer durch den entsprechenden Text der negative Effekt des Verlassens vor Augen geführt. In der Praxis hat das Pop-up zwei Buttons: einen zur gewünschten Aktion, wie beispielsweise »Ja, ich will beim Kauf von Rasierklingen sparen«, und einen zweiten, der das Pop-up schließt und dem Nutzer die Konsequenz vor Augen führt: »Nein danke, ich mag meine Rasierklingen überteuert.«

Abbildung 6.8 Exit-Intent-Pop-up lockt mit 10% Rabatt.

Ein hilfreiches Tool zur Erstellung passender Pop-ups ist OptinMonster.

6.7.5 Der FOMO-Hack

FOMO ist die Abkürzung für *Fear of missing out*, also die Angst davor, etwas zu verpassen. Auch dieser Hack basiert auf einer Verknappung des Angebots, unabhängig davon, ob diese Knappheit real ist oder nicht. Die Nutzer werden davon in Kenntnis gesetzt, dass ein Angebot, an dem sie Interesse zeigen, nur noch begrenzt verfügbar ist. Reiseanbieter nutzen diesen Trick, um Besucher darüber zu informieren, wie viele andere Menschen sich gerade eben oder vor Kurzem genau dieses Hotel angesehen haben oder wie viele freie Plätze es im Flugzeug noch gibt, und erzeugen damit die unterschwellige Angst, etwas zu verpassen, wenn man nicht schnell handelt und bucht. Auch Webinar-Anbieter bedienen sich dieser Technik, indem sie einen Countdown auf der Registrierungsseite einbinden und von stark begrenzten Kapazitäten sprechen.

Dieser Hack kann für jedes Produkt, das zeitlich oder sonst wie limitiert ist, verwendet werden, unabhängig davon, ob diese Beschränkung künstlich oder real ist.

Der wohl unangefochtene Meister dieser Technik ist Jeff Walker. Er beherrscht zwei Dinge wie kaum ein anderer: Zum einen kann er sein Publikum auf eine sehr bodenständige, sympathische Art davon überzeugen, dass er selbst als gescheiterter Arbeitsloser und Stay-at-home-Dad bei null angefangen und eine Technik gefunden hat, die ihn mittlerweile zum mehrfachen Millionär gemacht hat. Diese Technik nennt er »Product Launch Formular«. Er bietet einen Kurs an, in dem er in einer Reihe von Webinaren über die Gestaltung eines Produkt-Launches spricht. Zum anderen ist er ein Experte für das FOMO-Konzept, denn ein wesentliches Element seines Konzepts basiert dabei auf Verknappung: Er bietet diesen Kurs nur einmal pro Jahr für eine stark begrenzte Zahl von Interessenten an. Nach einer Reihe von informativen Videos, in denen er tatsächlich schon viel über sein Vorgehen erzählt, bietet er für einige wenige Tage an, sich für seinen Kurs einzuschreiben. Während dieser kurzen Zeit bekommt der Interessent zwölf (!) E-Mails, die ihn daran erinnern, was er alles verpassen würde, wenn er das Angebot nicht annimmt. Dieses Vorgehen nennt man eine Drip-Kampagne, weil die E-Mails über einen bestimmten Zeitraum »reintröpfeln«. Versandzeitpunkt und Inhalt der E-Mails werden vorab definiert und erfolgen dann automatisch.

Tipp

Wenn du an dieser Technik Interesse hast, registriere dich für die kostenlose Videoreihe und die begleitende E-Mail-Kampagne von Jeff Walker. Darin wirst du bereits viel über Verknappung lernen. Als Vertiefung empfehlen wir Walkers Buch »Launch«.

Analysiere die Customer Journey auf Booking.com, wenn du das FOMO-Prinzip in der Praxis erleben möchtest. Wenn du dort Interesse an einem Hotel zeigst, wirst du mit Hinweisen wie »Letzte Buchung: vor 7 Minuten«, »In den letzten 24h 107mal gebucht«, »Ihre Reisedaten sind sehr gefragt! Wir empfehlen, bald zu buchen« oder »Unsere letzten verfügbaren Zimmer ansehen« bombardiert, die alle nur ein Ziel haben: das angebotene Gut (in dem Fall Hotelzimmer) künstlich zu verknappen und damit in dir als potenziellem Kunden das Gefühl der Dringlichkeit auszulösen.

6.7.6   Der Gamification-Hack

Gamification beschreibt die Nutzung von spielerischen Elementen, insbesondere Belohnungen, im Rahmen der Produktnutzung. Das beginnt bei der simplen Darstellung eines Fortschrittsbalkens beim Ausfüllen des eigenen Profils. Auf LinkedIn wird man mit einem komplett ausgefüllten Profil zum »Superstar« deklariert – denn je mehr Arbeit du in dein Profil investiert hast, desto höher stehen die Chancen der regelmäßigen Nutzung und damit des Wachstums. Ursache für den Erfolg von Gamification sind zwei Dinge: Zum einen wird beim Erreichen eines neuen Levels das Hormon Dopamin ausgeschüttet, das im Volksmund nicht umsonst als »Glückshormon« bezeichnet wird. Kluge Spieleentwickler (und Growth Hacker) sorgen dafür, dass der Nutzer für sein Handeln regelmäßig belohnt wird, damit es zu einem regelmäßigen Dopamin-Ausstoß kommt und er dabei bleibt und nicht vor Beendigung der gewünschten Aktivität abspringt. Zum anderen ist – und das gilt insbesondere für Communitys – der sogenannte Unlocking-Effekt wichtig. Wenn es die Möglichkeit gibt, etwas vorher Unzugängliches (wie beispielsweise einen Sticker, einen Superstar-Level oder Ähnliches) zu erreichen, versuchen Menschen Zugang dazu zu erhalten, um so davon profitieren zu können. Dieses Prinzip kannst du nutzen, um etwas attraktiver zu machen.

Die erfolgreiche App Foursquare bzw. Swarm ermöglicht das Einchecken an bestimmten Orten (lange bevor das bei Facebook möglich war). Je häufiger man die App benutzt, desto mehr Punkte und virtuelle Sticker kann man bekommen und sogar »Mayor« eines bestimmten Ortes werden. Und wer wäre nicht gerne der »Bürgermeister« seines Lieblingslokals oder eines bekannten Ortes, wie z. B. dem Brandenburger Tor?

Gamification ist ein ausschlaggebender Grund für den globalen Erfolg des Bewertungsportals Yelp, das jeden Monat über 145 Millionen Nutzer zählt. Das Team von Yelp erschuf Nutzer-Level. Die Nutzer können einen »Elite«-Status erlangen, indem sie gute und häufige Bewertungen veröffentlichen und mit anderen Bewertungen interagieren. Somit hat Yelp eine Community mit aktiven Mitgliedern erschaffen. Vielleicht kannst auch du aus deinem Produkt einen exklusiven Club auf die Beine stellen und damit eine loyale Community gründen?

Google wirkt nicht nur durch sein Logo verspielt: Das Doodle des Google-Logos, das beinahe jeden Tag an ein besonderes Event erinnert und gelegentlich auch interaktive Spiele ermöglicht, ist ein hervorragendes Beispiel für Gamification. Ebenso das Spiel »Jumping T-Rex«, das die Zeit vertreibt, wenn man Chrome nutzt und keine Internetverbindung hat.

Der E-Mail-Provider Mailchimp hat Gamification und Humor an vielen Stellen der User Experience eingebaut. »*Wir begegnen allen unseren neuen Nutzern, als ob wir uns mit ihnen auf ein Date verabreden wollen*«, sagt Aarron Walter, Director of User Experience bei Mailchimp. »*Wir haben herausgefunden, dass humorvolle Texte, unser Maskottchen Freddy, der Mail-Affe, und viele kleine Eastereggs eine ansonsten mondäne Aufgabe zu einem spannenden Erlebnis machen, auf das sich die Menschen freuen.*«

Damit beweist Walter, dass die Generierung von positiven Emotionen im Vordergrund des Nutzererlebnisses stehen sollte. Denn nur, wenn die Nutzer eine emotionale Verbindung mit deinem Produkt und deinem Unternehmen aufbauen, wenn sie es wirklich mögen und vermissen würden, werden sie dein Produkt nicht nur fortwährend nutzen, sondern es auch ihren Freunden empfehlen und dich bei Kritik verteidigen. Nicht umsonst spricht man vom »Apple Fan Boy«, der große Loyalität zu »seinem« Unternehmen beweist und auch bereit ist, höhere Preise zu bezahlen. Das ist die Macht der emotionalen User Experience. Produkte, die einfach, unterhaltsam, problemlösend, überraschend und/oder einzigartig sind, haben es immer einfacher, viral verbreitet zu werden, sei es organisch oder orchestriert.

Seit Kurzem hält Gamification auch bei Produkt-Launches Einzug. Beispiel: Du startest die Beta-Phase deines Unternehmens und suchst Tester. Du könntest eine gute, simple Landingpage bauen und dort ein Sign-up-Formular integrieren. Jetzt musst du für Traffic auf dieser Landingpage sorgen. Warum nicht die Nutzer einspannen und sie dazu auffordern, ihre Freunde und Bekannten zu animieren, sich ebenfalls zu registrieren? Jeder registrierte Nutzer bekommt einen Tracking-Link (vergleichbar mit einem Affiliate-Code), den er mit seinen Freunden auf allen erdenklichen Kanälen teilen kann. Je mehr neue Nutzer sich über diesen Link erfolgreich registrieren, desto attraktiver sollte die Belohnung sein (z.B. Merchandising wie das berühmte kostenlose T-Shirt, ein Meet & Greet mit dem Team oder eine Vergünstigung auf die zukünftige Vollversion des Produkts) – voilà, du hast die Grundlage für virales Wachstum gelegt.

Vladislav Melnik nutzte diese Technik sehr erfolgreich für den Launch seines Saas-Produkts Chimpify und gewann so in wenigen Tagen Hunderte von Nutzern. Diese Technik funktioniert ebenfalls sehr gut bei Events wie Konferenzen. Tools wie Queue können dir beim Aufbau einer solchen Viral-Maschine helfen.

6.8   Off-Page-Hacks

Off-Page-Hacks sind technisch etwas anspruchsvoller als On-Page-Hacks, weil du nicht die Reaktionshoheit hast und eine externe Seite nicht nach Belieben deinen Wünschen und Vorstellungen entsprechend anpassen kannst. Aber indem du Werbeanzeigen oder Videos via Re-Targeting aussteuerst, kannst du deine Kunden auch auf anderen Seiten als deiner eigenen Website ansprechen. Außerdem zeigen wir dir, wie du nicht öffentlich zugängliche Daten finden, extrahieren und für dich nutzen kannst – sogar ohne Coding!

6.8.1   Der »Bitte komm zurück«-Hack

War der potenzielle Kunde einmal auf deiner Seite, hat sich aber aus nicht nachvollziehbaren Gründen gegen dein Angebot und gegen den Lead-Magneten entschieden und die Seite verlassen, ist der Kampf noch nicht verloren. Mit einer Technik namens Re-Targeting[5] kannst du ehemalige Besucher wieder zurückholen.

---

5   Bei Google und YouTube heißt die gleiche Technik Re-Marketing.

Und das geht so:

1. Du installierst ein sogenanntes Tag bzw. ein Pixel von Facebook und/oder Google auf deiner Website.

2. Kommt der Besucher auf deine Website, wird durch das Tag im Browser des Besuchers ein Cookie gesetzt. Somit kann erkannt werden, dass er bereits auf deiner Website war.

3. Jetzt kannst du eine Kampagne auf Facebook, YouTube oder im Google Display Network schalten und nur die Menschen anvisieren, die dein Cookie haben (also bereits auf deiner Website waren).

4. Arbeite mit verschiedenen Werbeformaten und verschiedenen Texten. Optimiere fortwährend!

Die Vorteile:

▶ Der Nutzer ist bereits mit deinem Angebot vertraut – du kannst ihm also etwas mitteilen, das die Infos auf deiner Website ergänzt (z.B. einen Sonderrabatt auf dein Produkt).

▶ Dieser Hack kostet zwar Geld, ist aber extrem zielgerichtet. Wenn du die Kampagne korrekt aufsetzt, hast du keine Streuverluste und bist damit sehr effizient.

Stelle sicher, dass du die Menschen mit deiner Werbung nicht nervst. Das gilt insbesondere dann, wenn du Video-Ads auf YouTube einsetzt. Niemand mag innerhalb von 3 Stunden sechsmal die gleiche Werbung sehen. Das schadet deinem Markenimage. Setze daher ein striktes *Frequency Capping* und begrenze die Anzahl der Kontakte auf drei/Woche (bei Videos) und fünf/Woche (bei allen anderen Werbemitteln). Länger als eine Woche sollte dein potenzieller Kunde die Ads nicht sehen. Wenn er sich bis dahin nicht für dich entschieden hat, wird er es nicht mehr tun.

Du kannst und solltest deine Werbebotschaft exakt darauf anpassen, an welcher Stelle der Nutzer ausgestiegen ist. Hat er nur deine Landingpage gesehen oder war er bereits kurz vor dem Check-out? Finde heraus, was der Grund für seinen Abbruch war, und versuche, diesen Grund mit deinen Werbemitteln anzusprechen und zu widerlegen.

6.8.2 Der Darth-Vader-Hack

Im Gegensatz zu B2C-Businessmodellen basiert B2B oft auf einer kleineren Anzahl von Kunden, nämlich den richtigen Ansprechpartnern bei Unternehmen, die über den Kauf des eigenen Produkts entscheiden. Betreibst du ein B2B-SaaS-Unternehmen, musst du wissen, wie du deine potenziellen Kunden findest und ansprichst.

Um die richtigen Ansprechpartner in den richtigen Unternehmen zu finden, kannst du wie folgt vorgehen:

1. Identifiziere die richtigen Unternehmen. Das Vorgehen ist dabei stark abhängig von deinem Produkt. Wenn es sich um SaaS (Software as a Service) handelt, kannst du mitunter das Tool Builtwith nutzen, um zu sehen, mit welchen Werkzeugen die bestehenden Webauftritte produziert sind. Alternativ kannst du in Jobboards wie Monster.com recherchieren, welche Unternehmen Experten mit Kenntnissen in der jeweiligen Software suchen.

2. Um Zeit zu sparen, kannst du auch Recherchetools benutzen, die Daten von Webseiten extrahieren. Dabei werden die öffentlich verfügbaren Daten einer Website von einem Bot gecrawlt und in eine Tabelle kopiert, so dass du sie sehr einfach nutzen kannst. Diesen Vorgang nennt man *Scraping*. Erwähnenswert sind insbesondere import.io und Scraping Hub.

3. Hast du eine Reihe von Unternehmen und deren Websites gesammelt, kannst du Clearbit, FullContact, hunter.io, Norbert oder Toofr nutzen, um E-Mail-Adressen von Angestellten zu bekommen (siehe Abbildung 6.9). Somit siehst du auch das Muster, mit dem die E-Mail-Adressen aufgebaut sind (z.B. Vorname.Nachname@firma.de) und kannst das für eine individuelle Person adaptieren. Mit zoominfo kannst du sogar Telefonnummern recherchieren.

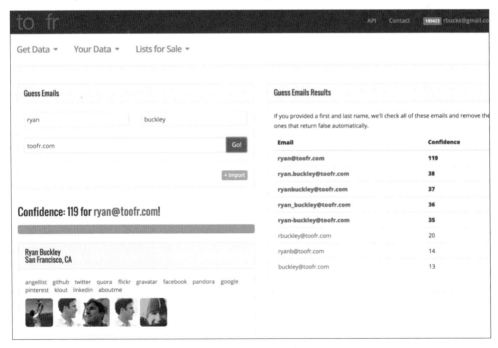

Abbildung 6.9 E-Mail-Adressen finden mit Toofr

4. Reichere die E-Mail-Adressen mit weiteren Informationen an: mit Owler oder Mattermark findest du leicht und schnell weitere Informationen zu den relevanten Unternehmen und deren Mitarbeitern (siehe Abbildung 6.10). Diese Daten sind auch für die Wettbewerbsanalyse sehr hilfreich.

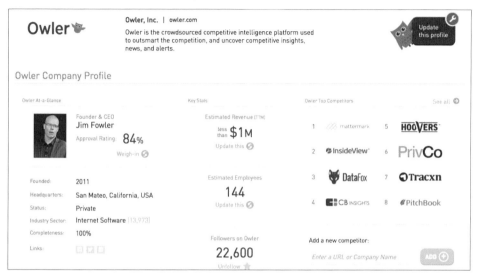

Abbildung 6.10 Finde Unternehmensinfos mit Owler

5. Was machst du jetzt mit den gewonnenen Daten? Ohne Einwilligung des Empfängers darfst du keine Werbe-E-Mails versenden. Aber du kannst beispielsweise die gute, alte Postkarte mit deiner Botschaft verschicken, denn Direct Mailings sind aktuell noch erlaubt (siehe dazu die Warnhinweise in Abschnitt 2.9.3). Diese Taktik ist inzwischen so altmodisch und uncool, dass eine Postkarte schon wieder auffällt und dich vom Wettbewerb abhebt.

6. Du könntest die Adressen auch in Google, Facebook, LinkedIn oder Twitter hochladen und somit die Menschen (oder Menschen mit einem ähnlichen Profil im Rahmen einer Look-Alike Audience) durch bezahlte Werbung auf diesen Plattformen erreichen – ohne Streuverluste. Das funktioniert aber nur, wenn die Personen auch ihre geschäftliche E-Mail-Adresse in ihrem Profil hinterlegt haben.

E-Mail und Social Media sind dafür günstige und effiziente Methoden. Aber wie in Kapitel 2 beschrieben, musst du in Deutschland die Einwilligung des Empfängers via Double-Opt-in-Verfahren einholen, um Werbe-E-Mails senden zu können. Aus diesem Grund dient dieser Hack lediglich als Inspiration für die Growth-Hacking-Denkweise. Ganz davon abgesehen ist Spam, der mittlerweile ca. 80 % des E-Mail-Traffics ausmacht, auch unmoralisch, und wenn deine Versand-IP einmal als Spam-Absender markiert worden ist, hast du ein richtig großes Problem.

6.9   Storytelling

Neben Copywriting (Verkaufstexten), das wir in Abschnitt 9.5 erklären, können Nutzer über emotionale, gut erzählte Geschichten aktiviert werden. Über eine Emotion weckst du bei deinen Nutzern den Wunsch, mit deinem Unternehmen in Verbindung zu treten.

Die Kunst ist dabei, nicht direkt mit der Türe ins Haus zu fallen und zu schnell verkaufen zu wollen, sondern zuerst einmal einen Mehrwert zu bieten, indem du lehrreiche Informationen in einer Geschichte verpackst.

Versuche dabei, so zu schreiben, wie du sprichst, und komplizierte Fachausdrücke und Verschachtelungen zu vermeiden.

Ganz am Anfang einer Geschichte steht, wie so oft, die Zielgruppenansprache. Nutze auch hier deine erarbeiteten Personas. Weitere Fragen, die du dir stellen solltest, sind folgende:

▶ Was ist das Ziel der Erzählung?

▶ Welche Rolle spielt dein Unternehmen dabei?

▶ Weshalb gibt es dein Unternehmen überhaupt?

▶ Und was wäre, wenn es dein Unternehmen nicht geben würde?

▶ Welchen USP (Unique Selling Proposition) möchtest du in deiner Geschichte hervorheben?

▶ Welche Meilensteine hat dein Unternehmen erlebt?

Nachdem du diese Fragen beantwortet hast, kümmerst du dich um die Struktur, den Aufbau und den Konflikt in der Geschichte:

▶ die Ausgangssituation (Wieso gibt es einen Konflikt?)

▶ die Veränderung (der Konflikt)

▶ eine durch die Veränderung beeinflusste Endszene

▶ Der Konflikt sollte möglichst ganz am Anfang der Geschichte eingeleitet werden, dann etwas abflachen, um bis zum Schluss wieder stetig anzusteigen.

Geschichten leben von einem Konflikt und von dreidimensionalen Figuren. Für den Leser ist es wichtig zu begreifen, welche Menschen hinter der Geschichte und deinem Unternehmen stehen. Wenn du also die Möglichkeit hast, Personen in die Geschichte einzubauen, versuche möglichst, einen Protagonisten (Helden) und einen Antagonisten (Bösewicht) einzubauen. Mit Bösewicht ist eine Person gemeint, die alles dafür tut, um den Protagonisten am Erreichen seiner Ziele zu hindern. Beide Personen sollten also ein Ziel haben, das die Geschichte vorantreibt. Idealerweise stehen sich die Ziele beider Personen im Weg und fördern so den Konflikt.

7 Retention – so kommen deine Nutzer zurück

Laut einer Studie von HubSpot kommen 98 % der Besucher deiner Seite nicht wieder zurück. Dabei sind Stammkunden die wichtigsten Kunden. Ihre Bewerbung kostet wenig(er), ihre Umsätze sind höher, und sie machen kostenlose Werbung für dich. In diesem Kapitel erfährst du, wie du Kunden zu Stammkunden machen kannst.

Auch wenn die Mehrheit der beschriebenen Taktiken in diesem Buch die Generierung von Traffic und neuen Nutzern zum Ziel hat, sind zufriedene und glückliche Stammkunden vielleicht dein wichtigstes Kapital. Denn es ist deutlich einfacher und dreimal wahrscheinlicher, einen bestehenden Kunden zum häufigeren Kauf zu bewegen, als einen neuen Kunden zu seinem allerersten Kauf. Zumal zufriedene Kunden dein Unternehmen nicht nur vor Kritikern verteidigen, sondern es auch weiterempfehlen werden.

In diesem Kapitel geht es darum, wie aus Leads Kunden werden, die dein Produkt regelmäßig benutzen. Traffic ist nur der Mittel zum Zweck, um Leads und Nutzer zu generieren. Abhängig von deinem Geschäftsmodell hat jeder Nutzer für dich einen monetären Wert, selbst wenn der Nutzer dein Produkt kostenlos verwenden kann. Die Nutzer haben einen sogenannten *Customer Lifetime Value*: einen monetären Wert für die durchschnittliche Dauer der Kundenbeziehung. Dieser Wert ist in der Regel höher, je öfter und intensiver der Kunde dein Produkt nutzt. Die folgenden Techniken zielen daher darauf ab, deinen Nutzer zum »Wiederholungstäter« zu machen.

7.1 Binde deine Kunden langfristig an dich

Kunden, die sich langfristig an dein Unternehmen binden, sind entscheidend für deinen Markterfolg. Wer die Loyalität der Kunden gegenüber seinen Produkten steigern möchte, sollte seine Kundenbeziehungen pflegen. Beachte folgende Regeln der Kundenbindung, wenn du deine Kunden langfristig an dich binden möchtest:

- ▶ Sei emphatisch, und versuche dich in die Gefühlswelt deiner Kunden hineinzuversetzen. Deine Kunden werden bemerken, dass du sie ernst nimmst.

- ▶ Gestalte visuell ansprechende Produkte: Menschen sind visuelle Wesen, und der erste Eindruck zählt.

- ▶ Minimiere den Aufwand, um an dein Produkt zu gelangen. Menschen sind bequem, sie wählen, was einfach erhältlich ist.

- ▶ Wecke Erinnerungen: Deine Kunden assoziieren deine Produkte unbewusst mit gemachten Erinnerungen. Nutze diesen Effekt, indem du z.B. nostalgische Gefühle weckst.

- ▶ Loyale Mitarbeiter: Trage Sorge für deine Mitarbeiter und fördere diese. Langjährige gute Fachkräfte werden von deinen Kunden geschätzt. Es entstehen wichtige Geschäftsbeziehungen.

- ▶ Zeige deine Wertschätzung, und überrasche deine Kunden ab und zu mit Goodies, wie z.B. einem Geburtstagsgeschenk. Kunden fühlen sich dadurch geschätzt. Zeige langjährigen Kunden, dass du sie bevorzugt behandelst (z.B. mit Treuerabatten).

- ▶ Nimm jede Reklamation ernst, und antworte freundlich und kompetent.

7.1.1   Kundenbindung über das Produkt

Grundsätzlich sollte das Produkt die Erwartungen deiner Kunden erfüllen. Es gibt aber auch die Möglichkeit, personalisierte und kundenspezifische Angebote zu erstellen. Oder du entwirfst spezielle kundenspezifische Produktdesigns. Mit den heutigen nutzerzentrierten Produktentwicklungsmethoden werden die Produkte außerdem sehr nahe an den Bedürfnissen der Kunden entwickelt. Damit lässt sich die Kundenzufriedenheit erheblich steigern. Weitere Möglichkeiten, die Kunden zu binden, sind z.B. Garantien oder besondere Zusatzangebote.

7.1.2   Kundenbindung über Vertrieb und Service

Neben der Möglichkeit, Produkte und Dienstleistungen direkt online zu beziehen, kannst du z.B. Abonnements anbieten. Weitere besondere Kundenbindungsinstrumente sind:

- ▶ persönlicher Kundenberater
- ▶ Garantien
- ▶ Hotline und Chatbots
- ▶ Online-Expertenberatung
- ▶ neue Zahlungsmöglichkeiten (PayPal, Stripe, ApplePay, paydirekt)

- 24-Stunden-Kundenservice

- keine Lieferkosten

7.1.3   Kundenbindung über die Kommunikation

Apps und Online-Plattformen ermöglichen es heute, anders und persönlicher mit den Kunden zu kommunizieren und in den Dialog zu treten. Wir können z. B. online auf unsere Produkte abgestimmte Kundenbefragungen durchführen. Vor allem das E-Mail-Marketing ist nach wie vor ein sehr starker Vertriebs- und Kommunikationskanal, aber auch Social Media ermöglichen es uns, die Kunden stärker an das Unternehmen zu binden, z. B. indem die Kunden Fan einer Unternehmensseite werden. Ein sehr starkes Kundenbindungsinstrument sind Webinare. Über Webinare erhältst du die Chance, dem Kunden kostenlose Informationen zu liefern, im Gegenzug kannst du Werbung für dein Unternehmen und deine Produkte machen.

Vertrauen ist das A und O jeder langjährigen Geschäftsbeziehung. Je größer das Vertrauen, desto stärker ist die Kundenbindung. Am Anfang jeder Beziehung muss das Vertrauen zuerst gewonnen werden. Deine Kunden werden dir am Anfang nicht alles einfach so abnehmen. Je stärker das Vertrauen jedoch ist, desto leichter wird es dir fallen, dem Kunden eine Idee oder ein Produkt zu verkaufen. Behandle deinen Kunden respektvoll, sei stets ehrlich und trete kompetent auf. Weise proaktiv auf etwaige Mängel hin und stelle damit deine Transparenz und Ehrlichkeit unter Beweis. Halte deine Versprechen, und versprich auch nur das, was du halten kannst. Dazu ist es wichtig, dass du die Erwartungen deinen Kunden kennenlernst.

7.1.4   Der »Speedy Gonzales«-Hack

Geschwindigkeit ist heute eine sehr wertvolle Eigenschaft. Antworte schnell, und sorge dafür, dass deine Kunden schnell zu den erwarteten Informationen und Produkten kommen. Auf Facebook wird z. B. angezeigt, wie schnell deine Reaktionsfreudigkeit ist, und es wird bereits erwartet, dass dein Unternehmen innerhalb kürzester Zeit reagiert.

Achte trotz schneller Kommunikation darauf, dass deine Nachrichten fehlerfrei und professionell verfasst sind.

7.1.5   Der Extrameile-Hack

Es gibt kaum etwas, das das Vertrauen stärker fördert als ein Produkt, das die Erwartungen der Kunden übertrifft. Gehe also die Extrameile, tue etwas mehr, als erwartet. Es braucht nicht viel, eine zusätzliche Leistung, ein originelles Dankschreiben oder ein kleines Giveaway. Manchmal reicht es auch, dem Kunden genau zuzuhören, um zu erfahren, welcher Zusatz ihn besonders glücklich machen würde. Wenn es dir gelingt, aus einem zufriedenen Kunden einen begeisterten Kunden zu machen, wird er es dir mit Vertrauen zurückzahlen. Solche Kunden lassen sich auch gerne dazu einspannen, als Testimonial öffentlich Gutes über dein Unternehmen zu sagen.

7.1.6   Der Coupon-Hack

Coupons sind nichts Neues. Sie sind seit Jahren überall anzutreffen: in Medien oder Mailings oder auf Promotion-Ständen. Coupons können aber auch online zur Kundenbindung eingesetzt werden. Sei kreativ, und suche nach neuen Einsatzgebieten für Coupons. Du kannst diese über deine Social-Media-Kanäle oder deinen Newsletter viral verbreiten. Natürlich gibt es auch crossmediale Möglichkeiten. So kannst du gedruckte Coupons für deinen Onlineshop einsetzen. Mit mobilem Couponing hast du außerdem die Möglichkeit, deine Zielgruppe ortsbezogen anzusprechen.

7.2   Onboarding

Der Begriff *Onboarding* stammt aus dem Personalmanagement. Er bezeichnet alle Maßnahmen, die dazu dienen, einen neuen Mitarbeiter in das Unternehmen zu integrieren. Vom betriebsbereiten Laptop über die Zugangskarte bis zur Einladung zum nächsten Team-Event. Je besser das Onboarding gelingt, desto schneller wird der neue Mitarbeiter effizient arbeiten können. Im Folgenden beschäftigen wir uns damit, warum Onboarding nicht nur für Personal-, sondern auch für Produktverantwortliche extrem wichtig ist.

7.2.1   Der »Super Mario«-Hack

Mit einiger Wahrscheinlichkeit kennst du den ersten Level des sehr populären Videospiels »Super Mario Bros« für den Game Boy oder für NES (siehe Abbildung 7.1). Mario steht in der linken Bildschirmhälfte nach rechts gewandt. Nichts passiert. Was macht der Nutzer? Er testet die Bedienung und geht nach rechts. Mario ist fortan in der Mitte des Bildschirms und bewegt sich laufend, springend und schwimmend durch die Welt. Mit diesem simplen Designtrick wurde das ganze Spielprinzip einer der erfolgreichsten Gaming-Franchises aller Zeiten erklärt (ohne einen einzigen Call-to-Action »Gehe nach rechts!«).[1]

---

1   Das Video »Design Club – Super Mario Bros: Level 1-1 – How Super Mario Mastered Level Design« erklärt das geniale Onboarding bei Super Mario Bros im Detail: *www.youtube.com/watch? v=ZH2wGpEZVgE*

Abbildung 7.1 Der erste Moment von Super Mario

Viele der Elemente guten *Onboardings* kommen aus der Gaming-Branche. Gute Spieldesigner verstehen es meisterhaft, die Spieler mit kleinen, einfachen Schritten in den Spielfluss zu bringen. Sinn und Zweck ist die spielerische Erläuterung der Steuerungselemente und die schnelle Belohnung für das Erreichen von kleinen Zielen. Diese kleinen Belohnungen wecken bei uns das Bedürfnis, immer weiter spielen zu wollen und noch mehr Belohnungen zu bekommen.

Onboarding beschreibt – wenn man nicht über Personalmanagement spricht – den Prozess der Einführung eines neuen Nutzers in ein Produkt. Man lässt dem Nutzer die Wahl, ob er das Produkt auf eigene Faust erkunden möchte, oder – in der Regel die bessere Alternative – nimmt ihn bei der Hand und zeigt ihm Schritt für Schritt die wichtigsten Funktionen. Ziel eines guten Onboarding-Prozesses ist die schnellstmögliche Erreichung des »Aha-Effekts«, also des Kernnutzens des Produkts. Beispielsweise soll der neue Nutzer eines sozialen Netzwerkes sich möglichst schnell mit seinen Bekannten verbinden und austauschen können. Du zwingst ihn dazu, dein Produkt zu benutzen, *während* du es ihm erklärst.

Neben dem Vorteil, dass der Kunde schnell dein Produkt nutzt, fühlt er sich von dir als Unternehmen nicht allein gelassen. Du positionierst dich als Enabler und stehst ihm helfend zur Seite. Im idealen Fall enthält der Onboarding-Prozess sogar bereits die ersten Schritte, damit sich der Nutzer (z. B. durch die Eingabe von persönlichen Daten in sein Profil) bereits »commitet« und die Löschung seines Accounts schwerer wird – nicht technisch, aber emotional.

Onboarding ist daher sehr kritisch, wenn es darum geht, aus einem Besucher einen Stammgast zu machen – denn wie im richtigen Leben auch ist bei deinem Online-Business der erste Eindruck entscheidend.

Twitter machte sich diesen Effekt zunutze: Durch Datenanalyse hat das Team des Kurznachrichtendienstes herausgefunden, dass eine Abhängigkeit zwischen der Nutzeraktivität und der Anzahl der verfolgten Nutzer besteht. Faktisch bedeutet das: Wenn ein Nutzer mindestens 30 anderen Profilen folgt, ist er tendenziell deutlich intensiver und länger auf Twitter aktiv als Menschen, die weniger Profilen fol-gen. Die Schlussfolgerung: Bereits im Onboarding-Prozess muss der neue Nutzer mindestens zehn Accounts folgen, damit er möglichst schnell den Aha-Moment erlebt und den Vorteil von Twitter erkennt. Das ist auch der Grund dafür, dass Twitter dem Nutzer sehr oft neue Accounts empfiehlt. Denn je mehr Interaktion, desto geringer ist die *Churn Rate*.

KPI: Churn Rate (Abwanderungsquote)

Churn beschreibt die Anzahl der Nutzer, die in einem definierten Zeitraum kündigen oder inaktiv werden. Diese Anzahl wird dann in Relation zu dem noch bestehenden Kundenstamm gesetzt. So erhält das Unternehmen die Kennzahl, die eine Aussage da-rüber trifft, wie viele Kunden verloren gehen. Die *Rentention Rate* ist die andere Seite der Medaille und beschreibt den Anteil der Kunden, die in diesem Zeitraum die Ge-schäftsbeziehung mit dir fortgesetzt haben.

Ein anderes Beispiel: Groove, eine einfache Helpdesk-Software für Unternehmen zum Preis von 15 US-Dollar pro Nutzer, war mit einer Churn Rate von 4,5 % konfrontiert, was das Geschäft unrentabel machte. Also analysierten das Unternehmen mithilfe der Analytics-Software Kissmetrics das Verhalten von zwei Nutzersegmenten:

▶ diejenigen, die Groove länger als 30 Tage lang aktiv nutzten

▶ diejenigen, die Groove vorher kündigten oder inaktiv wurden

Sie fanden heraus, dass ein Nutzer, der bei seiner ersten Session über 2 Minuten auf der Plattform war, mit deutlich höherer Wahrscheinlichkeit ein zahlender Kunde werden würde als Nutzer mit einer kürzen Session.

Also schickten sie die E-Mail aus Abbildung 7.2 an Nutzer, deren erste Session kür-zer als 2 Minuten war.

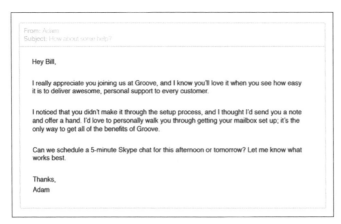

Abbildung 7.2 E-Mail von Groove an Nutzer, die das Onboarding früh abgebrochen haben

Das Ergebnis: Groove konnte die Churn Rate um 71% reduzieren.

Auch nach der ersten Anmeldung auf Pinterest muss sich der neue Nutzer für eine definierte Anzahl von Interessen entscheiden, bevor er mit der eigentlichen Nutzung beginnen kann. Denn ohne diese vorab gewählten Themenfelder würde er keine Bilder sehen und die Wahrscheinlichkeit, dass er der Plattform frustriert und gelangweilt den Rücken kehrt, ist deutlich größer, als wenn er sofort Bilder aus seinen Interessengebieten sieht.

Die Onboarding-Prozesse von Prezi, Canva und Slack sind ebenfalls hervorragende Beispiele und mit einer der Gründe, warum diese Start-ups so erfolgreich sind.

7.2.2   Der »Dr. House«-Hack

Als Alternative oder Ergänzung zum Onboarding-Prozess in der App bzw. auf der Website selbst kannst du auch eine Reihe von E-Mails an neue Nutzer verschicken, die dein Produkt Schritt für Schritt erläutern. Uber erklärt auf diesem Weg sehr wirkungsvoll die Funktionsweise der App. Die E-Mails kannst du auch entsprechend der Aktivität des Nutzers steuern. Hat er sein Profil noch nicht ausgefüllt? Beschreibe in der E-Mail, wie einfach das geht, welche Vorteile er dadurch hat und fordere ihn auf, jetzt gleich aktiv zu werden. Insbesondere solche Nutzer, die sich zwar registriert haben, aber nicht aktiv geworden sind, können mit einer kurzen E-Mail an den Produktnutzen erinnert werden. Sollten sie danach immer noch nicht reagieren, könnte man sie schlicht und einfach nach dem Grund fragen. Somit stößt du nicht nur die Tür zu einer fairen Beziehung auf Augenhöhe auf, sondern erfährst noch mehr über die Sorgen und Nöte deiner potenziellen Nutzer.

Wenn diese E-Mails nicht nur von einem Mitarbeiter des Customer Supports (geschweige denn anonym), sondern vom Gründer selbst verschickt werden, kann das einen zusätzlichen positiven Effekt haben: Der neue Nutzer bekommt die »Chefarztbehandlung« und fühlt sich bedeutend und wichtig. Gleichzeitig machst du klar, dass E-Mails vom Gründer nur zu besonderen Anlässen verschickt werden, wie beispielsweise bei wichtigen Milestones oder neuen Features. Die tagtägliche Kommunikation findet über andere Mitarbeiter statt.

7.2.3   Der »Drill Sergeant«-Hack

Nutze jede Chance, die sich dir bietet, um deinen Nutzern die Vorteile deines Produkts ins Gedächtnis zu rufen! Das kann eine E-Mail-Serie sein, die das Produkt Schritt für Schritt erklärt oder den Nutzer daran erinnert, dass bereits X Tage seit seiner letzten Aktivität vergangen sind. Oder dass er ein Produkt in den Warenkorb gelegt, den Kauf aber nicht abgeschlossen hat. In diesem Fall kannst du die Erinnerung sogar mit einem Rabatt verbinden. Der Streaming-Provider Netflix hat sogar

Win-Back-E-Mails an ehemalige (!) Kunden geschickt, um sie über ein neues, attraktiveres Angebot zu informieren (siehe Abbildung 7.3).

Abbildung 7.3 Win-Back-E-Mail von Netflix

Du kannst dem Nutzer auch anbieten, browserbasierte Benachrichtigungen, sogenannte *Push Notifications* zu bekommen, wenn du beispielsweise neuen Content oder ein neues Produkt veröffentlichst. Ein gängiges Tool dafür ist PushCrew, das in der Basisversion sogar kostenlos ist.

Ist dein Produkt eine App, kannst du auch Alerts und Notifications nutzen, um deine Kunden zur Nutzung anzuregen. Fitness-Apps wie Runtastic geben beispielsweise Bescheid, wenn der Nutzer X Tage keinen Sport mehr gemacht hat, und motivieren ihn zum Weitermachen.

Dabei gilt es, genau das richtige Maß an Kommunikationsquantität zu finden: Zu selten, und der Nutzer hat dich und die Gründe für die Registrierung vergessen. Zu oft, und er fühlt sich belästigt und kündigt wieder. Das richtige Maß ist allerdings nicht bei jedem Kunden gleich, und daher kann es auch hier helfen, mit den Kunden-Personas zu arbeiten und individuelle Benachrichtigungskampagnen zu definieren.

7.2.4 Der Roter-Teppich-Hack

Diese Technik eignet sich besonders für Start-ups, die noch ganz am Anfang stehen und gerade die ersten Nutzer gewinnen. Es geht darum, eine Beziehung aufzubauen, die Loyalität dieser Early Adopters für sich zu gewinnen und ihnen zu zeigen, wie wichtig sie für dein Unternehmen sind.

Als Dankeschön für ihr frühes Vertrauen kannst du ihnen beispielsweise ein kostenloses T-Shirt oder Ähnliches schicken und sie bei Gefallen darum bitten, ein Foto von sich (mit dem T-Shirt) auf Social-Media-Kanälen zu posten und dein Start-up zu vertaggen. Gerne kann diese Kampagne auch mit einem Gewinnspiel kombiniert werden.

Neben Merchandising kannst du deinen VIPs aber auch Zugang zu exklusivem Content geben, auf den der »gemeine« Nutzer sonst keinen Zugriff hat. Wenn du keinen Content hast, kann das beispielsweise ein Google-Hangout mit dir und deinem Team sein. Damit bekommst du gleichzeitig auch noch wertvolles Kundenfeedback.

Sei kreativ, und überlege dir originelle und überraschende Dankeschön-Geschenke. Ein überraschendes, unangekündigtes Geschenk oder ein handgeschriebener Brief können Wunder wirken, weil sich dein Wettbewerb sehr wahrscheinlich nicht diese Mühe macht.

Um deine VIPs nicht nur zu Beginn, sondern auch über einen längeren Zeitrahmen hinweg zuidentifzieren, empfehlen wir die Verwendung des gängigen *Net Promoter Scores* (NPS)[2]. Dabei handelt es sich um eine Kennzahl, die den Unternehmenserfolg und die Kundenzufriedenheit darstellt. Datenbesessene Growth Hacker (aber auch Investoren) lieben Kennzahlen, und diese ist sehr einfach zu verstehen: Die Kunden werden gefragt: »Wie wahrscheinlich ist es, dass Sie [Firma/Produkt] einem Freund oder Kollegen weiterempfehlen würden?« Die Antwort erfolgt auf einer Skala von 0 (= sehr unwahrscheinlich) bis 10 (= sehr wahrscheinlich).

Du kannst die Antwortenden außerdem in folgende Gruppen einteilen:

▶ Promotor (9–10): loyale Enthusiasten

▶ Passive (7–8): Unentschlossene

▶ Kritiker (0–6): Kritiker

Wenig überraschend sind die loyalen Enthusiasten deine VIPs, denen du den roten Teppich ausrollen solltest. Erstelle eine Twitter-Liste von ihnen und retweete sie gelegentlich. Bitte sie auch aktiv um öffentliche Bewertungen.

---

2   Auf *www.wufoo.com* gibt es vorgefertigte NPS-Umfragen, die du leicht in eine E-Mail oder auf deiner Website integrieren kannst. Alternativ kannst du diese Umfragen auch mit Typeform oder Google Forms umsetzen.

7.3 Exit Intent

Hast du es erst einmal geschafft, den Nutzer auf deine Website zu bringen, solltest du auch alles Mögliche versuchen, ihn bei dir zu halten. Mache es ihm schwer, deine Website zu verlassen – natürlich nicht technisch, sondern moralisch. Und denke daran, dass fortwährendes Lernen das oberste Ziel sein sollte. Und von Nutzern, die dein Angebot nicht annehmen, kannst du eine ganze Menge lernen. Also hab keine Scheu davor, sie zu fragen. Denn was hast du zu verlieren?

7.3.1 Der »Komm bleib noch«-Hack

Perfektion ist unerreichbar – und so sicher wie das Amen in der Kirche wird es Kunden geben, die ihren Account löschen werden. Diese Funktion solltest du auch nicht in den Untiefen der Einstellungen verstecken. Aber du kannst dich eines Tricks bedienen, um den Kunden im letzten Moment vielleicht umzustimmen: Trennungsangst.[3]

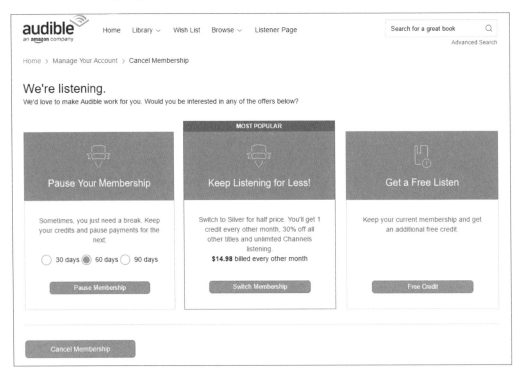

Abbildung 7.4 Die »Bleib noch!«-Seite von Audible

---

3   Weitere Beispiele und eine ausführliche Beschreibung dieses Hacks findest du hier: *www.alter-spark.com/blog/emotional-design-attachment-anxiety*

Bei diesem Hack geht es letztendlich darum,

▶ dem Nutzer vor Augen zu führen, welche Nachteile seine Kündigung hat,

▶ ihm ein schlechtes Gewissen zu machen,

▶ ihm Optionen anzubieten, um eine finale Trennung doch noch zu vermeiden oder mindestens hinauszuzögern

▶ oder wenn man sich schon trennen muss, dann erhobenen Hauptes – vielleicht gibt es in der Zukunft ja ein Wiedersehen.

Beispiel: Klickt dein Kunde auf ACCOUNT LÖSCHEN, leitest du ihn auf eine Zwischenseite um. Dort kannst ihm auf eine freundliche Art zu verstehen geben, dass du seine Entscheidung zur Kündigung verstehst. Aber eröffne ihm die Alternativen wie einen Rabatt, einen günstigeren Tarif oder biete ihm an, seine Mitgliedschaft nur zu pausieren statt final zu kündigen. Der zu Amazon gehörende Hörbuch-Anbieter Audible macht das hervorragend.

Weiteres Beispiel: der hessische Strom-Anbieter Mainova schickt jedem ehemaligen Kunden eine Postkarte (!), auf der er sich für die gemeinsame Zeit bedankt. Außerdem drückt er seine Hoffnung aus, dass man in der Zukunft wieder zurückwechseln könne. Wenn schon nicht für eine Reduzierung der Churn Rate (denn dazu ist es der Zeitpunkt zu spät), dann sorgt diese Vorgehensweise zumindest für ein positives Markenimage.

7.3.2   Der »Columbo«-Hack

»Nur noch eine Frage ...« Peter Falk alias Columbo lockte die Verdächtigen stets aus der Reserve, indem er sie mit einer letzten Frage konfrontierte, als er eigentlich schon zur Tür raus war. Die Wenigsten rechneten damit und gaben entscheidende Informationen preis. Mit sogenannten *Exit-Intent-Pop-ups* kannst du das Gleiche erreichen: In dem Moment, in dem der Nutzer die Seite verlassen möchte und den Mauszeiger auf die Navigationsleiste des Browsers bewegt, öffnet sich ein Pop-up-Fenster. Das ist deine letzte Chance auf eine Interaktion: Biete dem Interessenten einen Rabatt an, um ihn doch noch zum Kauf zu bewegen. Oder frage ihn, warum er die gewünschte Aktion nicht ausgeführt hat (siehe Abbildung 7.5).

Diesen Hack kannst du auch verwenden, wenn dein Kunde seinen Account bereits gekündigt hat: Stelle ihm auf der Bestätigungsseite eine einzige Frage. Widerstehe der Versuchung, eine komplette Umfrage zu integrieren. Frage ihn nur, warum er dein Produkt nicht mehr benutzen will. Frage ihn, was ihn am meisten an deinem Produkt stört. Da er sich bereits entschieden hat, dich zu verlassen, wird er dir vermutlich ehrlich antworten – und du hast nichts mehr zu verlieren.

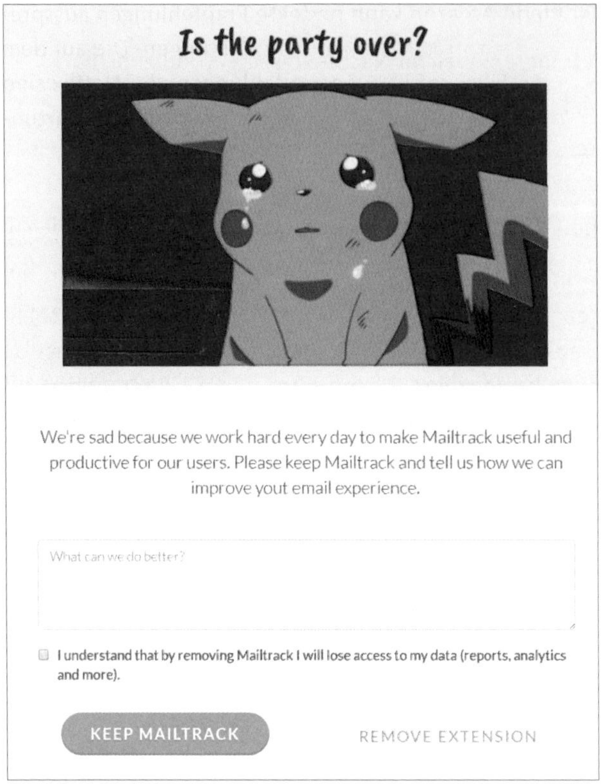

Abbildung 7.5 Mailtrack stellt eine letzte Frage.

7.4   Loyalität und Community

Durch einen absoluten Fokus auf Kundenzufriedenheit (der sogar höher priorisiert wird als die Zufriedenheit der Investoren und Aktieninhaber), hat es Amazon von einem Online-Buchladen zum erfolgreichsten E-Commerce-Unternehmen der Welt geschafft. Dabei hat Amazon seine Waren- und Lieferkette derart perfektioniert, dass sie so gut wie alles verkaufen und liefern können – und das mit der größtmöglichen Kundenzufriedenheit. Suche in deinem Bekanntenkreis jemanden, der bei Amazon bestellt hat und mit dem Bestell- und Lieferprozess NICHT zufrieden war – es ist nicht leicht.

7.4.1   Der Amazon-Hack

Wohl kein Unternehmen kennt seine Kunden so gut wie Amazon, denn kein Unternehmen sammelt mehr Daten über die Käufe und Wünsche seiner Kunden. Das macht das Verkaufen leichter, denn Amazon kann perfekte Empfehlungen aussprechen: 35 % der Produktkäufe auf Amazon basieren auf Empfehlungen. Die auf dem Verhalten der Nutzer basierenden Film- und Serienempfehlungen von Netflix sind sogar für 75 % der Käufe verantwortlich. Je besser du die Wünsche und Erwartungen deiner Bestandskunden kennst, desto mehr Erfolg wirst du haben.

Konkret bedeutet das, dass du deinen Kunden in deiner App, auf deiner Website oder per E-Mail Vorschläge für ihren nächsten Kauf unterbreiten solltest. Analysiere den Kauf- und Entscheidungsprozess von einzelnen Kundensegmenten, um die Empfehlungen stetig zu verbessern. Somit kannst du auch Personas definieren, die stellvertretend für einzelne Kundensegmente stehen. Bei Netflix wären das beispielsweise »Binge-Watcher« (Menschen, die eine neue Serienstaffel gerne am Stück sehen), »Fans von Kevin Spacey« oder »Horror-Fans«.

Mit dem Launch seines Prime-Angebots[4] hat Amazon den Sprung von Loyalität zu Gewohnheit geschafft. Sind sie auf der Suche nach einem neuen Produkt, werden Prime-Kunden in der Regel zuerst bei Amazon nach diesem Produkt suchen und meist auch dort bestellen. Auch die Nutzung von Facebook ist bei sehr vielen Menschen inzwischen fester Teil der täglichen Routine, von Google ganz zu schweigen. Wenn du es geschafft hast, dass dein Produktname als Verb genutzt wird (»googeln«), dann hast du es wirklich geschafft.

Für dich bedeutet das: Nutze dein Wissen über deine bestehenden Kunden. Wenn du weißt, welche Produkte sie gekauft haben, weißt du auch, wo der Schuh drückt und welche weiteren Produkte und Dienstleistungen ihnen helfen können, ihre Probleme zu lösen. Mache dir dieses Wissen zunutze, indem du ihnen passende Produkte anbietest, die deine vorherigen ergänzen.

7.4.2 Der Vielflieger-Hack

Verbessere dein Angebot, und belohne deine treuen Kunden. Geschenke und GiveAways sind eine schöne Sache, aber noch besser sind solche Belohnungen, die zur weiteren Nutzung deines Produkts und mehr Käufen motivieren. Du könntest beispielsweise ein Loyalitätssystem einrichten, bei dem Kunden Punkte bekommen, wenn sie dein Produkt kaufen. Vielfliegerprogramme wie Miles & More oder Bonusprogramme wie Payback basieren auf diesem Prinzip.

---

4   Für einen Mitgliedsbeitrag von 69 Euro/Jahr oder 8,99 Euro/Monat profitieren die Kunden von Amazon-Prime-Vorteilen, wie z. B. kostenfreiem Premiumversand für viele Artikel, unbegrenztem Streaming von Filmen und Serienepisoden mit Prime Video sowie Streaming von Songs mit Prime Music. Das Programm wurde einzig und allein dazu erdacht, die Mentalität der Nutzer zu beeinflussen und Amazon nicht nur als primären, sondern einzigen Onlineshop zu setzen.

> **Tipp**
>
> Je einfacher und spielerischer du die Sammlung von Punkten gestaltest, desto größer wird der Erfolg sein. So könntest du allein schon für die Registrierung oder das Ausfüllen des Kundenprofils Bonuspunkte vergeben. Wenn dich Kundenbindungsprogramme interessieren, schau dir auf jeden Fall auch Abschnitt 9.3.1, »Der Miles-&-More-Hack«, an!

7.4.3   Der »Apollo13«-Hack

Dieser Hack basiert auf einem Fehler in deiner Software – den es gar nicht gab. Du informierst deine Kunden per E-Mail über einen Fehler, der bereits von deinen fleißigen Entwicklern repariert worden ist, und entschuldigst dich für die (nicht vorhandenen) Unannehmlichkeiten. Um zu beweisen, dass es dir ernst ist, gewährst du für einen befristeten Zeitraum 25 % Rabatt auf dein Kernangebot (siehe Abschnitt 9.2) oder ein anderes Produkt, das der Kunde noch nicht hat.

Dieser Trick ist sehr leicht umzusetzen. Aber Vorsicht: Du kannst ihn pro Kunde nur einmal nutzen, ansonsten leidet deine Glaubwürdigkeit.

7.4.4   Der GaryVee-Hack

»Der Kunde hat immer Recht« – das Motto eines guten Kundenservice. Aber um sich vom Wettbewerb abzuheben, reicht eine gute Hilfe via E-Mail, Telefon und Social Media nicht mehr aus. Es geht darum, für einen wahrhaft erinnerungswürdigen »Magic Moment« zu sorgen, einen Moment, von dem der Kunde auf Facebook schreiben und seinen Freunden erzählen wird. Auf diesen magischen Wow-Effekten beruht der Erfolg von Gary Vaynerchuk, der damit unter anderem einen erfolgreichen Weinhandel aufgebaut hat. Sein Geheimnis: Aufbau von persönlichen Beziehungen mit seinen Kunden durch überraschende Wow-Effekte. Also warum nicht mal als Gründer persönlich ein Paket ausliefern? Oder den vollkommen verrückten und halb im Scherz geäußerten Wunsch eines Kunden auf Twitter erfüllen? Je größer dein Wettbewerber ist, desto unwahrscheinlicher wird er sich diese Mühe machen – und du kannst mit Kundennähe punkten. Überrasche deine Kunden also nicht, weil du ein netter Mensch bist, sondern weil es für Wachstum deines Start-ups sorgen wird.

7.4.5   Der »Hachiko«-Hack

Gerade bei digitalen Unternehmen ist das Interface quasi die Marke. Denk an Google: eine schlichte weiße Seite mit einem Suchschlitz und darüber der bekannte Schriftzug. So minimalistisch die Seite ist, so gerne wird sie von Google verändert: regelmäßig wird das Logo durch eine Abwandlung, eine Animation oder sogar ein kleines interaktives Spiel zur Feier eines besonderen Tages ausgetauscht. Dieses

Doodle trägt – neben den quietschbunten Buchstaben – zum positiven Marken-image von Google bei.

Google ist sicherlich das bekannteste, aber bei Weitem nicht das einzige beste Bei-spiel. Viele Unternehmen sorgen mit Humor, Cleverness oder Überraschung dafür, dass sich die Nutzer auf einer emotionalen Ebene mit ihnen verbinden. Und damit heben sie sich vom Wettbewerb an und sorgen dafür, dass die Nutzer diese Marke mit einer positiven Emotion verbinden und gerne wiederkommen.

> *»We can't help but create relationships with things that we interact with over and over and over again. Whether it's a company, a brand, a tool, a service, equipment, you eventu-ally attribute characteristics and personalities to that object that you're interacting with and anthropomorphize it.«*
> *– Kevin Hale, Gründer von Wufoo*

Unternehmer wie Hale haben eine ganz bestimmte Herangehensweise an UX Design und Texte: Sie stellen sich die erste Interaktion mit einem neuen User als Date vor. In ihren Texten sprechen sie die Nutzer direkt an, und zwar mit einer per-sönlichen, freundlichen und humorvollen Tonalität. Das funktioniert deswegen so gut, weil 95 % aller Designelemente auf den Webseiten dieser Welt identisch (und damit langweilig) sind. Wenn nun jemand diese gewohnte Nutzung durchbricht, ohne dass es sich negativ auf die Usability auswirkt, dann kann sich das sehr positiv auf das Brand-Image und damit auch auf die Retention auswirken.

Selbst so etwas Banales wie eine Newsletter-Anmeldung kann durch eine Prise Humor für ein Lächeln auf dem Gesicht deiner Nutzer sorgen (siehe Abbildung 7.6).

Abbildung 7.6 Newsletter-Sign-up bei Zapier

Du kannst theoretisch jeden Text, jeden Button und sogar jede URL daraufhin über-prüfen, ob er nicht eine Prise Menschlichkeit und Humor vertragen könnte.

Klassische Kandidaten dafür sind:

▶ Newsletter-Betreff und -Nachricht

▶ Unsubscribe Message (HubSpot hat dafür dieses großartige Video erstellt: *www.youtube.com/watch?v=Lt8p0_Cp76c&feature=youtu.be*

▶ die »Über uns«-Seite

▶ Blog

▶ »Inhalt wird geladen«-Animation (Slack arbeitet mit wechselnden motivieren-den Zitaten)

▶ 404-Seite

▶ Easter-Egg. Im Chrome-Browser kann man sich beispielsweise mit einem klei-nen Jump'n'Run-Spiel die Zeit vertreiben, wenn man gerade offline ist.[5]

▶ Bestätigungsseite (z. B. nach einem Kauf, einer Registrierung oder einem Down-load), bestes Beispiel: Mailchimp (siehe Abbildung 7.7)

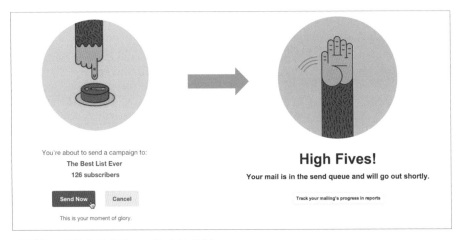

You're about to send a campaign to:
The Best List Ever
126 subscribers

Send Now   Cancel

This is your moment of glory.

High Fives!
Your mail is in the send queue and will go out shortly.

Track your mailing's progress in reports

Abbildung 7.7 E-Mail-Versand bei Mailchimp

Wichtig dabei: Nimm dich selbst nicht zu wichtig. Natürlich wird es Menschen geben, die deinen Sinn für Humor nicht teilen – aber nicht jeder Mensch muss auf Teufel komm raus auch dein Kunde werden (siehe Kapitel 2, »So funktioniert Growth Hacking«). Auch im Shop meinherzschlag wird sich nicht jeder wohlfühlen – aber jeder Exil-Bayer, der seine Heimat vermisst, wird ihn lieben (siehe Abbildung 7.8).

---

5   Auf Google selbst gibt es einige versteckte Gimmicks. Beispielsweise mit der Suchphrase »do a barrel roll«. Auch »use the force luke« in der YouTube-Suche sorgt für Spaß.

Abbildung 7.8 100% bayerischer E-Commerce-Shop

7.4.6 Der »Tribe«-Hack

Seth Godin, ein amerikanischer Autor und Unternehmer schreibt in seinem Buch »Tribes: We need you to Lead Us«, dass Menschen irgendwo dazugehören müssen, um sich gut zu fühlen. Dazu brauche es Leader, die mit einem starken Glauben an eine Idee vorausgehen:

> *»Leaders challenge the status quo. They create a culture*
> *around their goal and involve others in their culture.«*
> *– Seth Godin*

Godin meint, dass ein Leader sich nur stark genug für eine Idee einsetzen muss, damit die Menschen ihm folgen. Du kannst das für dich ausnutzen, indem du in einer frühen Phase deiner Produktentwicklung mit deiner Idee vor die Community trittst und diese mit viel Leidenschaft präsentierst und verteidigst. Es gibt zwar keine Garantie, dass die Community die Idee annehmen wird, aber wenn deine Idee grundsätzlich für gut befunden wird und du dich dann stark um die Interessen der Community kümmerst, ist die Chance größer, dass diese dich als Leader akzeptiert und dir in Zukunft folgen wird. So hast du die Möglichkeit, eine Community zu bilden und deine Produktideen sehr früh an den Bedürfnissen dieser Community zu entwickeln. Nicht nur das, du lernst so auch deine Zielgruppe besser kennen und kannst aufgrund echter Profile deine Personas entwickeln. Und die Community lernt dich und deine Stärken kennen, was das Vertrauen zwischen dir und deinen potenziellen Kunden fördert.

7.5 Leads pflegen

Sobald dir ein anonymer Interessent aus eigenem Antrieb seine Adresse und ähnliche Kontaktdaten bewusst bekannt gibt, wird er zu einem Lead. Du solltest mindestens die E-Mail-Adresse deiner Leads verlangen, damit du dir einen guten E-Mail-Verteiler aufbauen kannst. Das geschieht natürlich nicht von allein. Um die *Conversion Rate* zu erhöhen, musst du deinen Besuchern etwas Interessantes bieten. Dazu eignen sich E-Books, Whitepaper oder Ratschläge in einer anderen Content-Form. Hauptsache, deine Zielgruppe interessiert sich für deine angebotenen Inhalte. Denke auch daran, eine klare Handlungsaufforderung (*Call-to-Action*), wie etwa E-BOOK HERUNTERLADEN, auf deine Website zu integrieren und auf eine Landingpage weiterzuleiten, die die exakten Informationen zum versprochenen Angebot enthält. Nur so springen nicht zu viele deiner Besucher wieder ab. Nutze in einem weiteren Schritt möglichst einfache und schön gestaltete Formulare, um an die nötigen Informationen deines potenziellen Kunden zu kommen. Es gibt bei der Formulargestaltung keine allgemeingültige Regel, es ist an dir, herauszufinden wie viel Formularfelder akzeptiert werden. Sollte die Absprungrate zu hoch sein, vereinfache das Formular, denn auch wenn die Informationen später wertvoll sein können, einen verlorenen Lead holst du nie mehr zurück. Wenn deine Besucher dann endlich einmal in Leads umgewandelt wurden, solltest du diese Leads auch weiterhin pflegen, ansonsten fühlen sich diese schnell vernachlässigt und springen wieder ab.

7.5.1 Lead Nurturing

Jeder Kunde hat in den Phasen seiner Kaufentscheidung verschiedene Bedürfnisse nach Informationen. Den Interessenten zum richtigen Zeitpunkt mit relevanten Informationen zu versorgen, nennt man *Lead Nurturing*. Für ein erfolgreiches Lead Nurturing ist es wichtig, den richtigen Content in der richtigen Phase bereitzustellen. Beim Lead Nurturing unterscheidet man vier Phasen:

1. **Neugier wecken:** Der Lead ist an allgemeinen Informationen interessiert, um ein bestimmtes Problem zu lösen. Dein Content sollte also das Interesse des Leads wecken.

2. **Beziehung aufbauen:** Der Interessent ist auf der Suche nach einer Problemlösung. Baue in dieser Phase eine Beziehung zwischen dir und dem Lead auf.

3. **Mehrwert bieten:** Der Interessent hat nun die richtigen Produkte entdeckt und studiert die Details. Biete dem Lead den gesuchten Mehrwert.

4. **Geschäftsabschluss:** Der Interessent entscheidet sich, das Produkt zu kaufen, und wird damit zum Kunden. Pflege den Kunden, indem du ihn über Neuigkeiten auf dem Laufenden hältst.

7.5.2 Lead Scoring

Beim *Lead Scoring* bewertest du deine Leads nach der Vollständigkeit ihres Profils und nach dem vorhandenen Kaufinteresse. Das hilft dir dabei, die richtigen Entscheidungen zu treffen, wenn du mit den vorhandenen Leads in Kontakt trittst. Je mehr Informationen du über den Lead hast, desto höher ist die Chance auf einen Verkaufsabschluss.

Du kannst beispielsweise Punkte für folgende Aktivitäten vergeben:

▶ Hat der Lead unseren Newsletter abonniert?

▶ Hat er unser Whitepaper heruntergeladen?

▶ Hat er uns bereits persönlich kontaktiert?

▶ Ist er Fan auf unserer Facebook-Seite?

▶ Hat er schon bei uns eingekauft?

7.6 E-Mail-Automation

Durch die Nutzung automatisierter E-Mails kannst du Ressourcen einsparen und effizient auf die Bedürfnisse deiner Newsletter-Abonnenten reagieren. So kannst du Folge-E-Mails nur den Abonnenten senden, die auf die erste E-Mail reagiert haben. Auch automatisierte A/B-Testings sind möglich. Und durch die Anbindung an ein CRM-System (Customer Relationship Management) hast du weitere Möglichkeiten, die dich bei der Lead-Pflege unterstützen.

Mögliche Anwendungsbeispiele für E-Mail-Automation

▶ Begrüßungs-E-Mails: Die einfachste Form der E-Mail-Automation sind Willkommens-E-Mails, die ein Nutzer erhält, sobald er sich bei dir registriert oder ein Produkt gekauft hat.

▶ Reaktivierung: Sende E-Mails an Kunden, die seit längerer Zeit nichts mehr bei dir gekauft haben.

▶ Warenkorbabbrecher: Sende E-Mails an Kunden, die den Kaufprozess in deinem Shop abgebrochen haben.

▶ Reminder: Sende Erinnerungs-E-Mails für Veranstaltungen an deine Kunden.

▶ Conversion-Optimierung: Sende zielgerichtete Inhalte automatisiert an die richtigen Empfänger.

▶ Bei der Evaluation eines E-Mail-Automationstools solltest du die Kosten im Auge behalten. Es gibt sehr viele Tools, die sich vom Funktionsumfang und Pricing her stark unterscheiden, wie beispielsweise MailChimp, Infusionsoft, AWeber oder HubSpot. Die Liste mit allen Tools findest du in Anhang A.

Für mein (Tomas Herzberger) Blog habe ich beispielsweise eine Sequenz aus vier automatischen E-Mails erstellt. Ich begrüße den neuen Abonnenten zu unserem Newsletter »Growth Hacking Rocks«, schicke ihm den Download-Link für ein E-Book und sage ihm kurz und knapp, was ihn erwartet und dass er in zwei Tagen erneut eine Nachricht von mir bekommen wird. Damit gebe ich ein kleines Versprechen, das ich – unterstützt von der Automatik – auch erfülle. Ein kleiner Schritt hin zu einer vertrauensvollen Beziehung. Anschließend bekommt er eine weitere Nachricht mit Links zu den Best-of-Artikeln meines eigenen Blogs sowie eine Auswahl meiner Gastartikel. Danach bekommt er – wie Stammleser auch – alle zwei Wochen meinen Growth-Hacking-Newsletter. Einmal angelegt, funktioniert dieser Prozess vollautomatisch, sorgt für Traffic auf meinem Blog, stellt die Beziehung auf ein gesundes Fundament und spart sehr viel Zeit. Das Feedback war bisher ausnahmslos positiv.

7.7   Chatbots

Durch den Einsatz von automatisierten Chatbots können Unternehmen Kunden beim Surfen auf der Website proaktiv ansprechen. Die digitalen Kundenberater können Produkte vorschlagen oder kurze Dialoge mit den Kunden führen. Chatbots befolgen vordefinierte Regeln, werden aber immer intelligenter. So hätte ein Weinhändler z. B. die Möglichkeit, seine Kunden über den Facebook Messenger zu beraten. Anstatt im umfangreichen Sortiment nach neuen Weinen zu suchen, würdest du also im Facebook Messenger nach einem Wein aus einer bestimmten Region fragen und der Weinhändler-Bot liefert die passenden Angebote.

Einsatzmöglichkeiten für Chatbots

▶ News: Frage, was in der Welt gerade so passiert, und der Bot liefert dir die letzten Neuigkeiten.

▶ Frage den Chatbot nach dem aktuellen Wetter.

▶ Frage den Chatbot nach einer bestimmten Person oder nach einem bestimmten Objekt.

▶ Lass dich zu Finanz- oder Steuerfragen beraten.

▶ Lass den Bot einen Termin für dich vereinbaren.

Apples Siri, Microsofts Cortana oder der Google Assistent zeigen, was durch den Einsatz künstlicher Intelligenz möglich ist. Diese virtuellen Assistenten entwickeln sich rasant weiter und lernen aus Fehlern. Man spricht in diesem Zusammenhang von maschinellem Lernen (*Machine Learning*). Google hat an seiner jährlichen Entwicklerkonferenz, der Google I/O, demonstriert, zu was ihr Assistent in Zukunft in der Lage sein wird. So erkennt der Bot berühmte Gebäude oder Gemälde und liefert nach der Aufnahme gleich die passenden Informationen über die Objekte. Es ist sogar möglich, während des China-Urlaubs mit chinesischen Zeichen beschriftete Anzeigetafeln mit einem Foto zu übersetzen.

Chatbots sind deshalb auch so interessant für Unternehmen, weil die Menschen heute Messenger-Apps wie WhatsApp oder den Facebook Messenger häufiger nutzen als soziale Netzwerke (siehe Abbildung 7.9).

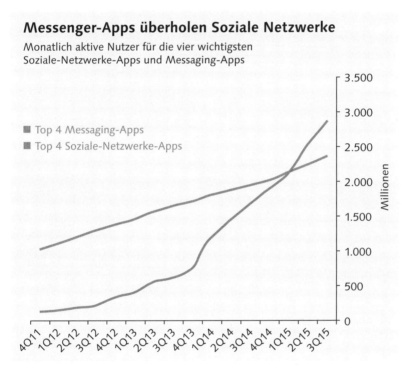

Abbildung 7.9 Menschen nutzen heute lieber Messenger-Apps als soziale Netzwerke.[6] (Quelle: Companies, BI Intelligence)

Wenn du für dich oder dein Unternehmen einen Chatbot bauen möchtest, gibt es gut dokumentierte Entwickler-Richtlinien. Oder du nutzt einen Chatbot-Baukasten wie Chatfuel oder botcast.ai, die dich bei der Einrichtung unterstützen. Weitere Tools findest du in Anhang A.

---

6 https://chatbotsmagazine.com/the-complete-beginner-s-guide-to-chatbots-8280b7b906ca

8 Referral – so wirst du weiterempfohlen

Welches Unternehmen wird nicht gerne von seinen Kunden weiter-
empfohlen? Es werden nur hervorragende Produkte weiterempfohlen,
aber längst nicht jedes hervorragende Produkt profitiert von Empfeh-
lungen. Hier erfährst du, warum das so ist.

Michael Birch ist ein englischer Physiker und Programmierer – und der Inbegriff dessen, was die Medien gemeinhin als »Serien-Entrepreneur« bezeichnen. Gemeinsam mit seiner Frau Xochi (grandioser Vorname!) gründete er eine Vielzahl von Unternehmen, nicht selten mehrere parallel. Dies gelang ihnen fulminant, als das von ihnen gegründete Social Network *Bebo* im Vereinigten Königreich zwischenzeitlich mehr Nutzer hatte als AOL, Amazon oder die Seiten der BBC. Xochi und Michael verkauften Bebo an AOL im Jahr 2008 zu einem Preis von 850 Millionen US-Dollar. Man kann also mit gutem Gewissen davon ausgehen, dass Michael Birch ein, zwei Dinge von Start-up-Marketing versteht. Und er bringt es auf den Punkt:

> *» Viral marketing is at the heart of growth hacking.«*
> *– Michael Birch*

Growth Hacker sind bestrebt, einen messbaren viralen Effekt in das Produkt einzubauen, eine sogenannte *Viral Loop*. Jesse Farmer, der Co-Founder des Fashionshops *Everlane*, ist der Meinung, dass gute Growth Hacker virales Wachstum planen, sogar konstruieren können. Aber auch Gründer und Marketer, die sich selbst nicht zu den besten Growth Hackern zählen würden, können die Voraussetzungen für virales Wachstum optimieren, wenn sie einige einfache Regeln befolgen.

KPI: Viraler Koeffizient (K)

Die wichtigste Metrik bzgl. der Viralität eines Produkts ist der sogenannte virale Koeffizient. Du berechnest ihn wie folgt:

1. Berechne die Einladungsrate:
   Anzahl der Einladungen / Anzahl der bestehenden Nutzer

2. Berechne die Akzeptanzrate:
   Anzahl der Sign-ups / Anzahl der Einladungen

3. Multipliziere die beiden miteinander, und du hast den viralen Koeffizienten:
   K = Akzeptanzrate * Einladungsrate

Wenn K > 1, hast du eine virale Verbreitung. Es wird pro Nutzer mehr als 1 weiterer Nutzer durch organische Viralität dazukommen.

bestehende Nutzer	2.000
versendete Einladungen	1.500
akzeptierte Einladungen	150
Einladungsrate	0,75
Akzeptanzrate	10 %
viraler Koeffizient	**7,5**

Tabelle 8.1 Beispiel: Berechnung des viralen Koeffizienten (K)

Letztendlich geht es beim Empfehlungsmarketing um die Planung und Erschaffung eines Produkts, das die Menschen so sehr lieben, dass sie ihren Freunden, Kollegen und Familien davon erzählen. Denke daran: Wenn ein Produkt nicht von wenigstens einer kleinen Gruppe heiß und innig geliebt wird, hilft auch der beste Growth Hack nicht. Durch die Funktionsweise oder Usability musst du es schaffen, ein Produkt zu erschaffen, das positive Emotionen weckt.

> *»Finde heraus, was der beste Moment im Nutzererlebnis deines Produktes ist – und füge exakt dort einen großen Sharing-Button ein!« – Dan Martell, Entrepreneur und Investor*

Es klingt banal – aber gerade kleine und mittelständische Unternehmen vernachlässigen oft diese Möglichkeit des Social Sharings. Dabei bedarf es nur dreier Dinge, um eine virale Verbreitung anzustoßen:

1. **Den Aha-Effekt**
   Das ist der Moment, in dem das Problem des Nutzers gelöst wird.

2. **Einen großen Sharing-Button**
   Da du nicht immer genau weißt, welches soziale Netzwerk (oder Messenger oder E-Mail) dein Kunde favorisiert, empfiehlt es sich, nicht nur einen, sondern mehrere Buttons anzubieten. Mit Tools wie Sumo.com oder Po.st kannst du sehr einfach diese Buttons einbinden, mit deinen Profilen vernetzen und den Erfolg messen.

3. **Die Aufforderung zum Teilen**
   Sei es auf einer »Danke für deinen Einkauf«-Seite, in einem Blogpost oder einem Video: Sag deinen Nutzern immer, was sie tun sollen!

8.1   Virales Marketing

Als der österreichische Extremsportler Felix Baumgartner am 14. Oktober 2012 aus seiner Druckkapsel in 38.000 Metern Höhe trat, stockte der halben Welt der Atem.

Etwa 200 Fernsehsender und digitale Netzwerke berichteten live von dem Ereignis, das von dem österreichisches Getränkehersteller Red Bull gesponsert wurde. Auf YouTube sahen rund 8 Millionen Menschen gleichzeitig zu, und im Nachklapp wurden Videos und Inhalte über Monate hinweg viral verbreitet. Seit dem Aufkommen der sozialen Medien gab es zig solcher Beispiele. Der britische Moderator James Corden sang gemeinsam mit der Sängerin Adele einige ihrer größten Hits während einer gemeinsamen Autofahrt. Auch dieses Video wurde auf YouTube 136 Millionen Mal angeklickt.

Natürlich bewegen sich diese Beispiele in einer Größenordnung, die »normale« Unternehmen kaum jemals erreichen werden. Trotzdem, Viralität ist bis zu einem gewissen Grad auch für uns Normalsterbliche möglich. Viraler Content muss einen sehr starken Mehrwert bieten, er sollte humorvoll, emotional und persönlich sein. Häufig wird heute auch von digitalem Storytelling gesprochen. Marken können mit Produktvideos direkt den Nutzen ihrer Produkte demonstrieren. Ein gutes Beispiel dafür sind die GoPro-Action-Kamera-Videos. Die einzigartigen Videos, die von den Kunden selbst ins Internet gestellt werden, sind Teil des Produktkonzepts. Andere Marken zeigen imposante Produktionsvideos oder Entwicklungsgeschichten.

8.1.1 Der Cross-Posting-Hack

Mithilfe des Sharing-Buttons können die Nutzer das Produkt empfehlen, ohne die Seite verlassen zu müssen. Deswegen empfiehlt es sich auch, auf Sharing statt auf »Gefällt mir« zu setzen, denn somit erhöhen sich die Chancen auf eine virale Verbreitung. Aus demselben Grund kann es sich lohnen, das Kommentar-Plug-in von Facebook in ein Blog zu integrieren, weil die Kommentare somit nicht nur auf der Seite selbst, sondern auch auf Facebook veröffentlicht werden. Welche Buttons du einsetzt und welche sozialen Netzwerke du damit präferierst, hängt von deiner jeweiligen Zielgruppe ab und wird sich von Markt zu Markt und von Produkt zu Produkt unterscheiden.

Diese Technik des Cross-Postings ist ein wichtiger Grund dafür, warum sowohl Spotify als auch Instagram so schnell so viele Nutzer gewinnen konnten: Beide Plattformen haben das Teilen von eigenen Bilder oder Liedern auf eine bestehende Plattform (insbesondere Facebook) sehr vereinfacht. Somit haben sie die hohe Reichweite von anderen Plattformen und den Mitteilungsbedarf der eigenen Nutzer für ihr Wachstum sehr erfolgreich genutzt. Spotify ist eines der wenigen europäischen »Unicorns«, also Start-ups mit einer Bewertung von über 1 Milliarde US-Dollar, und ist mit über 100 Millionen Nutzern der weltweit größte Musik-Streaming-Anbieter. Instagram wurde für inzwischen für 1 Milliarde US-Dollar von Facebook gekauft und hat über 700 Millionen aktive Nutzer.

8.1.2   Der »FarmVille«-Hack

Ein Grund für den globalen Erfolg von Facebook mit mittlerweile fast 2 Milliarden monatlich aktiven Nutzern ist die eingebaute Viral Loop. Sobald ein Nutzer von einem Freund markiert (oder zu Beginn noch »gepoked«) wird, bekommt er eine Benachrichtigung auf sein Smartphone und/oder per E-Mail. Dieser kluge Mechanismus hat zu einer extrem starken viralen Verbreitung geführt.

Smarte Start-ups haben sich diese Funktion von Facebook zunutze gemacht, um ihr eigenes Wachstum zu beschleunigen. Prominentestes Beispiel ist Zynga, ein US-amerikanischer Spielehersteller von Browsergames. Die bekanntesten Spiele sind FarmVille, Mafia Wars, und CityVille. Zynga hat die viralen Möglichkeiten von Facebook erkannt und Spiele entwickelt, die »automatisierte Viral-Schleudern« waren: Sofern man die Einstellungen nicht entsprechend geändert hat, wurde jeder Freund eines Spielers über den aktuellen Spielefortschritt informiert und aufgefordert, ebenfalls zu spielen.

Man kann über die ethischen Grundsätze dieses Hacks diskutieren. Aber er hat dazu geführt, dass Zynga 2011 an die Börse ging und – obwohl inzwischen von Facebook gebannt – 2016 immer noch einen Gewinn von über 100 Millionen US-Dollar erzielt hat.

8.1.3   Der Friends-Hack

Ein Klassiker, der aber gute Chancen auf Erfolg hat, ist Freundschaftswerbung und sind Empfehlungsprogramme. Das Unternehmen stellt einen einmaligen Empfehlungslink zu Verfügung, der zufriedene Nutzer teilt diesen mit seinen Freunden und wird belohnt, wenn andere sich über diesen Link für das Produkt oder den Dienst anmelden, beispielsweise durch ein Werbegeschenk. Diesen Mechanismus nutzt eine Vielzahl etablierter Unternehmen mit Abonnement-Funktion wie Versicherungen oder Zeitungen. Noch effektiver ist wechselseitige Freundschaftswerbung, bei der nicht nur der Werber, sondern auch der Beworbene profitiert.

Viele Unternehmen wie MyTaxi, Uber und insbesondere Airbnb sind durch diesen Mechanismus gewachsen. Die Benutzer laden ihre Freunde per E-Mail zu Airbnb ein oder indem sie einen personalisierten Empfehlungscode teilen. Wenn Freunde sich daraufhin ebenfalls anmelden, erhalten sie 35 Euro Airbnb-Guthaben. Darüber hinaus erhält der Werber ebenfalls eine Gutschrift über 35 Euro, wenn er verreist, bzw. 65 Euro, wenn er als Gastgeber fungiert. Somit profitieren alle drei Parteien, das Unternehmen, der Werber und der Beworbene (siehe Abbildung 8.1).

Als Unternehmen ist es natürlich kritisch zu wissen, wie hoch die Akquise-Kosten für einen einzelnen neuen Nutzer maximal sein dürfen, wenn der ROI positiv sein soll. Diese Kosten hängen wiederum vom durchschnittlichen Customer Lifetime Value ab.

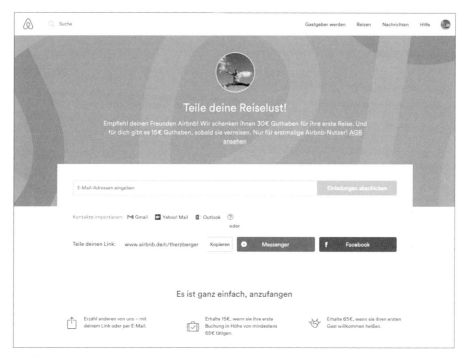

Abbildung 8.1 Empfehlungsmarketing bei Airbnb

8.1.4   Der Hard-Rock-Hack

Mit großer Wahrscheinlichkeit hast auch du in deiner wilden Jugend die Sünde begangen, dir während eines Urlaubs ein T-Shirt der lokalen Ausgabe des Hard Rock Cafes zu kaufen – nur um es danach nie wieder zu tragen. Lassen wir die modischen Aspekte dieses Kaufs einmal außen vor, kann man das T-Shirt sowie alle anderen Merchandising-Artikel der Kette als großen marketingtechnischen Erfolg bezeichnen. Warum? Weil *jeder* die Marke kennt, ohne auch nur einmal im Leben einen TV-Spot, ein Plakat oder ein Banner gesehen zu haben. Merchandising kann ein Unternehmen zu einer globalen Marke machen, und T-Shirts sind kein schlechter Ausgangspunkt, weil sie von jedem Mann und jeder Frau getragen werden können (ob man das auch tun sollte, steht auf einem anderen Blatt).

Du kannst dir dieses Prinzip zunutze machen und mit überschaubaren Kosten dein eigenes Merchandising entwerfen. Shirts sind ein guter Anfang, da sie weder in Produktion noch Versand aufwendig oder teuer sind. Ein originelles Design kannst du dir auf Freelancer-Plattformen wie 99Designs für wenig Geld kreieren lassen und die T-Shirts unter anderem bei Spreadshirt.com günstig bestellen. Verschenke sie an deine 100 wichtigsten und treuesten Fans. Idealerweise werden sie das Shirt auch in der Öffentlichkeit tragen und somit weitere Nutzer auf dein Produkt aufmerksam machen. Wenn du das lieber nicht dem Zufall überlassen willst, kannst du deine Fans anspornen, ein Bild von sich und dem Shirt via Social Media zu teilen. Gleichzeitig kannst du daraus einen Wettbewerb machen und das beste Bild belohnen. Die Prototyping-App InVision hat dieses Prinzip so perfektioniert, dass sie inzwischen sogar einen eigenen Onlineshop betreibt, auf der man die Shirts nicht nur kaufen, sondern durch Social Sharing auch gewinnen kann (siehe Abbildung 8.2).

Abbildung 8.2 InVision macht nicht nur Software, sondern auch T-Shirts.

8.1.5   Der Ice-Bucket-Hack

Manchmal braucht es nicht mehr als eine originelle Idee und einen warmen Sommer, um einen viralen Hit zu landen. Die »Ice Bucket Challenge« war eine als Spendenkampagne gedachte Aktion im Sommer 2014. Sie sollte auf die Nervenkrankheit Amyotrophe Lateralsklerose (ALS) aufmerksam machen und Spendengelder für deren Erforschung und Bekämpfung sammeln. Die Herausforderung bestand darin, sich einen Eimer kaltes Wasser über den Kopf zu gießen und danach drei oder mehr Personen zu nominieren, es einem binnen 24 Stunden gleichzutun, sowie 10 US-Dollar bzw. Euro an die ALS Association zu spenden. Wollte man sich keinen Eimer Wasser über den Kopf gießen, sollte man 100 US-Dollar bzw. Euro spenden. Durch die Unterstützung zahlreicher Prominenter wurde die Kampagne mit einem Spendenvolumen von ca. 42 Millionen US-Dollar ein voller Erfolg (siehe Abbildung 8.3). Ein Grund dafür war die durch die Nominierung von Freunden eingebaute Viralität.

Auch die »22 PushUp Challenge« und die »Plank Challenge« hatten einen ähnlichen Mechanismus und animierten die Menschen dazu, einen »Stunt« durchzuführen, diesen zu filmen und online zu teilen. Diese Art der Viralität ist schlecht planbar, kann aber mit dem richtigen Ansatz in der richtigen Nische ein Erfolg werden. Du musst keinen globalen Trend auslösen. Du musst nur dafür sorgen, dass du im Umfeld deiner potenziellen Kunden bekannter wirst.

Abbildung 8.3 Bill Gates und Mark Zuckerberg bei der »Ice Bucket Challenge«

8.1.6 Der Schotten-Hack

Im Rahmen deines Check-outs-Prozesses sollte nichts zwischen deinem Kunden und dem erfolgreichen Kauf stehen. Denn letztendlich ist die erfolgreiche Conversion das Ziel aller Marketingbemühungen. Einzige Ausnahme: Viralität. Wenn der Nutzer dein Produkt seinem Netzwerk weiterempfiehlt, kann das für dich langfristig noch mehr Umsatz bringen.

Dazu kannst du deinem Kunden kurz vor Kaufabschluss um ein Like, einen Tweet oder einen Newsletter-Subscribe bitten, für den er dann einen kleinen Rabatt auf seinen Einkauf bekommt. Damit haben beide Parteien einen eindeutigen Vorteil.

Aber Vorsicht: Teste genau die Wirkung dieses zusätzlichen Schrittes im Check-out-Prozess. Sollte die Conversion Rate deutlich nach unten gehen und den positiven Empfehlungseffekt überwiegen, dann nimm den Spatz in der Hand und verzichte auf diesen Hack.

8.1.7 Der Harry's-Hack

Freundschaftswerbung ist beim besten Willen keine neue Marketingmechanik. Viele Unternehmen – insbesondere Zeitungsverlage, Banken oder Clubs – belohnen ihre Kunden, wenn sie einen ihrer Freunde dazu überreden, ebenfalls Mitglied zu werden bzw. das Produkt zu kaufen. Würde diese Mechanik nicht funktionieren, wäre sie nicht so lange am Markt. Digitales Marketing erlaubt uns aber

Verfeinerungen dieses Konzepts. Denn prinzipiell stehen folgende Mechanismen zur Verfügung:

▶ **Einseitige Belohnung:** Für jeden Freund, der das Produkt kauft, bekommst du ein Geschenk.

▶ **Beidseitige Belohnung:** Für jeden Freund, der das Produkt kauft, bekommt ihr beide das gleiche Geschenk.

▶ **Einseitige, unterschiedliche Belohnung:** Du bekommst ein Geschenk, wenn du einen Freund dazu bringst, das Produkt zu kaufen. Aber wenn du fünf oder zehn deiner Freunde zum Kauf überredest, bekommst du jeweils pro Zielerreichung ein anderes Geschenk.

▶ **Beidseitige, unterschiedliche Belohnung:** Du bekommst ein Geschenk, wenn du einen Freund dazu bringst, das Produkt zu kaufen. Aber wenn du fünf oder zehn deiner Freunde zum Kauf überredest, bekommst du jeweils pro Zielerreichung ein anderes Geschenk – *und* deine Freunde erhalten ebenfalls ein Geschenk.

Die Mechanik funktioniert nach dem aus dem Affiliate Marketing bekannten Prinzip: Jeder Teilnehmer erhält eine Nummer, die mit seiner E-Mail-Adresse verknüpft ist. Kommt ein Besucher über einen Empfehlungslink, der einen Referral-Code enthält, auf die Seite und hinterlässt seine E-Mail-Adresse, wird die Tracking-Nummer in einem Cookie gespeichert und überprüft, mit welcher E-Mail-Adresse diese verknüpft ist. Somit kann exakt nachvollzogen werden, welcher Kunde wie vielen seiner Freunde das Produkt empfehlen konnte.

Das haben sich auch die Betreiber des Rasierzubehör-Shops Harry's gedacht: Gegründet wurde das Unternehmen im Jahr 2012 von den College-Freunden Andy Katz-Mayfield und Jeff Raider. Harry's setzte vor dem Start eine Empfehlungskampagne auf, die dem Unternehmen das nötige Publikum zuführen sollte: Die künftigen Kunden sollten andere Interessenten werben. Meldeten sich fünf der Freunde mit E-Mail-Adresse an, erhielt der Empfehlende eine Rasiercreme. Mit der Zahl der erfolgreichen Empfehlungen stieg die Attraktivität der Belohnungen: Teilnehmer, die Harry's 50 potenzielle Kunden zuführten, erhielten kostenlos einen Jahresbedarf an Rasierklingen.[1] Mittlerweile hat Harry's über 2 Millionen Kunden und ist sogar bei Target, einem der größten Discounter der USA, verfügbar.

---

1   Die Geschichte von Harry's ist aus zwei weiteren Gründen bemerkenswert: Zum einen haben die Gründer den Code ihrer Empfehlungskampagne auf Github veröffentlicht, und er kann von jedem Start-up adaptiert werden: *https://github.com/harrystech/prelaunchr*. Zum anderen haben sie Feintechnik, eine über 100 Jahre alte Rasierklingenfabrik im thüringischen Eisenfeld, gekauft und können somit ihre eigenen Rasierklingen in höchster Qualität herstellen. Das macht sie nicht nur weniger anfällig für andere Marktteilnehmer, sondern sorgt auch für ein zweites Standbein, da Feintechnik auch für andere Rasierklingenhersteller arbeitet.

Auch Vladislav Melnik und sein Co-Founder Nico Puhlmann nutzten diese Technik für den Launch von Chimpify: Um die ersten 100 Kunden für ihr neues Start-up zu bekommen, starteten sie einen Empfehlungswettbewerb. Die Nutzer konnten in einer Rangliste aufsteigen, indem sie Chimpify ihren Freunden und Bekannten empfahlen und sich diese über einen individuellen Link anmeldeten, den sie über Social Media geteilt haben. Zu gewinnen gab es unter anderem T-Shirts und ein Jahr kostenlose Mitgliedschaft. Statt der ersten 100 gewann Chimpify auf diesem Weg die ersten 1.000 zahlenden Kunden in nur neun Tagen.

Diese Mechanik ist komplett automatisierbar, auch für kleine Start-ups. Dabei helfen dir Tools wie *Maitre*, *iRefer*, *Viral Loops* und das WordPress-Plug-in *Viral Signups*. Eine Liste aller Tools findest du in Anhang A.

PayPal, Uber und MyTaxi machten sich dieses Hacks zunutze, um schnelles virales Wachstum zu generieren und Märkte aggressiv zu besetzen – auch wenn es durch die doppelseitige Belohnung (mit Guthaben zwischen 10 und 15 Euro pro erfolgreicher Empfehlung) nicht günstig war.

8.2   Content-Seeding

Mit Content-Seeding ist das Aussähen oder gezielte Verteilen von Inhalten gemeint. Das Prinzip ist eigentlich nicht neu. Früher wurden bereits im Rahmen der PR-Arbeit Inhalte an andere Medien verteilt. Durch die Möglichkeiten, die uns Social Media heute bieten, hat dieses Thema noch mal ganz eine andere Bedeutung erhalten. Unternehmen können die Verteilung der Inhalte nun selbst in die Hand nehmen und sind nicht mehr nur auf den Goodwill der Medienpartner angewiesen.

Über folgende Kanäle kannst du deine Inhalte verteilen:

- ▶ über die eigene Unternehmensseite oder das Corporate Blog
- ▶ über Social-Media-Kanäle oder Businessnetzwerke wie XING oder LinkedIn
- ▶ über Presseportale und Online-Magazine
- ▶ über Frage-Portale wie Gutefrage.net oder Quora
- ▶ über Blognetzwerke wie Medium oder Tumblr
- ▶ über andere Blogger und Influencer
- ▶ über Blogparaden[2]
- ▶ über deinen Newsletter

---

2   Ein Blogger veranstaltet eine Blogparade und initiiert diese mit einem Blogpost. Die Teilnehmer der Blogparade verfassen einen Blogartikel zu diesem Thema und posten einen Link dazu in die Kommentare des Ursprungsartikels. Der Veranstalter sammelt alle Links und postet diese in einem Artikel.

8.2.1   Der »Dann mache ich es eben selbst«-Hack

Neil Patel verrät auf seinem Blog einen seiner effektivsten Content-Seeding-Hacks. Patel sagt, dass er in einem Artikel auf seinem Blog über 100 URLs verlinkt habe. Nachdem er den Artikel veröffentlicht habe, habe er alle der 100 URL-Inhaber persönlich angeschrieben und darauf aufmerksam gemacht, dass er sie in seinem Artikel verlinkt habe und gleichzeitig einen Link zum Artikel mitgeschickt. Das Resultat dieser Aktion seien Hunderte Social Shares gewesen, die wiederum Tausende neuer User auf seine Seite gebracht hätten.

8.2.2   Der Wiederholungstäter-Hack

Anstatt immer wieder nach neuen Multiplikatoren zu suchen, lohnt es sich, eine Datenbank von den Menschen anzulegen, die deine Inhalte in der Vergangenheit bereits einmal geteilt haben. Mit dem Tool Topsy.com kannst du analysieren, wer in der Vergangenheit bestimmte Artikel von dir bereits geteilt hat. Dazu musst du nur den entsprechenden Artikel bei Topsy eintragen. So kannst du einfach eine Liste der Personen anlegen, denen das, was du gepostet hast, schon einmal gefallen hat. Die Chance, dass diese Personen deinen neuen Content erneut teilen, ist um einiges höher als bei Personen, die dich noch nicht kennen.

8.3   Guerilla Marketing

Beim Guerilla Marketing möchtest du mit bescheidenen Mitteln und der Verwendung von originellen und überraschenden Elementen für einen Überraschungseffekt bei den Betrachtern sorgen und möglichst viel Aufmerksamkeit auf dein Unternehmen, deine Marke bzw. dein Anliegen lenken. So versah die Menschenrechtsorganisation Amnesty International die Gullydeckel einer Innenstadt mit herausragenden menschlichen Plastikfingern, um auf menschenverachtende Haftbedingungen in einigen Ländern hinzuweisen.

8.3.1   Der Reverse-Graffiti-Hack

Beim Reverse Graffiti oder auch Streetbranding wird eine Wand partiell mit einem Hochdruckreiniger gereinigt, damit ein Bild entsteht (siehe Abbildung 8.4).

Im Gegensatz zum »normalen« Graffiti ist diese Reverse Graffiti per se nicht illegal, aber man sollte sich unbedingt vorher über die regionalen Regeln und Präzedenzfälle erkundigen. Weitere Nachteile sind der Aufwand, da man vor Ort Strom- und Wasseranschluss benötigt, und der Verzicht auf jegliche Interaktivität und Messung der Maßnahme.

Abbildung 8.4 Streetbranding an einer Betonmauer

8.3.2 Der Bluejacking-Hack

Früher wurden Nachrichten unaufgefordert über Bluetooth an Bluetooth-fähige Smartphones gesendet. Heute werden vermehrt neue Technologien wie GPS, iBeacon oder NFC (Near Field Communication) eingesetzt, um ortsbasierte Werbung auf mobilen Geräten anzuzeigen. So könnten z.B. Warenhäuser Werbung auf einem Handy anzeigen, sobald sich dieses in der Nähe eines bestimmten Ladens befindet.

8.4 Influencer Marketing

Eine neuere und zurzeit sehr beliebte Form des viralen Marketings ist das Influencer Marketing. Unternehmen statten Menschen mit einer hohen Reichweite auf Social-Media-Kanälen wie Instagram oder Facebook mit ihren Produkten aus. Die sogenannten Influencer lassen sich in Alltagssituation beim Gebrauch dieser Produkte fotografieren und posten diese Fotos.

Wenn du einen Influencer für dein Unternehmen einsetzen möchtest, gilt es, einige Dinge zu beachten. Natürlich sollte der Influencer zu deinem Produkt und deiner Marketingstrategie passen. Kläre vor der Kontaktaufnahme, was du dir von der Zusammenarbeit erhoffst und was der Influencer genau für dich tun soll. Dann kannst du dich auf die Suche nach einem geeigneten Influencer machen. Du kannst das über eine Influencer-Agentur machen oder mit einem geeigneten Tool nach passenden Personen suchen. Die weltweit führende Datenbank für Influencer ist *Influencer.db*. Mit Tools wie Followerwonk oder Impactana kannst du ebenfalls Influencer finden.

Influencer Marketing ist aber nicht nur für Mode-, Schmuck- oder sonstige B2C-Artikel geeignet. Das Koblenzer Start-up 247Grad hat im Vorfeld zum Launch einer neuen B2B-Software sehr erfolgreich Influencer Marketing eingesetzt: Unter anderem mit Buzzsumo fanden sie relevante Menschen mit großer Reichweite in ihrer Nische. Sehr früh haben sie diese Influencer kontaktiert und mit einem exklusiven Einblick in ihre Beta-Version gelockt. Obwohl die Blogger kein Geld für Promotion bekommen haben, fühlten sie sich durch die frühe Ansprache geschmeichelt und wurden zu begeisterten Early Adopters des Produkts, die selbstverständlich den eigentlichen Launch mit ihrer eigenen Reichweite unterstützt haben.

Allerdings ist Influencer Marketing auch sehr umstritten. Viele Unternehmen sehen darin eine Geheimwaffe, um ihre (meist junge) Zielgruppe zu erreichen, die schon lange keine klassischen Medien wie TV und Radio mehr konsumiert. Das hat dazu geführt, dass gefühlt jeder Mensch mit über 1.000 Followern auf Instagram zum Influencer wurde und von den Unternehmen mit Produktproben überhäuft wurde. Das Problem dabei: Follower kann man kaufen. Nicht jeder Mensch mit einer hohen Reichweite ist auch tatsächlich in der Lage, seine Fans zu beeinflussen. Eine Kontrolle findet oftmals nicht statt.

Zweites Problem: Viele der sogenannten Influencer posten gerne ein Bild von sich mit einer schicken Handtasche, Make-up-Artikeln oder schicken Schuhen, »vergessen« dann aber, diesen Post als Werbung zu kennzeichnen, wozu sie allerdings rechtlich verpflichtet sind. Damit begeben sie sich rechtlich auf sehr dünnes Eis und können in Deutschland leicht abgemahnt werden.

Drittes Problem: Viele Unternehmen machen Influencer Marketing, weil es gerade sehr hip ist. Dabei vergessen sie aber nicht nur, einen entsprechenden Funnel aufzubauen und den Traffic auch zu monetarisieren, sondern auch ein konsistentes Tracking der Maßnahmen. Sprich: Es wird viel Geld für einige Posts verpulvert, ohne dass man die Ergebnisse misst. Eine Todsünde für jeden guten Growth Hacker!

> *»Du wirst nicht eben eingeladen, die Bundeskanzlerin zu interviewen, wenn du gerade mal 3 Videos gemacht hast.«*
> *– Björn Tantau, Keynote Speaker, Autor, Trainer und Unternehmensberater*

Viertes Problem: Gerade weil Influencer Marketing in Mode ist und man immer öfter über die Honorare von echten Influencern lesen kann, versuchen sich viele Leute selbst als Influencer darzustellen, insbesondere auf YouTube, Instagram und Snapchat – mit überschaubaren Erfolg. Denn was vielen nicht klar ist: Erfolgreiche Social Media Influencer wie Dagi Bee oder LeFloid haben viel Zeit und viel Arbeit in den Aufbau ihrer Kanäle investiert. Viele Menschen sehen aber nur den aktuellen Stand und nicht die jahrelange Arbeit, die für den Erfolg notwendig war.

9   Revenue – so verdienst du Geld

Du hast Traffic auf deiner Website generiert (= Acquisition). Dann hast du es geschafft, aus dem anonymen Traffic identifizierbare und kontaktierbare Leads zu generieren (= Activation). Jetzt geht es darum, diese zu monetarisieren und Nutzer zu Kunden werden zu lassen. Das ist Kern deines Online-Business, denn ohne Umsatz hast du de facto kein Geschäft.

Eine der wichtigsten Metriken in diesem Zusammenhang ist der sogenannte *Customer Lifetime Value*.

KPI: Customer Lifetime Value (CLV)

Der Customer Lifetime Value beschreibt den Wert eines Kunden für ein Unternehmen, bei dem nicht nur vergangene, sondern auch zukünftige Umsätze berücksichtigt werden. Es wird also der durchschnittliche Wert berechnet, wie viel ein Kunde im Laufe der Geschäftsbeziehung ausgibt. Kennt man diese Metrik, kann man sie mit den Kosten für Akquise und Kunden-Support vergleichen.

Für diesen Abschnitt möchten wir dich mit Neil Patel bekannt machen. Patel ist einer der führenden und mit Hunderttausenden Followern einer der bekanntesten Online-Marketing-Experten weltweit. Er wurde in London geboren, ist in Kalifornien aufgewachsen und hat an der dortigen California State University Marketing studiert, nachdem er bereits mit 16 seine erste Website entwickelt hatte (diese aber nicht vermarkten konnte). Mit 17 verkaufte er seinen ersten Beratervertrag als SEO-Experte und feierte damit seinen Durchbruch. In den Staaten ist er vor allem als Gründer oder Co-Gründer verschiedener Website-Analyse-Firmen wie *Crazy Egg* oder *Quick Sprout* bekannt. Patel verhalf dadurch unter anderem Amazon, AOL oder Viacom zu mehr Erträgen im Web und gilt als Experte für Reichweitenoptimierung. Das Magazin »Entrepreneur« setzte ihn 2014 auf Platz 1 der »50 besten Online Marketing Influencer 2014«. Neil Patel ist Verfechter der im Folgenden beschriebenen Elemente zur Umsatzsteigerung: Stolperdraht und Kernangebot.

9.1   Stolperdraht

Ein Stolperdraht (oft auch als *Tripwire* bezeichnet) ist oft der zweite Schritt in einem Sales Funnel und folgt somit auf den Lead-Magneten. Ein Stolperdraht ist ein einfaches Produkt, das für den Kunden mit einem geringen Risiko und geringen Kosten verbunden ist. Es sollte der Inbegriff eines Angebots sein, das man nicht ablehnen kann. Ein Produkt mit hohem Mehrwert zu einem radikal attraktiven Preis.

Elektronikmärkte nutzen hohe Rabatte auf Niedrigpreis- und Low-Involvement-Artikel wie DVDs, Möbelhersteller günstige Angebote in ihrem Restaurant und Schnellrestaurants die Grundangebote für 1 Euro. Das primäre Ziel dieser Sonderangebote ist nicht der Verkauf des jeweiligen Produkts, sondern die Kunden in und durch den Laden zu bewegen. Somit steigt die Wahrscheinlichkeit für den Kauf des teureren *Core Offers* deutlich. Die Hauptaufgabe des Stolperdrahtes ist die Etablierung einer geschäftlichen Beziehung, weil der Nutzer in diesem Schritt (im Gegensatz zum Lead-Magneten) ein Produkt oder einen Service kauft. Dieser Kaufvorgang ändert das Verhältnis zwischen Nutzer und Anbieter grundlegend. Denn ein Bestandskunde ist für dein Unternehmen mehr wert als ein Neukunde. Warum? Je nach Branche kostet es dich zwischen 3 % und 30 % mehr, an einen Neukunden zu verkaufen als an einen Bestandskunden.[1] Wichtig zu wissen: Deine Kunden wollen nicht deinen Service oder dein Produkt kaufen. Was sie wirklich kaufen wollen, ist der versprochene Mehrwert bzw. der positive Impact, den das Produkt auf ihr Leben oder ihre Arbeit haben wird. Letzten Endes musst du für dich herausfinden, was für dich und deine Zielgruppe der beste Weg ist. Ein Stolperdraht ist nicht zwingend notwendig, damit der Sales Funnel funktioniert, er kann aber helfen. Der Köder muss dem Fisch schmecken, nicht dem Angler.

Beispiele für Stolperdrähte

▶ Versand eines Buches, für das der Kunde nur die Versandkosten bezahlt. So hat Russel Brunson, der Gründer von clickfunnels.com, erfolgreich neue Kunden geworben.

▶ Eine Trial-Phase für deinen Service oder dein Produkt zu einem niedrigen Preis zwischen 1 und 10 Euro (»Try now for only 1 €!«). Hier geht es nicht darum, Geld zu verdienen, sondern die vermeintlich hohe Hürde zu einer Kunde-Käufer-Beziehung nach unten zu setzen.

▶ Das kleine Stück eines großen Kuchens. In deinem Fall ein einzelnes Feature oder ein Service aus deinem kompletten Paket. Die Käufer sollen sich mit deinem Angebot vertraut machen und »reinschnuppern«.

▶ Bei physischen Produkten bietet sich der Verkauf von Produktproben an. Seien es Honig, Kaffee, Olivenöl, Kosmetik, Parfum oder Wein: Mit einer kleinen Produktprobe kann der Käufer einen risikofreien Eindruck von deinem Angebot erhalten.

▶ Neukundenrabatt: Besonders bei Businessmodellen, die auf Abonnements basieren, kann es sich lohnen, wenn die Kunden auf ihre erste Bestellung einen besonderen Rabatt bekommen.

---

1   *www.linkedin.com/pulse/what-cost-customer-acquisition-vs-retention-ian-kingwill*

9.2 Kernangebot

Was ist ein Kernangebot? Airbnb ist gestartet als ein Kleinanzeigenportal für Hipster, die nichts gegen einen gelegentlichen Übernachtungsgast einzuwenden hatten und nebenbei ein wenig Geld verdienen wollten. Aufgrund des Nutzungserlebnisses von Airbnb ist es jetzt mehrere Milliarden US-Dollar wert und revolutioniert die gesamte Hotelbranche. Gleichermaßen hat eBay das Verkaufen von privaten Gegenständen vereinfacht, Uber das gemeinsame Autofahren, PayPal das Bezahlen im Internet und Canva das Erstellen von Grafiken.

All diese Erfolge wurden erzielt, weil diese Unternehmen etwas Bestehendes einfacher gemacht haben. Die Probleme gab es schon lange vorher, und die Menschen hatten Lösungen, die funktioniert haben, aber die oft nicht mehr als ein notwendiges Übel waren. Um beim Beispiel eBay zu bleiben: Wer geht schon gerne auf einen Flohmarkt, um etwas zu verkaufen?

Alle diese Unternehmen sind den folgenden Weg gegangen, um ihr Kernangebot zu erstellen:

1. Schau dir an, wie genau Menschen ein beliebiges Problem lösen.
2. Identifiziere Bereiche dieser Problemlösung, die man vereinfachen oder verbessern könnte. Airbnb hat festgestellt, dass viele Menschen gerne gelegentlich ihre Gästezimmer vermieten würden, es für sie aber sehr schwer war, dieses Angebot einer Zielgruppe zu unterbreiten. Auf der anderen Seite hatten sie erkannt, dass es für Besucher, die gerne ein privates Zimmer statt eines Hotelzimmers mieten wollten, keine sicheren und zuverlässigen Inserate gab.
3. Biete die vereinfachte oder verbesserte Lösung an. Airbnb hat einen Marktplatz für Vermieter und Mieter eröffnet, der sicheres »Mikro-Travelling« ermöglicht.

Dein Kernangebot sollte dein bestes, wertvollstes und umfassendstes Produkt sein, egal, ob es sich um einen Service, ein physikalisches oder digitales Produkt handelt. Sowohl dir als auch deinen Kunden sollte klar sein, dass es sich dabei um die »S-Klasse« deines Produktportfolios, um das Filet Mignon handelt. Es ist dein Aushängeschild und soll es für mehrere Jahre sein, ohne dass du viel ändern musst. Tripwire und Lead-Magnet können sich aufgrund neuer Marktbedingungen ändern, aber dein Kernangebot sollte für lange Zeit stabil bleiben.

9.2.1 Das Dilemma mit dem MVP

Viele Unternehmen starten mit einem *Minimum Viable Product* (MVP). Aber die meisten konzentrieren sich dabei auf den Produktteil und weniger auf das *Viable*, also die Praxistauglichkeit. Diese wird von der Nutzererfahrung geprüft. Das Ziel sollte es sein, ein Nutzererlebnis zu schaffen, das denkwürdig, fehlerfrei und rundum angenehm ist.

Was meinen wir mit angenehm? Wenn dein Produkt nicht fehlerfrei ist, sollte das Nutzererlebnis so angenehm wie möglich sein, damit diese positive Erfahrung die kleinen Dellen ausbügelt. Wenn du ein Produkt hast, das angenehm *und* fehlerfrei ist, hast du ein Problem weniger.

Wenn du es (im späteren Verlauf) auch noch schaffst, einen Suchtfaktor einzubauen, dann hast du sehr gute Chancen auf Erfolg. Sucht ist nichts anderes als die Belohnung eines Verhaltens, das durch einen Reiz ausgelöst worden ist. Wenn wir für unser Verhalten immer wieder belohnt werden, wollen wir uns möglichst oft so verhalten. Ein einfaches Beispiel sind Lebensmittel mit Zucker oder Zigaretten mit Tabak. Für unsere Herausforderungen denke an das Gefühl, das du durch viele Likes und Shares auf einen Facebook-Post bekommst oder an die Belohnung für das Erreichen eines neuen Levels in einem Videospiel. Mit Gamification-Elementen kannst du sehr gut einen Suchtfaktor innerhalb deines Produkts erschaffen, indem du die Nutzer für ihre Aktivitäten belohnst.

9.2.2   Positionierung deines Kernangebots

Ein gutes Kernangebot zu produzieren ist nur der erste Schritt – du musst es deinen Nutzern auch noch verkaufen. Die Positionierung deines Angebots ist dabei ebenso wichtig wie das Produkt selbst. Dabei solltest du zuerst möglichst viele potenzielle Motive berücksichtigen, und die sind seit Jahrhunderten die gleichen geblieben. Nutze also die in Abschnitt 6.6 beschriebenen psychologischen Hacks bei der Beschreibung deines Kernangebots.

9.3   Cross-Selling

Viele kleine Unternehmen und junge Start-ups investieren viel Zeit, Geld und Aufwand in die Akquise von neuen Kunden. Dabei übersehen sie häufig das enorme, ungenutzte Potenzial ihrer Bestandskunden. Diese haben bereits bewiesen, dass sie dir vertrauen und dein Produkt gekauft. Wenn du effizient sein möchtest, liegt hier (abhängig von deinem Produkt und Businessmodell) enormes Potenzial zur Umsatzsteigerung. Denn es kostet (abhängig von der Branche) drei- bis dreißigmal mehr, einen neuen Kunden zu gewinnen, als einen bestehenden Kunden zu binden. Umgekehrt kann eine Steigerung der Retention von nur 5 % zu einer Umsatzsteigerung von bis zu 25 % führen.

Warum ist das so? Weil die Kunden im Laufe ihrer Geschäftsbeziehung zu dir mehr und mehr kaufen werden und gleichzeitig deine operativen Kosten für diese Bestandskunden sinken. Außerdem können sie durch Empfehlungen neue Kunden für dich generieren.

Was heißt das für dich? Lege einen großen Wert auf Loyalität und damit auf Kunden-Support. Stelle sicher, dass deine Bestandskunden zufrieden mit dir und deiner Leistung sind (zumindest die 20% deiner Kunden, die in der Regel für 80% deines Umsatzes verantwortlich sind). Du kannst die Kundenzufriedenheit messen und gleichzeitig Kundensegmente identifizieren, indem du die Methode des Net Promoter Scores (NPS) anwendest (siehe Abschnitt 3.1, »Die Grundsteine für dein digitales Business«).

9.3.1 Der Miles-&-More-Hack

Es gibt Unmengen an Kundenbindungsprogrammen. Insbesondere Fluglinien, Hotels und Mietwagenverleiher haben diese Strategie zu einer Wissenschaft erhoben und sehr komplexe Programme entworfen, um ihre Kunden für die Buchung eines Fluges, Zimmers oder Mietwagens zu belohnen. Aber auch Payback, IKEA oder Starbucks fördern die (und profitieren von der) Loyalität ihrer Kunden. Allein diese Beispiele zeigen, dass Kundenbindungsprogramme erfolgreich sein können, wenn sie richtig eingesetzt werden.

Welche verschiedenen Arten von Kundenbindungsprogrammen es gibt, ihre Vor- und Nachteile beschreiben die nächsten Abschnitte.

Earn-and-burn-Programme

Bei einfachen Earn-and-burn-Programmen können Kunden pro Transaktion Punkte, Meilen etc. sammeln und diese gegen Prämien oder Rabatte einlösen. Im einfachsten Fall eines »Buy 10, get 1 free«-Coupons muss sich der Kunde nicht einmal irgendwo anmelden. Allerdings gehen dadurch sehr wertvolle Kundendaten verloren.

Vorteil: Es gibt genug vorgefertigte Lösungen, mit denen solch ein Programm sehr schnell implementiert und umgesetzt werden kann.

Nachteil: Solche Standardprogramme gibt es bereits wie Sand am Meer.

Top-Tier-Programme

Top-Tier Programme sind speziell für die umsatzstärksten Kunden, die mit speziellen Services (z.B. Upgrade in 1. Klasse, goldene Kreditkarte) einhergehen. Dabei wird von dem sogenannten Pareto-Prinzip ausgegangen, nach dem 20% deiner Kunden für 80% deines Umsatzes verantwortlich sind.

Vorteil: exklusiver Teilnehmerkreis, der individuell betreut werden kann

Nachteil: Je nachdem, wie eine Mitgliedschaft definiert wird, ist die Anzahl der Mitglieder meist sehr eingeschränkt und eventuell zu exklusiv.

Kundenbindungsprogramme mit CRM-Verknüpfung

Bei Kundenbindungsprogrammen, die direkt mit dem CRM (Customer Relationship Management)/der Kundendatenbank verknüpft sind, können Kundendaten strukturiert gesammelt und analysiert werden. Programmmitglieder erhalten individualisierte Angebote und können beispielsweise auch am Point of Sale (PoS) persönlich von Verkaufsmitarbeitern bedient werden.

Vorteil: Echtzeitdaten über das Verhalten der Kunden und dadurch maßgeschneiderte Angebote

Nachteil: Solche Systeme sind sehr ressourcenaufwendig und natürlich auch nicht ganz billig.

Multi-Partner-Programme

Bei Multi-Partner-Programmen können die Mitglieder Punkte nicht nur bei einem Unternehmen oder Shop sammeln und einlösen, sondern bei mehreren.

Vorteile: Die Kosten können zwischen den Partnern aufgeteilt werden. Zudem erhält man ein sehr umfassendes Bild von den Kunden.

Nachteil: So ein Programm ist ohne eine komplexe IT-Lösung im Hintergrund nicht umsetzbar und dementsprechend ressourcenaufwendig. Zudem »gehören« die Daten meist nicht den Partnern, sondern dem Betreiber des Programms.

Card-linked Offers

Card-linked Offers sind Bonusprogramme, die direkt über eine Debit- oder Kreditkarte laufen. Dabei werden entweder Punkte gesammelt oder Angebote direkt am PoS abgewickelt bzw. automatisch der Karte wieder gutgeschrieben.

Vorteile: Ein solches Programm macht es Kunden sehr einfach, denn sie brauchen weder eine zusätzliche Karte noch einen Gutschein, um von eurem Angebot zu profitieren. Und natürlich entsteht auch mit einem solchen Programm ein sehr umfassendes Kundenprofil.

Nachteil: Sofern ihr selbst kein Finanzinstitut seid und eigene Kredit- oder Debitkarten herausgebt, seid ihr auf die Kooperation mit einem solchen angewiesen.

9.3.2 Der »Darf es noch etwas mehr sein?«-Hack

Viele Unternehmen lassen einen Berührungspunkt in der Customer Journey komplett außen vor und vergeuden damit die Chance auf zusätzlichen Umsatz: die Danke-Seite.

Unabhängig vom Businessmodell oder dem gekauften Produkt sagen die meisten Unternehmen nach dem Check-out, also dem erfolgreichen Kauf, »Danke für den Kauf« – und lassen den Nutzer dann ohne einen weiteren Call-to-Action allein. Das ist schade, denn dieser Kunde hat gerade alle seine für den Kauf relevanten Daten eingegeben und dir das Vertrauen geschenkt und dein Produkt gekauft – sowohl Bedarf als auch Finanzkraft sind also validiert. Warum dann nicht versuchen, ein weiteres Produkt zu verkaufen?

So kann die Danke-Seite genutzt werden, um dem neuen Kunden ein besonders attraktives Angebot für ein ähnliches Produkt zu machen. Diesen Hack kannst du auch bereits bei der Lead-Generierung einsetzen: Biete dem Nutzer ein Produkt gleich nach seiner Registrierung an. Auf diese Weise kannst du gegebenenfalls einen Teil der Werbekosten (wenn der Nutzer beispielsweise über AdWords oder eine Facebook-Ad gekommen ist) wieder reinholen.

9.3.3 Der Panini-Sammelalbum-Hack

Zwei Wissenschaftler im Bereich Konsumentenforschung, Prof. Xavier Drèze der Wharton Universität und Joseph C. Nunes von der University of Southern California's Marshall School of Business, haben ein spannendes Experiment durchgeführt: Sie gaben den Kunden einer Autowaschanlage Bonuskarten. Die Hälfte dieser Bonuskarten hatten Platz für acht Stempel, die andere Hälfte Platz für zehn, aber zwei waren bereits im Vorfeld abgestempelt worden. Beide Gruppen mussten also acht Autowäschen bezahlen, bevor sie eine Wäsche umsonst bekommen würden.

Das Ergebnis? Die vorab gestempelten Karten führten zu einer deutlich (+ 82 %!) höheren Rückkehr der Kunden. Die Ursache? Die Kunden mit den vorab gestempelten Karten mussten nicht bei null anfangen, sondern waren bereits im Prozess des Sammelns begriffen. Gefühlt waren sie dem Ziel schon näher.

Diese Taktik wird auch als *künstlicher Vorteil* bezeichnet; André Morys bezeichnet es als *Completion*: Die Neigung, einmal angefangene Aufgaben fertigzustellen, entsteht durch das Bedürfnis, mental damit abschließen zu wollen. Unterbrochene oder unvollständige Aktionen erzeugen eine unangenehme Spannung, die dazu führt, Tätigkeiten zu beenden. Dieses Prinzip lässt sich auch auf einen Sales Funnel anwenden: Mache deinem Nutzer deutlich, welche Schritte er schon absolviert hat und wie viele er noch gehen muss.

Nach dem gleichen Prinzip funktionieren nicht nur die berühmten Fußball-Sammelalben von Panini (und wie mir mein Sohn immer wieder deutlich macht, die Sticker-Sammelalben von REWE,), sondern beispielsweise auch die Sticker und Badges einer Community wie *Foursquare* bzw. *Swarm* (siehe auch Abschnitt 6.7.6, »Der Gamification-Hack«). Wichtig ist dabei auch, die einzelnen Erfolgsschritte zu »feiern«, also den Nutzer zu seiner bisherigen Aktivität (beispielsweise dem Ausfüllen eines langen Formulars) zu beglückwünschen und ihn gleichzeitig für die nächsten Schritte zu motivieren. Damit stellst du eine Verbindung auf persönlicher, emotionaler Ebene her und legst den Grundstein für Vertrauen zwischen dir und deinem Kunden. Selbst nach erfolgter Bestellung kannst du diese *Cheering*-Taktik nutzen und deinen Kunden beispielsweise dazu beglückwünschen, dass er zum besten Preis gekauft hat oder sich voll und ganz auf deine Garantie oder deinen Kundenservice verlassen hat. Je besser du verstehst, wie sich der Kunde in jedem Moment des Bestellprozesses fühlt, desto besser kannst du deine Texte darauf abstimmen und auf die Bedürfnisse, Gefühle und Motive deines Kunden eingehen.

9.3.4   Der Preisstaffel-Hack

Was sind gestaffelte Preise? Grundsätzlich versteht man darunter das Angebot eines Produkts zu unterschiedlichen Preisen mit leicht unterschiedlichen Variablen. Beispielsweise wird der Versand am gleichen Tag, innerhalb von zwei Tagen oder innerhalb der nächsten Woche einen Einfluss auf den Preis haben

Preisstaffeln können dazu führen, dass du mehr Umsatz erzielst, da du es deinen Kunden ermöglichst, mehr Geld auszugeben. Außerdem segmentieren sie automatisch deine Kunden anhand ihrer Preissensitivität und vergrößern damit auch die mögliche Anzahl der Kunden. Denn einige werden zu der günstigsten Lösung greifen, andere zu der teuersten. Sie haben die Auswahl. Gerade die niedrigste Preisstaffel wird häufig von neuen Kunden gewählt, um dein Produkt erstmalig kennenzulernen und es auszuprobieren, bevor sie schließlich in ein höherpreisiges Segment wechseln. Der unterschiedliche Preis ist auch ein wichtiger Unterschied zwischen deinem Stolperdrahtprodukt und deinem Kernangebot. Außerdem ist es einfacher für dich, Abstufungen eines einzelnen Produkts zu erstellen und entsprechend anzubieten als verschiedene Produkte.

Durch Preisstaffeln kannst du gegebenenfalls auch mit einem günstigeren Wettbewerber konkurrieren, ohne dein Produkt zu verscherbeln. Außerdem sind die meisten Kunden auf der Suche nach dem besten Preis-Leistungs-Verhältnis. Wenn du ihnen die Wahl zwischen verschiedenen Preisstaffeln lässt, haben sie das Gefühl, die volle Kontrolle zu haben und sich das für sie beste Angebot gewählt zu haben.

Neun Ideen, um deine Preisstaffeln zu gestalten

1. **Quantität:** Für einen höheren Preis bekommen die Kunden in Relation mehr von deinem Produkt. So verkauft McDonald's seine Getränke und Menüs.

2. **Qualität:** Für einen höheren Preis bekommen die Kunden ein besseres Produkt. Denke an das Angebot von Sonderausstattungen bei jedem Autokauf.

3. **Subjektive oder gefühlte Qualität:** Manchmal sind zwei Produkte nahezu identisch, werden aber dennoch zu unterschiedlichen Preisen verkauft. Denke dabei an Hard- und Softcover eines Buches oder Blue-Steel- bzw. Collector-Editionen von Filmen auf DVD bzw. Blu-ray. Der Film ist der gleiche, aber die Sondereditionen haben einen höheren Wert durch eine bessere Haptik, ein zusätzliches Booklet und aufgrund ihrer begrenzten Verfügbarkeit.

4. **Service:** Einige Kunden sind gewillt, mehr für einen besseren, persönlicheren Service zu bezahlen. Du kannst deinen Kunden beispielsweise einen Assistenten zur Verfügung stellen, der ihnen bei der Implementation des Produkts zur Hand geht, wie es beispielsweise die Mitarbeiter der Genius Bars in den Apple Stores tun.

5. **Dauer:** Je länger ein Vertrag bzw. ein Abonnement dauert, desto günstiger wird es in der Regel, weil du weniger Ressourcen in die Akquise investieren musst (siehe Cross-Selling).

6. **Erlebnis:** Der Klassiker schlechthin – jeder Passagier in einem Flugzeug startet in der selben Stadt und landet zum selben Zeitpunkt am selben Zielort. Warum bezahlen einige Kunden dafür den dreifachen Preis? Weil ihnen das Erlebnis eines Fluges erster Klasse mit all seinen kleinen Annehmlichkeiten diesen Preis wert ist.

7. **Personalisierung:** Je individueller das Produkt, desto mehr Aufwand bedeutet es für dich als Hersteller, desto höher wird der Preis für den Kunden.

8. **Zeitpunkt:** Abhängig vom Zeitpunkt eines Produktkaufs kann der Preis stark variieren. Krassestes Beispiel sind wohl Schokoladen-Weihnachtsmänner nach Weihnachten oder auch die beliebten Frühbucher- bzw. Last-Minute-Angebote von Reiseveranstaltern.

9. **Exklusivität:** Ist meistens ein Bestandteil von persönlicherem Service, hochwertiger Qualität und einem damit verbundenen besseren Gesamterlebnis. Um in den Genuss dieser Aspekte zu kommen, muss der Kunde mehr bezahlen – dafür ist er unter seinesgleichen. Diese Abgrenzung gegenüber der Allgemeinheit macht exklusive Angebote sehr begehrenswert. Denn wer würde nicht gerne in den VIP-Raum eines populären Clubs gelangen oder in die First-Class-Lounge am Flughafen? Ein weiteres gutes Beispiel ist die Centurion Card von American Express, die man nur bekommen kann, wenn man im Vorjahr mindestens 250.000 US-Dollar ausgegeben hat.

Ebenso wichtig wie die inhaltliche Differenzierung sind die Namen der unterschiedlichen Preisstaffeln. Wie immer, wenn es um Texte für deine Zielgruppe geht, solltest du dir deine Buyer-Persona ins Gedächtnis rufen und verstehen, wie deine Zielgruppe tickt und auf welche Formulierungen und Tonalität sie anspringt. Vermeide dabei banale Namen wie Preis #1, Preis #2 ebenso wie übertriebene Super-duper-Angebote. In Tabelle 9.1 haben wir einige Ideen für die Benennung deiner Preisstaffeln zusammengestellt.

Günstigste Staffel für neue Kunden	Zweite und damit mittlere Staffel	Für die finale Staffel und die finanzstärksten Kunden
Einführung	Basic	Plus
Starter	Standard	Professional/Pro
Express	Klassik	Ultimate
Beginner	Fortgeschrittener	Experte
Economy	Business	Premium
für Freelancer/ Einzelpersonen	für kleine Unterhemen	Enterprise
Bronze	Silber/Gold	Platinum

Tabelle 9.1 Mögliche Preisstaffeln

9.4   Das Dilemma mit Freemium

Viele Software-as-a-Service-(SaaS-)Anbieter machen sich das Freemium-Konzepts zu eigen: Sie bieten dem interessierten Nutzer den Zugang zu ihrem Produkt für einen eingeschränkten Zeitraum und/oder mit eingeschränkter Funktionsweise kostenlos an, damit der Nutzer das Produkt testen und sich von den Vorteilen überzeugen kann. Anschließend soll er dann den Premium-Plan, also das Kernangebot, kaufen. Durch den kostenlosen Test wird Vertrauen zum Kunden aufgebaut, das anschließend für eine hohe Conversion sorgen soll.

So weit, so gut. Dass diese Strategie erfolgreich ist, zeigen unzählige Beispiele wie Google Drive, Dropbox oder Mailchimp. Aber warum funktioniert das lange Ausprobieren eines Produkts so gut? Wenn etwas nicht auf Anhieb verstanden oder Produkteigenschaften im Vorfeld eingesehen werden können, entsteht der Wunsch, das Produkt ausprobieren zu können – dabei gewöhnt man sich häufig so daran, dass man es nicht mehr hergeben möchte. Und an dieser Stelle tritt laut André

Morys der sogenannte *Endowment Effect* ein: Das Produkt entwickelt einen emotionalen Mehrwert für den Nutzer, er gewöhnt sich daran. Menschen erachten Dinge, die sie bereits besitzen, als wertvoller als etwas, das sie noch nicht haben, vor allem dann, wenn sie einen emotionalen Wert darin sehen. Dies gilt auch, wenn sie sich emotional darauf eingestellt haben, etwas bald besitzen zu können. Wenn du es also schaffst, dass die Nutzer etwas in dein Produkt investieren (eine Entscheidung, Zeit oder positive Emotionen), dann werden viele davon auch Geld investieren wollen, um diesen Status quo aufrechtzuerhalten.

Der Übergang von kostenlos zu bezahlt ist kritisch für den Erfolg deines Unternehmens. Denn es wird dir nichts nützen, wenn viele Nutzer dein Produkt kostenlos nutzen. Dann hast du kein Geschäft, sondern eine Non-Profit-Organisation. Daher lohnt es sich, ein besonderes Augenmerk auf diesen Moment zu legen und Alternativen zu testen.

9.4.1   Der »Denk an mich«-Hack

Nutze während der Testzeit jedes dir zur Verfügung stehende Mittel (in der Regel E-Mail), um mit dem potenziellen Kunden in Kontakt zu bleiben. Es gibt eine Vielzahl von Anlässen, die eine Nachricht rechtfertigen, beispielsweise die folgenden.

Basierend auf der Interaktion des Nutzers

▶ Die Erreichung eines kritischen Aha-Moments: Slack-Benutzer bekommen eine Nachricht, wenn ihr Team 2.000 Nachrichten geschrieben hat.

▶ Die Darstellung der Interaktion: Der Nutzer bekommt einen Bericht darüber, was genau er in dieser Woche alles erreicht hat (z.B. Tickets eröffnet, Dateien gespeichert, Lieder angehört etc.). Slack, Google, Runtastic und Jawbone sind einige der Unternehmen, die dieses Feature nutzen.

▶ Der Nutzer hat sich zwar zum Test angemeldet, sich danach aber nie wieder eingeloggt. Es kann sich lohnen, ihn an den kostenlosen Test zu erinnern, ihm mögliche Vorteile zu präsentieren (z.B. per Video) und ihn auf die FAQ-Seite oder deinen Kunden-Support zu verweisen, sollte er Fragen haben.

Basierend auf Zeit

Der Nutzer bekommt automatisch und unabhängig von seiner Interaktivität vorab definierte E-Mails in Form einer Drip-Kampagne. In diesen E-Mails wird der Nutzer willkommen geheißen, der Onboarding-Prozess wird erläutert und die wichtigsten Features werden erklärt. Gegen Ende des Test-Trials wird er daran erinnert, dass er sich bald für ein Produkt entscheiden muss und ihm werden noch einmal die Vorteile aufgezeigt. Dropbox und Basecamp nutzen diesen Hack.

9.4.2   Der Countdown-Hack

Noch bevor der kostenlose Zugang deiner Nutzer abgelaufen ist, kannst du sie per Push-Nachricht oder E-Mail aktivieren, auf die bezahlte Version umzusteigen. Mache das Angebot schmackhaft, indem du einen besonderen Rabatt gewährst und beispielsweise die ersten drei Monate nicht berechnest. Um den Entscheidungsdruck auf den Nutzer zu erhöhen, kannst du diesen Rabatt nur in einem begrenzten Zeitraum anbieten, indem du z. B. sagst: »Genug getestet? Hole dir jetzt die Premiumversion und du bekommst den ersten Monat geschenkt! Dieses Angebot ist 23:59 (Countdown) gültig.«

9.4.3   Der Weicher-Übergang-Hack

Eine andere Alternative, um die Conversion Rate beim Übergang zwischen der kostenlosen Testphase und der bezahlten Premiumphase zu erhöhen, ist ihn »aufzuweichen« und das finale Ende hinauszuzögern, aber trotzdem einen kleinen Schritt in Richtung Kauf zu gehen. Diese Methode ist insbesondere für Nutzer geeignet, die sich nicht entscheiden können und einen Anstoß benötigen.

Am Ende der Testphase stellst du deinen Nutzer (per E-Mail oder Pop-up auf deiner Website) vor die Wahl: Entweder kauft er jetzt dein Kernprodukt oder er verlängert die Testphase um einen kurzen Zeitraum, beispielsweise fünf weitere Tage. Damit er das tun darf, muss er aber seine Kreditkarten-Informationen bereits hinterlegen. Damit ist die Hürde zum Kauf fünf Tage später etwas geringer, weil der Nutzer bereits ein Commitment eingegangen ist.

9.4.4   Der »Darf ich helfen?«-Hack

Eben weil der Übergang zwischen Trial und Premium so entscheidend ist und da sich manche Kunden nicht überwinden können (oder sich zwischen verschiedenen Preisstaffeln nicht entscheiden können), solltest du sie bei diesem Schritt so gut es geht an die Hand nehmen. Hilfreich ist beispielsweise die Integration eines Live-Chats beim Check-out. So kann der potenzielle Kunde jede mögliche Frage oder Befürchtung, die ihn noch vom Kauf abhält, adressieren. Und solltest du sogar einen preislichen Spielraum haben, könntest du im Rahmen des Live-Chats sogar noch den Preis reduzieren, um damit dem Kunden das Gefühl zu geben, ein echtes Schnäppchen gemacht zu haben.

9.4.5   Der Ablenkungs-Hack

Der *Decoy-Effekt* wurde von den Psychologen Joel Huber, John W. Payne und Christopher Pluto entdeckt. Was verbirgt sich dahinter? Der deutsche Begiff *asym-*

metrischer Dominanzeffekt ist nur wenig hilfreich. Als Decoy bezeichnet man eine Ablenkung, in diesem Fall eine Ablenkung von dem Produkt, das man wirklich verkaufen möchte. Richtig verstehen kann man diese Bezeichnung aber auch erst, wenn man den Decoy-Effekt an einem Beispiel studiert hat: in diesem Fall an Popcorn (siehe Abbildung 9.1).

Ist der Kunde mit zwei Alternativen konfrontiert, wird er das Popcorn für 7 Euro als die teurere Alternative empfinden und häufiger zur günstigeren greifen. Sind es aber drei Alternativen und eine davon hat ein unproportionales Preis-Leistungs-Verhältnis – wie in diesem Beispiel das Popcorn für 6 Euro –, so kann die teuerste Variante wie die beste wirken und wird dementsprechend häufiger gekauft.

Abbildung 9.1 Der Decoy-Effekt am Beispiel Popcorn

Eine Studie verdeutlicht die Effektivität dieses Vorgehens. Der US-Verwaltungsökonom Dan Ariel, führte zwei Experimente mit jeweils 100 Studenten als Probanden an der *MIT Sloan School of Management* durch. Diese sollten sich für ein hypothetisches Produkt aus zwei bzw. drei entscheiden, in dem Fall ein Abonnement einer Zeitschrift. Das Experiment war angelehnt an dieses Angebot für ein Abonnement der Zeitschrift »The Economist«, bei dem Kunden zwischen drei Alternativen wählen konnten:

Aboalternativen

1. *Economist.com* subscription – **US $59**: One-year subscription to *Economist.com*
2. Print Subscription – **US $125**: One-year subscription to the print edition of *The Economist*
3. Print & web subscription – **US $125**: One-year subscription to the print edition of *The Economist* and *Economist.com*

Das Ergebnis?

▶ 16 Probanden haben sich bei dem ersten Versuch für das Online-Jahresabo, das 59 US-Dollar kostet, entschieden. Kein Teilnehmer nahm das Jahresabo als Printausgabe für 125 US-Dollar und 84 wählten das Online- und Printabo für 125 US-Dollar.

▶ Bei dem Kontrollexperiment ohne Decoy-Effekt entschieden sich 68 Probanden für die Online-Variante und 32 für die Print- und Online-Version.

▶ Rechnerisch bedeutet dies, dass bei dem ersten Versuch ein Umsatz von 11.444 US-Dollar generiert wurde. Bei der zweiten Variante waren es lediglich 8.012 US-Dollar.

Durch den simplen Verzicht auf eine auf den ersten Blick nutzlose Offerte hat sich die gesamte Abonnentenstruktur verschoben, und das nicht unerheblich!

Was bedeutet das für dich? Wenn du deinen Kunden zwei Alternativen (Paket A und Paket B) anbietest und die meisten sich für das günstigere Paket A entscheiden, dann kannst du eine (mehr oder weniger) fiktive dritte Produktalternative schaffen. Das ist Paket B Light. Es ist fast identisch mit Paket B und kostet einen Bruchteil weniger. Oder du ergänzt Paket B um einen marginalen Bonus und schaffst damit Paket C zum gleichen oder leicht höheren Preis wie Paket B.

Das Umfrage-Start-up Surveymonkey macht sich diese Technik zunutze (siehe Abbildung 9.2).

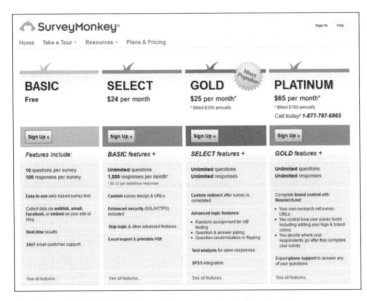

Abbildung 9.2 Preisstaffeln von Surveymonkey inklusive Decoy

Surveymonkey schafft mit der Kategorie Select eine nahezu gleich teure Variante und damit ein Decoy im Vergleich zum Hero-Product Gold, das im Vergleich als bessere Alternative wahrgenommen wird.

Auch Apple hat sich dieser Technik beim Release des iPhone 6 bedient, als es das Smartphone mit 16 GB, 64 GB und 128 GB Speicherplatz anbot. Viele Beobachter waren überrascht, dass Apple weiterhin eine 16-GB-Option anbot, während keine 32-GB-Option – die vermutlich weitaus populärer gewesen wäre – existierte. Die Absicht hinter dieser Entscheidung war aber vermutlich, Kunden dazu zu bewegen, eher auf die teurere 64-GB- als auf die 16-GB-Option auszuweichen.

Diese Taktik basiert auf einem psychologischen Effekt, der zum Handwerk eines jeden Growth Hackers gehören sollte: *Framing*. Er sagt aus, dass unsere Wahrnehmung und unsere Entscheidungen von den Rahmenbedingungen beeinflusst werden. Unterschiedliche Darbietungen der gleichen Information beeinflussen Wahrnehmung und Verhalten des Kunden. Welche mentale Referenz erzeugst du bei deinen Kunden? Welchen anderen Wert kann diese Referenz heben oder senken?

An dieser Stelle soll auch der sogenannte *Priming-Effekt* nicht unerwähnt bleiben: Der Begriff Priming bzw. Bahnung bezeichnet in der Psychologie die Beeinflussung der Verarbeitung (Kognition) eines Reizes dadurch, dass ein vorangegangener Reiz implizite Gedächtnisinhalte aktiviert hat. Sprich: »Der erste Reiz setzt den Maßstab«, sagt André Morys. In der Praxis bedeutet das: Wenn zuerst das teurere Produkt angezeigt wird, wirkt das zweite günstiger als wenn man zuerst das günstigste anzeigt.

9.5   Copywriting

Für einen erfolgreichen Verkäufer ist nicht nur das Preismodell entscheidend, sondern auch die Kommunikation, also nicht nur wie viel, sondern auch das Warum und das Wie.

Wie immer, wenn es um Textgestaltung in Richtung deiner Zielgruppe geht, solltest du deine Buyer-Personas zurate ziehen, um die ideale Tonalität und die richtigen Keywords zu verwenden. Dein Ziel sollte es sein, den Kunden mit seinen eigenen Worten abzuholen, um Verständnis für seine Herausforderung zu zeigen und somit Vertrauen dir gegenüber aufzubauen.

Die folgenden Tipps helfen dir dabei, verschiedene Ansätze in der Verkaufskommunikation zu formulieren.

9.5.1   Der Digitale-Verführung-Hack

Beschreibe nicht dein Produkt oder dessen Vorzüge gegenüber dem Wettbewerb, sondern beschreibe deinen Kunden, wie sie sich bei der Benutzung fühlen werden und vor allen Dingen, wie sie sich fühlen werden, wenn durch dein Produkt ihr Problem gelöst wird.

Stelle dir vor, was die Lösung dieses Problems für die Anerkennung deiner Kunden in ihrem sozialen Umfeld (Freunde, Familie, Kollegen) bedeutet, und skizziere diese Gefühlswelt. Baue durch unspezifische Verben (entdecken, erleben, fühlen) emotionale Welten im Kopf deiner Kunden, in denen sie sich wohlfühlen. In seinem Vortrag »Die Kunst der digitalen Verführung«, definierte Karl Kratz ein ganz bestimmtes Gefühl, das beim Nutzer geweckt werden soll: »Das bin ja ich – das will ich auch!« Wenn sich der Nutzer von dir »abgeholt« fühlt, wird er dir vertrauen. Ohne diesen emotionalen Bezug findet keine Reaktion, also kein Kauf, statt – und schon gar keine Weiterempfehlung.

Diese positive, emotionale Entwicklung solltest du immer einer reinen Ersparnis durch niedrige Preise vorziehen. Denn niedrige Preise können durch deinen Wettbewerb kopiert oder sogar unterboten werden, sie sind kein USP. Aber wenn du deine Kunden durch eine emotionale Gefühlswelt an dich bindest, hast du wirklich einen Wettbewerbsvorteil erreicht.

9.5.2   Der Buh-Hack

André Morys nennt diesen Effekt *Loss Aversion*: die Angst, etwas zu verlieren. Und so funktioniert es: Einen Besitz oder einen bestehenden Vorteil zu verlieren ist schlimmer, als etwas erst gar nicht besitzen zu können. Menschen wollen stets verhindern, dass ihnen etwas genommen wird, was sie bereits besitzen und schätzen. Du kannst dir diesen Effekt zunutze machen, indem du in deinen Texten dieses Szenario veranschaulichst: Was würde passieren, wenn sie dein Produkt nicht kaufen oder deinen Service nicht nutzen würden? Würden sie wertvolle Zeit durch die Erledigung von monotonen Arbeiten verlieren? Dem Wettbewerb hinterherhinken? Den Vorgesetzten, den Nachbarn oder die eigenen Freunde nicht beeindrucken können? Wenn du deine Personas gewissenhaft definiert hast, dann wirst du auch verstehen, welche Ängste und Motive deine Nutzer haben – und wie du auf sie reagieren kannst.

Wirkungsvoll ist dieses Prinzip auch in Zusammenhang mit einer Ja/Nein-Entscheidung, wie beispielsweise die Frage, ob dein Nutzer auch deinen Newsletter abonnieren möchte. Du kannst dem Nutzer die Konsequenzen seiner Wahl durch den Text auf dem Button verdeutlichen, sowohl positiv als auch negativ. Beispiele: »Ja, ich möchte schlauer sein als meine Kollegen« oder »Nein, ich möchte nicht mehr

Zeit sparen.«, siehe auch Abschnitt 6.7.4, »Der ›Du willst doch nicht etwa schon gehen?!‹-Hack«.

9.5.3 Der Starbucks-Hack

Studien haben gezeigt, dass oftmals ein kleines Adjektiv zu enormen Unterschieden hinsichtlich der Kaufbereitschaft führen kann. So führt der Text »eine kleine 5-€-Gebühr« zu mehr Verkäufen als »eine 5-€-Gebühr«. Insbesondere konservative und preissensible Kunden wurden durch das Wörtchen »klein« überzeugt, weil es ihrer Sparsamkeit entgegenkommt.

Der Software-Reseller AppSumo bedient sich häufig der Technik des sogenannten *Known-Effekts*: Dieser hilft dabei, eine unbekannte Größe (wie einen Preis) verständlich zu machen, wenn sie mit etwas verglichen werden kann, das allgemein bekannt ist. Dazu gehören z.B. die Kosten von etwas, die Größe oder die Haltbarkeit. Durch Formulierungen wie »Zum Preis von drei großen Kaffees bei Starbucks« oder »Das ist so viel wie ein großer Eisbecher« veranschaulicht AppSumo nicht nur den abstrakten Preis selbst, sondern verleitet die Kunden auch dazu, ihre Prioritäten abzuwägen: Ist ihnen ein großer Becher Eis wichtiger als die bequeme Lösung ihres Problems? Prinzipiell ist es immer eine gute Idee, potenziellen Kunden den Mehrwert des Produkts möglichst genau zu benennen – seien es beispielsweise Zeit, Umsatz oder Leads. Eine gute *Guestimation* zeigt dein Verständnis für die Situation deines Kunden und sorgt für Vertrauen.

9.5.4 Der »Anwalt des Teufels«-Hack

Anstatt die Befürchtungen deiner Kunden zu ignorieren oder durch vermeintliche Vorteile aufzuwiegen, kannst du sie auch direkt ansprechen: »Du machst dir Sorgen um die Qualität? Wir garantieren dir eine lange Lebenszeit oder dein Geld zurück.«, »Du machst dir Sorgen um den Service? Du erreichst uns unter diesen Kontaktdaten.« Wenn du dich in die Position deiner Kunden hineinversetzt und mit ihnen bereits vor dem Kauf über ihre Befürchtungen sprichst, dann werden sie Vertrauen zu dir fassen und dein Produkt mit größerer Wahrscheinlichkeit kaufen.

Um die Befürchtungen der Kunden zu antizipieren, kannst du eine Umfrage auf deiner Website integrieren und die Nutzer auf deiner Website fragen, was der größte Grund dafür ist, dass sie (noch) nicht gekauft haben. Hast du das Themengebiet eingegrenzt, kannst du später die Befürchtungen weiter detaillieren und dich erkundigen, welche Informationen den Nutzern noch fehlen oder ob sie Fragen zu deinem Preis haben. Durch diese Interaktion wirst du deinen Verkaufstext fortwährend optimieren können. Tools für diese On-Site-Befragungen sind beispielsweise Hotjar oder Quaroolo.

9.5.5   Der »Aktionen sprechen lauter als Wörter«-Hack

Vertraue nicht nur auf Adjektive: Versetze dich in die Situation, dass du neue Mitarbeiter für dein Unternehmen einstellen willst und eine Bewerbung nach der anderen durchliest. Ein Bewerber schreibt, wie talentiert, ehrgeizig und teamorientiert er oder sie ist. Der nächste beschreibt stattdessen, dass er ein Team angeführt hat, dass er erfolgreich ein Blog betreibt und dass er einen Preis gewonnen hat. Ist der zweite Bewerber nicht deutlich attraktiver?

Verben sind bedeutsamer als Adjektive, da sie nicht Absichten und Potenzial beschreiben, sondern Aktionen belegen. Besonders wenn deine Wettbewerber mit Adjektiven in ihren Produktbeschreibungen nur so um sich werfen, kannst du dich durch Belege der Fähigkeiten deines Service oder deines Produkts abheben.

9.5.6   Der Power-Wörter-Hack

Verwende so oft wie möglich »du« bzw. »Sie« in deinem Verkaufstext. Denn es geht nicht um dich und dein Produkt, sondern dein Kunde bzw. seine Herausforderungen stehen im Mittelpunkt. Weitere mächtige Wörter sind »kostenlos«, »gratis«, »weil«, »sofort« und »neu«. Der langfristige Erfolg von Apple hängt unter anderem davon ab, dass sie jedes Jahr eine »neue« Version ihres Produkts herausbringen, weil sie genau wissen, dass insbesondere ihre treuen Stammkunden aus Prinzip stets das Neueste haben wollen.

9.5.7   Der Pixar-Hack

Niemand mag Verkäufer, aber dennoch kaufen wir alle gerne. Eine Methode, weniger »verkäuferisch« mit deinen Texten aufzutreten, ist das Erzählen von Geschichten. Eine gute Geschichte über dich oder dein Unternehmen ist insbesondere auch für deine PR-Aktivitäten sehr hilfreich.

Nehmen wir das Beispiel des uns bereits bekannten Frankfurter Start-ups Lizza: Marc Schlegel und Matthias Kramer, zwei junge Bankangestellte (einer davon ein ehemaliger Pokerspieler), kündigen ihre sicheren, gut dotierten Jobs, um gemeinsam eine App zu entwickeln. Als sie einige ihrer Freunde zu sich in ihre Altbau-WG nach Hause einladen, um ihren Prototyp zu besprechen, machen sie spaßeshalber eine Pizza mit Leinsamen- statt des üblichen Hefeteigs. Schnell hat dieser Teig die App als wichtigstes Gesprächsthema und sogar als Geschäftsidee abgelöst. Die Jungs möchten nun einen gesunden Teig auf Leinsamenbasis herstellen und verkaufen. Sie optimieren ihr Produkt, indem sie die Rezeptur variieren und auf diversen Märkten und Streetfood-Events testen lassen. Das funktioniert zwar, ist aber nicht skalierbar. Die beiden beschließen, sich für einen Auftritt in der TV-Show »Die Höhle der Löwen« zu bewerben, und werden auch eingeladen. Während der Ausstrahlung brechen sie nicht nur den bisherigen Rekord an Website-Besuchern und Produktbestellungen, sondern sie bekommen ein Investment von Frank Thelen und Carsten Maschmeyer mitsamt den nötigen Kontakten, um Lizza-Teig deutschlandweit in Supermärkten zu verkaufen. Coole Story, oder? Schon ist Lizza nicht mehr nur ein anonymes Unternehmen, denn der Kunde kennt die Hintergründe und die Macher und identifiziert sich mit ihnen. Dieses Wissen vermittelt Vertrauen, und Vertrauen ist die Basis für jede erfolgreiche Geschäftsbeziehung. Nutze Details, um deine Geschichte zu erzählen, ebenso wie Spannung und Metaphern.

An diesem Beispiel wir deutlich, dass jede gute Geschichte mindestens einen Helden und eine Herausforderung benötigt, damit sie erzählenswert ist. Überraschenderweise steckt hinter den meisten Gründungen eine gute Geschichte, auch wenn die Gründer das gar nicht selbst realisieren. Aber allein der Fakt, unter widrigen Umständen und gegen wiederholte Rückschläge ein Unternehmen aufzubauen, ist für viele Menschen nicht selbstverständlich. Erzähle deine Geschichte mit einigen persönlichen Anekdoten, und die Menschen werden dir gebannt zuhören.

10 Work Hacks und Schlussfolgerung

In den vorangegangenen Kapiteln hast du gelernt, wie du deinem Unternehmen zu mehr Wachstum verhelfen kannst. Aber was ist mit dir? In diesem letzten Kapitel wollen wir dir dabei helfen, deine Effizienz mit sogenannten Work Hacks zu steigern. Außerdem fassen wir den Inhalt der vorangegangenen Kapitel kurz und knapp zusammen.

Eine wichtige Voraussetzung für erfolgreiches Growth Hacking ist Neugier und der Mut, alles Gegebene zu hinterfragen – mit der Absicht es zu verbessern. Die Art und Weise, wie du dein Leben und deine Arbeit gestaltest, sind ein großer Bestandteil deines Erfolgs und sollten nicht dem Zufall oder deinen Gewohnheiten überlassen werden. Dein Motto sollte lauten: work smarter, not harder!

10.1   Zeitmanagement

Stell dir vor, du würdest jeden Morgen aufwachen und hättest exakt 1.440 Euro, die du an diesem Tag investieren musst, nicht mehr und nicht weniger. Wofür würdest du das Geld ausgeben? Eine wichtige Frage, denn so viele Minuten deines Lebens hast du jeden Tag zur Verfügung.

Egal, ob du ein Team- oder Einzelgründer, ein Side- oder Intrapreneur, ein Angestellter oder Freelancer bist: Wenn du etwas aufbauen möchtest, spielt Zeitmanagement dabei eine sehr wichtige Rolle. Es gibt zwei Faktoren, die hierbei besonders wichtig sind:

1. Schaffe dir Zeit zum Arbeiten.

2. Nutze diese Zeit, um effizient zu arbeiten.

Die wenigsten von uns können es »einfach so«. Aber es gibt Techniken, die dich unterstützen können, dir genügend Zeit einzuräumen, und andere, die dich dabei unterstützen, konzentriert und effizient zu arbeiten. In diesem Kapitel zeigen wir dir jede Menge Tipps, wie du diese beiden Herausforderungen erfolgreich meistern kannst. Nicht jede Methode wird zu deiner Arbeitsweise passen, dazu sind wir alle zu unterschiedlich gestrickt. Probiere es einfach aus, und finde heraus, was dir hilft.

10.2   Organisiere dein Leben

In vielerlei Hinsicht leben wir in einem Zeitalter des Überflusses. Das gilt auch für die Art und Weise, wie wir arbeiten. Nie zuvor standen uns so viele Informationen und Werkzeuge zur Verfügung. Die Möglichkeiten zu lernen, zu arbeiten, zu erschaffen, zu verkaufen und zu optimieren sind grenzenlos. Aber eine Sache hat sich nicht geändert: Der Tag hat 24 Stunden. Deshalb ist effizientes Arbeiten und Zeitmanagement wohl die größte Herausforderung für die meisten von uns. Trotzdem vernachlässigen viele Menschen dieses Thema und sind tagein, tagaus im gleichen Trott gefangen. Sie arbeiten am gleichen Ort zu den gleichen Zeiten mit den gleichen Tools und den gleichen Methoden wie in den letzten fünf bis zehn Jahren. Dabei dreht sich die Welt unaufhörlich weiter. Stelle deinen Arbeitsalltag in Frage! Versuche unaufhörlich, unnötige Zeitfresser soweit wie möglich zu Wir möchten dir einige Denkanstöße bieten.

10.2.1   Organisiere deinen Alltag

Denn dann kann deine Arbeit kreativ, wild und spektakulär sein. Ein »geregeltes« Leben kann dazu führen, dass du dir weniger Gedanken über deinen Alltag machen musst. Und diese Gedanken sind nichts als Ablenkungen von deiner Arbeit.

Einfaches Beispiel: Ist dir aufgefallen, dass viele erfolgreiche Menschen wie Steve Jobs oder Mark Zuckerberg jeden Tag mehr oder weniger die gleichen Klamotten tragen? Sie haben erkannt, dass sie jeden Tag nur X Entscheidungen treffen können. Um ihren Alltag zu erleichtern, haben sie sich für eine »Uniform« entschieden, die sie jeden Tag tragen. Damit müssen sie diese eine Entscheidung nicht mehr treffen und haben mehr Raum für die wichtigen Dinge. Auch du als Gründer bist jeden Tag mit den Alternativen konfrontiert, die dir deine Mitarbeiter präsentieren. Vereinfache deinen Alltag, damit du dich auf diese wichtigen Entscheidungen konzentrieren kannst!

10.2.2   Power Hour!

Besonders gut lässt sich diese Herangehensweise bei Langzeitprojekten demonstrieren. Das sind die Projekte, die zwar notwendig, aber in keinster Weise dringend sind: die alten Klamotten, die du schon lange entsorgen wolltest, das alte Handy, das du auf eBay verkaufen wolltest, die Kindersachen, die du für den Flohmarkt sortieren musst, und die Anmeldung für den Flohmarkt, auf dem du die alten Kindersachen verkaufen willst. Das alles (und noch viele mehr) sind Langzeitprojekte, die dir Energie rauben. Nichts ist anstrengender als das Projekt, das du noch nicht begonnen hast. Denn es plagt fortwährend das schlechte Gewissen.

Zur Bewältigung dieser Projekte eignet sich eine Methode, die die Bloggerin und Autorin Gretchen Rubin *Power Hour* nennt. Sie ist sehr simpel, deswegen gefällt sie mir besonders gut: Mache eine Liste mit deinen Langzeitprojekten. Du wirst feststellen, dass bereits das Notieren dieser Aufgaben dir das Gefühl gibt, diese anzupacken. Tatsächlich ist dass der Fall! Du bist der Bewältigung bereits einen wichtigen Schritt nähergekommen. Nimm dir pro Woche 1 Stunde, in der du nichts anderes tust, als an diesen Projekten zu arbeiten. Schritt für Schritt wird die Liste schrumpfen – und du fühlst dich mächtig und befreit, weil du deinen inneren Schweinehund besiegt hast.

10.2.3 Lerne, nein zu sagen!

Widerstehe der Versuchung, dir zu viele Projekte aufzubürden, denn zu viel wird dich erschöpfen, macht dich weniger kreativ und gefährdet deine persönlichen Beziehungen. Gerade für die Webworker unter uns ist die Gefahr groß, dass sie sich zu viel aufladen. Selbstdisziplin ist nicht einfach. Insbesondere, wenn sich die Welt scheinbar so schnell dreht, dass du Angst haben musst, Schritt zu halten. Aber versuche es folgendermaßen zu betrachten: Dein Gehirn ist dein Kapital. Alles, was du tust und tun wirst, basiert auf deinen Ideen und Gedanken. Und diese können ohne einen gesunden, ausgeglichenen Körper nicht optimal funktionieren.

> *»Wenn du immer nur Ja sagst, hast du irgendwann keine*
> *Zeit mehr für dich selbst. Du hast keine Zeit mehr für*
> *die Leute, die dir wichtig sind, und du hast keine Zeit*
> *mehr, deine Kundenprojekte richtig zu machen.«*
> *– Mario Jung. Geschäftsführer ReachX GmbH*

Der wichtigste Rat von Mario Jung ist deswegen: »Lerne, nein zu sagen.« Entscheide dich für das, was dir am Wichtigsten ist – und ziehe es voll durch, auch wenn sich auf dem Weg andere, spannende Möglichkeiten und Projekte anbahnen. Wenn du dich nicht fokussierst, werden deine Arbeit und deine Stimmung darunter leiden.

10.2.4 Du, das Rennpferd

Was würdest du tun, wenn du der Besitzer eines 2 Millionen Euro teuren Rennpferdes wärst? Du würdest den besten Trainer sowie einen guten Pfleger engagieren, für optimale Ernährung sorgen und niemals am Tierarzt sparen. Du würdest die Voraussetzungen dafür schaffen, dass dein Pferd die beste Leistung bringen kann. Jetzt stell dir vor, du wärst das Rennpferd … denn in deinem Leben wirst du ungefähr 2 Millionen Euro verdienen. Du selbst bist dein wichtigster und wertvollster Besitz. Und du bist für deine geistige und physische Gesundheit verantwortlich.

Wenn du also Top-Leistungen von dir erwartest, dann solltest du deinen Geist und deinen Körper auch pflegen, so wie es ein Athlet tun würde.

10.2.5   Vereinfache dein Leben!

Der Pfarrer und freiberufliche Autor und Karikaturist Werner Tiki Küstenmacher stellte sich auf einer Reise durch die USA die Frage: Wie kann ich mein Leben vereinfachen? Herausgekommen ist der gleichnamige Weltbestseller »Simplify Your Life«. Das Ziel: Ein glücklicheres Leben, in dem man nach und nach die Stufen der Simplify-Your-Life-Pyramide anstrebt.

Die »Simplify Your Life«-Schritte

1. Räume deinen Schreibtisch auf und vereinfache ihn.

2. Bring deine Finanzen in Ordnung.

3. Organisiere deine Zeit.

4. Betrachte deine eigene Gesundheit,

5. deine sozialen Beziehungen und

6. deine Partnerschaft,

7. um danach dich selbst zu finden.

10.3   Arbeitsrhythmus

Die oben genannten Tipps können dir helfen, dein Leben etwas zu vereinfachen, damit du mehr Zeit für effiziente Arbeit findest. Aber was ist eigentlich effiziente Arbeit? Cal Newport beschreibt einen Status des intensiven, voll konzentrierten Nachdenkens als *Deep Work*. Insbesondere für Mindworker, also Menschen, deren berufliche Existenz davon abhängt, dass sie ihre Gedanken zu Papier bzw. in digitale Form bringen, ist dieser Zustand erstrebenswert, weil hocheffizient – und in Zeiten von Facebook & Co. ein rares Gut. Um konzentriert und zielgerichtet arbeiten zu können, musst du aber nicht gleich alle deine Social-Media-Accounts kündigen und dich mit einem großen Battery-Pack und deinem Laptop in eine einsame Hütte verkriechen. Oft reicht es schon, darauf zu achten, womit man seine Arbeitszeit wirklich verbringt. Denn vieles davon, was wir während der Arbeitszeit tun, hat nichts mit Arbeit zu tun, denn es trägt nicht zu einem positiven Ergebnis bei.

Diese Zeilen schreibe ich beispielsweise um 6 Uhr morgens in meinem Homeoffice. Warum? Weil ich festgestellt habe, dass diese 1,5 Stunden morgens die beste Zeit für mich sind, um konzentriert und vor allem ungestört schreiben zu können: Meine Familie schläft noch, die Straßen sind ruhig und ich werde noch nicht von wichtigen E-Mails abgelenkt. Aber auch Menschen, die morgens früh schwer aus dem Bett kommen, können effizienter werden, wenn sie die folgenden Tipps ausprobieren.

10.3.1 Nacheinander statt gleichzeitig

Vermeide Multitasking! Es funktioniert nicht! Ach so, du bist eine Frau? Egal, du arbeitest effizienter, wenn du dich auf ein Projekt konzentrierst. Du bist ein Mann? Versuche es erst gar nicht. Gerade bei kreativen Projekten wie Schreiben, Programmieren oder Designen (sprich wann immer du etwas Neues »erschaffst«) solltest du dich nicht ablenken lassen. Nimm das große Ganze und zerbreche es in vernünftige kleine Teile. Somit machst du aus dem »unerreichbaren« Projekt viele kleine Aufgaben, die du sehr wohl erledigen kannst. Eine nach der anderen.

10.3.2 Pomodoro-Technik

Eine hervorragende Methode für dieses »Zerbrechen großer Probleme« ist die Pomodoro-Technik. Diese Methode hat ihren Namen vom italienischen Wort für Tomate, denn eine gute Tomatensoße benötigt (angeblich) 25 Minuten Kochzeit. Die Pomodoro-Technik teilt deine Arbeit in einzelne Teilstücke à 25 Minuten auf. Alles, was du dafür brauchst, ist ein Timer (klassischerweise ein Küchen-Timer in der Form einer Tomate) und etwas zu schreiben.

Die Technik besteht aus fünf Schritten:

1. die Aufgabe schriftlich formulieren
2. den Timer auf 25 Minuten stellen
3. die Aufgabe bearbeiten, bis der Wecker klingelt, und mit einem X markieren
4. eine kurze Pause machen (5 Minuten)
5. nach vier dieser »Pomodori« eine längere Pause machen (15–20 Minuten)

Die Phasen der Planung, Nachverfolgung, Aufzeichnung, Bearbeitung und Visualisierung sind die essenziellen Pfeiler dieser Technik. Du wirst schnell feststellen, dass du bald anfängst, deine Arbeit in einzelne Pomodori einzuteilen. Und diese Pomodori sind die oben beschriebenen kleinen Aufgaben, die durchaus machbar sind.

Diese Technik kann dir auch helfen, wenn deine Motivation ins Stocken gerät und du schlichtweg keinen Bock hast. Fang mit einer einzelnen Pomodoro an. Wenn du fertig bist, wird es deinem Selbstbewusstsein einen ordentlichen Push geben. Und wenn du erst einmal ins Rollen kommst, wird dir vieles leichter fallen. Du hast gerade keinen Küchentimer, der wie eine Tomate aussieht? Schade! Aber du kannst auf die Website *www.tomato.es* ausweichen oder die Chrome-App Strict Workflow nutzen – oder auch schlicht den Timer deines Handys.

10.3.3   Doing is better than perfect

Der folgende Tipp ist für alle Perfektionisten wichtig: Mach dir keine Sorgen über deinen eigenen, hohen Anspruch an deine Arbeit. Fang einfach an! Für Blogger heißt das: Einfach losschreiben – macht euch später über die Korrektur Gedanken! Ein Perfektionist ohne Plan wird immer scheitern. Das einfache Motto »Doing is better than perfect« ist einer der Grundpfeiler für den Erfolg von Amazon.

10.3.4   Jetzt aber fix!

Erinnerst du dich an deine Schulzeit? Wann hast du deine Wochenend-Hausaufgaben am schnellsten gemacht? Freitags nach der Schule oder am Sonntagabend? Eben. Wir sind wesentlich fokussierter und produktiver in einem begrenzten Zeitraum. Oftmals treffen wir unter Zeitdruck sogar die besseren Entscheidungen, da wir tendenziell mehr auf unseren Bauch hören – und der oft recht hat! Für dich heißt das: Setze für jedes Projekt eine Deadline! Aber vergiss nicht, genügend (ca. 20%) der Zeit einzuplanen, um dir zu überlegen, *wie* du die Aufgabe schnell und gut erledigen kannst. Sehr wahrscheinlich gibt es nach einigem Überlegen einen besseren Weg, die Aufgabe zu erledigen. Nimm dir die Zeit, diese bessere Lösung zu finden, *bevor* du anfängst. Mache das Motto »Work smarter, not harder« zu deinem Leitmotiv! Respektiere deine Zeit – und deine Mitmenschen werden es auch tun. Stell dir vor, jede Minute deiner Arbeitszeit wäre 100 Euro wert. Wie würdest du dieses Geld investieren? Und was muss geschehen, damit du anderen dieses Geld gibst?

10.4   So gehst du mit Ablenkungen um

Im Alltag und im Büro gibt es immer wieder die gleichen Ablenkungen, die dich von deiner eigentlichen Arbeit abhalten. Kleine Zeitvampire, die immer wieder mal 5 Minuten hier und 10 Minuten dort kosten. Die beiden wichtigsten Zeitvampire, mit denen du jeden Tag zu kämpfen hast, sind andere Menschen (wenn du in einem Büro arbeitest, sind das deine Kollegen) und E-Mails. Wir zeigen dir, wie du den Verlust an Lebenszeit begrenzen kannst.

10.4.1   Anfragen von Kollegen

Die meisten von uns wollen ein hilfsbereiter, kooperativer Mensch sein, der seine Kollegen auf der Arbeit unterstützt und dafür wertgeschätzt wird. Kooperatives Verhalten ist quasi Bestandteil unserer DNA und ein Grund für den Erfolg der menschlichen Spezies. Nichtsdestotrotz kann diese Hilfsbereitschaft dazu führen, dass man seine eigene Arbeit vernachlässigt, die Konzentration verliert, ineffizient und damit länger arbeitet. Viele von stehen vor einem Dilemma, wenn es um die Erfüllung der Bitte eines Kollegen geht. Um dieses Dilemma zu lösen, hilft dir die 80%-Regel. Erinnere dich zunächst an die Aufgaben, um deren Erledigung du gebeten worden bist. Es geht nicht darum, den Müll rauszubringen oder den Rasen zu mähen, sondern um komplexere, zeitintensivere Aufgaben. Mache eine Liste mit den Top-5-Kriterien, die erfüllt sein müssen, damit du diese Aufgaben erledigst. Diese Kriterien können beispielsweise Zeitdruck durch eine unaufschiebbare Deadline sein, eine hohe Priorität beim Management oder einem wichtigen Kunden, die Komplexität und Dauer der Aufgabe oder schlicht, WER dich WIE darum bittet.

In Zukunft sollten mindestens vier dieser fünf Kriterien (= 80%) erfüllt sein, damit du eine Aufgabe annimmst. Versuche andernfalls, die Aufgabe höflich abzulehnen oder zu delegieren. Deine Entscheidungsgrundlage hilft dir bei der Argumentation. Aber riskiere dabei nicht deinen Job!

»Dream. But don't quit your day job.« – Forrest Gump

Du hast ein schlechtes Gewissen, einen Kollegen abzuweisen? Oder du könntest jemandem Zeit ersparen, indem *du* Zeit investierst? Dann frage dich, ob dieser Kollege dasselbe auch für dich tun würde. Wenn die Antwort nein lautet, kannst du die Bitte ohne schlechtes Gewissen zurückweisen. Nein ist ein sehr wichtiges Wort im Zeitmanagement. Denn denke daran: Es ist deine Lebenszeit, über die wir hier reden. 1.440 Minuten jeden Tag. Investiere sie weise!

10.4.2 E-Mails

Einfach, aber insbesondere im Büro sehr wertvoll: Deaktiviere deine E-Mail-Benachrichtigungen. Nutze stattdessen dreimal am Tag einen festen Zeitslot, in dem du E-Mails bearbeitest und nichts anderes tust. Dieser Work Hack ist durch Tim Ferris und sein Buch »Die 4-Stunden-Woche« populär geworden. Wenn du eine E-Mail sofort beantworten kannst, dann tue es! So ersparst du dir den Zeitaufwand, die E-Mail zu einem späteren Zeitpunkt nochmals zu lesen. Und dann noch mal. Und noch mal. Was weg ist, ist weg. Wenn du diese Regel beherzigst, werden sich in deinem E-Mail-Postfach vielleicht mehrere Dutzend E-Mails ansammeln. Nutze das zu deinem Vorteil: Je mehr E-Mails du vor dir hast, desto konsequenter und effizienter wirst du bei der Bearbeitung werden. Psychologisch ist jede E-Mail weniger »wertvoll« und daher einfach nur ein Punkt auf der Liste.

»E-Mails sind die To-do-Liste der anderen!«
– Mathis Uchtmann, Zeitmanagement-Coach

Nutze unbedingt Filter und Regeln deines E-Mail-Pogramms! Somit kannst du beispielsweise E-Mails eines bestimmten Absenders automatisch in einen Ordner verschieben oder an einen Kollegen weiterleiten. Du kannst E-Mails auch automatisch als besonders wichtig markieren. Und du kannst zwischen E-Mails, die nur an dich adressiert und damit vermeintlich wichtig sind, und solchen, auf denen du auf cc stehst, unterscheiden. Automatische Regeln sind eine einfache Methode, den E-Mail-Krieg zu gewinnen.

10.4.3   Dein persönlicher Assistent

Nutze einen virtuellen Assistenten für die Arbeit, die du nicht gut, schnell und gegen Vergütung selber machen kannst. Bei virtuellen Assistenten handelt es sich um einen Service von Menschen, die dich bei vielen virtuellen Aufgaben unterstützen können und auf Stundenbasis arbeiten, meistens an einem Ort auf der Welt mit niedrigeren Lebenshaltungskosten und dadurch niedrigeren Stundensätzen. Das Konzept der virtuellen Assistenz hat Tim Ferris durch seinen Bestseller »Die 4-Stunden-Woche« beflügelt. Er beschreibt darin seine berufliche Entwicklung – von täglich 16 Stunden, zu wöchentlich 4 Stunden Arbeit – und wirbt dabei stark für das Outsourcing zeitaufwendiger Aufgaben. Zur Erstveröffentlichung seines Buches 2007 war eine solche »Entschlackung« der eigenen Arbeitswelt eine völlig neuartige Herangehensweise. Delegierbare Aufgaben können unter anderem Folgendes umfassen:

▶ Terminplanung und -koordination

▶ Reiseplanung und -buchung

▶ Unterstützung bei der Organisation von Veranstaltungen oder Meetings

▶ Datenerfassung und -pflege von Kunden- und Geschäftsdaten

▶ Informationsrecherche, beispielsweise über Anbieter und Preisvergleiche, Hotels und Flüge, Locations (für Seminare, Meetings, Events etc.) oder Informationen zu speziellen Themen (wie Produkten, Wettbewerbern etc.)

▶ Textüberarbeitung, insbesondere Überarbeitung und Korrektur deiner Blogbeiträge, Mailings oder Website.

10.5   15 ganz pragmatische Work Hacks

Egal, was du tust: Während deiner Arbeitszeit werden irgendwann einmal Motivationsprobleme kommen, das ist so sicher wie das Amen in der Kirche. Aber du kannst ihre Frequenz deutlich verringern. Dazu hier einige ganz pragmatische Tipps:

1. Kaffee. Hilft erwiesenermaßen. Am besten vormittags, damit dein Schlafrhythmus auf keinen Fall negativ beeinflusst wird. Noch gesünder ist schwarzer Tee.

2. Wechsel gelegentlich deinen Arbeitsplatz. Nicht umsonst verbringen viele Kreative nicht gerade wenig Zeit im viel zitierten Starbucks. Die Geräuschkulisse kann anregend auf deine Motivation wirken. Du wirst dich weniger ablenken lassen, weil du in der Öffentlichkeit bist. Außerdem gibt es Kaffee!

3. Gönne deinem Gehirn eine Auszeit! Aber leg dich nicht gleich aufs Ohr, sondern lenke dich durch anspruchslose Tätigkeiten von deinem Problem ab. Einstein hat nicht etwa wegen des Geldes im Patentamt gearbeitet. Wenn du gerade kein Patentamt in der Nähe hast, mach den Abwasch, fahre Auto, räume auf oder nimm eine Dusche. Erwiesenermaßen hilfreich ist auch ein Spaziergang. Der durchlüftet dein Gehirn und regt deinen Stoffwechsel an. Schon Friedrich Nietzsche sagte: »Nur die ergangenen Gedanken haben Wert.« Tatsächlich unterstützt die *Attention Restoration Theory* die Idee, dass sich der Aufenthalt in der Natur positiv auf die Konzentrationsfähigkeit auswirkt. Neben dem positiven Effekt auf den Stoffwechsel hat auch das Gehirn bei einem Waldspaziergang weniger Entscheidungen zu treffen als im Straßenverkehr und ist daher anschließend wieder fit für *Deep Work*. Den gleichen Effekt haben andere »leichte« Aufgaben wie Musikhören, Kochen oder das Spielen mit Kindern.

4. »*Eat the live frog first thing in the morning. That way, nothing worse can happen to you that day*«, sagte Mark Twain. Das ist kein kulinarischer Tipp für ein spannendes Frühstück, sondern hilft dir enorm bei der Tagesplanung. Starte deine Arbeit mit der wichtigsten Arbeit! Insbesondere dann, wenn sie keinen Spaß macht. Warum? Zunächst, weil du dich morgens am besten konzentrieren kannst und du weniger (auch von anderen Dingen) abgelenkt bist. Du bist noch frisch, dein Geist ist wach. Zweitens: Du motivierst dich für den ganzen restlichen Tag, das sorgt für Selbstbewusstsein. Und drittens: Du hast deine wichtigste Arbeit bereits hinter dich gebracht, was kann dir jetzt noch passieren? Wie oben beschrieben, hat diese Methode – nach einigen Wochen der Eingewöhnungszeit – so gut funktioniert, dass ich inzwischen morgens sehr unruhig bin, wenn ich *nicht* früh aufstehe und arbeite.

5. Gib deinem Hirn Freiraum. Wenn du im Laufe des Tages merkst, dass deine Konzentration nachlässt, kannst du dich auf weniger wichtige Aufgaben konzentrieren. Denn ganz wichtig ist das Momentum bei der Arbeit: Wenn du 10 bis 15 Minuten brauchst, um mit einer Aufgabe überhaupt erst anzufangen, wechsle die Aufgabe. Roll with the punches!

6. Apropos: An manchen Tagen kannst du problemlos 12 Stunden am Stück arbeiten. Du bist vollkommen in der »Zone«, und es läuft richtig rund. An anderen Tagen schaffst du es kaum, den Rechner hochzufahren, geschweige denn einen halbwegs gescheiten Satz zu formulieren. Das passiert. Akzeptiere es. Arbeite mehr, wenn es gut läuft, und entspanne dich, wenn nicht. Gehe eine Runde laufen oder meditiere. Apps wie *Calm* und *Headspace* helfen dir.

7. Nutze einen Kalender! Und blockiere dir die Termine, an denen du bestimmte Aufgaben erledigst. Lass dich – wie bei »richtigen« Meetings – nicht davon abhalten oder unterbrechen. Besonders hilfreich ist es, wenn euer Team einen Kalender nutzt, den jeder einsehen kann. Verplane nur 4–5 Stunden pro Tag. Die restliche Zeit wird sich quasi automatisch füllen – leider.

8. Führe und pflege eine To-do-Liste. Für Björn Tantau ist das ein sehr einfacher, aber sehr wichtiger Work Hack: Notiere dort alles, was dir in den Sinn kommt, damit es dich nicht weiter ablenkt. Wie auch bei der *Power Hour* ist bereits das Notieren der erste Schritt zur Bewältigung. Wichtig: Priorisiere und sortiere deine Notizen. Solltest du eine Papier-Allergie haben, können dir *Google Keep* oder *Evernote* dabei helfen.

9. Schreibe alles auf! Vertraue nicht deinem Gedächtnis, was in einem bestimmten Meeting geschehen ist oder wer was gesagt hat. Mache Notizen. Notiere dir auch die Dinge, die deinen Geist beschäftigen, wenn du ins Bett gehen willst. Damit sind diese »aus dem Kopf«, und dein Gehirn kann nachts das machen, was es tun soll: entspannen. Ein gutes Werkzeug ist die populäre App Evernote.

10. Rekapituliere die vergangene Woche am Samstag. Was war gut, was hättest du besser machen können? Plane die kommende Woche am Sonntag – dadurch verliert nicht nur der Montag seinen Schrecken, sondern die gesamte Woche wird wesentlich entspannter.

11. Björn Tantau nutzt zwei Methoden, um seine Kurse und E-Books zu schreiben, seine Community zu managen und sich beständig fortzubilden, und die sind relativ einfach: Er hat gelernt, wie man schnell lesen und schreiben kann. Er empfiehlt das Buch »Speedreading« von Tony Buzan, um einen Text, für den andere Menschen 5 Minuten brauchen, in nur 1 Minute zu lesen. Seine zweite Geheimwaffe ist ein altmodischer Computerschreibkurs, in dem man 10-Finger-Tippen lernt und damit seine Schreibgeschwindigkeit verdoppelt.

12. Lies. Alle Experten, die wir für dieses Buch interviewt haben, gaben uns einen Tipp in Sachen Work Hacks: lesen. Alle haben sich Zeit eingeräumt, um Blogs und Bücher anderer Experten zu lesen. Und das im englischen Original, denn – auch dabei waren sich alle einig – der amerikanische Markt ist dem deutschsprachigen nach wie vor um einige Jahre voraus.

> *»Man muss sagen, die (amerikanischen Marketer) sind nicht klüger als wir, die sind auch nicht besser als wir. Die sind einfach cleverer als wir. Die trauen sich einfach mehr.«*
> *– Björn Tantau*

13. Sei transparent. Teile deinem Umfeld mit, was du erreichen willst, und berichte über deine Fortschritte und Probleme. Der Unternehmer Lars Müller hat bei-

spielsweise regelmäßig darüber gebloggt, wie er mit seinem E-Commerce-Shop 1.000 Euro Gewinn pro Tag machen möchte. Aber du musst nicht zwingend bloggen: Es reicht vollkommen aus, dein Umfeld (Kollegen und Freunde) über dein Vorhaben zu informieren. Du bekommst nicht nur hilfreiches Feedback, sondern du schaffst auch Vertrauen und wirst Mitstreiter gewinnen. Apropos Mitstreiter: Ben Harmanus schwört auf ein Netzwerk von Experten, mit dem er sich regelmäßig austauscht. Insbesondere als jemand, der viel Content liefern muss, ist er auf den Austausch mit Spezialisten angewiesen, die ihm Feedback zu seinen Themen und Fragen geben können. Auch Björn Tantau geht regelmäßig auf Konferenzen, um sich mit Kollegen und anderen Experten auszutauschen. Mit fachmännischer Unterstützung wirst du deine Ziele viel schneller erreichen, also traue dich, um Hilfe zu bitten – und gewähre sie natürlich auch deinen Mitmenschen.

14. Klone dich und lasse deine Klone für dich arbeiten. Tritt vor die Kamera und veröffentliche Videos von dir. Damit bringst du dein Wissen unterhaltsam und informativ unter die Leute und erreichst definitiv mehr Menschen. Einen Skyscraper-Blogpost mit 3.000 Wörtern lesen sich nicht viele Menschen durch – aber die Hürde für ein 10-Minuten-Video ist deutlich geringer. Inken Kuhlmann nutzt die Screen-Recording-Software Loom, um ihren Mitarbeitern rund um den Globus etwas zu demonstrieren, und verschickt die Videos einfach per E-Mail. Björn Tantau beantwortet die Fragen aus seiner Community per Live-Video auf Facebook. Der Frankfurter Videoproduzent und YouTube-Marketer Alexander Boerger nutzt Video-Lead-Qualifikation: Entlang seines Sales Funnels zeigt er potenziellen Kunden Videos über seine Dienstleistung. Damit bringt er schon mal viel Wissen unter die Leute und stärkt seinen Status als Experte. Gleichzeitig filtert er aber auch die Menschen, die sich nur »nebenbei« für das Thema interessieren, unter den Menschen aus, die ihn auch buchen würden. Und bei diesen Leads kann er sich sicher sein, dass sie über das Grundwissen verfügen, das er mit seinen Videos vermittelt hat. Somit spart er erheblich Zeit im Onboarding neuer Kunden.

15. Automatisiere deine Arbeit. Nutze praktische Tools wie Zapier und IFTT (»If This Than That«), um deinen Workflow zu automatisieren. Damit kannst du beispielsweise alle Bilder, die du auf Instagram postest, auch auf anderen Social Networks posten. Oder du speicherst alle Accounts deiner Follower in ein Google Sheet oder alle Links, die du dir via Pocket gespeichert hast. Du kannst nicht nur soziale Netzwerke oder Cloud-Speicher wie Evernote und Dropbox miteinander verknüpfen, sondern sogar Voice-Assistenten wie Alexa oder Smart Home Devices. Die Möglichkeiten zur Zeitersparnis sind eindrucksvoll und vielfältig.

10.6   Zusammenfassung und Schlussfolgerung

Eine Weisheit des Dalai Lama war der wichtigste Grund, warum wir dieses Buch geschrieben haben: Wir wollten unser Wissen über Marketing an diejenigen weitergeben, die sich unsere persönliche Beratung nicht leisten können, aber von deren Wachstum auch die wirtschaftliche Zukunft Europas abhängt: Start-ups und KMU.

> *»Teile dein Wissen mit anderen – das ist eine gute*
> *Möglichkeit, Unsterblichkeit zu erlangen.«*
> *– Dalai Lama*

Natürlich können auch Konzerne und Unternehmen mit einem großen Werbeetat von diesem Wissen profitieren, denn in Zeiten von Adblockern und der vollkommen unterschiedlichen Mediennutzung der Millenials ist der Kampf um Aufmerksamkeit in vollem Gange. Kreative Marketingmethoden sind auch in diesen Unternehmen gefragt, denn für sie sind Start-ups eine potenzielle Bedrohung.

Ebenso wie Scrum die Produktentwicklung verändert hat, so verändert Growth Hacking das Marketing: Es wird dynamischer, kreativer und besser. Da es im Markt noch keine einheitliche und etablierte Definition von Growth Hacking gibt (auch nicht von Sean Ellis, dem Urheber des Begriffs), bieten wir diese an:

Definition von Growth Hacking

Growth Hacking ist ein interdisziplinärer Mix aus Marketing, Datenanalyse und Entwicklung. Das einzige Ziel von Growth Hacking ist das Wachstum eines Unternehmens. Dafür wird ein Prozess zugrunde gelegt, der die schnelle Identifikation von skalierbaren Kommunikationskanälen ermöglicht. Oder zusammengefasst: Growth Hacking ist die optimale Synthese aus Produkt, User Experience und Marketing – mit Wachstum als Ziel.

Um noch einmal die Inhalte dieses Buches zusammenzufassen: Growth Hacking – und Marketing im Allgemeinen – funktioniert nur, wenn du vorher deine Hausaufgaben gemacht hast. Dazu gehören insbesondere der Product-/Market-Fit und eine valide Unternehmenspositionierung, inklusive Wettbewerbsanalyse, Zielgruppen- und Persona-Definition. Ohne diese Grundpfeiler werden deine Kommunikationsbemühungen in sich zusammenfallen und du wirst ins »Daily Business« ohne Ziel abdriften und in ziellosen Aktionismus verfallen. Wir haben dir gezeigt, dass diese Strategien nicht nur »großen« Unternehmen vorbehalten sind, sondern wie man auch mit einfachen Mitteln schnell eine Marke aufbauen kann. Hast du das geschafft, benötigst du eine *North Star Metric*, an der sich alle deine Bemühungen ausrichten. Sie wird dir Orientierung geben, denn du kannst bei jeder Analyse fragen: »Was war der Effekt auf meine North Star Metric?«

Du hast die Customer Journey entlang der AARRR-Ebenen, also Acquisition, Activation, Retention, Referral und Revenue. der Pirate Metrics kennengelernt. Auch dieses Modell ist dazu da, um deine Aktivitäten zu strukturieren. Denn ein Prozess wie dieser ist es, der Growth Hacking von Trial and Error unterscheidet. Wie bei jedem Gebiet gilt auch beim Growth Hacking: Den Experten erkennt man am Prozess. Und mit dem AARRR-Modell erkennst du die Schwachpunkte in deiner Customer Journey: Finde heraus, an welcher Stelle du optimieren musst, um einen möglichst großen positiven Einfluss auf deine North Star Metric zu bekommen. Acquisition, Activation, Retention, Referral oder Revenue – in unserem »Playbook« in Kapitel 5 bis Kapitel 9 zeigen wir dir Beispiele und Ideen, von denen du dich inspirieren lassen kannst, um deine eigenen Growth Hacks zu testen.

Wie du dabei vorgehst, hast du in Kapitel 4, »Der Growth-Hacking-Workflow – so gehst du vor«, gelernt, das dir den Kern des Growth Hackings, nämlich den dahinterliegenden Prozess, verdeutlicht. Im Gegensatz zur weitläufigen Meinung ist Growth Hacking keinesfalls ein modisches Buzzword, sondern die Beschreibung eines Prozesses des zielgerichteten und stetigen Lernens. Du hast in Kapitel 4 darüber gelesen, wie du Ideen generierst, priorisierst und anschließend umsetzt.

Ein Wort der Warnung: Bevor du mit Growth Hacking beginnst, stelle auf jeden Fall sicher, dass du den Product-/Market-Fit erreicht hast und deine Customer Journey wasserdicht ist. Es bringt dir nichts, wenn du Abertausende Nutzer auf deine Website holst, aber dein Produkt fehlerhaft ist oder dein Kunden-Support noch nicht den Ansprüchen gewachsen ist. Wenn du zu früh zu viele Ressourcen in Growth Hacking investierst, kann es für dich gefährlich werden, denn du verprellst unter Umständen deine Early Adopters, und eine zweite Chance bekommst du vielleicht nicht mehr. Investiere dein Geld und deine Zeit zuallererst in dein Produkt und in die Zufriedenheit deiner Nutzer – denn das wird den Unterschied ausmachen!

Worauf wir dich nicht vorbereiten können, sind die psychischen Ansprüche, die Growth Hacking an dein Team und dich stellen wird. Denn ihr solltet euch darauf einstellen, zu scheitern. Mindestens 60% aller Hacks werden keinen positiven Effekt auf dein Business haben, und die meisten der übrigen 40% nur einen kleinen. Aber lasst euch davon nicht enttäuschen, sondern genießt den Prozess des Lernens (und damit verbundenen Scheiterns) wie ein Kind, das laufen lernt: aufstehen, Tränen trocknen und weitermachen – und dabei nie das Ziel aus den Augen verlieren. Auch Maßnahmen, die euer Wachstum nur um wenige Prozent verbessern, sind extrem wichtig. Denn am Ende ist es die Summer dieser kleinen Schritte, die den Unterschied zwischen Gewinnen und Verlieren machen.

> *»On this team, we fight for that inch. On this team, we tear*
> *ourselves, and everyone around us to pieces for that inch. We*
> *claw with our finger nails for that inch. Cause we know when*
> *we add up all those inches that's going to make the fucking*
> *difference between WINNING and LOSING.« – Al Pacino als*
> *Tony D'Amato in dem Film »Any Given Sunday«*

Zu dem Zeitpunkt, an den wir diese Zeilen schreiben, ist nicht absehbar, ob der Begriff *Growth Hacking* überleben und seinen – unserer bescheidenen Meinung nach – wohlverdienten Platz im Werkzeugkoffer von Marketern bekommen wird. Aber auch wenn sich der Begriff nicht durchsetzen sollte und wir in Zukunft von Growth Marketing oder Lean Marketing sprechen, so ist die Entwicklung im Marketing hin zu einer deutlich dynamischeren und agileren Methodik nicht aufzuhalten, ebenso wie Scrum-Methoden ihren festen Platz in der Entwicklung gefunden haben. Die vergangenen Jahre haben gezeigt, dass Unternehmen, die agil entwickeln und kommunizieren, sehr schnell sehr erfolgreich werden können und – basierend auf ihrem Geschäftsmodell – durchaus in der Lage sind, ganze Industrien umzukrempeln, wie es Airbnb, Uber oder PayPal getan haben.

Zum Schluss: Ein Geschenk und eine Bitte

Wir bemühen uns, für dich als Leser dieses Buches ein schickes Paket zu schnüren, damit du schnell und günstig dein Unternehmenswachstum beschleunigen kannst. Besuche unsere Website *http://growthhacking.rocks* für Details!

Wir hoffen, dass dir dieses Buch gefallen hat. Wenn dem so ist, dann würden wir uns sehr über eine 5-Sterne Rezension auf Amazon freuen. Warum? Durch deine positive Bewertung werden mehr Menschen auf dieses Buch und das Thema Growth Hacking aufmerksam. Und damit könntest du einen kleinen Beitrag leisten, dass deutsche Gründer noch schlauer und ihre Unternehmen noch innovativer und erfolgreicher werden. Und natürlich freuen wir uns, wenn du das Buch deinen Kollegen, Wegbegleitern, Freunden und Gleichgesinnten empfiehlst.

Solltest du Fragen haben oder einen Themenbereich vermisst haben, dann zögere bitte nicht, uns zu schreiben, damit wir das (in einer etwaigen) zweiten Auflage berücksichtigen können. Du findest uns in den gängigen sozialen Medien und unsere E-Mail-Adressen auf *http://growthhacking.rocks* und *the-webworkers.com*

A   Growth-Tools

»Nutze ein Tool nicht nur um seinetwegen, sondern identifiziere die Kernfaktoren für deinen Erfolg. Nutze ein Tool nur, wenn der positive Einfluss auf diese Faktoren deutlich größer ist als die damit verbundenen Nachteile.« – Cal Newport

Willst du ein Haus bauen, brauchst du Werkzeuge. Willst du ein Produkt bauen und damit erfolgreich wachsen, brauchst du ebenso Werkzeuge. Für jede der vorangegangenen Anwendungen gibt es digitale Tools, die dir das Leben erheblich erleichtern können. Das ist einer der größten Vorteile unserer Zeit: Es gibt für vieles bereits eine Lösung »aus dem Regal«. Um bei unserem Beispiel zu bleiben: Der Baumarkt ist gut sortiert, du bekommst Werkzeuge in allen Preis- und Qualitätsklassen. Es bleibt an dir, den Bedarf zu erkennen, das richtige Werkzeug auszusuchen und es einzusetzen.

Da wir davon ausgehen, dass du Gründer von oder Marketer in einem Start-up (oder zumindest einem jungen, ambitionierten Unternehmen) bist, haben wir uns bei der Recherche auf Tools konzentriert, die entweder kostenlos oder günstig zu nutzen sind. Oft kannst du dir auch im Rahmen eines Free-Trials einen Eindruck von der Funktionsweise eines Tools verschaffen, bevor du dich für oder gegen den Kauf entscheidest.

Wir empfehlen dir, zunächst einen *Marketing-Stack* aufzubauen (siehe Abbildung A.1). Das ist dein Werkzeugkasten, mit dem du 80 % deiner Herausforderungen lösen kannst. Wenn du diese Werkzeuge erst einmal implementiert und richtig aufgesetzt hast, solltest du in der Lage sein, die komplette Customer Journey bedienen und messen zu können. Stell dir vor, dein Unternehmen wäre ein Eimer: Wenn der Löcher hat, kannst du noch so viel Wasser (= Traffic) oben reinschütten, er wird doch nicht voll werden. Der Marketing-Stack ist dafür da, diese Löcher zu stopfen, d.h., die Customer Journey ist voll funktionsfähig, und du kannst die relevanten KPIs (*Key Performance Indicators*) messen. Um sie zu verbessern, kannst du anschließend nach ergänzenden Tools recherchieren und diese Schritt für Schritt testen.

Abbildung A.1 Beispiel für einen Marketing-Stack

Positiver Nebeneffekt: du verfällst nicht in Aktionismus, sondern du wirst zu einem *Growth Architect*, der den gesamten Marketing und Sales Funnel seines Unternehmens im Blick hat. Du baust dein Marketing genauso systematisch wie dein Produkt.

Ein Wort der Warnung: Wir haben diese Liste nach bestem Wissen und Gewissen gepflegt. Aber natürlich können wir keine Garantie dafür übernehmen, dass die einzelnen Tools jetzt (also wenn du diese Zeilen liest) alle noch genauso verfügbar sind. Insbesondere Werkzeuge, deren Funktionsweise abhängig von der API einer Plattform, wie z.B. Google, ist, können vom einen auf den anderen Tag wertlos sein. Oder das Gegenteil tritt ein: Ein Tool war so erfolgreich, dass es von einem etablierten Anbieter gekauft worden ist und deswegen nicht mehr zur Verfügung steht. Die gute Nachricht: Eine einfache Suche nach »Alternative to [Produktname]« führt oftmals zum Ziel.

A.1   Tools zur Definition von Zielgruppen und Personas

▶ Auf Xtensio (*https://app.xtensio.com*) findest du praktische Vorlagen für deine Personas, Sales Funnel oder Landingpages.

▶ Bei der Erstellung von Personas und Zielgruppen sind die Daten von YouGov (*https://yougov.de*) hilfreich.

▶ Mit Appinio (*http://business.appinio.de*) kannst du sehr schnell und günstig eigene Umfragen zur Validierung deiner Hypothesen erstellen.

A.2   Tools für die Wettbewerbsanalyse

▶ Alexa (*www.alexa.com*) hat sich von einem reinen Traffic-Analysetool zu einer Marketing-Suite gemausert, die inzwischen deutlich mehr kann. Für dich ist es eine gute Quelle, mehr über den Traffic deiner Wettbewerber zu erfahren. Noch besser und detaillierter dafür geeignet sind unserer Meinung aber SpyFu (*www.spyfu.com*), SimilarWeb (*www.similarweb.com*), SEMrush (*https://de.semrush.com*) und Follow (*http://follow.net*), die teilweise auch sehr mächtige und detaillierte AdWords-Analysen erlauben.

▶ Mit WhatRunsWhere (*www.whatrunswhere.com*) kannst du die Bannerwerbung deiner Wettbewerber sehen und analysieren, um von ihnen zu lernen und effizientere Kampagnen zu fahren.

A.3   Tools für besseres SEO

▶ Mit Google Trends kannst du das Suchvolumen mehrerer Keywords miteinander vergleichen und nach Zeitpunkt und Region analysieren.
https://trends.google.de/trends

▶ Das ambitionierte Tool Serpstat will alles analysieren und darstellen können: Keywords, Traffic, Wettbewerber und sogar Werbemittel. Das gelingt nicht vollständig, aber für eine umfassende (wenn auch oberflächliche) Analyse ist es ein gutes Allround-Tool, um deine Seite und die deiner Wettbewerber zu analysieren.
https://serpstat.com

▶ Ahrefs ist ein Lieblingstool von Neil Patel. Ähnlich wie Serpstat analysiert es Keywords, Content und – am wichtigsten – Links, die auf die Seiten deiner Wettbewerber verlinken. Mit diesem Wissen kannst du genau sehen, wie und warum deine Wettbewerber in Suchanfragen über dir angezeigt werden. Wenn dir diese Daten nicht ausreichen, kannst du mit Majestic noch mehr Details über deine Wettbewerber erfahren.

  – *https://ahrefs.com*

  – *https://de.majestic.com*

▶ Eine gute Backlink-Analyse kannst du allerdings auch mit dem kostenlosen Tool OpenLinkProfiler erhalten.
http://openlinkprofiler.org

▶ Die Chrome-Erweiterung SEO-Quake bietet ebenfalls grundlegende SEO-Daten von jeder besuchten Seite – praktisch für einen schnellen, oberflächlichen Einblick.
www.seoquake.com

▶ Auch der Marktführer Moz bietet eine kostenlose und praktische Toolbar für deinen Browser an.
https://moz.com/products/pro/seo-toolbar

Eine Auswahl der besten Tools für deine Keyword-Recherche:

▶ *http://answerthepublic.com*

▶ *https://ubersuggest.io*

▶ *www.hypersuggest.com*

Mit Optimizilla (*http://optimizilla.com*) und TinyPNG (*https://tinypng.com*) kannst du deine Bilder und Grafiken ohne Qualitätsverlust komprimieren, damit deine Website-Geschwindigkeit nicht leidet. Diese kannst du mit *https://developers.google.com/speed/pagespeed/insights* messen.

A.4   Tools für besseres Content Marketing

▶ Das vielzitierte Buzzsumo (*http://buzzsumo.com*) kannst du benutzen, um Influencer und Multiplikatoren zu finden. Und mit der Funktion *https://app.buzzsumo.com/research/most-shared* findest du auch die meistgeteilten Beiträge für deine Themen.

▶ Auf Statista (*https://de.statista.com*) findest du jede Menge Statistiken für deine Blogbeiträge, Social-Media-Posts und E-Books.

Mit den folgenden Tools siehst du eine Vorschau deiner Social-Media-Links. Damit stellst du sicher, dass deine Nutzer deine Posts so sehen, wie du sie geplant hast:

▶ *https://search.google.com/structured-data/testing-tool/u/0*

▶ *https://cards-dev.twitter.com/validator*

▶ *https://developers.facebook.com/tools/debug*

▶ *https://developers.pinterest.com/tools/url-debugger*

A.5   Tools für E-Mail-Marketing

▶ Mit Mailtastic (*www.mailtastic.de*), WiseStamp (*www.wisestamp.com*) oder HubSpot (*www.hubspot.com/email-signature-generatorers*) erstellst du für dich und dein Team individuelle und auffällige E-Mail-Signaturen, mit denen du auf deine Website oder dein Blog verlinken kannst.

▸ Mit diesen Tools findest du schwer zu findende E-Mail-Adressen:
https://hunter.io

  – *https://anymailfinder.com*

  – *https://builtwith.com*

▸ Mit Centralstation (*https://centralstationcrm.de*) kannst du die E-Mail-Adressen deiner XING-Kontakte exportieren.

▸ Mit Revue (*www.getrevue.co*) kannst du schnell und simpel einen kuratierten Newsletter erstellen.

A.6 Tools zur Erstellung von Grafiken

▸ Grafiken für dein Blog, Social Media oder Ähnliches erstellst du schnell, günstig und einfach mit Canva.
www.canva.com

▸ Ähnlich funktioniert Pablo, was besonders gut für Bild-Text-Kombinationen wie Headerbilder oder Zitate geeignet ist.
https://pablo.buffer.com

▸ Mit PlaceIt kannst du sehr schnell Mockups erstellen und damit veranschaulichen, wie dein Produkt auf einem Laptop, Smartphone oder sonstigem aussehen würde.
https://placeit.net

▸ Mit unserem kostenlosen Tool PickOne kannst du sehr schnell, einfach und kostenlos mehrere Bilder mit deinen Fans oder Kollegen teilen und sie über den besten Entwurf abstimmen lassen – gut geeignet für Designs jeder Art.
http://pick-one.co

A.7 Tools für alles rund um Social Media

Social Media Management

▸ Du willst ein neues Unternehmen gründen und suchst nach einem guten und (auf idealerweise allen Netzwerken) verfügbaren Namen? Mit KnowEm kannst du sehr schnell deine Nische finden.
http://knowem.com

▸ Klout gibt dir eine Kennzahl über die potenzielle Reichweite von Social-Media-Profilen. Du kannst damit deinen eigenen Erfolg messen sowie Influencer und neue Themen finden.
https://klout.com

▶ Buffer ist ein sehr gutes Social-Media-Management-Tool.
https://buffer.com

▶ Wenn du richtig Gas geben willst, empfiehlt sich Meet Edgar – der Geheimtipp von Ben Harmanus.
https://meetedgar.com

▶ Ein einfaches, aber zuverlässiges und kostenloses Monitoring-Tool für neue Webpublikationen ist Google Alerts. Du solltest damit auf jeden Fall dich, dein Team, dein Unternehmen und die wichtigsten Wettbewerber im Auge behalten.
www.google.de/alerts

▶ Den Social-Media-Space beobachtest du mit Buzzbundle.
www.buzzbundle.com

▶ Ein sehr gutes, kostenloses Tool für die gemeinsame Verwaltung von Twitter-Accounts ist Tweetdeck. Damit können mehrere Teammitglieder eure Twitter-Accounts verwalten.
https://tweetdeck.twitter.com

▶ Mit FollowLiker kannst du automatisch Menschen auf Twitter, Instagram, Tumblr oder Pinterest folgen, abhängig von den Keywords, die sie veröffent-lichen. Damit kannst du in kurzer Zeit eine sehr große Reichweite aufbauen. Wenn du einmal die Regeln angelegt hast, übernimmt das Tool die Arbeit für dich. Somit kannst du nicht nur automatisch anderen Nutzern folgen, sondern auch Posts liken, kommentieren oder teilen.
www.followliker.com

▶ Wenn sich deine Zielgruppe auf Pinterest tummelt, kannst du mit PinGroupie so richtig Gas geben und die wichtigen Pinterest-Gruppen finden.
http://pingroupie.com

Social Media Analytics

▶ Mit der Twitter-eigenen Suchfunktion findest du die richtigen Nutzer und The-men nach Region, Keyword und Zeitpunkt.
https://twitter.com/search-advanced

▶ Wenn du wissen möchtest, welche Hashtags du auf Twitter und Instagram be-nutzen musst, damit möglichst viele Menschen deine Beiträge sehen, dann empfehlen wir RiteTag für Twitter und DisplayPurposes sowie TagsForLikes für Instagram.

  – *https://ritetag.com*

  – *https://displaypurposes.com*

  – *www.tagsforlikes.com*

▶ Du willst mehr über deine Twitter-Follower wissen? Dann nutze Followerwonk und du erfährst, wer sie sind, wo sie sind und wann sie twittern. Mit Socialrank kannst du sie anschließend organisieren und verwalten, um beispielsweise Bots und »Karteileichen« leichter zu entfernen.

– *https://moz.com/followerwonk*

– *https://socialrank.com*

▶ Mit der Chrome-Erweiterung CrowdTangle Link Checker kannst du sehen, wie oft und wer einen Artikel via Social Media geteilt hat.
https://chrome.google.com/webstore/detail/crowdtangle-link-checker/klakndphagmmfkpelfkgjbkimjihpmkh?authuser=1

▶ Mit Fanpage-Karma analysierst du dein Profil – und das der Konkurrenz – mit Kennzahlen, Auswertungen und Reports.
www.fanpagekarma.com

Social Media Advertising

▶ Für die einfache Verwaltung und Optimierung von Facebook-Kampagnen kannst du Adespresso nutzen.
https://adespresso.com

▶ Auf der Ad Gallery findest du jede Menge Beispiele (vielleicht auch von deinem Wettbewerb) für Facebook-Ads.
https://adespresso.com/academy/ads-examples

▶ Auf BigBigAds siehst du ebenfalls Tausende von Facebook-Ads, von denen du dich inspirieren lassen kannst.
www.bigbigads.com

▶ Mit Stilio erstellst du automatisch Screenshots von wichtigen Webseiten (z.B. Landingpages deiner Konkurrenz).
www.stillio.com

Social Media Monitoring

Gerade in der Wachstumsphase solltest du wissen, wie die Nutzer (Kunden und Hater) über dich sprechen. Damit du angemessen und zeitnah reagieren kannst, empfehlen wir dir Verwendung eines Social-Media-Monitoring-Tools, mit dem du die öffentlichen Seiten scannen lassen kannst:

▶ Synthesio (*www.synthesio.com*)

▶ Talkwalker (*www.talkwalker.com*)

▶ Social Mention (*www.socialmention.com*)

▶ Radarly (*https://radarly.linkfluence.com*)

- Buzzcapture (*www.buzzcapture.com/de*)

- Brandwatch (*www.brandwatch.com/de/brandwatch-analytics*)

Influencer

Finde wichtige Influencer in deiner Nische, um mit ihnen fruchtbare, langfristige Partnerschaften aufzubauen. Diese Tools helfen dir dabei:

- Traackr (*www.traackr.com*)

- Impactana (*https://chrome.google.com/webstore/detail/impactana-content-marketi/gidhppoakegddkkpmgoejeadomghnkie*)

- Influma (*www.influma.com/de*)

- rightrelevance.com (*www.rightrelevance.com*)

A.8 Plattformen für deinen Launch

- Du hast ein MVP (Minimum Viable Product) erstellt, eine Kickstarter-Kampagne oder zumindest ein vielversprechendes Produktvideo? Dann reiche es auf Erlibird, Beatlist oder dem Klassiker Producthunt ein, um Feedback zu bekommen und Early Adopter zu finden.

  - *https://erlibird.com*

  - *https://betalist.com*

  - *www.producthunt.com*

- Mit der nur wenig bekannten Bildersuche von Google kannst du feststellen, welche Seiten ein bestimmtes Bild verwenden:
  www.google.de/imghp

- Du würdest gerne die richtigen Journalisten für dein Projekt finden? JustReachOut kann dir dabei helfen, funktioniert aber leider am besten für den englischsprachigen Raum.
  https://justreachout.io

A.9 Tools für Landingpages

Du willst hochkonvertierende Landingpages erstellen? Dann lass dich zunächst von den Beispielen auf *https://market.leadpages.net* und *http://unbounce.com/landing-page-templates* inspirieren und denke bei der Erstellung an die Punkte auf dieser Checkliste: *https://unbounce.com/landing-pages/checklist*. Natürlich kannst du mit

Unbounce (*http://unbounce.com*) anschließend auch gleich deine eigenen Landing-pages bauen.

A.10 Tools für User Experience Design

Mit den Tools Balsamiq Mockups (*https://balsamiq.com*) und Adobe Experience Design (*www.adobe.de*) lassen sich schnell einfache Entwürfe für deine Website erstellen. Zur Umsetzung der Screendesigns kannst du Sketch (*www.sketchapp.com*) oder Adobe Photoshop (*www.adobe.de*) verwenden. Wenn du deine Mock-ups, Wireframes oder Designs als klickbaren Prototypen umsetzen möchtest, kannst du InVision nutzen (*www.invisionapp.com*).

A.11 Tools für Usability-Tests

Conversion-Optimierung ist keine Kunst, sondern ein Handwerk – ein Handwerk, das auf Daten basiert. Diese Tools helfen dir dabei, Tests aufzusetzen und zu analysieren:

▶ Visual Website Optimizer (VWO) (*https://vwo.com*)

▶ Optimizely (*www.optimizely.com/de*)

▶ Convert (*www.convert.com*)

▶ SiteSpect (*www.sitespect.com/de*)

Um deine Usability-Tests aufzuzeichnen, kannst du auf Windows den Free Screen Video Recorder nutzen (*www.dvdvideosoft.com/de/products/dvd/Free-Screen-Video-Recorder.htm*) oder auf dem Mac Screenium 3 (*www.syniumsoftware.com/de/screenium*).

A.12 Tools für Pop-ups

▶ Du willst mehr Leads von deinen Besuchern generieren? Mit Tools wie Optin-Monster (*http://optinmonster.com*) oder Unbounce (*https://unbounce.com*) kannst du deinen Nutzern einen Grund geben, dir ihre E-Mail-Adresse anzuvertrauen, indem du exklusiven Content über ein Pop-up oder Ähnliches anbietest.

▶ Gute und günstigere Alternativen sind Hellobar (*www.hellobar.com*) von Neil Patel und alle Tools von Sumo (*https://sumo.com*) von Noah Kagan.

363

▸ Mit ein wenig Programmierkenntnissen und den Codes auf *https://github.com/carlsednaoui/ouibounce* kannst du dir ein solches Tool auch selber bauen.

▸ Du willst deine Nutzer mit Pop-ups auf ihrem Browser auf dem Laufenden halten? Dann kannst du PushCrew (*https://pushcrew.com*) nutzen – sehr praktisch für Seiten mit ständig wechselndem Content.

A.13   Tools für Lead-Magneten

▸ Mit Calibre (*https://calibre-ebook.com*) verwaltest du deine E-Books.

▸ *https://screenflow.de.softonic.com/mac* ist eine App für den Mac, mit der du unter anderem Bildschirmaufzeichnungen machen kannst.

▸ Der Website-Grader (*https://website.grader.com*) ist ein kostenloses Tool von HubSpot, mit dem du deine Website (oder die der Konkurrenz) analysieren kannst und mit dem HubSpot im Gegenzug Leads generiert.

▸ Calendly (*https://calendly.com*) ist ein echter Zeitsparer bei der Terminvereinbarung: Statt eines nervigen E-Mail-Ping-Pongs über die für alle Beteiligten beste Zeit kannst du einfach freie Zeitslots definieren und dann von deinem Kunden frei wählen lassen. Wenn du einen Termin mit mehreren Menschen vereinbaren möchtest, dann gibt es nichts Besseres als das altbekannte (und kostenlose) Doodle (*http://doodle.com/de*).

▸ Es gibt viele Gratis-Tools, mit denen du Mindmaps erstellen kannst. Das beste (wenn auch leider nicht kostenlos) ist Mindmeister (*www.mindmeister.com/de*), das eine Vielzahl von Zusatzfunktionen bietet und sich hervorragend für das gemeinsame Arbeiten eignet.

▸ Mit LeadQuizzes (*www.leadquizzes.com*) erstellst du sehr einfach spielerische Quiz, die du zur Lead-Generierung einsetzen kannst. Außerdem kannst du es leicht mit vielen anderen Tools (entweder direkt oder via Zapier, *https://zapier.com*) kombinieren. Gerade in Verbindung mit Re-Targeting ist es ein sehr mächtiges Tool!

A.14   Tools zur Analyse deiner Website und App

▸ Das kostenlose und sehr umfangreiche Google Analytics ist ein Klassiker, gerade für kleinere Unternehmen.
https://analytics.google.com/analytics/web

▶ Kissmetrics geht noch einen großen Schritt weiter und zeigt dir nicht nur die Stellen, an denen deine Nutzer die Customer Journey verlassen, sondern hilft dir auch dabei, diese Schwachstellen zu verbessern.
www.kissmetrics.com

▶ Mit Hotjar analysierst du sehr einfach deine Conversion Funnels. Dabei helfen dir Heatmaps und Mouse-Tracker.
www.hotjar.com

▶ Das Feedback deiner Nutzer hat immer sehr hohe Priorität. Um es direkt auf deiner Website einzuholen, kannst du z.B. Qualaroo und Survicate nutzen. So kannst du besser verstehen, warum Nutzer z.B. ihren Kauf abbrechen.

  – *https://qualaroo.com*

  – *https://survicate.com*

▶ Wenn du eine App hast, solltest du das Verhalten deiner Nutzer ganz genau anschauen. Dabei helfen dir Flurry, AdJust und Mixpanel.

  – *https://y.flurry.com*

  – *www.adjust.com*

  – *https://mixpanel.com*

▶ Und mit Splitforce, VWO oder Optimizely kannst du Mobile-A/B-Tests durchführen.

  – *https://splitforce.com*

  – *https://vwo.com*

  – *www.optimizely.com*

A.15 Tools für Data-Scraping

▶ Mit BuiltWith (*https://builtwith.com*) kannst du herausfinden, welche Websites welche Technologien benutzen. Besonders praktisch ist das, wenn du ein Produkt verkaufen möchtest, dass sich insbesondere an die Nutzer einer bestimmten Technologie richtet.

▶ Du willst viele Daten von Webseiten extrahieren (= scrapen)? Dann kannst du dafür Import.io (*www.import.io*) oder die Scrapebox (*www.scrapebox.com*) nutzen.

▶ Mit Zoom (*www.zoominfo.com*), Voila Norbert (*www.voilanorbert.com*), Clearbit (*https://clearbit.com*) und Toofr (*www.toofr.com*) findest du Kontaktdaten möglicher Kunden und Influencer (aber Vorsicht bei Kaltakquise mit Adressaten in Deutschland!).

A.16   Tools für Links

▶ Mit Googl (*https://goo.gl*) und Bitly (*https://bitly.com*) kannst du lange Links verkürzen und die Anzahl der Klicks messen.

▶ Mit Sniply (*http://snip.ly*) kannst du deinen Links sogar einen Call-to-Action hinzufügen, damit die Nutzer dich als Absender in Erinnerung behalten (und vielleicht wieder deine Website besuchen).

▶ Mit Effin (*http://effinamazing.com/tools/utm-tracking-code-builder*) erstellst du UTM-Links für größere Kampagnen, damit du in deinem Analytics-Tool sehen kannst, woher genau deine Nutzer gekommen sind.

▶ Du kannst Rebrandly (*https://rebrandly.com*) benutzen, um deine Marke in deine Links einzufügen.

A.17   Tools für Chatbots

Viele Unternehmen nutzen bereits Chatbots, um einen Großteil ihrer Kundenanfragen zu sortieren und teilweise auch zu beantworten. Neben den FAQ kannst du sogar Teile deiner Bestellstrecke über einen Chatbot anbieten. Mit diesen Baukastensystemen kannst du diesen Trend für dich nutzen und (teilweise auch ohne Programmierkenntnisse) deinen Bot bauen:

▶ Octane AI (*https://octaneai.com*)

▶ Chatfuel (*https://chatfuel.com*)

▶ Botcast von Björn Tantau (*https://botcast.ai*)

▶ Dexter (*https://rundexter.com*)

▶ Howdy's Botkit, ein Open-Source-System (*www.botkit.ai*)

A.18   Tools für bessere Online-Formulare

Auf Wufoo (*www.wufoo.com*) findest du über 400 Vorlagen für alle Arten von Online-Formularen – leider auf Englisch, aber trotzdem eine gute Inspirationsquelle. Für die Umsetzung kannst du alternativ auch Typeform (*www.typeform.com*) oder Google Forms (*www.google.de/intl/de/forms/about*) nutzen.

A.19 Tools für Weiterempfehlungen

▶ Mit Smartbribe (*https://tour.smartbribe.com*) hast du einen Türsteher für deinen »Gated Content«: Du gibst deinen Nutzern Zugang zu deinem Fachwissen (z.B. in Form eines E-Books) erst dann, wenn sie deine Website via Social Media an ihr Netzwerk empfehlen, und das ohne Coding. Wichtige Anmerkung: Zum Zeitpunkt, da wir diese Zeilen schreiben (August 2017) befindet sich das Tool gerade in einer Überarbeitungsphase. Als Alternative bieten sich PayWithAPost (*www.paywithapost.de*) oder das WordPress-Plug-in Viral Sign-Ups (*https://de.wordpress.org/plugins/viral-sign-ups*) an, mit denen du ebenfalls eine *Social Pay Wall* für deinen besten Content erstellen kannst.

▶ iRefer (*https://irefer.io*) funktioniert ähnlich, lässt dich beispielsweise aber auch ein Referral-Programm wie Uber oder Airbnb aufsetzen, indem sowohl dein Nutzer als auch die von ihm angeworbenen neuen Kunden einen Rabatt bzw. einen Gutschein bekommen.

▶ Tools wie Queue (*https://queueat.com*), Maitre (*http://maitreapp.co*) oder Viral Loops (*https://viral-loops.com*) werden gerade von einigen Growth Hackern für Produkt-Launches benutzt: Durch ein Empfehlungssystem, kombiniert mit Gamification-Elementen, sollen die Nutzer dazu motiviert werden, dein Produkt in ihrem Netzwerk zu verbreiten. Wem das am besten gelingt, der bekommt einen Preis. Damit das Ganze noch einen kompetitiven Charakter bekommt, gibt es ein Dashboard mit den besten Fans. Praktisch, aber leider nicht günstig.

▶ Wenn du Social-Sharing-Buttons (z.B. von Facebook, Twitter usw.) auf deiner Website einbauen möchtest, kannst du dafür Po.st (*www.po.st*) oder Sumo (*https://sumo.com*) nutzen.

▶ Mit ClickToTweet (*https://clicktotweet.com*) machst du es deinen Lesern kinderleicht, die Highlights deiner Blogposts zu tweeten – und gewinnst damit an Reichweite.

A.20 Tools zur effizienteren (Zusammen-)Arbeit

▶ Mit Zapier (*https://zapier.com*) und IFTT (*https://ifttt.com*) kannst du deine Apps verknüpfen, um automatische Workflows zu erstellen und deine Produktivität in ungeahnte Höhen zu katapultieren.

▶ Das Video-Recording-Tool Loom (*www.useloom.com*) zeichnet sowohl dich als auch deinen Bildschirm auf und lässt dich diese Aufzeichnung sehr einfach via E-Mail oder Social Media mit deinen Kollegen oder Fans teilen – der Geheimtipp von Inken Kuhlmann!

▸ Mit CloudApp (*www.getcloudapp.com*) oder RecordIt (*http://recordit.co*) erstellst du nicht nur Screenshots, also Aufnahmen deines Bildschirms (die du beispielsweise zur Demonstration deiner Produktfeatures oder How-tos einsetzen
kannst), sondern du kannst auch GIFs erstellen und diese per Social Media teilen. CloudApp kannst du mittlerweile auch mit anderen populären Collabora-
tion-Tools wie Trello oder Slack kombinieren.

▸ Apropos GIFs – mit *https://gifs.com* kannst du GIFs aus Videos und Bildern erstellen, kostenlos.

▸ Vergiss niemals eine gute Idee und schreibe alles auf! Solltest du eine Papier-
allergie haben, können dir Google Keep (*www.google.de/keep*) oder Evernote
(*https://evernote.com/intl/de*) dabei helfen.

▸ Denke immer daran: Growth ist ein Marathon, kein Sprint. Gönne dir daher
auch immer wieder eine Auszeit. Apps wie *Calm* (*www.calm.com*) und *Headspace* (*www.headspace.com*) helfen dir dabei, deinen Kopf wieder frei zu bekommen.

B   Quellen

Growth Hacking ist zwar keine neue Marketing-Disziplin, aber doch ein neues Thema. Es gibt daher noch nicht allzu viele Fachbücher, auf die wir zurückgreifen konnten. Die wenigen Experten teilen ihr Wissen zwar gerne, aber das oft auf Konferenzen, Webinaren oder in Blogartikeln. Wir haben uns daher entschieden »Grundlagenforschung« zu betreiben und viele Experten selbst gefragt. Daher sind in diesem Anhang mehr Websites als Fachbücher gelistet.

Du willst dein Wissen noch vertiefen und gründlicher in die Materie einsteigen? Dann brauchst du nicht jeden Link auf dieser Liste abzutippen. Wir haben einen letzten Hack für dich: Gehe auf unsere Seite *http://growthhacking.rocks* und hole dir alle wichtigen Links als Lesezeichen für deinen Browser!

Sujan Patel: The Ultimate Guide to Marketing Your Startup. In: Year One
http://sujanpatel.com/marketing/startup-year-one

Ash Maurya: Running Lean: Iterate from Plan A to a Plan That Works, O'Reilly 2001

James Currier: Creating the Mindset For Growth
https://blog.kissmetrics.com/five-mindsets-of-growth

Kissmetrics:
http://de.slideshare.net/kissmetrics/25-growth-hacks-guaranteed-to-move-the-needle

Wilson Hung:
https://sumome.com/stories/marketing-strategy

David Arnoux:
www.growthtribe.io/blog/brass-method-your-ultimate-guide-to-prioritising-which-customer-acquisition-channel-to-test-first

Jessica Kandler: The Beginner's Growth Hacking Guide for Agencies
http://mysiteauditor.com/blog/beginners-guide-to-growthhacking-for-agencies

Dave McClure: Startup Metrics for Pirates
http://500hats.typepad.com/500blogs/2007/06/internet-market.html

André Morys: Growth Canvas
www.konversionskraft.de/conversion-optimierung/growth-canvas.html

Josue Valles: 9 Conversion Tricks That Are Borderline Magic
https://klientboost.com/cro/conversion-tricks

B.1   Kapitel 1: So profitierst du von Growth Hacking

Tweet von Tom Anderson:
http://i.amz.mshcdn.com/OOc-dRAVIoubxumUS8LGj6sqJ68=/fit-in/1200x9600/
http%3A%2F%2Fmashable.com%2Fwp-content%2Fuploads%2F2012%2F12%
2FhLV4k.png

Brian Balfour: Traction vs Growth
www.coelevate.com/essays/traction-vs-growth

Ramli John: Why Growth Hacking Could Be Killing Your Startup
https://medium.com/@ramlijohn/why-growth-hacking-could-be-killing-your-
startup-e9851151364a#.7r6j08dbb

Steve Blank: What's A Startup? First Principles
https://steveblank.com/2010/01/25/whats-a-startup-first-principles

B.2   Kapitel 2: So funktioniert Growth Hacking

Chris Out: What is Growth Hacking? The 7 Pillars explained
https://rockboost.com/en-us/blog/the-7-pillars-of-growth-hacking

Alistair Croll und Benjamin Yoskovitz: Lean Analytics: Use Data to Build a Better
Startup Faster, O'Reilly 2013

Rob Fitzpatrick: The Mom Test: How to talk to customers & learn if your business
is a good idea when everyone is lying to you, CreateSpace Independent Publishing
Plattform 2013

Jonathan Aufray: Growth Hacking Definition: the Definitive one
www.growth-hackers.net/growth-hacking-definition

Kleiner Perkins: Internet Trends 2017
www.kpcb.com/internet-trends

Timi Olotu: Understanding the pivotal role ux plays in growth hacking, by its inventors. An interview with Sean Ellis, creator of growth hacking, and Morgan Brown, co-author of »Hacking Growth«
http://whatusersdo.com/blog/hacking-growth

YouTube Company Statistics:
www.statisticbrain.com/youtube-statistics

Stefan Mey: Datenschutz 2018. Die 10 wichtigsten Punkte
www.horizont.at/home/news/detail/datenschutz-2018-die-10-wichtigsten-punkte.html

Neil Patel und Brian Tayiler: Growth Hacking
www.quicksprout.com/the-definitive-guide-to-growth-hacking

B.3 Kapitel 3: So stellst du die Weichen auf Wachstum

Justin Mares und Gabriel Weinberg: Traction, Portfolio Penguin 2015

B.3.1 Wettbewerbsanalyse

Johnathan Dane: 17 PPC Spy Tools That'll Crush Your Competition
https://klientboost.com/ppc/ppc-spy-tools

B.3.2 Branding

Simon Sinek: Always start with Why
www.youtube.com/watch?v=u4ZoJKF_VuA

Daniel Hüfner: Gründen mit Strahlkraft. Wie Startups auch ohne Budget den Grundstein für eine erfolgreiche Marke legen
http://t3n.de/news/startup-marke-2-664894

How Startups Can Utilize Lean Principles For Branding
http://inboundrocket.co/blog/how-startups-can-utilize-lean-principles-for-branding

Denise Lee Yohn: Start-Ups Need a Minimum Viable Brand
https://hbr.org/2014/06/start-ups-need-a-minimum-viable-brand

Patrick J. Woods: The Brand Strategy Canvas: a One-Page Strategy for Startups
https://de.slideshare.net/patrickjwoods/the-brand-strategy-canvas-a-aoneap

B.3.3 Personas

Sujan Patel: 150 Buyer Persona Questions You Must Ask
http://sujanpatel.com/marketing/150-buyer-persona-questions

Tim Allen: How to Create Audience Personas on a Budget Using Facebook Insights
https://moz.com/blog/facebook-insights-create-audience-personas-budget

Kevin Baldacci: 7 Customer Service Lessons from Amazon CEO Jeff Bezos
www.salesforce.com/blog/2013/06/jeff-bezos-lessons.html

Julie Supan: What I Learned From Developing Branding for Airbnb, Dropbox and Thumbtack
http://firstround.com/review/what-i-learned-from-developing-branding-for-airbnb-dropbox-and-thumbtack

B.3.4   Grundstein für digitales Business

MG Siegler: A Pivotal Pivot
https://techcrunch.com/2010/11/08/instagram-a-pivotal-pivot

B.3.5   Product/Market-Fit (PMF)

Julia Chen: The 21 Growth Strategies Used by Top Growth Teams
www.appcues.com/blog/growth-strategies

Sagi Shrieber: How to start building an audience when you don't have any audience yet
https://medium.com/swlh/how-to-start-building-an-audience-when-you-dont-have-any-audience-yet-f484d7dfdcd3

How does typeform use nps to boost customer satisfaction and improve its product roadmap
www.retently.com/blog/typeform-nps-customer-satisfaction-product-roadmap

B.4   Kapitel 4: Der Growth-Hacking-Workflow

Alyson Shontell: How An Early Facebook Employee Messed Up, Got Fired, And Cost Himself $185 Million
www.businessinsider.com/how-noah-kagan-got-fired-from-facebook-and-lost-185-million-2014-8?IR=T

Noah Kagan: Quant Based Marketing
http://okdork.com/quant-based-marketing-for-pre-launch-start-ups

Gabriel Weinberg: The 19 Channels You Can Use to Get Traction
https://medium.com/@yegg/the-19-channels-you-can-use-to-get-traction-93c762d19339#.vavgq0tfu

Pierre Lechelle: Maybe you shouldn't have a Growth Team – Interview with Pedro Magriço from Typeform
www.pierrelechelle.com/interview-pedro-magrico-typeform

Robert Weller: Growth Marketing. Was ist das und warum gibt es das eigentlich gar nicht?
www.toushenne.de/newsreader/growth-marketing.html

B.5 Kapitel 5: Acquisition

Justin Mares: Social and Display Ads Advertise. 19 Ways Growth Hackers Acquire Customers
http://de.slideshare.net/jwmares/traction-trumps-everything/12-Social_and_Display_Ads_Advertise

B.5.1 E-Mail-Marketing

Luke Wroblewski: »Mad Libs« Style Form Increased Conversion by 25–40%
www.lukew.com/ff/entry.asp?1007

Sarah Peterson and Sean Bestor: How to Build an Email List. 85 List Building Strategies
https://sumome.com/stories/email-list-building

B.5.2 Google Display Network

Jonathan Dane: 7 AdWords Display Hacks That Will Leave Your Competitors Crying in the Corner
http://de.slideshare.net/kissmetrics/7-adwords-display-hacks-that-will-leave-your-competitors-crying-in-the-corner

Jason Puckett: A/B testing over $1m worth of display ads – 5 things we learned
https://3qdigital.com/featured/ab-testing-over-1m-worth-of-display-ads-5-things-we-learned

B.5.3 Content Marketing

Justin McGill: Why these 9 companies choose transparency
http://thenextweb.com/entrepreneur/2015/03/28/why-these-9-companies-choose-transparency/#gref

Sarah Peterson: 51 Headline Formulas to Skyrocket Conversions
https://sumome.com/stories/headline-formulas

Alex Bennett: Headlines. When the Best Brings the Worst and the Worst Brings the Best
www.outbrain.com/blog/headlines-when-the-best-brings-the-worst-and-the-worst-brings-the-best

7 Company Founder's Growth Hacking Tips
http://growthhacks.ninja/2015/11/7-company-founders-growth-hacking-tips

Christian Kleemann: 50 Marketing-Experten, die du nicht auf dem Schirm hast, jedoch kennen solltest
https://unbounce.com/de/social-media-de/marketing-experten

Ben Harmanus: 75 Marketing-Expertinnen, mit denen du dich vernetzen solltest
https://unbounce.com/de/social-media-de/marketing-expertinnen

Leo Widrich: Introducing the Public Buffer Revenue Dashboard. Our Real-Time Numbers for Monthly Revenue, Paying Customers and More
https://open.buffer.com/buffer-public-revenue-dashboard

Maximilian Hertling: Die 38 besten Corporate Blogs
http://dirico.io/blog/content-marketing/die-35-besten-corporate-blogs

Online Marketing Rockstars Report Content Marketing
https://omr.com/report/produkt/growth-hacking

Mirko Lange: Das »FISH Modell« und der »Content RADAR« – zwei Strategie-Tools fürs Content Marketing
www.talkabout.de/das-fish-modell-und-der-content-radar-zwei-geniale-tools-fuer-content-marketing

B.5.4   Suchmaschinenoptimierung (SEO)

Die Deutschen lieben Google
www.faz.net/aktuell/wirtschaft/grafik-des-tages-die-deutschen-lieben-google-14999842.html

Tammy Everts: When Design Best Practices Become Performance Worst Practices
https://uxmag.com/articles/when-design-best-practices-become-performance-worst-practices

Sean Work: How Loading Time Affects Your Bottom Line
https://blog.kissmetrics.com/loading-time

B.5.5   Google AdWords

Statista: Google's ad revenue from 2001 to 2016
www.statista.com/statistics/266249/advertising-revenue-of-google

Lauren Johnson: Google's Ad Revenue Hits $19 Billion, Even as Mobile Continues to Pose Challenges
www.adweek.com/news/technology/googles-ad-revenue-hits-19-billion-even-mobile-continues-pose-challenges-172722

B.5.6   Presse

Vincent Dignan: The Secret Sauce – a step by step guide to growth hacking
www.secretsaucenow.com

B.5.7   App Stores

Sujan Patel: Growth Hacking for Mobile Apps
http://sujanpatel.com/mobile/growth-hacking-mobile-apps

B.5.8   Engineering as Marketing

Alex MacCaw: Using free products for lead generation
http://blog.clearbit.com/how-were-using-free-tools-to-engage-developers

John McLaughlin: 9 iconic growth hacks tech companies used to boost their user bases
http://thenextweb.com/entrepreneur/2014/05/28/9-iconic-growth-hacks-tech-companies-used-pump-user-base

Danny Schreiber: 11 Ways to Win Your Customers' Hearts with Humor
https://zapier.com/blog/use-humor-on-your-website

Visakan Veerasamy: PayPal's $60m Referral Program: A Legendary Growth Hack
www.referralcandy.com/blog/paypal-referrals

B.5.9   Offline-Events

Christian Häfner: Zwei Guerilla Marketing Aktionen zum Nachmachen für weniger als 250 €
https://de.letsseewhatworks.com/guerilla-marketing

Kipp Bodnar: How A Block of Ice Increased One Company's Customers By 225%
http://blog.hubspot.com/blog/tabid/6307/bid/7007/How-A-Block-of-Ice-Increased-One-Company-s-Customers-By-225.aspx

B.5.10   Social Media

Verena Ho: How To Improve Facebook Engagement: Insights From 1bn Posts
http://growthhackers.com/articles/how-to-improve-facebook-engagement-insights-from-1bn-posts

Johnathan Dane: Facebook Ads Research Tips & Ad Spy Tools For Higher Performance
https://klientboost.com/ppc/facebook-ads-research

Daniel Schorr: Instagram Followers Hack – 100.000+ Instagram-Follower in einem Jahr
https://letsseewhatworks.com/instagram-followers-hack

B.5.11   Video

Cisco Visual Networking Index: Forecast and Methodology, 2016–2021
www.cisco.com/c/en/us/solutions/collateral/service-provider/visual-networking-index-vni/complete-white-paper-c11-481360.pdf

John Mannes: Unilever buys Dollar Shave Club for reported $1B value
https://techcrunch.com/2016/07/19/unilever-buys-dollar-shave-club-for-reported-1b-value

Dollar Shaving Club Video
www.youtube.com/watch?v=ZUG9qYTJMsI

Das BookBook von IKEA
www.youtube.com/watch?v=MOXQo7nURs0

B.5.12   Community Building

Kavaj Blog
http://kavaj.de/blog/category/mykavaj

Queensland Blog
http://blog.queensland.com/2013/03/07/best-job-in-the-world-application-videos

Milliarden-Reichweiten ohne Marketing: Kicktipp ist ein Phänomen
www.xing-news.com/reader/news/articles/296381

B.6   Kapitel 6: Activation

B.6.1   Lead Magnet

Nick O'Neill: The Lead Magnet Bible: 29 Killer Bribes To Grow Your Email List
www.holler.com/lead-magnet-bible

Sean Bestor: The Definitive Guide to Content Upgrades: What We Learned Analyzing 100,000 Opt-Ins
https://sumo.com/stories/best-content-upgrade

B.6.2   FOMO

Jonathan John: How to Use Urgency to Hack Your Conversion Rate
http://optinmonster.com/how-to-use-urgency-to-hack-your-conversion-rate

B.6.3   Pop-ups

Viele Beispiele für Exit Intent Pop-ups
https://nudgr.io/exit-intent-gallery

B.6.4   Landingpages

Pamela Vaughan: Why You (Yes, You) Need to Create More Landing Pages
https://blog.hubspot.com/blog/tabid/6307/bid/33756/Why-You-Yes-You-Need-to-Create-More-Landing-Pages.aspx#sm.007tgjw81cbdeym11px20mc79x37i

Tomas Herzberger: 8 Tipps für mehr Erfolg mit Landingpages
www.bieg-hessen.de/blog/webdesign/8-tipps-fuer-mehr-erfolg-mit-landingpages

B.6.5   Psychologische Hacks

KonversionsKRAFT: Behaviour Patterns
https://static.konversionskraft.de/2017/07/konversionsKRAFT-Behavior-Patterns-Kartenset.pdf

B.7   Kapitel 7: Retention

Alex Turnbull: How One SaaS Startup Reduced Churn 71 % Using »Red Flag« Metrics
https://blog.kissmetrics.com/using-red-flag-metrics

Danny Schreiber: 11 Ways to Win Your Customers' Hearts with Humor
https://zapier.com/blog/use-humor-on-your-website

B.7.1   Onboarding

Sean Ellis: Growth Hacking with Data. How to Find Big Growth with Deep Data Dives
http://de.slideshare.net/seanellis/growth-hacking-with-data-38835040/23-Q_A_datahacks

B.7.2   Loyalität

Mark Macdonald: How To Grow Your Ecommerce Business Without New Customers
www.shopify.com/blog/10747977-how-to-grow-your-ecommerce-business-without-new-customers

Daniel Bentley: I asked for eggs
https://medium.com/this-happened-to-me/i-asked-for-eggs-c9e6fd3ef792#.assvi6b1a

Gary Vaynerchuk: Go Big on Community Management!
www.slideshare.net/vaynerchuk/140722-human-sideoncm

B.7.3   Exit Intent

Brian Cugelman: How companies use social pain, to stop customers from leaving
www.alterspark.com/blog/emotional-design-attachment-anxiety

B.8   Kapitel 8: Referral

Katharina Blaß: Facebook-Phänomen »Plank Challenge«
www.spiegel.de/netzwelt/netzpolitik/facebook-phaenomen-plank-challenge-das-steckt-dahinter-a-1014017.html

Aaron Ginn: Defining A Growth Hacker: 5 Ways Growth Hackers Changed Marketing
https://techcrunch.com/2012/09/07/defining-a-growth-hacker-5-ways-growth-hackers-changed-marketing

The Top 20 Valuable Facebook Statistics
https://zephoria.com/top-15-valuable-facebook-statistics

Philip Storey: The 6 Best Growth Hacks to Get Customers Without Having to Pay for Them
https://blog.kissmetrics.com/the-6-best-growth-hacks

Bernhard Warner: Why This Shaving Startup Made a $100 Million Gamble on a 100-Year-Old Factory
www.inc.com/magazine/201605/bernhard-warner/harrys-razors-german-factory.html

Roland Eisenbrand: Noch keine Website, aber schon mal 100.000 E-Mail-Adressen eingesammelt. Die Launch-Story von Harry's
www.onlinemarketingrockstars.de/noch-keine-website-aber-schon-mal-100000-e-mail-adressen-eingesammelt-die-launch-story-von-harrys

B.9   Kapitel 9: Revenue

B.9.1   Cross-Selling

Ian Kingwill: What is the Cost of Customer Acquisition vs Customer Retention?
www.linkedin.com/pulse/what-cost-customer-acquisition-vs-retention-ian-kingwill

Mark Macdonald: How To Grow Your Ecommerce Business Without New Customers
www.shopify.com/blog/10747977-how-to-grow-your-ecommerce-business-without-new-customers

Fred Reichheld: Prescription for cutting costs
www.bain.com/Images/BB_Prescription_cutting_costs.pdf

Amy Gallo: The Value of Keeping the Right Customers
https://hbr.org/2014/10/the-value-of-keeping-the-right-customers

Matt Marshall: Aggregate Knowledge raises $5M from Kleiner, on a roll
http://venturebeat.com/2006/12/10/aggregate-knowledge-raises-5m-from-kleiner-on-a-roll

Xavier Amatriain, Justin Basilico: Netflix Recommendations: Beyond the 5 stars (Part 1)
http://techblog.netflix.com/2012/04/netflix-recommendations-beyond-5-stars.html

Alex McEachern: Loyalty Case Study: Starbucks Rewards
www.sweettoothrewards.com/blog/loyalty-case-study-starbucks-rewards

social triggers: How to Increase Online Customer Loyalty By 82%
https://socialtriggers.com/customer-loyalty-online

Jakob Hagger: Traffic Kurs Teil 2: Traffic-Refinanzierung-Strategie
www.jakobhager.com/traffic-kurs-teil-2-traffic-refinanzierung-strategie

B.9.2   Kernangebot

Ty Magnin: From Trial to Paid – How We Accelerated Sales by 68% with Our Very Own Paywall
www.appcues.com/blog/from-trial-to-paid-how-we-accelerated-sales-by-68-percent-with-our-very-own-paywall

Ashli Norton: How to Quickly Convert Trial Users Into Paying Customers
https://blog.crazyegg.com/2014/09/19/convert-trial-users

B.9.3   Cross Sales

Steve Young: How a Made-up Product Increased Conversions by 233 %
http://unbounce.com/conversion-rate-optimization/made-up-product-increased-conversions

Joachim Weimann: Bloß nicht Äpfel mit Äpfeln vergleichen
www.faz.net/aktuell/finanzen/meine-finanzen/denkfehler-die-uns-geld-kosten/denkfehler-die-uns-geld-kosten-57-bloss-nicht-aepfel-mit-aepfeln-vergleichen-12126130.html

Keith Perhac: Why Tiered Pricing Is the ONLY Way to Price Your Product
http://summitevergreen.com/why-tiered-pricing-is-the-only-way-to-price-your-product

Sascha Kern: Der Decoy-Effekt in der Angebots- und Preisgestaltung
www.omt.de/webinare/decoy-effekt-preisgestaltung

Jochen Mai: Decoy-Effekt: Falsche Köder als Entscheidungshilfe
http://karrierebibel.de/decoy-effekt

B.10   Kapitel 10: Work Hacks

Lars Müller: Wie ich über Amazon 1000 € Gewinn am Tag machen will
https://letsseewhatworks.com/amazon-1000eur-gewinn-pro-tag

Cal Newport: Deep Work, Grand Central Publishing 2016

Index

Online-Marketing

Bücher für Ihre Weiterbildung

Content-Marketing, Social Media, SEO, Monitoring, E-Commerce – wir bieten zu allen Marketing-Disziplinen fundiertes Know-how, das Sie wirklich weiterbringt.

Nehmen Sie Ihre Weiterbildung in die Hand!
Mit unseren Büchern können Sie sich teure Kurse sparen. Oder Sie nutzen sie als wertvolle Ergänzung zum Seminar.

Hochwertiges Marketing-Wissen
Unsere Autoren zählen zu den führenden Experten im Digitalmarketing und zeigen Ihnen, wie Sie Ihre Kampagnen erfolgreich umsetzen.

Offline und online weiterbilden
Unsere Bücher gibt es in der Druckausgabe, als E-Book oder als Online-Buch. Lernen Sie jederzeit und überall im Webbrowser.

rheinwerk-verlag.de/marketing